全国高等院校应用心理学系列精品教材

总主编 李 红

心理诊断学

（第3版）

主 编：张仲明

副主编：雷 怡 张 婷 徐 勇
徐 洁 李张琴

西南大学出版社
国家一级出版社 全国百佳图书出版单位

图书在版编目(CIP)数据

心理诊断学 / 张仲明主编 . —3 版 . —重庆:西南师范大学出版社, 2021.6
全国高等院校应用心理学系列精品教材
ISBN 978-7-5697-0473-0

Ⅰ. ①心… Ⅱ. ①张… Ⅲ. ①心理诊断—高等学校—教材 Ⅳ. ①R44

中国版本图书馆 CIP 数据核字(2020)第 236888 号

心理诊断学(第3版)

XINlI ZHENDUANXUE

主　编 张仲明

副主编 雷　怡　张　婷　徐　勇　徐　洁　李张琴

责任编辑:任志林　郑持军
封面设计:汤　立
排　　版:李　燕
出版发行:西南大学出版社(原西南师范大学出版社)
　　　　　地址:重庆市北碚区天生路 2 号
　　　　　邮编:400715
　　　　　网址:http://www.xdcbs.com
　　　　　市场营销部电话:023-68868624
经　　销:全国新华书店
印　　刷:重庆市骏煌印务有限公司
幅面尺寸:185mm×260mm
印　　张:25.75
字　　数:489 千字
版　　次:2021 年 6 月第 3 版
印　　次:2022 年 12 月第 2 次
书　　号:ISBN 978-7-5697-0473-0

定　　价:64.00 元

再修序

每一位心理咨询师和治疗师对心理诊断的理念取决于其理论取向。不论以什么理论取向为指导,在实际工作中,心理诊断对后续来访者的心理咨询治疗与自我疗愈是有益的。精准的心理诊断是确保心理咨询和治疗疗效的基本技能,是心理咨询和治疗师必须具备的基本能力。《心理诊断学》自第一次出版以来,一直深受使用者欢迎。从2013年第二次修订《心理诊断学》以来,内容更加合理、体系更加成熟,得到了使用者的高度认同。全国已有几十家高校使用了本教材。但二修后经过7年的使用,出现了"教材内容更加系统、丰满,更具有前瞻性和时代性,提升教材的适用性和可读性"等需要,也出现了随着我们新的研究成果的出现,需要增加新的章节的需要,更需要对书中已有案例进行修订,使案例更加贴近现实、更有说服力、更易理解、更喜闻乐见、更有解释力。因此对本书进行再次修订。

再次修订的《心理诊断学》突出了五大特点。

(1)体系更加完整。在原有心理诊断学知识体系基础上,重点增加了心理诊断概念化内容、各流派关于心理诊断的理解、强迫性神经症的双冲突模型等内容,修订和更新强迫性神经症和抑郁性神经症诊断的标准和案例。特别新增加心理症候群的诊断及案例。我们对内容进行了增删和顺序调整,更科学地编排,使心理诊断学的内容更丰富、体系更完整。

(2)案例更有适合性。再次修订中,我们对诊断案例进行更精心的选择和设计,使案例更有典型性和代表性,从而更具适合性。案例的趣味性结合科学性,促进了理论和实践运用之间的融会贯通,促进了诊断技能的应用。该教材在具体案例基础上介绍心理诊断技能,突出基于案例的学习形式是本书的传统显著特色。

(3)技能具有实用性。心理诊断是一个与临床实践联系最密切的工作。在临床实践中要胜任该工作最主要是需要扎实的实践技能。本书的诊断技能尽力体现了可用、能用、好用的实用性特点;本书特别注重临床心理诊断实践技能的概念化、系统化,具有临床工作的解决性;本书对心理诊断技能进行了操作性解读,这是本教材的显著特色。

(4)内容具有创新性。本教材在心理诊断主题上不拘泥于传统局限,在内容上体现中国化特色,体现出一定的创新性。在内容上,特别增加了从心理问题症候群视角来进行诊断的中国化特色;增加了焦虑认同疗法等原创内容;在诊断中,尝试把心理诊断与后续的心理咨询治疗衔接,突出了创新性。

(5)教材的精品性。本教材编写的规范性、标准化和现实运用的生动性、灵活性特征体现了"丰富案例,优化结构,强调实用,突出技能"的宗旨,体现了精品性。作为教材不断追求严谨、科学,教材不断改进修订、追求精益求精,是教材精品性的要求。

《心理诊断学》再修订版是共同合作的成果和集体智慧的结晶,参加本书编写的作者付出了艰辛的努力。本书主编张仲明(西南大学)、副主编雷怡(四川师范大学)、张婷(中国人民解放军陆军特色医学中心.大坪医院)、徐勇(重庆理工大学)、徐洁(贵州大学)、李张琴(重庆市南岸区青龙路小学)。参与本书编写的作者有西南大学心理学部中外班2019级曾子洋(第十三章第一节、第二节),西南大学心理学部研究生康有为(第一章)、武琪敏(第二章)、刘正杰(第三章)、覃树宝(第四章)、张春霞(第五章)、周小娟(第六章)、张译心(第七章)、李柯仪(第八章)、李青璇(第九章)、马琳(第十章)、梁媛(第十一章),四川省乐山市嘉州学校邓萍萍(第十二章),陕西师范大学熊玲(第十三章第三节)。

在本书编写的过程中,我们参考了国内外有关变态心理学、咨询心理学、心理诊断学等方面的著作和研究成果,在此致以特别的感谢。此外,我们还得到了出版社领导、责任编辑的大力支持,在此表示衷心的感谢。感谢为本书顺利修订再版做了大量工作的所有人员。同时,本教材也是西南师范大学出版社"十三五"规划教材项目的成果之一。

由于编写人员水平有限,错误和纰漏等不足之处在所难免,敬请同行专家和广大读者批评指正,恳请在使用本书的过程中不吝赐教,以帮助我们在未来的再次修订中克服缺点,力争编写出更好的书来。

张仲明

2021年6月于学府小区嘉陵书斋

序

还记得2005年，我在多伦多大学访问期间为该书写序时的心情，转眼八年过去了。在这八年的时间里，国内的心理咨询和治疗日益繁荣起来，成为心理学应用领域中最突出、最显眼的领域之一。同样，《心理诊断学》这本书也在实践中经历了广大使用者长达八年的检验。很欣喜地看到，这本书是比较成功的，因此，有了今天再版的社会需求，但这也暴露出一些不足。如今，作者应广大读者的要求对该书进行了修订。这是一件很值得鼓励的事情。因为，正如书中所说“心理诊断是心理咨询与治疗的首要环节，心理诊断是从事心理咨询和治疗所必需的先决条件，更是高水平的心理咨询与治疗人员的必备技巧。误诊往往是心理咨询或治疗失败的重要原因之一。准确的心理诊断是科学、高效地进行心理咨询和治疗的基石”。因此，心理诊断是从事心理咨询和治疗的心理学工作者日常工作的不可或缺的部分。

张仲明博士随我学习多年，在强迫症研究领域颇有心得，不仅获得了国家自然科学基金的资助，还在国际知名的医学心理学刊物上发表了关于强迫症的双加工模型理论假说。他主修的《心理诊断学》仍然遵从了其第一版时的“系统性、实践性”两个特色。但是可以明显看到，修订过后的书显得体系更加完整。特别是增加了“心理诊断的症状学”“中小学生常见心理问题的诊断”等两章内容，弥补了第一版的缺陷。修订版案例更加丰富。在很多理论的地方，作者都增加了适当的案例及解读，这使该书的可读性增强了，同时也更加适用于应用心理学专业学生的学习偏好和特点。修订版也更加注重技能的总结和归纳。技能更多来自实践，但是又超越实践。超越实践的重要方式就是不断归纳、总结和提炼。该书再次修订时对心理诊断的实践经验进行了很好的总结、归纳和提炼，突出了鲜明的技能性特点。因此，该书在修订时仍然结合心理诊断的具会贯通,促进了诊断技巧的应用。因此,该书在结合具体案例介绍心理诊断的具体技能上着墨较多。这是本书又一显著特色。

(3)注重技能性。心理诊断是一个与临床实践联系最密切的工作。在临床实践中要胜任该工作最主要是需要扎实的实践技能。本书特别注重临床心理诊断实践技能总结、整理和系统化。对心理诊断技能进行了一些操作性的解读,这些都突出了技能性和实用性设计。这是本书的又一大特色。

《心理诊断学》修订版是共同合作的成果和集体智慧的结晶。全书由张仲明副教授计划、统稿、定稿。许多人在整个书稿的修订工作中做了大量的具体工作,付出了艰辛的劳动,在此特别予以感谢!他们分别是杨朝晖、李学容、傅安国(第八章、第九章、第十章)、尚云、高雪梅、廖家喜、张众良、张婷、曾敏、刘亭秀、易婷、蔡亮、李浩、彭艳蛟、刘倩、冯立、杨义,感谢他们为本教材付出的辛勤劳动。感谢为本书顺利修订再版做了大量工作的所有人员,特别感谢郑持军、任志林同志所做的艰辛工作。本书也是西南大学校级规划教材项目(2008年)的成果之一。

由于编写人员水平有限,错误和纰漏等不足之处在所难免,敬请同行专家和广大读者批评指正。恳请大家在使用本书的过程中不吝赐教,以帮助我们在未来的再次修订中克服缺点,力争编写出更好的书来。

张仲明

2013年1月于学府小区嘉陵书斋

CONTENTS 目录

第一章 绪　论

心理诊断是心理咨询与治疗的重要环节，也是心理咨询与治疗的首要环节。心理诊断是从事心理咨询和治疗所必需的先决条件，更是高水平的心理咨询与治疗人员的必备技巧。没有心理诊断过程就进行心理咨询和治疗往往会导致咨询和治疗的效果欠佳。

在21世纪，许多相关领域对心理诊断技能有了越来越迫切而广泛的需求。例如，在咨询过程中，需要对来访者进行有效的诊断；在职业选拔中，需要对职员进行职业心理诊断；在心理健康领域，需要对求诊者的心理问题进行诊断；在中小学心理健康教育中，也需要对学生的心理问题进行诊断等。这些强劲和广泛的需求，使心理诊断获得了发展的新动力。因此，本章将对心理诊断的研究对象、心理诊断的任务、心理诊断的原则、心理诊断的方法学基础等问题做简要概述。

第一节 心理诊断学的研究对象

一、心理诊断的内涵

心理诊断(Psychodiagnostik)一词,最早是由罗夏(Rorschach,1921)在《心理诊断》一书中提出来的。自心理诊断提出至今,心理诊断的领域一直在发展变化,心理诊断的内涵一直存在分歧。最早这一概念专用于精神病学领域,后来逐渐扩展到医学领域,最后才在心理咨询与治疗领域中得到应用。

关于心理诊断的含义,不同的学者提出了不同的看法。戈登森(R.M.Goldensen)在《朗曼心理学与精神病学辞典》中认为心理诊断是以症状、征兆或测验、检查为基础,确定使某人苦恼的障碍的类型,以及根据某一疾病、某种变态或一系列特征对个体进行归类。科西尼(R.J.Corsini)在《心理学百科全书》中认为诊断,或者更确切地说心理诊断,主要包括两个方面,一方面主要指对与个体的情绪和行为状态有关的信息进行分类的过程;另一方面依据某种通常为人们共同接受的分类体系对个体状态确定名称。国内学者陈会昌认为在教学过程中的心理诊断,就是在分析、研究学生的生理心理特点的基础上,查明学生在学习和行为中的一些偏态如成绩不良、品德不良产生的原因,并提出消除这些偏态的方法。著名心理学家朱智贤教授主编的《心理学大词典》认为心理诊断即用心理学的方法评定病人的心理障碍,确定它的性质和程度。

根据各种心理诊断的定义,结合实际工作经验,我们认为心理诊断是根据心理症状学知识,综合运用心理诊断的各种技术手段,收集并分析来访者的资料,对来访者的心理问题进行描述,探索心理问题的原因,对心理问题定性并归类,同时对相似的问题进行鉴别诊断的过程。

阅读材料

关于心理诊断的看法

斯通和尼尔森(D.R. Stone & E.C.Nielsen)认为诊断并非局限于缺陷,而是适合于所有学习者的有效教学的内在组成部分。诊断是对学生的需要状态、学习条件或缺陷的科学描述或分类。

Walsh和Betz(1990)认为心理诊断是帮助他人应付各种疑难问题和困境的

过程，主要包括信息的收集、对信息的理解、对信息的整合和解决问题的干预方案等四个要素。

Ager和Petermann(1992)认为心理诊断是要系统地收集资料，对其进行科学加工，以便为提出解决问题的方案和实施方案提供证据，同时监控实施过程，使之最优化。决定的做出是以复杂的信息加工为基础的。在这一过程中，需用到各种规则、工具和数学算法等等，从而查明那些明显的特征并据此做出结论。作为这些特征的载体，可能是个体、群体、机构、客观事物等。

德·泽乌认为心理诊断的目的在于对个体差异进行评价，并为了个人或社会的利益而将从评价中获得的认识应用于个体。也有人从社会生活常识的角度来认识心理诊断。

也有人认为心理诊断要求诊断者具有关于人类各种事物的知识。一位心理诊断者，同时也是一位法官、访谈者、侦探、审讯者、助人者、决策制定者、科学工作者、信息收集和加工者、隐私窥探者、预言者、依靠直觉的科学家、职员、问题商讨者和问题解决者。

二、心理诊断的对象

在心理学的各门分支学科中，对研究对象的选择各不相同。对此，一直以来就存在两种具有代表性的观点。

一种观点以健康人为研究对象。许多心理学，例如发展心理学、管理心理学、社会心理学等主要持这种取向。在坚持健康人为研究对象中，马斯洛坚持得最彻底。他认为人类的心理规律与非人类的自然规律在某些方面是相同的，但在某些方面又完全不同。马斯洛强调要以健康的人作为研究的对象。他认为只有研究最有德性、最懂伦理或最圣洁的人，才可能发现人类精神成长、价值成长或道德发展的可能性，才能有最好的收获。

另一种观点以非健康人为研究对象。精神分析学派，只看到人与动物的连续性，而无视或否认人的特点，所以，经典的精神分析学派是以畸形的、不成熟的和不健康的人为研究对象。人们对异常心理现象的观察和记载虽有漫长的历史，但是系统的探讨和科学的解释还是近百年来的事。在弗洛伊德以前，人们只重视健康人的心理分析研究，把不健康人排斥在研究之外，而弗洛伊德则重视不健康人的心理研究，把不健康人的心理研究转变为内在精神动力的探究，这为人类探知心理的机制又提供了一条新途径。

对于心理诊断的对象,也存在诸多争议。一些人认为,心理诊断的对象主要是心理健康的人,心理诊断对其心理健康水平进行评定。另一些人认为心理诊断的对象主要是心理异常患者,持这种观点的人占少数。我们认为人群中处于两个极端的人是少数,即人群中没有丝毫心理问题的人是少数,心理异常的人也是少数。从没有任何心理问题到心理异常之间存在一个很广的过渡带,这是一个连续的区域,这是人群中的大多数,这是心理诊断服务对象的主体。在这一过渡带中,存在一般心理问题、严重心理问题、神经症、人格障碍,有的甚至达到精神疾病的边缘。对这类人群需要进行心理咨询或心理治疗,以矫正他们的问题心理和行为。人群中处于过渡带中的这些人便是心理诊断的对象。对心理诊断对象的理解,可以考虑以下三个方面。

首先,心理诊断要研究非健康人的心理和行为。通过心理症状学研究非健康人的心理和行为的特点,更便于获得某些心理问题的表现特征与规律,可以建立起心理诊断的基础。

其次,心理诊断学要研究心理问题的诊断规律。心理问题的诊断规律依赖于心理问题的表现规律。咨询师只有把握了心理问题的表现规律,才能获得对心理问题的诊断规律。心理诊断的规律具有复杂性和灵活性,并非一一对应,一成不变。心理诊断就是要学习各种心理问题的诊断规律,确保科学的诊断,为后续的心理咨询与治疗奠定坚实的基础。

最后,心理诊断特别强调对心理诊断的具体技能和病因的研究。掌握了心理诊断的具体技能,明确了心理问题产生的原因,即使严重心理问题也容易得到有效的咨询和治疗。

三、心理诊断与心理评估的区别与联系

与心理诊断非常相近的词是心理评估(Psychological Assessment)。心理评估与心理诊断在方法、原理及技术上存在诸多相似之处,但两者也存在着一些差异。

(1)心理诊断要对心理问题进行归类,强调结果和确定性,因此,显得相对静止和孤立。而心理评估是一个解决问题或回答问题的过程,强调过程性,更显示出动态性和变化性。

(2)心理诊断是对来访者的心理问题的性质、程度和原因做出判断,显得单一而有所侧重。而心理评估是对来访者的全面的心理评价,把握来访者各种心态和个性特征,以及心理健康水平。

(3)在对象上有所不同。心理诊断更多指向心理不健康人群及其以下人员,而心理评估则更多指向心理健康人群。

(4)两者目的不同。心理诊断的目的是为有心理问题的人提供诊断服务,主要用于咨询与治疗。而心理评估的目的主要是为企业、政府或相关机构部门进行人才选拔。

四、心理诊断的任务

心理诊断的主要任务与心理诊断的核心功能联系在一起。心理诊断的核心功能就是判明心理问题的性质。因此,围绕心理诊断的核心功能,心理诊断的主要任务包括五个方面:(1)来访者资料的收集与整理;(2)异常精神活动的排除诊断;(3)心理问题的分类诊断;(4)心理问题的病因诊断;(5)心理问题的鉴别诊断。

(一)来访者资料的收集与整理

这是心理诊断的起始阶段。这个任务主要是通过摄入性会谈收集来访者的相关信息资料,并按照一定的思路进行归类整理,鉴别资料的真伪,检验资料的可靠性。这个阶段为后续的排除诊断、分类诊断、病因诊断和鉴别诊断奠定坚实的信息基础。

例如,通过摄入性会谈,咨询师了解到来访者最近一段时间经常头昏,头痛,失眠,全身疲惫;整天没精打采,做什么事都没兴趣,成天闷闷不乐;觉得很苦恼,前途没有希望,记忆力大不如前;学习效率低,整天担心成绩下降,痛苦至极。

对收集到的来访者资料可以从精神状态、身体状态和社会功能三个方面进行分类整理,整理结果如下:(1)精神状态:情绪低落、苦恼、焦虑、没精打采、闷闷不乐,没有希望,记忆力下降;(2)身体状态:头昏、头痛、入睡困难、疲惫;(3)社会功能:学习效率下降。

(二)异常精神活动的排除诊断

心理诊断的第二项任务是异常心理活动的排除诊断。在心理诊断中,常见的问题是把精神活动正常与异常混淆,导致后续心理咨询与治疗过程中不能正确有效地实施心理干预。一些咨询者常把精神病症状作为咨询会谈的内容,导致心理咨询与治疗的效果不好,甚至加重患者的精神疾病,延误精神病患者的治疗,这都是在心理诊断中不能把精神异常排除的结果。心理诊断的一个特别重要的任务是区分正常精神活动和异常精神活动。对精神异常的患者,心理咨询师无权处理这类病例,更无权使用各种精神药物。妥当的处理是与精神病专家会诊或者转诊给相应机构,以便使患者得到正确的早期治疗。在排除诊断中,区分正常与异常精神活动的原则有三条:

1.统一性原则

心理活动是对客观现实的主观反映。一般情况下，心理活动的内容与现实具有统一性，正常人的心理活动不仅在其内容、形式上与外在现实具有统一性，而且在数量和质量上都具有某种统一性关系。统一性是判断精神活动异常与否的重要指标之一。

2.一致性原则

心理是脑的机能，脑是心理的器官。与其他器官不同的是脑是具有高级协调功能的器官。大脑整合各种心理活动，使心理活动之间保持协调一致性。这种知、情、意等之间的一致性是精神活动异常和正常的第二个重要指标。

3.个性相对稳定性原则

个性处于不断发展变化之中，但个性的发展变化一般是缓慢的。个性在一定时期内相对稳定。正常情况下，个性不会无原因地发生突变，这是个性相对稳定性的实质和内涵。正常人的个性总会保持着相对稳定性。

在进行心理诊断时，这三条原则中任何一条遭到破坏，都可作为异常精神活动的征兆。请看下面的案例：

王某，男性，高二学生，长相一般。原是一个活泼的孩子，学习认真，懂事听话。一月前明显沉闷起来。两周前又突然情绪激动，不停地说话，大喊大叫，又哭又闹。

王某自述："觉得长得像周星驰，同学崇拜我，一群人在楼下喊我，要我给他们签名呢，我父母怕我出去，总告诉我没人找我……"

王某不告诉咨询师家庭住址的原因是："我家都有保镖的，总把崇拜我的那些人挡在门外。没办法，我长得太像周星驰了……"

在这个案例中，可以看到来访者人格在几天内不明原因地出现了巨变，即"原是一个活泼的孩子，学习认真，懂事听话。一个月前明显沉闷起来，两周前又突然情绪激动，不停地说话，大喊大叫，又哭又闹"，同时来访者也出现了主客观的不统一，如"我家都有保镖的，总把崇拜我的那些人挡在门外。没办法，我长得太像周星驰了……"明显两个原则遭到破坏，心理属于异常，是精神病性障碍，来访者不属于心理咨询和治疗的范畴。

（三）对心理问题的分类诊断

心理诊断的第三项任务，就是在临床上对心理问题的类别进行定位，这就是分类诊断。分类诊断的主要依据是心理问题的严重程度。根据严重程度，心理问题主要分为三大类：首先是一般心理问题，主要特征是近期发生、内容尚未泛化、反应不甚强烈、心境和情绪产生波动、思维保持逻辑、人格完整等；其次是严重心理问题，其主要特征是初始反应剧烈、持续久、内容充分泛化、自身难以克服、情绪波动较大，可能存在思维逻辑错误，也可能有人格缺陷等；最后是神经症，主要是已经确诊的各类神经症。

心理诊断的主要任务之一就是对来访者的心理问题根据严重程度进行分类诊断。

（四）探索心理问题的原因

探索心理问题的原因是心理诊断的又一个重要任务。尽管一些治疗理论和技术，例如焦点解决短期治疗理论不强调对心理问题的原因的分析，但是多数理论和技术对心理问题的原因都非常重视。因为从咨询和治疗的角度来看，探索清楚心理问题的原因，常常预示着心理问题已经获得了一定程度的解决。对心理问题的原因探索，要建立起系统观念，比如，可以从宏观到微观来进行。从宏观看，心理问题的原因可以从社会原因、认知原因和生物学原因来系统分析。从微观讲，可以探索导致心理问题的具体原因。例如，躯体情况、人格因素或者具体的压力事件等。在探索心理问题的原因时，要注意原因的综合分析。实践中几乎看不到单因素导致心理问题的案例，也看不到各种原因同等地发生作用的案例。病因诊断要在病因综合体中找出经常的和起主要作用的原因，并且要对主要因素与从属因素的关系做出解释。请看下面案例：

来访者三个月前，丈夫车祸身亡，因此痛不欲生。开始终日哭泣，感到情绪烦躁，不想吃不想喝，好多天睡不着觉，心里很想念丈夫，想和丈夫一起死去。但来访者认为"为了孩子，也为了不让父母受太大刺激，就坚持着过吧"。整天精神恍惚，家人很担心，来访者心里更烦闷，怕这样下去会得大病，因此前来咨询。

从这个案例可以看出，丈夫意外身亡是来访者产生心理问题的原因，这是由生活重大事件引发的，属于社会性因素。来访者也有认知方面的原因，但认知方面是从属因素。

（五）对心理问题进行鉴别诊断

心理问题的诊断必须小心谨慎。一些症状之间具有很强的相似性，容易导致诊断发生偏差。鉴别诊断就是要对相似的症状进行仔细研究和区分，与相近或相似的诊断进行比较鉴别，使诊断更加精准。心理问题的症状变化极其复杂、类型繁多。它不仅仅单纯是心理功能的紊乱、冲突和障碍，而且还常常伴随躯体上的不适和生理功

能上的紊乱。因此要对单纯心理问题或心理问题伴有躯体症状的问题进行鉴别诊断。请看下面案例:

某男,38岁,大学副教授,事业有成,但为人孤僻,生活枯燥。目前正紧张准备出国深造,努力学习外语。但时间紧、压力大、紧张、担心、彻夜不眠、白天头晕乏力、心悸胸闷。因同时伴有早搏而怀疑有心脏病,就开始奔走于各大医院寻求诊治。内科诊断为冠心病,神经科考虑脑血管供血不足。各科都按照自己的思路对患者进行了各种检查和治疗,服药种类繁多,但疗效都不显著。患者从此疑虑重重、无所适从,症状日益加重,几度卧床不起。

从上例可以看出,本例需要在心理问题和生理问题之间进行鉴别诊断。鉴别来访者是心理问题还是生理问题或者二者皆有。

鉴别诊断除了对心理问题和生理问题进行鉴别外,更要进行一般心理问题和神经症之间以及神经症和神经症之间的鉴别诊断。再看下面案例:

某男,19岁,大一学生。自幼性格内向,胆小,学习刻苦。大学开始住校,和室友玩得比较好,有一次打雷,因为害怕紧紧拉着室友的手。室友用异样的眼光看他,并开玩笑说他是同性恋。之后每晚都想着这件事,躺下后睡不着,担心自己真的是同性恋,觉得脑子里的这种想法不好,但始终无法摆脱。持续一个多月,学习成绩有所下降,跟男同学交往也不太自然,感到十分苦恼和焦虑。

从上面案例可以看到,可将该来访者诊断为一般心理问题。但是来访者还具有焦虑症状和强迫症状,如"之后每晚都想着这件事,躺下后睡不着,就担心自己真是同性恋,觉得脑子里的这种想法不好,但始终无法摆脱"。因此需要与强迫性神经症相鉴别。同时,来访者"感到十分苦恼和焦虑"具有焦虑性神经症的症状,因此也要和焦虑性神经症相鉴别。正是有了鉴别诊断,才使心理诊断能更好地为心理咨询和治疗服务。

五、心理诊断中的共病

共病(Comorbidity)也称同病、合病,目前国内习惯称共病,这个概念最早由耶鲁大学流行病学教授Feinstein于1970年提出。共病指两种疾病共同存在。如焦虑、抑郁障碍共病是指同时有焦虑和抑郁症状,如将两组症状分别考虑,均符合各自相应的诊断标准。

共病意识、理念及判定技巧在心理诊断中具有十分重要的意义。心理诊断中,也常遇到需要做出共病的诊断。下面列举一些共病类型供大家在心理诊断中参考:

（一）焦虑共病抑郁

焦虑性抑郁在美国《精神障碍的诊断与统计手册》第五版（DSM-5）有许多不同的叫法：重度抑郁障碍共病焦虑障碍、重度抑郁障碍伴随焦虑症状、重度抑郁障碍伴随焦虑痛苦特性。

大量研究结果显示，重度抑郁障碍共病焦虑障碍患者的病情发展轨迹和结果通常处于恶化状态，主要表现为抑郁严重程度增加、康复率降低、再入院率升高、自杀风险增高、社会和工作功能下降、共病引起其他健康问题（如高血压、哮喘和糖尿病等）出现的概率增加等。

抑郁共病特定焦虑障碍的研究结果十分复杂。研究中发现，相比于重度抑郁共病惊恐障碍的患者，重度抑郁共病广泛性焦虑障碍的患者治疗反应性更差。其他结果显示，相比于重度抑郁共病广泛性焦虑障碍或者社交焦虑的患者，重度抑郁共病惊恐障碍的患者药物治疗副反应更大。

（二）强迫症共病其他心理障碍

强迫症常与多种心理障碍并发共病，例如，强迫症常与抑郁症、焦虑症、惊恐障碍并发共病（Torres & Lima, 2005）。Ruscio、Stein、Chiu 和 Kessler（2010）发现 90%的强迫症患者存在共病情况。Belloch（2009）的研究也发现，强迫症与焦虑（Belloch, 2009）、情绪障碍（Fineberg, 2015）、精神分裂症等疾病存在较高的共病率。研究发现：最常见的、排在第一位的共病是焦虑障碍，强迫症与其共病率大约为 75.8%；强迫症与情绪障碍共病率约为 63.3%；强迫症与冲动控制障碍共病率大约为 55.9%；强迫症与物质依赖的共病率约为 38.6%。强迫症的共病给这些心理障碍的咨询治疗带来了阻碍，在咨询治疗时，强迫症患者因共病不能正确描述自身典型的强迫症状，造成漏诊或者误诊，增加了咨询师处理问题时所面对的多种可能性和难度。但一些研究认为共病给强迫症的咨询和治疗带来了积极影响。研究发现，共病似乎能够促进强迫症患者寻求帮助并获得治疗。共病或许能激发强迫症患者寻求治疗的动机，但往往妨碍强迫症的诊断和治疗（Levy, 2013）。强迫症患者寻求治疗常因共病而苦恼而非强迫症。抑郁症状是许多强迫症患者寻求治疗较为频繁的缘由（Zimmerman, 2000）。

六、心理诊断中的戈德华特原则

戈德华特原则（Goldwater rule）是美国精神医学学会职业道德守则第 7 条第 3 款的通称。这一条款规定：精神科医生只有在亲自诊断患者后才能得出诊断结果。该条款是根据美国参议员巴里·戈德华特命名的。精神科医生在未亲自诊断过的情况下就发表专业诊断结论,很可能导致误解和产生风险。精神科医生具有公众不具备的专业知识,公众很容易相信其言论权威,因此必须建立有职业道德标准规范的精神科医生的言论。1973年,美国精神医学学会出版了《医疗职业道德守则:适用于精神医学的注解版》(以下简称《守则》)。《守则》中正式要求精神科医生必须亲自诊断且获得授权许可之后才可以发表诊断结论,否则即视为违反职业道德。这一条款也因此以戈德华特的名字命名。

因此,作为从事专业心理诊断的心理咨询和治疗师,也需要遵守这一职业守则,遵守心理诊断中的戈德华特原则。

第二节　心理诊断的基本原则及方法学基础

心理诊断的基本原则和心理诊断的方法学基础都很重要。在心理诊断中,缺乏原则做指导,诊断就容易变成以个人经验和好恶轻率做出的主观猜测。没有诊断的方法学基础,心理诊断也容易演变成根据有限的信息做出的胡乱猜测。心理诊断的基本原则和方法学基础两者决定了在心理诊断过程中的灵活性和权变性。只有深刻理解心理诊断的原则和方法学基础,才能真正把握心理诊断的精髓——权变。

一、心理诊断的基本原则

(一)科学性原则

科学性原则是心理诊断遵循的首要原则。科学性原则体现在心理诊断的各个方面。例如,诊断时,是否遵从了必要的诊断程序?在对所获得的资料与信息的分析上,是否抓住了资料的真实意义?诊断思维是否清楚?有思维主线吗?前后信息的联系是否真实而非人为?资料与信息是零散的,还是高度整合的?咨询师是否考察了多次收集的同一方面的信息是否具有一致性等。一般而言,为了确保观察的科学性,咨询师对来访者的观察需要拟订一个观察顺序和观察要点的提纲,还要对资料信息去伪存真。请看下面案例:

一位初二男生上初中后,开始抽烟,常常趁父母不在,悄悄在家里吸烟,少时两三支,多时曾一天十二支。对儿子的行为,母亲常常责骂,但几乎没有什么效果。对吸烟,求助者总是发誓一定要改。然而,"我控制不住"却成为再次吸烟的理由。求助者看到烟就想抽,但觉得不该抽,觉得这样不好,很想改,但经常控制不住。刚抽烟时感到特别兴奋,不久又难受自责。为此心情烦躁,情绪低落,学习成绩越来越差,吃不好,睡不好。

在这个案例中"求助者看到烟就想抽,但觉得不该抽,觉得这样不好,很想改,但经常控制不住",这样的症状似乎是强迫症状的表现,果真如此吗?运用科学性原则,进行去伪存真的分析就能发现,求助者原来使用的是生活描述,其含义并非是强迫症状,而仅是行为的反复。由此可以进一步抓住该案例的本质,从而做出正确的诊断。

科学性原则要求在进行心理诊断时不仅要有科学的精神,也要求有科学的态度。科学精神、科学态度、科学程序和科学分析信息资料是科学性原则的典型表现。

(二)由定性向定量发展原则

对心理问题的诊断,必须结合定性与定量来考虑。在诊断时,能够定量的尽量不停留在定性诊断水平上。实在不能做出定量诊断的,至少也要进行一个定性诊断。例如,已经诊断出来访者为抑郁症,此时,可以运用抑郁量表,就来访者的抑郁程度,进一步做出抑郁程度的量化诊断。

(三)经济性原则

经济性原则是指在心理诊断中,花最少的时间、精力和费用,快速地达到明确的诊断。

经济性原则体现在三个方面:首先是时间上的经济。根据时间限定性原则,每次求诊时间不能任意延长,因此在有限的时间里,应该体现出诊断的高效率。咨询师不能漫无边际地闲聊,延长次数来获取经济利益。咨询师也应尽量遵从来访者的时间安排,不要任意变换来访者时间,使来访者花大量时间来适应咨询师时间的不确定性。同时,来访者也不要任意变换、推迟预约时间,更不能无故爽约。因为,时间变化可能会给咨询师带来时间安排上的连锁反应。另一方面,尽量合理安排诊断时间,诊断时间过长,在明确诊断的情况下就无多大价值。时间过短,问题诊断不明,也不利于心理咨询与治疗。

其次是精力上的经济。对来访者而言,因为受其心理问题的困扰,自身存在较大的心理压力。对心理咨询工作者来说,其自身的压力也很大,所以在咨询过程中,应充分考虑精力耗竭带来的影响。

最后是费用上的经济。费用上的经济主要表现在测验的运用上。在诊断过程中,不能因为个人或诊所的收入而滥用、乱用心理测验。如果通过摄入性会谈,已经形成了明确的诊断,就没有必要再进行心理测验,更不用说狂轰滥炸式地进行心理测

验了。请看下面案例:

求(求助者,下同):我,嗯……夜里很晚才能入睡,早上醒得早,白天没精神,有时候耳朵还嗡嗡作响,胃口也不好,吃得比较少,这段时间瘦了10多斤……

咨(咨询师,下同):哦,那你先做几个心理测验吧。你先做个SCL-90,再做个MMPI,然后做一个EPQ,最后做个16PF吧。

求:啊,这么多啊?!

咨:少了不就不准了吗?都做了吧!

从上面的案例可以看出,咨询师在诊断时,在心理测验的使用上违背了经济性原则。这样的诊断过程既费时费力,同时也会影响诊断的准确性。

(四)系统化原则

系统主要考察三个基本要素。一是组成元素,二是元素之间的关系,三是系统具有新的功能。这样由若干元素相互联系、相互作用、组成的具有一定结构和机能的整体就是一个系统。心理诊断的系统性原则就是用系统论对心理问题进行系统分析。

首先,系统分析强调整体性,从严重程度上看心理问题应将其视为一个系统的整体,由此可以把心理问题分为"一般心理问题、严重心理问题、神经症和精神病"。离开了整体性,各种心理特性及其相互作用便无法理解。

其次,系统分析强调等级结构性。心理诊断的问题类别就是一个等级结构,是一种有序的、有组织和层次性的结构系统。对心理正常和异常的理解,见如下等级结构(图1—1)。

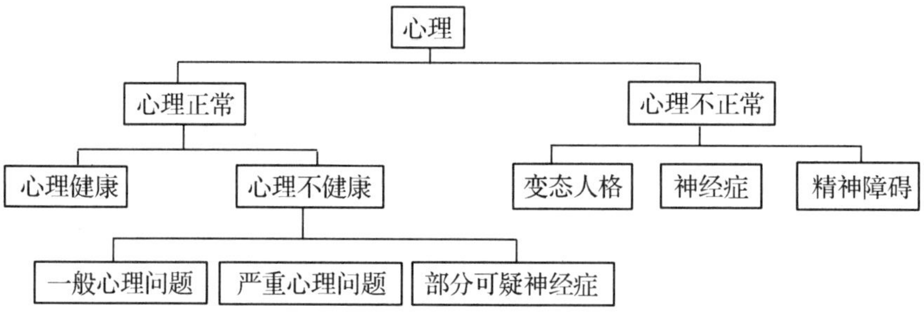

图1-1 心理正常与异常的等级结构图

在咨询实践中,咨询师心中必须有清晰的心理正常和异常的等级结构,才能在诊断时做到心中有数,而不至于出现混淆和错误。

(五)客观性原则

任何科学诊断都必须遵循客观性原则,心理诊断也不例外。遵循客观性原则也就是遵循实事求是，即根据来访者心理现象对其做出心理问题本质的判断。贯彻客观原则要求咨询师以实事求是的态度看待来访者的信息资料。在诊断中不要掺杂个人因素，不能任意夸大问题的严重性，也不能忽略问题的严重性，态度要客观端正，不要主观臆断。由此心理咨询师应注意：(1)收集资料时，必须如实详尽地记录来访者的情况，不可用自己的主观体验与感受来代替客观观察到的事实。(2)在资料的处理、结果的分析整理时应尽可能用某种客观的尺度来评定。(3)在做结论时，要根据客观的事实下判断，不要做过分的推论。请看下面案例：

某男，18岁，中学生，学习成绩优异。在模拟考试中发挥正常，预计可以考入重点大学。但出乎意料的是，高考成绩竟然没有达到普通大学的录取分数线，高考查分后成绩没有差错。该男生痛哭一场后，开始在家里自己复习，不和他人交往，不听家长的建议去补习班上课。

在这个案例中，“不与他人交往，不听家长的建议去补习班上课”，如果没有客观性原则，咨询师就很容易对这个资料在主观上产生错误的理解。因为这个资料的含义可能是来访者自己觉得有能力复习，不需要去补习班，还有可能是来访者泛化，表现为说到校园学习就很伤心。不同理解会产生不同的诊断。前者可能诊断为心理正常或为一般心理问题，而后者可能诊断为严重心理问题。可见，遵循客观性原则可以减少误诊的机会。

（六）分解性原则

分解性原则指把心理症状的各个方面分解成可以考察的点或单元，因为整体笼统的心理诊断相对而言不能深入地把握心理问题的本质。分解性原则体现了心理诊断自下而上的思维加工过程。例如在CCMD-3中通常把每类心理问题的诊断标准都分解为症状标准、严重标准、病程标准以及排除标准等可以考察的单元。同时症状标准又分解为若干个诊断要点。这种分解让咨询师对每类心理问题有了更准确和深入的把握，同时提高了实践工作中诊断的准确性。

（七）过程性原则

心理诊断有自己的过程。它包括开始阶段、细节性阶段和结束部分。开始阶段主要包括诊断关系的建立、基本信息的收集等。细节性阶段是诊断者专业知识的运用。在细节性阶段，测验理论、诊断测验和诊断周期等都起着重要作用。结束部分是对问题的解释过程。

过程性原则对心理问题考察提供了时间和空间，使心理咨询师有更多的时间和机会来检查和监控自己的心理诊断，使心理诊断得到反复斟酌，从而提高心理诊断的科学性。

心理诊断必须按照一定的程序,有步骤地进行排除,然后使模糊问题具体化,表面现象深入化。在诊断中,首先要排除器质性病变,然后排除精神病性问题,然后再看是否是人格障碍。排除了上述三类不适宜做心理咨询与治疗的来访者外,其他的来访者,可能会有各种各样的症状表现,心理工作者要根据其表现、自述、他述以及历史追踪等各种方法进行确诊,以便有效地进行咨询与治疗,指出正确的方向与目标。请看下面的案例:

某男,22岁,未婚,大学三年级学生,家在农村,排行最小,上有两姐。求助者近半年来失眠多梦,注意力下降,逻辑分析能力下降,容易紧张焦虑。害怕考试,害怕老师,胃口不好。曾去医院检查过内科和神经科,吃过一些药,没有效果。最近比以前更严重了。

根据过程性原则对来访者进行诊断时,首先要了解资料,通过求助者家长叙述,了解求助者自幼生长在农村,家境贫寒,为了让他上大学,姐姐高中毕业后就外出打工了。因为他矮,同学起外号叫"小矮人"。上了大学后,拼命学习,立志要毕业后找到一个好工作,改变家里的境况。经过资料收集,了解了其生活背景和心理上的情况:一方面内心有点自卑、胆怯,怕比不上别人。另一方面又很自负,觉得别人不比他聪明,有时也看不上教得不好的老师,难免对有些老师的态度不够尊敬,但内心也害怕被老师处罚。通过这个过程性的诊断分析,很容易做出严重心理问题的诊断。

(八)综合性原则

综合性原则就是寻求心理诊断的各个部分、侧面、因素的内在联系,把各个部分联系起来作为一个整体加以考虑的原则。综合性原则虽然是把诊断的各个方面结合起来进行考虑,但绝不是把各个方面简单地堆砌在一起,而是要通过全面掌握各个部分、要素和各个方面之间的性质、功能等的内在联系,然后加以总结和概括,以展现对象的整体性和综合性,最后形成对诊断的完整反映和多样性的统一。

综合性原则是在分析的基础上进行的。综合性原则运用可以从诊断的空间和时间两个方面或横向和纵向两个方面来加以开展。就空间与时间的综合来说,空间的综合就是将分析所划分的不同部分、不同方面、不同成分通过寻求在性质上的内在联系而把它们联系起来,并从理论上说明对象之间的相互关系,然后形成一种完整的认识与理解。时间的综合则是把对象不同时期的认识按照事物自身历史发展的内在逻辑联系起来,以形成对整个心理问题的发展的认识。

就横向综合来说,就是对诊断的信息的不同因素和方面的综合。而纵向的综合就是对诊断信息的不同层次的综合。纵向综合最重要的是揭示诊断信息各部分之间的内在联系。

各种技术方法的综合运用是心理诊断的综合性原则的精髓。所谓综合性既体现了在心理诊断中的技术、方法、思想的综合,也反映了心理诊断的灵活性、权变性。综合性原则要求咨询师在分析信息时,要有抽取能力,能够从纷繁复杂的信息中抽取出核心信息和关键信息。综合性原则也要求咨询师具有整合能力,能够把各种琐碎的信息集中分析。综合性原则也要求有重点和非重点的观念,这样才能把握综合的主线。请看下面的案例:

李某,男,30岁,未婚,公司职员。求助者害怕与异性说话,工作上避免与女性当面的接触,希望把协调、组织工作交给别人。每当不得不与女性说话时,都觉得是极大的负担。感觉心慌、脸红,胃部不适,同时担心自己声音发紧更引起对方的注意。近半年来发展到不敢与人交往,整天感到疲惫不堪,下班后就是自己在家看电视。工作中注意力无法集中,记忆力下降。吃不好,睡不着,日渐消瘦,对自己长期处于这种状况感到很沮丧。求助者见了年轻的异性就紧张、害怕,很少参加集体活动。求助者从未谈过恋爱。现在感到自己害怕与异性交往的问题影响了工作和生活,自己也对这种状况不满。

对上面的案例进行诊断时,不能只根据来访者的单一症状,必须根据综合原则进行诊断。需要综合考察来访者心理冲突的性质,是变形还是常形。案例中来访者“害怕与异性说话,工作上避免与女性当面的接触”,这是生活中多数人都不会特别关注的事情,所以来访者的心理冲突是变形。综合来访者病程长短、痛苦感和社会功能受损程度来看,由于来访者病程持续时间为半年,可以评为2分,求助者自身感受到痛苦,不能自己摆脱,可以评为3分,求助者在工作上出现了回避,也影响了人际交往和生活,但还能部分进行工作,社会功能评为2分,三维总分7分,可以支持诊断为神经症。求助者的典型症状是“害怕与异性说话,工作上避免与女性当面的接触”。对以上信息进行综合,可以把来访者诊断为社交恐惧症。在这个案例的诊断中,综合性原则发挥了重要作用。

二、心理诊断的方法学问题

心理诊断以科学法则处理人的心理与行为问题,不武断、不臆测。诊断决策根据事实规律进行,不凭个人经验或利用来访者对心理学的盲目信任去指导来访者。为此,心理诊断依赖于一定的方法学。

(一)联系的观点

联系观点指一切事物、现象之间以及事物内部诸要素之间的相互依赖、相互制约、相互影响、相互作用。联系观点要求在各类事物之间的各种关系中把握事物的本质。联系具有客观性、普遍性和多样性等特征。

联系具有客观性主要指联系是客观事物固有的本性,是独立于人的意识之外的客观存在,它不以人的意志和主观认识而转移。联系的普遍性指任何事物内部和外部都处于相互联系之中,整个世界是一个相互联系的统一整体。联系的多样性指由于事物和现象之间的联系是具体的,因而事物的普遍联系必然是复杂多样的。不同的物质与运动形式之间,不同的事物和现象之间存在不同的联系。事物之间的联系也随时间和条件的变化而变化。联系的多样性的表现形式主要有:直接联系与间接联系、内部联系与外部联系、本质联系与非本质联系、必然联系和偶然联系等。

辩证唯物主义联系观点要求进行心理问题的诊断时,必须防止或克服工作中的片面性。要从心理、生理及社会因素之间的相互制约和相互影响的关系等诸多方面来考虑心理问题。在心理诊断时,对求助者的心理问题应做到全面考察、系统分析、具有整体观。既要重视内在联系,又要注意相互之间的影响,综合运用各种心理诊断的方法,使心理诊断工作准确有效。请看如下案例:

某男,25岁,研究生,未婚。求助者近三个月来一直处于情绪低落状态,经常感到委屈,有时独自落泪。来访者认为现实冷酷无情,整日没精打采,吃不下饭,睡不深,经常做噩梦。白天不能集中注意力,记性越来越差。容易急躁,遇到一点儿小事就爱对人发脾气,虽然在同学和老师面前还装作若无其事,但是,学习和工作效率低,经常出现小差错。不想与人交往,经常找理由不参加集体活动。求助者性格较内向,听话,在大人眼中是个乖孩子。父母要求较严格,从小到大学习和生活一帆风顺。考上研究生后,学习任务繁重,感到压力重重,经常出错,一被老师批评就感觉天要塌下来,非常气愤,悔恨交加。曾想到退学,但顾虑重重,退学吧,什么都不会,找不到好工作。不退吧,自己又不愿再这样生活下去,在这种矛盾冲突下,日渐憔悴,情绪低落,脾气变得暴躁。看到别人成绩优异时,就特别敏感、脆弱,后来甚至看到书本都感到受不了。虽然还能坚持生活,但积极主动性较之前降低。自己想通过一些途径改变现状,却难以解脱。

从联系的观点来看,来访者心理问题的产生是多种原因联系的结果。社会原因主要是学习任务繁重,而心理原因主要有性格内向、敏感、多疑、情感脆弱以及内心冲突,主要表现为退学与不退学的矛盾等。辩证唯物主义联系观点要求咨询师理解心理问题应立足于身体与心理二者的结合。心理问题的存在,可能通过身体疾病反映出来,身体疾病也可能通过心理问题反映出来。这就需要咨询师善于分辨,辩证统一地分析和对待，而不能孤立地看问题。辩证唯物主义联系观点要求对心理问题病因进行综合分析。导致来访者心理问题的因素是多方面的，常常是生理、心理、社会诸因素交互作用的结果。咨询师应能够透过现象看本质，在各种病因之间的关系中，去分析问题所在。

辩证唯物主义联系观点在临床实践中，要求将不同的心理诊断方法综合起来进行诊断。在临床工作中，咨询师不能固执于自己偏爱的某种心理诊断理论与方法，更不能偏爱所追求的诊断目标效果。在临床工作中，咨询师不是在证实自己的或别人的理论见解，如果在临床上以证实理论和方法为核心，那就偏离了心理诊断的正确方向。事实证明各种理论和各种方法之间是存在内在联系的，它们表达了真理的某一面。所以各种方法的有效性也各有长短，只有将它们联系起来才是全面的方法。

（二）历史思维的方法学

历史思维是进行心理诊断的非常重要的方法学基础，是一种站在历史的角度上对历史事实进行综合分析的思维方式。历史思维方法是科学思维方式之一，因为它是遵循事物客观发展规律的思维方式。历史思维方式在诊断时表现为当咨询师面对求助者的心理问题时，会考虑到其历史的依据、发展的过程、发展方向和客观的逻辑。根据精神分析的观点，童年早期的经历在一个人的一生中有决定性的影响，因此，分析童年早期致病原因是历史思维的最好体现。请看如下案例：

求助者三个月前，由于粗心，上厕所时忘记洗手，父母发现后，说了他几句，为此一直耿耿于怀，失眠两天。从此以后，每次上厕所，都要反复多次检查手是否洗干净。明知已经洗好，还是控制不住要洗，否则就心慌，总担心“万一洗不干净呢？”有时要检查十余遍。最近，每次锁门，也要反复检查，为此十分苦恼，以致无法上班。

求助者一岁时，父母又生了一个男孩，就把求助者送到外婆家。外婆十分呵护他，管教也很严，从不让他与其他孩子玩，长到七岁才回到父母身边。回家以后特别听话，学习也很认真。但是，中考没有考好，只好上了一所中师。中师毕业后在小学工作，工作很认真，但赛课时总发挥不好，人际关系一般。三个月前，准备公开课，很紧张，又出现失眠，还没上公开课就出现了心理问题。

要充分理解上面的案例，采用历史思维的方法学就容易实现。求助者小时候被送到外婆家，外婆对他保护得很厉害，管教也很严，从不让他和其他孩子玩，长到七岁才回到父母身边，这些历史生活对来访者心理问题的产生具有重要影响。因此，历史思维的方法是心理诊断的一个重要的方法学。

心理诊断学的历史思维具有一些明显的特征。历史思维要求不仅要掌握来访者大量丰富的过去生活事实和资料，还要理清过去生活事实之间的错综复杂关系。历史思维要求咨询师从不同的方面、不同的角度对来访者个人生活的历史事实进行分析。在对个人过去的历史事实的解释上,历史思维要求我们善于形成各种假设,并为证实假设提供证据。在个人过去历史事件的因果分析中,历史思维要求我们不仅要把握个人生活事件的直接原因,还要把握事件的间接原因;不仅要分析近因,也要分析远因;历史思维要求我们以历史的眼光看待各种个人生活的历史事实。历史思维的这些特点决定了在心理诊断中历史思维的重要性。

(三)因果决定论的方法学

在进行心理诊断时,我们都会不由自主地探索心理问题产生的原因。这体现了因果决定论的精神。因果决定论认为,宇宙中发生的一切都能由确定的因果律做出说明。心理学认为因果决定论也适用于人类的心理和行为,人类的心理和行为也受制于自然律,也需要因果律的解释。心理学为自己确立的目标是寻找人类心理和行为的普遍规律,在此基础上能够预测、控制人类的心理和行为,正如物理学的目标在于寻找物理世界的普遍规律,在此基础上预测、控制物理现象一样。在这样的指导思想下,心理诊断的因果决定论要求心理诊断的重要成分是探索心理问题的病因,尽管心理问题产生的原因具有复杂性和隐晦性。在心理诊断中,有时不能明确导致心理问题的原因,但是必须具有探索心理问题产生的原因的意识和心向,这是因果决定论思维方法的要求。请看下面的例子:

一位被诊断为神经衰弱的男求助者,诉说自己总是睡不着,多梦,一有动静就惊醒,怕这怕那,其实并没有什么危险。当了解他的人际环境时,他谈到了他的女朋友,谈到他与女友是多么相爱和幸福。还讲到他们不久以后将结婚。他叙述时,脸上常神采飞扬。然而细心的咨询师却发现有几次他的眉头紧皱了一下,尤其是谈到女朋友对他怎么好时。当他谈到不久以后就要结婚时,眉头快速地抖动了几下。这种不协调背后肯定有某种程度的原因。咨询师细细询问他与女朋友各自的情况,后来又了解了他的家庭背景,事情才逐渐开始明朗起来。他从小就和父亲相依为命,因为在他4岁的时候,母亲和另外一个男人跑了。父亲从此就给他灌输了一些女人不可信、不可靠的思想。当他认识女友不久后,两人进入了热恋阶段。可就在他们开始考虑结婚事宜时,他开始失眠,开始感到不安,自己也说不清为什么。之后这种情况越演越烈,他的一系列症状就表现得非常明显。

从上面的案例可以看出:心理问题的背后必定存在某种程度的原因,咨询师根据因果方法论找到了心理问题产生的原因,这对其治疗具有非常重要的价值,这就是因果方法论在心理诊断中所起的重要作用。

第三节 心理诊断的发展历史

耶格和彼得曼(1992)认为,研究历史对理解当前的理论有价值。研究心理诊断的发展历史的价值在于:(1)历史研究考察了许多不同现象,因此它对个体发展有好处。(2)研究诊断学发展历史,可以看到心理诊断职业活动的分化,也可以分析理解心理诊断与时代精神的融合。(3)研究心理诊断的历史,可以更好地发展心理诊断的程序、理论和技术。(4)研究心理诊断的历史,吸取过去在诊断方面的失败教训,可以帮助人们查明新问题,防止重蹈覆辙。(5)研究心理诊断的发展历史,可以使以前被忽略的有价值的问卷得到重新运用,也可分析一些心理测验在不同历史时期所发挥的重要作用。(6)研究心理诊断的历史,探讨在诊断中滥用测验的情况,为以后正确使用测验,提供了历史依据。

每一门学科都有自己独特的发展历史,心理诊断学也不例外。心理诊断在每个历史发展阶段都有其值得关注的事或物,从而表现出了心理诊断发展的阶段特征。

一、心理诊断的前科学发展阶段

心理诊断的发展历史可以追溯到古希腊早期。心理诊断的前科学发展阶段一直延续到1920年。在长达几千年的历史长河中,在中国和西方,许多重要事件和制度都表现出了心理诊断思想的萌芽。

(一)中国古代心理诊断的发展

我国古代在许多领域早就有过心理诊断思想的萌芽。有的思想对现代心理诊断产生了长远的影响。

1.中国的科举制度

杜伯(Dubois,1970)指出,在中国,科举制度是统治者用以选拔官员的重要手段。这种体系不仅测验知识,而且测验体能。这就是一种比较早期的心理诊断。中国的科举制度在选拔形式、程序、内容等诸多方面对心理诊断产生了影响。中国的科举制度一直延续到20世纪初。杜伯认为,法国和英国军队就借用了这种选拔方式,这些选拔方式中包括了一些剧烈而持续很久的生理和心理测试。可见人才选拔某种程度上就是早期的心理诊断,鉴别出优秀的人才为国家或统治者服务。请看下面的资料:

中国的汉武帝时代出现了“察举”和“荐举”的人才选拔制度。察举就是由各级地方官员经过自己的考察和考核,而向上方举荐人才的一种制度,他们推选的人才,在当时是分了类别的。例如,有尊长爱幼品德廉洁的孝廉类,有善于天地和国家大事研究的茂才类,有巧于技术发明的异能类,也有敢于批评劝谏的直言类等。荐举则是当地官员和乡绅及其老百姓按照一年一度的时间,定期向上方推荐他们认可的各种人才的一种固定政治制度。可以看到察举和荐举形式包含着众多的心理诊断的思想。

从公元583年开始科举到1905年正式取消科举的1300多年中,科举制度出现了一些典型的诊断人才的方法。八股文是科举制度选拔人才的主要形式。清朝的科举程序是:先进行童试,童试包括县级的童试、州府的府试、省级的院试,然后再进行乡试,紧接着进行会试,最后进行殿试。凡经过县试的,就算童生,童生具备了进入府试的资格。经过了府试的童生就取得参加省级院试的资格,省级院试过关,就取得了秀才的功名了。乡试三年举行一次。只有秀才才有资格参加这样的考试,经过了乡试考试的合格者就叫作举人。会考三年举行一次,只有举人才有资格参加科考,经过了会试考试的合格者,就叫作贡士。贡士的名额很少,有时一年只有300名左右。取得了贡士功名的,已经获得了进士的功名,但是,他们还要参加殿试才能够最后得到这个功名。所谓的殿试,就是皇帝要在太和殿再进行一次御前考试。凡是经过会试考试的,都是进士,不再会落选,但是,殿试要产生新的排名,第一名就是状元,第二名叫作榜眼,第三名叫作探花,总称鼎甲。取得进士功名的人,国家可以直接放官,也就是可以直接选他上任做官。

从上面关于科举制度的材料中,不难看出科举制度为现代心理诊断提供了可借鉴的参考框架。

2.中国医学的四诊心法技术

中国医学的望、闻、问、切技术自成体系,对心理诊断影响深远,一直沿用至今。清代医学家吴廉等人曾在《医宗金鉴》中,将中国古代的心理诊断学思想概括为“四诊心法”。所谓“四诊心法”,即在诊断过程中使用望、闻、问、切四种基本的方法来判断疾病。

“望诊”是诊断的第一步,是医生通过视觉察看患者的神色、形态以分析病情的过程。望诊的基本原则是“得神者昌,失神者亡”。“神”是指人的面部气色与精神状态两个方面。如果一个人双目炯炯,面色红润,思维敏捷,情绪安定,就是“得神”,即健康的标志;相反,目暗色枯,气弱体倦,思维迟钝,情意恍惚,则是“失神”,即患病的特征。

“闻诊”包括耳辨、鼻识两部分内容,是医生通过听觉、嗅觉了解病人的言谈、呼吸、咳嗽、呻吟等音味变异,以此来推断疾病的性质、发生位置及其程度。正如《医宗金鉴》中所说:“聆音察理始能明,五声相应五脏病,五声不和五脏情。心病声急多言笑,肺病声悲音不清,肝病声呼多狂叫,脾病声歌音颤轻,肾病声呻长且细,五音昭著证分明。”

“问诊”是医生通过病人的主诉了解病因、病程及自觉症状的过程。问诊的内容十分广泛，病人的起居饮食、职业习性、情志涯态、发病始末等都在询问之列。“凡诊者，必知终始，有知余绪……诊病不问其始，忧患饮食之失范，起居之过度，或伤于毒。不先言此，卒持寸口。何病能中。”《素问》中的这两句话，充分揭示了问诊对于发掘病因、分析病情并做出准确判断的意义。

“切诊”是指通过切脉与触诊来判别疾病。古人很早就认识到情绪、情感和性格特征对脉象的影响。如唐代名医孙思邈在《备急千金要方》中指出：“人乐而脉实，人苦而脉虚，性急而脉缓，性慢而脉燥。”透过脉象的复杂变化，可对七情内伤及其所引起的脉脏变化做出推测与判断。在叶霖所著《脉说》一书中，对此有详细记载：“脉来虚数，喜伤心也。脉来弦急，怒伤肝也。脉来沉溺，忧伤气也。脉来结滞，思伤脾也。脉来紧促，悲伤肺也。脉来沉弱，恐伤肾也。脉来摇动，惊伤胆也。”

四诊心法将医患双方的认识过程融为一体，既强调了诊断者明察慎思的重要性，又揭示了被诊断者身心相互作用、病因病程错综复杂的现象及规律，是饱含辩证因素的古代心理诊断学思想的高度凝练和总结。对现代心理诊断也会产生重要的影响。

3. 中国古代关于人的分类诊断思想

中国古代，对人的认识充分体现了分类诊断的思想。孔子是对人进行分类诊断的典型代表。孔子对人的划分也经历不同的过程。孔子曾把人分为中行、狂和狷等三类。他认为狂者进取，对客观现实的态度是积极的、进取的，他们志大言大，言行比较强烈，表现于外。狷者有所不为。狷者比较拘谨，他们的性情偏急，因而就有“所谨畏不为”。中行一类人，依中庸而行。

《内经》根据人的生理及心理的个别差异把人分类为金、木、水、火、土五种人。金形之人，面呈方形，皮肤白色，头小，肩背小，腹小，手足小，足跟坚厚大，骨轻。此型人为人清白廉洁，性格平静，情绪平稳，为人宽和，做事严肃认真，心地坦然，寡言语，淡名利，没有欺诈，不外露，求稳妥，果断利索，人多喜之。但这种人缺少开拓和独立精神。此类人即是《内经》中所谓身清廉，善为吏一类。木形之人，他们皮肤苍白，头小面长，两肩广阔，背部挺直，身体弱小，多忧虑，勤劳。这种人性格内向，心胸狭小，遇事多虑不决，神情低沉，多愁善感，心多苦闷，做事认真，谨小慎微，胆小自卑，怕与人争，精神常处于抑郁状态。遇到不愉快的事情多憋在心中，不愿向人诉说，若连续受到不良精神刺激，极易引发“脏躁”“郁证”等，甚至还会走向绝路。水形之人，他们皮肤黑色，面部不光整，头大，颊腮清瘦，两肩狭小，腹大，尻骨和脊背很长，手足好动，行路身摇。情绪不定，性格活跃，为人刻薄奸诈，心地不善胸怀狭窄，好搬弄是非，贪名利，重钱财，多言，性轻浮，嫉妒心强，做事马虎。火形之人，他们的皮肤呈赤色，脊背肌肉宽厚，脸形尖瘦，头小，肩背髀腹匀称，手足小，步履稳重，对事物理解敏捷，走路时肩背摇动,背部肌肉丰满。这种人性情急躁易怒,“好言大事”,“志发于四野”,好与人争,喜进取,胆量大,性直率,办事效率高,精神经常处于紧张状态。土形之人,皮肤呈黄色,头大面圆,肩背丰厚,腹大,腿部壮实,手足不大,肌肉丰满,全身上下都很匀称,步履稳重,举足轻。此种人内心安定,助人为乐,性格开朗、豁达,多智少愁,对所处环境心安理得。尤喜交往,能随机应变,顺应潮流,适应性强,多乐而少苦。但这种人多爱夸夸其谈,言过其实,说多做少,缺乏耐心,没有毅力。

一千四百多年前的三国时期,著名学者刘劭在《人物志》中也提出了对人的类型的诊断。并在此基础上把人分为十二种:主要有强毅之人、柔顺之人、雄悍之人、惧慎之人、凌楷之人、辨博之人、弘普之人、狷介之人、休动之人、沉静之人、朴露之人、韬谲之人等。

中国古代在详细诊断分类的基础上对人的认识非常深刻,体现了心理诊断在早期对人的认识中的朴素功能。

(二)西方古代心理诊断的发展

1.柏拉图的观点

柏拉图生于雅典贵族家庭,柏拉图把人分三等,即哲学王、武士和劳动者。和人的等级相对应,他把人的灵魂或心理分成三个部分,即理性、意气和情欲。理性是最高级的灵魂,它位于头部,相当于哲学王的灵魂;意气指向赢得荣誉和光荣,它位于胸部,相当于武士的灵魂;而情欲与肉体的快乐有关,它位于腹部,相当于劳动者的灵魂。理性命令意气控制情欲相当于哲学王命令武士统治劳动者,正直、健康的人能按灵魂等级各行其是,各守本分。

2.希波克拉底的观点

希波克拉底在恩培多克勒的观点上进一步系统化。他认为人体内有四种体液。黏液生于脑,是水根;黄胆汁生于肝,是空气;黑胆汁生于胃,是土根;血液生于心脏,是火根。他认为,这四种体液“形成了人体的性质”。当这些元素在复合上、力量上、体积上,彼此没有适当的比例,当这些元素有一种太多或太少,在体内孤立而不与其他元素结合之时,人就感到痛苦。这同时也就形成了不同气质的人。

3.恩培多克勒与加伦的观点

早在古希腊时代,恩培多克勒就认为多样变化的事物是由四种不变的物质,即他所谓的四根所构成。四根是土、水、火和空气。恩培多克勒强调四根是不能自己变动的,必须令物使之运动变化,他称这种物为爱和憎。爱使四根结合,憎恨使四根分离,由此生成万物。恩培多克勒认为人的身体由四根构成。固体部分是土根，液体部分是水根，维持生命的是呼吸是空气，血液主要是火根，思维是血液的作用。人死时身体的四根分散，各根与体外同类的根聚合，人的生命、思维也就没有了。而加伦认为人的灵魂是物质的不同性质的配合，加伦继承和发展了希波克拉底的四体液说，并把人分为四种类别。第一类为多血质，多血质者血液最多，这类人的特点是热心、活泼。第二类为黏液质，黏液质者黏液多，这类人的特点是冷静、善于思考和算计。第三类为抑郁质，抑郁质者黑胆汁多，有毅力，但表现出悲观。第四类为胆汁质，胆汁质者的特点是黄胆汁多，易发怒，动作激烈。

4.颅相学的观点

"颅相学"在西方盛行了一百多年，加尔(1758—1828)被称为颅骨问诊者，加尔是18世纪初著名的解剖学家，他提出了影响很大的"脑和头盖说"。他认为人的各种复杂的能力是与脑的各个严格限定的部位密切联系的。由于这些部分逐渐增长起来，就形成头颅骨上的相应隆起，这些隆起决定了人的心理能力的个体差异。加尔的学说成为后来在欧美社会上广泛流行的"颅相学(Phrenology)"或"骨相学"的理论支柱。加尔的弟子施普茨海姆(1776—1832)采用了"颅相学"一词将加尔的观点寓意化、教条化。苏格兰的库姆(1778—1858)，从1817年起开始宣传颅相学，他著书之余，还以颅相学作多次演讲，和施普茨海姆一样，赴美宣传这一学说。在美国，福勒兄弟宣传的功绩最大，他们合创了《美国颅相学杂志》。英国《颅相学杂志》创刊于1823年，美国的杂志后来也更名为《颅相学杂志》，并于1880年与英国的杂志合二为一。至1911年刊布第124卷时，才在费城绝版。在大不列颠有29个颅相学学会，在纽约至1921年为止至少还存在一个颅相学学院。颅相学的兴盛长达一个世纪之久。加尔认为，大脑由许多独立的器官组成，每一个器官都管理着一种单独的、天生的心理能力。施普茨海姆后来增补和修订为37种，和心灵的器官数目相当，这些器官的发展便可使头盖增大，头颅的哪一部位隆起，就表示那一部分的大脑较大，某一种精神能力或才能就突出。扪摸或测量人的头颅隆起就可以评定人的人格和各种精神才能。因此，头盖被划分为大大小小的37个互相联络的区域。和这些区域相当的心理能力可分为感情和理智两种。各种又分为两组。感情分为"倾向"和"情操"两组。前者位于头后的下部和耳官之上的两侧，后者位于头的后部、两侧及顶部，在"倾向"之上的一个区域内。

理智分为"知觉"和"思考"两组，都位于前额，思考则位于前额的中心。

颅相学虽然在西方风行了一个世纪，但是由于缺乏科学根据，为许多生理学家和心理学家所反对。然而它以脑为心理之器官的观点以及关于脑的机能分区说，刺激了后人对脑的不同的机能之研究。

从国内外心理诊断发展的前科学阶段来看,心理诊断表现出了显著的特点。第一是心理诊断的思想比较丰富,在中外诸多的文学、医学等各种著作中都反映出了大量的心理诊断学思想。第二是心理诊断的思想不成体系。在许多的心理诊断思想中,没有专门的著作来论述心理诊断的研究技术、方法等。第三,心理诊断与其他领域紧密融合在一起,还没有独立出来。第四,根据人的体貌来进行的心理诊断风靡一时,出现了一些评价成就方面的零星测验。

二、心理诊断的科学发展阶段

从20世纪的20年代到现在,是心理诊断的科学发展时期。1921年,罗夏出版了他的专著《心理诊断》,该书的出版标志着心理诊断作为一门独立的科学开始登上心理学的舞台。罗夏率先在他的书中提出了"心理诊断"一词。尽管,心理诊断的提出最初是用于精神病学和医学领域,但是,由于实践运用的强大推动,心理诊断的范围迅速扩大,使之变得更加独立。在心理诊断的建立发展时期,心理诊断的内容就逐渐包括了成人和儿童智力水平测量、人格倾向、情绪状态、兴趣爱好、能力水平测量以及各种偏离常模行为的测量等内容。主要以观察法、会谈法、实验法、测量法等方法为诊断的主要手段。由于第二次世界大战等诸多原因,心理学的人才开始向美洲大陆特别是美国积聚。人才是心理学发展的主要因素,人才向美国的积聚,使美国成了心理学发展的中心。由此,心理诊断的发展,主要推动力来自美国,英格兰和法国也是心理诊断发展的推动力之一。

(一)智力测验发展

在智力测验的发展中,高尔顿对测量做出了开创性的贡献。高尔顿对心理遗传和个别差异非常感兴趣,被认为是英国新心理学的先锋。他曾在伦敦南肯辛顿博物馆内设一实验室,利用仪器做人类学测量及心理测量。1883年发表的《人类才能及其发展的研究》被认为是个体差异心理学及心理测验的肇始。高尔顿强调不同的个体之间在能力上存在着重要的差异,并且是可以测量的。

美国心理学家卡特尔是第一位提出"心理测验"术语的心理学家。1890年卡特尔在《心理》杂志上发表了《心理测验与测量》一文,在文中,卡特尔写道:"心理学若不立足于实验与测量,决不能够有自然科学之准确性。""心理测验如果有一个普遍的标准,则其科学的与实用的价值都可以增加。"他当时就极力主张测验手续和考试方法应有统一规定,并要有常模以便比较。实用主义是美国土生土长的哲学。其创始人皮尔士认为,真理的信仰完全在于其可以对设想的生活行为产生影响。这种哲学应用于科学心理诊断时，对心理诊断的发展产生了积极的作用。实用主义哲学就是要求测验必须实用。1904年，法国教育部委派许多教育家、医学家和其他科学家组织一个委员会，专门研究公立学校中智力落后儿童的教育方法。比内极力主张用一种测验的方法去辨别和发现智力落后的儿童。他与西蒙在借鉴了布林的实验的基础上，通过精心研究，次年在《心理学年报》上发表了一篇文章，题为《诊断异常儿童智力的新方法》，在这篇文章中他介绍了一个包括30个项目的量表。这个量表很粗糙，但它在心理测验史上极其重要，是世界上第一个正式的心理测验量表。

智力测验特别是一些典型的代表性测验快速发展，为心理诊断提供了非常丰富的鉴别智力的心理诊断工具。

（二）克雷佩林在心理诊断发展中的独特贡献

克雷佩林的开创性工作是依据病因学原理制定了一种精神疾病的系统分类，并对早发性痴呆和躁郁症，提出了自己独到的见解。克雷佩林认为，早发性痴呆与阿尔茨海默病有着重要的区别，早发性痴呆包括青春期痴呆、类妄想狂痴呆、紧张症和妄想痴呆四种亚型。患上早发性痴呆症的年轻人几年过后还会呈现一种特殊的痴呆状况，即语言不连贯、结构松散，并且伴有执拗症、做作状态和周期性的兴奋。躁郁症则是躁狂与抑郁两种状态交替发作、分阶段演变的混合病症。克雷佩林注重采用客观性测验来测查病人的心理状态。他编制了《克雷佩林手册》，这是一种由逐渐增加的数列构成的量表，专门用于测查锻炼与疲劳对心理活动的影响。在第二次世界大战期间，美国军队医疗署提出了精神分裂症的一种修订分类体系，不再沿用克雷佩林学派的分类。其后，在威廉·门宁格（William Menairrger）和其他人的领导下，编制了《精神疾病诊断统计手册》（简称DSM—Ⅰ），于1952年由美国精神病学协会出版。1968年该手册的第二版面世（简称DSM—Ⅱ）。1980年出了第三版（简称DSM—Ⅲ）。

《精神疾病诊断统计手册》的编制、出版与修订，标志着科学阶段的心理诊断学在西方临床工作领域的日趋成熟与发展。

（三）中国心理诊断学的发展

我国的临床心理诊断事业，经历了坎坷的路程，心理诊断未完全与精神病学相分离，在技术、思想原理上借用精神病学的观点，诊断的思维模式也很大程度上定位于医学模式。总的来看，心理诊断的发展明显滞后于实践工作的需要，但是从新中国成立以来到现在，也出现了几次对心理诊断重点推进的机会和工作成绩。1958年召开了全国精神病防治工作会议，会议提出了一个精神病分类草案。这个草案主要反映了50年代苏联与欧洲大陆的分类趋向，但该草案并未正式公布。1978年，在第二次全国神经精神科学术会议上，对1958年分类草案进行集体讨论和修订，该草案于1979年在《中华神经精神科杂志》正式公布，名为精神疾病分类(试行草案)。1981年，在苏州召开了中华医学会精神分裂症专属会议，与会代表对试行草案重新作了修订，并定名为《中华医学会精神病分类——1981年》。这次会议制订了我国精神分裂症的诊断标准。1981年的苏州会议标志着我国精神疾病的分类诊断工作开始走上正规化的道路。此后，在1984年的黄山全国情感性精神病专题学术会议和1985年的贵阳全国神经症座谈会上，代表们又对1981年的分类体系进行了修订，并先后制订了躁狂抑郁症和神经症的临床工作诊断标准。1989年中华神经精神科学会在西安召开了学会精神科常委扩大会议，讨论了历时3年，由全国上百名医师协作完成的《中国精神疾病分类方案与诊断标准第1版(1989)》。这一新版分类方案与诊断标准的问世，标志着我国临床医学领域心理诊断学的成熟与最新成就。

我国临床领域心理诊断成熟与发展，带动了教育、社区服务等领域心理诊断学的发展。近几年，心理诊断的术语在教育领域已不再陌生。一些教育科研工作者和教学第一线的教师在教改的过程中，已经把心理诊断的重要方法引入其中。作为心理诊断的重要方法和工具的心理测验，也在教育实践中得到运用和发展。随着学校心理卫生、心理咨询工作的逐步普及与深入，心理诊断的重要性正在为越来越多的教育界人士所领悟。在社区服务领域，人们也已使用心理诊断为咨询工作效力。北京、上海等地的咨询机构还将计算机技术用于心理诊所，取得良好的社会效益。当然从总体上来看，我国心理诊断学的应用范围还较狭窄，在方法与技术上同发达国家相比也有较大差距，亟待我们去拓展和提高。

三、心理诊断的发展特点及趋势

1.心理诊断发展与心理测验的发展紧密结合

从某种程度上讲，心理诊断的发展历史，深深植根于心理测验的发展历史之中。或者说心理测验的发展历史，就是心理诊断的发展历史。心理测验的很多量表已经被心理诊断大量借用，也成了心理诊断的必不可少的部分。

2.心理诊断手段由单一向多样化过渡

第一次世界大战前后，可用于心理诊断的测验还很少，也显得单一。此后，心理测验的数量和种类逐渐发展，改变了过去诊断测验单一的局面，出现了多样化的特点。例如，吴伟士1919年发表了“心理性神经病敏感性测验”，瑟斯顿1930年发表的“神经病测验”，等等。60年代以后，评价中心技术得到发展并在许多大公司开始应用。评价中心技术综合运用了测验、面试和情景模拟技术，使测评效果比原来更加可靠和有效。这些都体现了由单一向多样化过渡的特点。

3.心理诊断对精神病学还具有很强的依附性

精神病诊断是最早的心理诊断。心理诊断的基础和原则很多都来自精神病学的研究成果，这种强烈的依附性也从侧面说明了心理诊断还需要大力发展。

4.诊断领域分化越来越明显

临床心理学、健康心理学与心理诊断存在密切联系。实际上，临床心理学者们需要对患者及其有关情况做出诊断，需要调查患者的生活环境和生活史，才能进一步进行干预，这些都是临床心理学者日常工作的重要组成部分。教育心理学与心理诊断也存在密切联系。教育心理学者需要掌握有关于诊断的知识和技术，需要掌握有关测验发展和实验设计的知识和内容，诊断方法的发展可以在教育领域得到运用和验证。组织劳动心理学与心理诊断也存在密切联系。曼斯特伯格最早将心理学应用于商业和行政管理中。1912年，他建议在人事选择和职业指导过程中运用心理诊断技术。人事心理学者依靠一些诊断工具完成他们的工作，为选拔和安置工作人员设计了许多心理测验。劳动心理学应用心理诊断方法研究公司职员的满意度、动机、工作压力以及集体工作形式、决策和报酬的公正性、对个体和管理人员的培训等内容。在组织心理学里，心理学者运用各种诊断工具和方法，完成对群体进展、机构和工作状况的评估。职业选择与心理诊断也存在密切联系，职业心理学者需要通过诊断收集个体和群体的能力、特殊能力倾向、个性以及职业兴趣等方面的信息(Han sen . Conracl.1991)。神经心理学和心理诊断也存在密切联系。人们运用测验进行了多项研究以评估大脑功能，判断是否有器质性损伤，与各部分大脑的功能相关的发展障碍有认知方面的，如科萨科夫氏综合征、痴呆、失语症、失认症等。与大脑功能有关的发展障碍还有如书写失能、记忆缺失、失动症阅读困难、多动症等。所以，神经心理学家需要掌握临床心理工作者经常运用的诊断知识和技术，而且还需要了解评估功能性障碍的特殊工具。

5.诊断方法的综合运用

心理诊断是进行心理咨询与治疗的前提与基础。心理咨询与心理治疗的发展极为迅速。从弗洛伊德创立心理分析学派至今，心理治疗的各种学派、体系不断涌现，交叠更替。在美国，1959年哈铂(R.A.Haper)认定有36种心理治疗的体系；至1976年，帕洛夫(M.B.Parloff)发现共有130余种疗法；到了1986年，卡拉瑟(T.B.Karasu)则报告有多达400种以上的心理治疗学派。面对如此众多的理论和学派，作为一个专业工作者应做出怎样的选择与判断,是一个值得认真考虑的问题。近年来,许多心理咨询家与心理治疗家渐渐抛弃了各自的门户之见,开始出现多种方法并用,多种观点均予考虑的现象。而各种理论学派也渐渐呈现出"门户开放"的整合倾向。

心理诊断方法既涉及技术,也涉及态度和观念,是咨询师人格与技术的结合。如果仅仅理解为一种态度,就会忽视其技术性、艺术性的要求,而使之流于肤浅;而仅仅理解为一种技术,则会使之陷入冷冰冰的状态,失去其丰富的人性,纯粹变成为一种工具、手段,而违背其原意。

心理诊断要充分考虑两点,在诊断的时候综合运用各种方法对来访者的心理问题进行评价,不要局限于一种理论,以使结果更准确,也要考虑到自身的人格与诊断技术的结合,才能为咨询和治疗奠定基础。

6.诊断技术的实用性

在心理诊断的科学发展阶段,强调心理诊断的技术能够解决实践上的诊断问题,强调心理诊断的实用性,是心理诊断的一大特色。心理诊断的实用性也要考虑到文化背景的特点以及人的思维模式、心理习惯和思想基础,比如,中国人对于民主、自由、价值、权利的理解和态度,对权威的态度,表达方式,等等。不加区别地照搬西方的某些观点、做法,可能不适合中国的实际情况,不符合中国人的心态。

心理诊断的实用性具体体现在每一种方法的具体使用都必须结合具体的人和事,灵活地运用,若僵化地采纳反而会弄巧成拙,这就是技术性、艺术性和灵活性的统一。

心理诊断的实用性,也体现在心理诊断方式的多样性,咨询师可以根据需要有选择地使用诊断方式。心理诊断的实用性也体现在心理测验量表的多样性,咨询师也可以根据诊断需要选择适合的量表进行诊断。

心理诊断的实用性,也反映在心理诊断过程中,理论方法的选择倾向。由于众多的心理诊断理论存在,有的咨询师喜欢、适合或擅长某种诊断理论和方法,有的咨询师更愿意接受其他的心理诊断理论。在心理诊断理论上选择的灵活性,也反映了心理诊断的实用性。

7.诊断的准确性提高

提高心理诊断的准确性,不仅是心理诊断过去也是心理诊断未来追求的目标。复杂的心理现象,要做出准确的心理诊断,就有了一定的难度。每个来访者的症状表现也具有多样性与复杂性,对于心理工作者来说,个人的观念、特点、临床工作实践也都影响着对诊断方法的运用。诸多因素混合在一起,就造成了诊断的复杂性和模糊性。

由此,为了提高诊断的准确性,现代心理诊断采取了多种方式,例如使心理问题的分类更加精细,采用多种方式进行诊断等。这些方法技术的运用,无疑提高了心理诊断的准确性。

四、各心理治疗流派对心理诊断的观点

心理诊断是基于症状的规律找出的具体心理问题的类型。医学诊断是指检查身体症状的过程,推断生理障碍或疾病的原因,将疾病归类,提出恰当的治疗方法。心理诊断是指找出情绪或行为问题,并对来访者目前的状况给予一个结论。它包括对个体情绪、心理和行为困难的原因的判断,区分诊断不同形式的心理疾病,以确定个体所患的是哪两种(或多种)有类似症状的疾病。一直以来,各主要心理咨询和治疗流派对心理诊断所持主要观点不尽相同。有些治疗方法强调对来访者进行全面的诊断作为治疗过程第一步的重要性。理由是对来访者过去和现在的功能状况不清时就不能制定具体的咨询目标,也不能设计恰当的策略。

精神分析疗法:这一疗法强调综合评估技术是了解个性动力及情感障碍来源基础的重要性。精神分析家认为正常的个性发展是以有效对待连续性的性心理和心理社会的发展阶段为基础的。错误的个性发展是未充分地解决某一发展冲突的结果。治疗师认为了解早期历史是了解过去环境如何引起功能障碍的一个方法,因此要做出精准的心理诊断就要把焦点放在来访者早期的历史上。

阿德勒疗法:诊断的目的是确认与目前问题有关的来访者生活方式中基本主题和方式中的错误逻辑,确认来访者发展的优势,帮助来访者朝着好的方向成长发展。治疗师最初的工作是了解来访者在治疗中具体关心的方面和问题,充分地了解来访者生活的社会背景。治疗师寻求评估来访者与他人和环境关系中的行为活动,并努力了解影响来访者生活方式的逻辑。阿德勒治疗师和来访者一起建立对来访者基本人格结构的更深和更完整的了解,重点在于了解个体的生活方式,即个体试图理解生活和进行行为选择的认知框架或图式。阿德勒治疗师喜欢用详细的生活方式问卷进行有结构的评估,而一些治疗师喜欢使用非正式的程序,结合使用一些正式评价的方面以及其他可以帮助揭示来访者人格的认知框架的评估技术,如童年早期的回忆、家庭图谱、最喜欢的童年故事、出生家庭中的故事、艺术治疗活动以及其他类似的投射方法。

存在主义疗法:存在主义疗法认为心理诊断了解来访者的方式是掌握个体主观世界的基本内容。存在主义临床评估的主要目的是了解来访者用来构建他们存在的假设。这一疗法与传统的诊断框架不同,它的着眼点不在于从外部了解个体,而是要

掌握来访者内心世界的根本。

来访者中心疗法:因为了解一个人的最佳角度是通过他的主观世界,所以来访者中心疗法认为心理诊断是有害的,因为心理诊断只是了解来访者的外部方式。如果进行心理诊断,治疗师可能会对来访者形成先入为主的意识,忽视其当前的态度和行为,做出过于理智化的裁决。相反,来访者知道自己行为的动力,如果要发生改变,个体必须经历感知的变化,而不仅是接收数据。因此,治疗师应注重听,尽量身临其境,允许来访者找出他们所要探索的主题。

格式塔疗法:它不使用诊断标签,不把收集来访者的信息作为咨询的预先要求,其焦点是通过直接经验获得认识,因为这些都是对治疗师关系充分投入的逃避。诊断步骤可以促进谈论来访者的生活,个人发展中的突出点会在来访者对他现在固着的地方予以注意时显现出来,贯穿个体生活的主题也将在治疗过程中变得明显起来。

行为疗法:行为疗法一开始就对来访者目前的功能进行全面诊断,包括对具体行为以及维持这些行为的刺激的客观评价。因为这种诊断可以找出其行为上的缺陷和长处,评价来访者具体的症状和导致来访者功能障碍的因素,帮助选择最合适的治疗技术,使新的学习具体化以及形成时间表,这对预测某一个临床障碍的过程和结果有利,为研究所使用步骤的效果提供一个框架。所以行为疗法对心理诊断比较重视。

多模式行为疗法:多模式行为疗法是拉扎勒斯创建的。它要求对来访者行为、情感、感觉、想象、认知、人际关系、药物以及生物因素等多方面进行诊断评估。该疗法对以上几个方面交叉的问题进行寻找,并选择适当的技术。

认知行为疗法:认知行为疗法的心理诊断建立在对来访者的思维模式了解的基础上。治疗师不仅仅关心关于过去事件的数据收集,还特别注意与其相关的错误思维和认知扭曲。当刻板的、不现实的、绝对的思维被鉴定出后,治疗过程就集中于改变和消除自我击败的认知并将其改变成有建设性的认知。

现实疗法:现实疗法采用非正式的心理诊断。使来访者对他们的渴望、需要、感知、成功和个人优势的规律予以注意,并对他们目前的生活是否朝着他们希望的方向前进进行评价诊断。因此心理诊断通常不是这一疗法的一部分。通过有技巧的询问,现实疗法治疗师帮助来访者对目前的行为进行评估。他们对了解个体目前问题的原因或对收集来访者过去经验的信息不感兴趣。他们的焦点是让来访者对目前正在进行的事情予以注意,然后确定在什么程度上目前的行为是有效的。

女权主义疗法:女权主义疗法治疗师批评现在的分类体系是有偏见的,因为它是由白人和男性心理医生建立起来的。分类体系注重于个体症状,而不注重引起非功能行为的社会因素。心理诊断过程强调来访者问题的文化背景,特别是来访者具有权利的程度或被压迫的程度,也包括性别角色分析、权力分析、坚定训练、降低治疗的神秘性等等。

后现代疗法:后现代疗法的重点放在个体的能力以及与来访者建立关系上,在这种关系中治疗师成为年长的合作者。后现代疗法不是寻找人们有什么问题,而是注重人们的优势和资源。后现代疗法不强调心理诊断。后现代疗法治疗师不扮演对来访者进行判断的角色,也不以病理分类来看待和讨论他们。这些治疗师不会陷于对个体进行笼统描述,尤其当这种描述是与问题相关的时候。

家庭系统疗法:家庭系统疗法的治疗师和来访者都投入到心理诊断过程中,帮助来访者寻找家庭历史中的重点以及来自家庭的问题。该疗法认为在家庭中学习的人际行为方式将会表现在家庭之外的其他交往关系中,个体可能会被问到,在与父母的交往中都学到了什么,以及在观察父母之间的交往、父母与每一个子女的交往中学到了什么。来访者也许还会找出规范家庭交往的规则。心理诊断可能会涉及家庭目标、结构、决策制定过程、权力结构、交流方式、历史和生活周期,以及可以提示家庭动力的整体画面的跨代模式等等。

实际上,每一位治疗师对心理诊断的看法取决于其理论取向。不论以什么理论为指导,在实际工作中,对来访者的心理诊断、对后续来访者的心理治疗以及自我疗愈是有益的,做好心理诊断工作是后续确保心理咨询和治疗疗效的基本要求。

第二章

心理诊断过程

心理诊断是一个复杂的问题解决过程，目的是确定来访者心理问题的类型及严重程度，以便采取有效的治疗措施，帮助来访者解决心理问题，也可作为预后及疗效的参考或依据。对心理诊断过程的看法，不同的心理学工作者提法各异，有人认为心理诊断的过程就是依据一套公认的变态行为的诊断分类标准，将个人的心理问题归入某一具体的类别的过程。也有人认为心理诊断过程是先建立良好的咨询合作关系，然后深入收集来访者的心理问题的相关资料，分清主要问题和次要问题，紧接着对获得的信息资料进行分析、比较和综合，做出初步诊断，最后与来访者共同确立治疗目标的过程。也有人认为心理诊断过程主要包括初诊、复诊、会诊和转诊等阶段。

本章主要按照初诊、复诊、会诊和转诊思路以及从建立同盟关系到最后鉴别诊断的思路讨论心理诊断的过程。分析心理诊断过程，在实践工作中遵循心理诊断过程与步骤是提高心理诊断的准确性和质量的重要措施。

第一节 初诊、复诊、会诊和转诊

心理诊断的过程从形式上可以分为初诊、复诊、会诊和转诊。这四种诊断的形式可以把诊断过程整合成为有机整体。

一、初诊

(一)初诊的内涵

初诊主要是咨询师运用心理诊断的各种技术与来访者第一次接触后,所形成的初步诊断。有时是心理问题性质的判断,有时是心理问题类型的判断,有时是心理问题的初步印象。

初诊有时是独立的,即与来访者的初次接触就是为了形成对来访者的初步印象。初诊有时又是与心理咨询过程融合在一起的。在咨询中有诊断,在初步诊断中也有咨询。初诊不能简单地理解为与来访者的初次接触,因为与来访者的初次接触也可能仅仅是介绍心理咨询的基本情况,对来访者的了解没有完成,此时还算不上初诊。对初诊的理解也不要单纯从初次与来访者的接触时间来看,因为时间也只是参考指标之一。

(二)初诊的特点

初诊是整个诊断过程的开始阶段。初诊是在信息收集不全面的基础上进行的初步判断,因此初诊具有一些独特的特点。

第一,初诊的直觉性。初诊容易在接触感性材料时,不以论证的形式,迅速地对问题做出直觉的选择。初诊显得笼统,主要通过整体直觉来做出判断。初诊的直觉性具有无意识性,与逻辑思维不同,它不是有意识地按照推理规律进行的。直觉用现成的判断,不带任何论证的形式进入意识。直觉思维既具有感知觉的特点,又能透过现象深入事物的内部,寻找本质和规律。直觉思维来源于实践经验,直觉思维在心理诊断的初诊阶段中发挥了作用。

第二,初诊信息的非全面性。按照心理咨询的要求,初诊阶段要完成与来访者建立起良好咨访关系的任务,还要完成向来访者介绍心理咨询的性质、求助者的权利和义务、心理咨询的形式等有关知识。诊断时间单元通常以50分钟到1个小时为限,要深入了解来访者的信息资料很困难。因此,初诊经常就在信息不充分的情况下进行。

第三,初诊更容易受第一印象的影响。社会心理学发现,男人和女人会在最初相见的60秒内就给对方下第一个评价,这就是第一印象。在心理诊断中,咨询师和来访者的相见,所形成的第一印象对心理诊断也会产生影响。咨询师容易按照最先印象对来访者的一系列心理与行为特征进行解释。不同的第一印象,对来访者相同的表现可能产生截然不同的解释。在心理诊断中,有经验的咨询师都特别注意规避第一印象在初诊中的偏差效应。

第四,初诊的快速性。初诊与来访者接触的时间短暂,在初诊结束时,来访者都期待咨询师能给一个诊断结果,这就是初诊快速性的要求。但初诊时咨询师与来访者接触时间短暂,所获取的信息有限,要及时、准确、快速地做出正确的诊断,常常比较困难。

(三)初诊步骤

1.做好诊断前的准备

在诊断前,要做好的初诊接待准备涉及方方面面。第一是衣着准备。要求咨询师衣着素洁,服装整齐;心理诊断的特殊性不允许咨询师像一些职业人士那样打扮得花枝招展,更不能穿着非常华贵、过度暴露的服装等等。第二,坐姿端正、表情平和。既不可板着面孔,又不可喜笑颜开。歪坐、跷二郎腿、抖腿等都显得轻浮。咨询师应该坐有坐相。表情既不可过分严肃,也不可嘻嘻哈哈。表情的平和就是显得严肃而又不失亲切感。第三,安排位置适当,保持正常社交距离。在诊断接待时,咨询师与来访者之间的接待位置通常有90度或者180度形式,但更常用90度形式,见图2-1。咨询师和来访者凳子之间的距离通常为1米,咨询师与来访者之间的身体距离大约1.5米,通常中间隔一茶几或者桌子的距离就比较适合。第四,眼睛注视问题。初诊接待时不可一直直视对方的眼睛,可扫视对方的眼神或表情。目光可以在来访者的面部范围内移动。一般而言,熟练的咨询师不会刻意去关注目光的注视问题,他们的

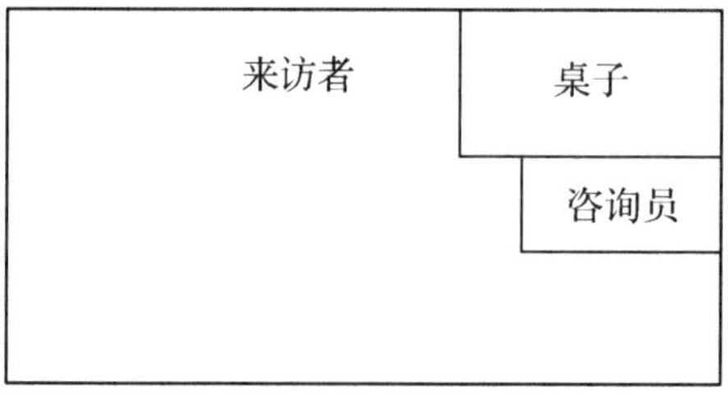

图2-1 咨询室

目光都会显得自然和适度。第五,咨询室环境的准备。咨询室的大小要适合,环境布置要做到简洁、温馨、安0全。

咨询室有6～8个平方,大小比较合适。既不过小,让来访者产生压抑感;也不过大,让来访者产生隐私不隐的泄露感。整个咨询室不以豪华、奢侈为标准,而是朴素、简洁。

2.见面接待

中国是礼仪之邦。在这样的特殊场合,更要注重接待方式的礼貌性和接待语言的礼节性,这有助于建立良好的诊断关系。

一般而言,接待来访者应该起立和示意。不能对来访者的到来不管不问,无动于衷。但也不能过分热情而失去了咨询师的独立性或者激起来访者的防御反应。

在接待语言的礼貌性上,要显得不卑不亢。在语言使用上常采用"非常欢迎你前来咨询""我很愿意向你提供心理学的帮助""如果你同意的话,请你填写这张表格""你好,请坐"等等语言。那些如"喂,坐吧""喂,怎么了"等都是不礼貌的语言,是初诊接待的忌语。

3.见面询问

一般而言,初诊接待由于诊断同盟关系没有建立起来,因此一般都不要直接逼问。在诊断中期询问方式可比较灵活。在接待初期,常采用间接询问方式而不是直接逼问方式来了解来访者希望得到哪些帮助。常见的间接询问方式主要有:(1)我很想知道,您希望我在哪方面给您提供帮助?(2)我很希望知道,您愿意与我讨论哪些问题?(3)您今天愿意与我讨论什么话题呢?(4)您对什么话题感兴趣?(5)您想和我分享什么话题? ……常见的不妥当的直接逼问方式主要有:(1)您有什么问题,谈谈吧!(2)您找我们有什么事,赶快说吧!(3)怎么啦? 有什么问题,尽量说吧!(4)出什么事啦? 赶快告诉我吧!(5)您的问题是什么,说吧! 在初诊接待中,对常见的间接询问方式要熟练,对那些直接逼问方式一定要规避。

4.询问后表态

在接待面询结束后,咨询师要向来访者明确表明态度。在表明态度时主要从两个方面考虑。一是该问题是否是心理学领域的问题,是否在心理学的范围内。二是咨询师是否能向来访者提供帮助。请看下面的例子:

求助者:我最近一个多月觉得很郁闷,总是后悔,对什么事都没兴趣,连人都不愿意见。不知道这是怎么了,真是痛苦,你说我怎么办好呢?

心理咨询师:哦! 没有问题,你放心吧,我肯定给你解决,包你满意。

求助者:哦!?

从上面的例子可以看出,该咨询师在询问后表明态度上出现了错误。把表态理解为向来访者做出承诺和保证,而不是判断来访者的问题是否属于心理学的范畴以及自己能否给来访者提供心理学的帮助等方面,这是在初诊接待中必须避免的错误。

5.向来访者说明心理咨询的性质

在初诊接待中,咨询师要选择适合的机会,巧妙地向来访者说明心理学咨询的性质。在说明心理咨询的性质时要注意灵活处理。对熟悉心理咨询的来访者可以尽量简单、简洁。对心理咨询比较陌生,甚至忐忑不安的来访者可以说明得详细一些。说明内容主要包括心理咨询与诊断是什么,如何进行,主要解决什么问题,不能解决什么问题,等等。对心理咨询的原则介绍应该正确,避免出现知识性错误。说明内容可以根据当时情形繁简不同,但都必须注意要点应清楚。

咨询师通过介绍,让求助者明白心理咨询是协助来访者解决心理问题,而不是代替来访者解决心理问题;同时也让来访者明白咨询师只能解决心理问题,不解决生活问题;心理咨询的功效是助人自助。这些介绍可以使一些对心理咨询充满困惑或误解的来访者产生正确的认识,从而在心理诊断及后续的咨询中拥有适当的求助动机。

6.向来访者介绍心理咨询工作的职业道德及保密原则

初诊接待必须遵循心理咨询的职业道德及保密原则。咨询师在初诊接待中向来访者介绍清楚职业道德和保密原则有助于咨询师和来访者在心理诊断及后续的咨询中共同履行好各自的权利与义务。请看下面的例子:

心理咨询师:心理咨询是咨询师协助你解决心理问题的过程,在这个过程中,我将遵守保密原则。对你所谈的内容,我都会为你保密,请你放心。对心理咨询,你拥有很多权利,同时也有相应的义务。例如,你有选择某位心理咨询师为你服务的自由和权利,也可以对我的资质进行查阅。关于你的权利和义务,我都详细地列在这张纸上了,你看一下,好吗?

……

从上面的例子看,在介绍心理咨询的职业道德和保密原则时,形式多样而灵活。要根据实际情况采取灵活的方法,这样在心理诊断中才能发挥职业道德和保密原则的效能。

7.试探性提问,找到诊断谈话的突破口

在初诊中,向来访者提第一个问题很重要,因为第一个问题可以打破来访者与咨询师之间的僵硬气氛,也可使诊断会谈有效地指向来访者的心理问题。第一个提问可以对来访者进行寒暄问候。第一个提问太突然，会破坏初诊的气氛。问题偏离中心主题，就会浪费诊断时间。良好的第一个问题会为初步诊断找到谈话的突破口。请看下面的例子：

心理咨询师：你需要在哪方面得到我的帮助？

求助者：我快成神经病了，您说我该怎么办呢？

心理咨询师：别着急，你能具体说说是怎么回事吗？

求助者：半年前我因为失恋而经常失眠，每天晚上要吃一片安眠药才能睡着。后来听说吃药损伤记忆力，我就赶紧停了。我发现记忆力确实减退了，脑子转不动，这样下去我还怎么学习？我还不如休学算了，您有什么好办法救救我吗？……

在例子中，心理咨询师以“你需要在哪方面得到我的帮助？”和“别着急，你能具体说说是怎么回事吗？”等试探性的提问，使来访者谈出很多信息，为后续的诊断及咨询治疗创造了良好的条件。

8.确定咨询方式

说明心理咨询和诊断的性质之后，应与来访者协商确定使用哪种咨询方式。在该问题上需要细节化的处理，例如落实咨询的时间、地点、联系人、联系方式。落实并确认双方的一些约定，特别要注意处理时间延迟或者因故不能如期赴约等问题。在后续的诊断和咨询中咨询师将会感到这些细节处理多么重要。

9.形成初步诊断

在初诊中，通过不断地提问和倾听，不断地获得信息资料，然后对信息资料进行初步分析，最后形成初步的诊断结论。

初步诊断的实质就是对来访者的心理问题进行初步归类。尽管此时归类是初步的，但是很必要。心理问题的初步归类有利于继续深入分析相关资料。不同类别的心理问题，各自具有不同的症状表现，并体现出一些特点。把握这些心理问题的特点，是心理诊断具有针对性的依据。对心理问题的归类是一个长期的过程，不是一蹴而就的心理加工，需要不断反复地进行，这样才能更加精准。心理问题的类别，在进行归类时，要铭记在心。在摄入性谈话时，不能当着来访者的面做大量记录，未经来访者同意不能录音，所了解的大量信息，都要在接待完成后追忆。只有类别清楚，条理清晰，才不致漏掉重要的信息，才能做出正确的归类。

关于心理问题的归类，在临床实践上可以按照下表进行归类，这种归类方式简便易行，受到诸多临床工作者的欢迎。见表2–1。

表2-1　心理问题的表现形式分类

项目	恋爱问题	学业问题	婚姻问题	家庭关系	心理成长发育	情绪情感反应	社交适应人际关系	躯体疾病	其他
问题形式									
问题程度									

10.做好初诊的结束小结

初诊结束很关键,因为初诊结束的适当性涉及来访者后续是否继续来心理咨询。在初诊接待结束时,根据不同情况可以采用不同的结束语。结束语通常有多种形式,也可以在这些形式的基础上根据具体情况权变处理。请看主要的结束形式:

(1)保密性承诺结束语。例如,咨询师可以向来访者说:“我可以负责地说,依据咨询师的道德和相关法律,今天我们的全部谈话,会绝对保密,请您放心。”

(2)谈话继续性结束语。这种情况下应采用征求来访者的意见的形式。例如,咨询师可以向来访者说:“今天暂时谈到这里,在今天的交谈中,我基本了解了您心理上存在的某些问题,但要我马上做出最后确切判断,还有一定困难。由于时间关系,今天无法继续,如果您愿意的话,我建议我们再谈一次,您觉得如何?”

(3)诊断式结束语。如果已做出诊断,咨询师可以向来访者说:“今天我们的讨论,已经有了初步结论,对这个结论您是否能同意,希望您回去后,再认真想想,是否还有需要补充说明的,我也再想想,是否还有什么不妥之处,我们就按今天的诊断共同研究一下矫治方案,您觉得如何?”

(4)其他检查建议结束语。例如,如果经初诊发现来访者有其他疾病或者躯体或精神疾病应向来访者进行如下形式的结束诊断。咨询师可以向来访者说:“就您谈的情况看,恐怕您应该先到某某科做个检查,我将会根据检查结果,再来考虑您目前状况是否有心理问题的因素存在。”

(5)感谢性结束语。经过初诊后,如果咨询师发现与来访者之间诊断同盟关系还没有建立起来,来访者对诊断过程和心理咨询还抱有怀疑,来访者还没有把心扉向咨询师敞开,这时,咨询师可以向来访者说:“谢谢您的来访和对我们的信任,以后有什么问题,希望再联系。谢谢。”

(四)诊断接待的注意问题

1.情绪紧张问题

每次诊断接待,对双方都是一个挑战,因此双方都不可避免地会产生紧张情绪。对刚从事心理诊断的人员,缺乏经验,对来访者一无所知,由此容易产生紧张情绪。

对来访者而言,不知道是什么心理问题,严重程度如何,这个咨询师能否给自己提供有效的帮助,忐忑不安,也容易产生紧张情绪。在接待中的紧张情绪对咨询师会产生不良影响。例如,紧张情绪干扰咨询师的思路和工作程序。降低诊断接待中紧张情绪的有效措施就是进行练习,使咨询师在诊断过程中达到熟练自如的水平。或者增加见习时间,使咨询师熟练地掌握接待和诊断技巧,这样可以有效地降低紧张情绪。

2.语言控制

在诊断中,要进行语言控制。否则很容易导致信息的失真。进行语言控制,首先进行语速控制。语速把握适中,不可太快或太慢,太快要适当降低速度,太慢也要适当增加速度。其次,吐字清楚,避免使用方言。咨询师本人要吐字清楚,不要使用方言土语,要尽量使用标准普通话,每句话必须使来访者听清楚。最后,注意使用一些语言技巧,例如强调、重复、解释等。必要时,可将提问或解释性语句重复一遍,直到来访者表示听清楚并完全理解为止。谈话中若使用专业术语,应向来访者说明专业术语的内涵和外延。

3.保密措施

对心理诊断中的保密原则,特别是对心理测量资料的保密,要向来访者有效地说明。要说明咨询师的责任,要说明咨询师一旦把来访者的资料泄密,来访者有诉诸法律的权利,等等。说明保密原则不要啰唆反复,以免来访者反感。如果来访者没有理解,应该选用委婉的方式进行。

4.功能有限性原则

在诊断接待中,咨询师要有心理咨询功能有限性原则。心理咨询和心理诊断就是心理咨询和心理诊断本身,不是其他内容。诊断人员不可为了获取来访者的信任而随意夸大它们的功能。心理诊断工作受范围限制,咨询师不能在咨询和诊断范围以外向来访者提供帮助和做任何承诺。

5.行为规范性

咨询师在诊断中行为要有规范性,特别应加强对自己不好习惯的管理。如,吸烟、玩弄铅笔、轻敲桌面、抖动身体等等。包括接待来访者之前,绝对不许饮酒或服用兴奋、镇静等药物;在诊断交谈中不能东张西望,应注意力集中,认真倾听或提问。咨询师要注意,一些多余的“下意识”动作经常会跳出来,影响咨询师的诊断工作。

6.动机引导

在诊断的接待中,对来访者进行动机引导很重要。在诊断时,来访者动机过高会给咨询师形成巨大的压力,不利于工作的开展;动机过低又不利于在诊断中的积极行为的出现,不利于心理问题的诊断。因此,应该把动机调整在适当的水平,端正求诊动机。既增强对心理咨询师的信任,又不产生脱离实际的过高期望。这样既有利于集中收集临床资料,也有利于准确评估来访者的心理问题。

7.共同信息的了解尽量清楚

初诊是一个特殊的过程。初诊是进行心理诊断的开始环节。在初诊时,咨询师要在较短的时间里,以较快的速度了解一些共同信息。咨询师必须知道哪些共同信息呢?一般说来,熟练的咨询师在诊断来访者的心理问题时,需要了解的常见共同信息主要包括:这个人是谁?其性别、年龄、职业情况怎样?有何重要特征?其家庭背景和生活方式如何?与其有关的文化和环境因素有哪些?发生了什么事情?事情的具体情况怎样?这样的事是否经常发生?这事是在什么样的情况和条件下发生的?问题是何时发生的?其时间顺序的重要线索是什么?问题在何处发生?和何人在一起发生?这个问题为什么会发生?问题发生之前的情景和发生之后的情景如何?来访者对这个情景是如何反应的?来访者对问题的行为反应是什么?来访者对问题的情绪反应是什么?来访者对其自身的问题如何看待?来访者之前做过什么努力?等等。

二、复诊

(一)复诊的内涵

复诊是在初诊的基础上,为了进一步确认或修正初诊的结果,而进行的深入诊断。复诊的目的是检验或者修正初诊结果。复诊过程的主要作用是确保初诊的正确性。

复诊对心理诊断具有重要的意义。复诊过程使初诊有了一个回溯过程。一方面,这个回溯使咨询师反复思考诊断过程,变换角度思考不同的诊断信息,确保诊断的可靠性。另一方面,复诊过程是对求助者更加负责的表现。复诊对初诊结果的再次审查,体现了咨询师客观、严谨的科学诊断精神。

(二)复诊过程的特点

复诊过程有自己的特点。首先,复诊是在初诊基础上的进一步深入,因此要求有更翔实的诊断信息资料,需要更深入的信息加工,也需要更全面的资料信息分析。其次,复诊是对初诊过程的回溯。回溯时需要考察初诊的信息使用情况、初诊时的逻辑思维、初诊的信息利用的诊断力度等方面的内容。这样才能对初诊从形式到内容上进行全面复查。在这个阶段特别强调逻辑推论。逻辑推论是咨询师根据求助者所提供的有关信息,运用逻辑推论,引导求助者认识其思维和行动可能引出的结果。运用这种技巧时,咨询师常常可以运用“如果……就会”这类条件语句。咨询师可以帮助来访者看到其思维可能导致的严重后果。进一步看,咨询师在此还可以帮助求助者了解到为何如此的真相。逻辑推论还可以用于引导求助者认识其行为的可能原因。逻辑推论是在为求助者提供另一种思维方式,引导求助者从不同角度、不同的方式思维,预先想到心理问题产生的可能原因,从而使其认识到自己思维、言行的不妥之处,进而对其改变的一种方式。最后,复诊不是对初诊的简单重复。在复诊阶段,问题有了大概的方向,资料的主次重要性等都分出了经络,诊断的主线基本明了。因此复诊就是要在初诊的基础上,对问题更加明确。

(三)复诊步骤

1.审阅初诊记录

复诊第一步是审阅初诊记录。审阅初诊所记录的信息是否全面?初诊所收集的信息是否可靠?审阅初诊对信息的分析是否合理?审阅初诊的逻辑推理是否可靠?审阅在初诊中是否遗漏了重要信息或线索?审阅对来访者的信息抽取是否适当?审阅对信息主线的把握是否准确?审阅咨询师在信息获取过程中是否产生了偏见?等等。复诊审阅内容相当广泛,无论是从事实资料把握到对事实资料的推论,还是从咨询师的逻辑思维到咨询师的偏见的产生。请看下面的初诊记录:

来访者:男,高二年级学生,17岁,家庭经济状况一般。

来访原因:想忘掉心中的恨,但总是忘不掉。

个人成长史:小时候,父母亲外出打工,我和叔叔婶婶一起住。其中有几年他们也在家务农,父亲经常出去打牌,输了钱回来后就打我,却从来不打妹妹。自我记事起,就觉得每天都要挨打,那时我内心充满了怨恨,我恨父亲。小学六年级时,我们拍毕业照,照片上刚刚照到了我的内裤,全班同学都笑我,我觉得受到了很大的侮辱,很难过,从此开始恨周围的人。我把内心的怨恨转化成学习的力量,只有学习的时候我才不会去想那些令我怨恨的事情,我的成绩很好,考上了重点中学。考上重点中学后父亲对我好一些了,常对外炫耀。我曾发誓给自己十年的时间,报答父母,而后离开这个俗世,出家当和尚,忘掉尘世所有的烦恼。尽管我仍热爱学习,我很想忘掉心中的恨,但是现在我觉得学习很累。

来访者的主述及主要问题:有一次爸爸输钱回来,用铁丝打我,现在都还能看见腿上的伤疤。小学六年级的照片风波让我感到很受羞辱。我恨爸爸和那些同学,但把它压抑在内心,没表现出来。我内心充满了对他们的恨,后来这种恨扩大到周围所有人身上,我发誓要把这种恨转化成学习的动力,取得好成绩,让那些瞧不起我的人感到后悔。初中我的成绩很好,只有学习或者看小说的时候才不会有恨意,但每当我闲下来时,内心就会觉得很难受。记得小时候常做同一个梦,梦中被一个很大的黑色的物体追赶。初三那年,我胸口痛,去看医生,先诊断为肺炎,吃了药没好。而后说是心肌炎,后来说是心肌酶升高,最后吃药痊愈。现在我心中充满恨意的时候仍会感到心口痛。上心理课的时候,我的这种痛会特别强烈,我觉得自己像被别人看穿了一样。我开始怀疑我的心口痛不是生理上的病,而是跟我的心里的恨有关。我很想消除这种恨意,希望老师能帮助我。

家庭情况:我家里有父亲、母亲、妹妹和我四人,妹妹是超生的。同时,叔叔和婶婶也住得离我们很近。

咨询师的一般印象:来访者刚进咨询室时常皱眉,说话流畅,但吐词不够清晰。语速偏快,得仔细听才能听清。说到自己内心的恨时,仍很激动,会双手捂着胸口,一脸的难受。提起小时父亲打自己,仍会激动得握紧拳头,眼睛有些湿润。咨询中三次强调咨询师不要对他要当和尚的决定进行干涉,因为他说他已决定了。从来访者的精神状态来看,反应不够敏捷,思维有跳跃感。情绪比较激动,试图控制自己的激动的情绪。来访者能维持正常的学习,与同学的交往状况还不清楚。常常胸口闷,有疼痛感。

初步诊断为严重心理问题。

这是一个来访者的初诊记录。在进行复诊时,首要的是审阅初诊记录。从初诊记录来看,来访者的资料基本完整,既有来访者的一般情况,“男,高二年级学生,17岁,家庭经济状况一般”,也有来访者求诊原因,“想忘掉心中的恨,但总是忘不掉。怎么才能忘掉恨?”还有来访者的成长史,“小时候,父母亲外出打工,我和叔叔婶婶一起住……”有来访者的主诉,“小时候爸爸经常去打牌,回来以后就打我……”也有咨询师的初步印象,“来访者刚进咨询室时常皱眉,说话流畅,但吐词不够清晰……”还有对来访者的初步诊断即“初步诊断为严重心理问题”。在审阅来访者的资料时,有些资料比较缺失,咨询师应特别注意,例如与同学的关系如何,老师及周围的邻居对其评价,更有甚者要考虑叔叔婶婶对其评价和看法。因为这些看法有助于心理咨询师理解来访者所提供资料的真实性。同时,还要注意了解心理问题与心理疾病之间的关系,排除心理反应是由于器质性病变引起的。

2.对初诊进行再推理,并分析材料与初诊之间的逻辑关系

复诊的第二步主要任务就是推理的复演。复演是利用元认知的功能对初诊的逻

辑思维进行重点复查。利用原有的资料是否符合逻辑,规范地推导出同样的结论。

从上面的案例看,复诊时深入分析资料的逻辑关系很重要。例如,小时候妹妹出生对来访者的仇恨心理产生了怎样的影响?是父母偏爱最小的妹妹导致了来访者在潜意识中觉得受到了不公平对待,还是事实本就如此?小时候的照片事件是产生仇恨的诱因还是根本原因?或者是妹妹出生夺走了本属于自己的父母之爱和照片事件的交织使来访者产生了仇恨?来访者的仇恨是由于高中学习成绩出现了变化、压力增加而出现的逃避学习的借口,还是仇恨的延续?想出家是逃避竞争,还是逃避仇恨?如此等等。复诊时进行这些逻辑复演,对重点资料进行复查,是复诊的一个重要内容。

3.分析无关证据,看是否能够提供新的诊断思路

在复诊阶段,除了重点考察原有的关键资料和已利用的资料外,还要考察那些忽略的资料是否具有价值和意义。分析无关证据,考察其是否能够提供新的诊断思路。这使咨询师能够踏实放弃无关的资料。在上面的案例中"与同学的交往状况"可能是本案例中的无关资料,但是,这个无关资料能否说明来访者心理问题的产生是来自来访者孤僻、封闭、不与同学交流呢?经过复诊,对这样的资料进行分析,看这样的资料能否提供新的诊断思路,这是复诊中的又一工作要点。

4.再次诊断,否认原诊断或者支持原诊断

复诊的第四步就是再次诊断。在重新分析原有资料,审查原有逻辑的基础上,否认或者支持原诊断。如果否认了原诊断,那么就应该提出新的诊断假设。

正如上面的资料一样,经过复诊分析,发现来访者资料翔实清楚、来访者的心理问题是由于童年生活事件和妹妹的出生交织导致的,且来访者的心理问题持续时间较长,产生了泛化,但来访者有自知力,有求医行为,求助者的心理冲突是常形,因此可以诊断为严重心理问题,支持原诊断。通过复诊使来访者的诊断准确而清晰,这为后续的心理咨询和治疗打下了良好的基础。

(四)复诊的注意事项

第一,复诊要注意初诊对复诊的影响。特别注意证实偏差效应对复诊的影响。人们既有的观念或期望会影响他的社会知觉和行为。他们总是有选择地解释并记忆某些能够证实自己既存的信念或图示的信息。证实偏差不仅表现在理念上,还表现在行为上。行为证实偏差指人们对某人的社会行为总有一定的图式,这种既有的图式会使咨询师在复诊时倾向于做出符合初诊结果的行为,也就是说复诊的诊断结果符合初诊的期望。它的实质是自我实现的预言。

第二,要考虑到初诊结论改变的顽固性。在复诊阶段不是以改变初诊结论为目的,但是当复诊需要改变初诊阶段的结论时,需要更多的信息。

第三,复诊过程也是对初诊信息的利用分析和补充,是对初诊逻辑过程的分析,会提高初诊的可靠性、准确性。

三、会诊

会诊主要是在心理诊断的过程中,对诊断结果存在疑点,或者不能对来访者做出明确诊断时,需要更多的同行专家或相关临床专家进行集中讨论,共同提出诊断结论的方式。会诊价值主要表现在:一方面,会诊是对来访者负责的表现。当咨询师由于知识的欠缺或者来访者心理问题的复杂性而不能确诊时,请相关专家进行会诊是严谨和科学的态度。若咨询师面临疑难案例却仍然刚愎自用,可能导致严重的误诊,从而影响来访者的咨询和治疗。另一方面,会诊是咨询师学习提高的过程。在会诊过程中,各方面的专家发表意见,拓展思路,讨论分析,点拨提高,使咨询师在这个过程中不断成长。咨询师要提高自己的诊断能力,积极参加会诊是一条可行之路。会诊通常包括两种形式,一是同行专家会诊,同行专家会诊一般是在心理问题的范围内进行;二是非同行专家会诊,这种会诊是不同领域的专家会诊。

(一)同行专家会诊

1.同行专家的会诊程序

第一,向专家提请会诊申请。请同行专家会诊,应该向同行专家提出会诊申请,同时应准备多份求助者的相关资料,以便同行专家会诊时阅读。这样,使专家能够在充分了解案例的基础上进行会诊。有了文字材料,专家们对案例的把握才比较充分,讨论起来才有深度。在提出申请时,可以在申请后附上案例的基本情况资料,同时注明保密,这样使专家可以在会诊前研究案例,使会诊高效而有价值。会诊申请见如下样例:

尊敬的××:

我是咨询师××,我在咨询过程中遇到一个情况复杂的案例,想请您在×月×日下午3点,在心理咨询室进行会诊,敬请光临指导。

此致

敬礼

咨询师××

×年××月××日

以下资料请注意保密!

附录1　来访者的基本资料

……

从上面的例子来看,会诊申请应该本着客气、礼貌的原则进行。介绍清楚时间、地点等要素,会诊专家不应该太多,一般不超过5人但不低于3人。

第二,叙述诊断过程。会诊开始后,由原咨询师详述来访者的相关资料及诊断过程。叙述是诊断思维的再现过程。因此在叙述时,力求客观,尊重事实,实事求是。在叙述时,口齿要清楚,思路要清晰,观点要明确,问题要突出。

第三,突出会诊要点。在诊断过程叙述完后,根据咨询师的疑惑寻找与诊断不符的疑点,将其定为会诊的要点。在会诊中要突出会诊要点,使专家围绕会诊要点思考,引起专家们对会诊要点的关注,使会诊要点从纷繁复杂的细节中凸显出来。这样,才能使讨论的焦点集中,才能关注到真正的要点上。

第四,专家发表意见及讨论。请参加会诊的同行专家发表意见,主持者要一一记录。请专家发表意见时,注意不要遗漏专家,应该使每个专家都有机会发表自己的见解。当专家在发表意见时,要注意在头脑中把自己的想法与专家观点进行对照,进行比较判断。发现专家观点的优点,对自己不足的想法可迅速加以修正。鼓励不同意见的辩论,这样可以使问题更加明朗,受到启发,也容易清理自己头脑中那些不符合逻辑的判断。

请专家们一起讨论,这是会诊的主体。专家在进行讨论时,要注意既要畅所欲言,同时也要尊重专家的发言。讨论既要围绕主题进行,同时也要注意思维的发散。

在进行专家讨论时,主持人应该注意组织过程,以免讨论混乱,甚至因观点不同导致专家之间的情绪化。例如,专家讨论会诊记录如下:

专家A:刚才你所讲的这些疑惑是值得思考,但我认为来访者突发与人交流困难、心烦、紧张七天,无明显诱因。这实际上是来访者在自己感受和理性叙述之间出现的无意识偏差,这种偏差是常识和专业之间的差异造成的,来访者的描述和专业术语内涵的差异……

专家B:这初步看起来似乎与急性惊恐障碍的诊断标准非常相似,但急性惊恐障碍是以濒死感和窒息感为主要特征,与来访者胸口发紧、心慌气短、头皮发麻、手脚出冷汗症状区别还是很明显的……

专家C:来访者也知道不该紧张,但就是控制不住,这种控制与反控制似乎是神经症的表现,“控制不住”这实际上是心理冲突的表现,而不是神经症的典型特征……

专家D:来访者出现心理问题的主要原因是一个月前被提拔为主管,心理压力的增大是导致心理问题的根本原因,来访者没有泛化,这符合一般心理问题的根本特征。你的诊断是正确的,但是你对证据的理解不够……

第五,会诊总结。最后,主持会诊的咨询师综合各专家观点要给出一个比较总体的意见。这个意见要以分类诊断的思维方式进行,同时对心理问题的病因也要做出适当的分析。对分歧比较大的意见,可以分别进行说明。例如:根据各位专家的意见,来访者与人交流困难、心烦、紧张七天,无明显诱因,这实际上是来访者的感受和理性叙述之间出现的无意识偏差。急性惊恐障碍是以濒死感和窒息感为主要特征,与来访者胸口发紧、心慌气短、头皮发麻、出冷汗等症状的区别很明显。来访者对紧张的控制不住,实际上是心理冲突的表现,而不是神经症的典型特征。从根本上来看,来访者心理问题的主要原因是一个月前被提拔为主管,心理压力增大。来访者没有泛化。综合各专家的观点建议诊断为一般心理问题,而诊断为神经症特别是急性惊恐障碍证据不足。

第六,干预建议。会诊后,应该充分利用专家的资源,集合专家们的力量,请他们对该案例的后续工作进行指点。主持者根据专家的讨论可以初步思考后续咨询矫治方案和可能的预案。

2. 同行专家会诊的注意问题

会诊是专家们进行讨论,需要注意一些问题。

第一,要有准备的会诊。主持者对会诊要有精心准备。根据经验对诊断做到大体心中有数,对案例有初步的了解和初步的框架。对案例疑点能做一些解释,对案例要有自己的思考和想法,不要一问三不知。

第二,要虚心地会诊。主持者要虚心听取与会者的各种意见,审视并修正自己的看法。特别在会诊中不要武断,强词夺理。鼓励与会者提出问题和争论,特别是对诊断的依据是否充分,有没有其他诊断的可能等问题。对咨询和治疗方案更应提倡根据不同学派提出不同的意见,并比较各自的优缺点,综合采纳。对在诊断中的疑点都需反复讨论,以求做出合理的解释。

第三,要求同存异地会诊。会诊总结之后,仍旧允许大家保留不同意见。并非强求一致,甚至可以就会诊总结出几种具有代表性的观点,请大家对几种观点都进行思考分析。随着诊断过程的发展,来访者的诊断意见会越来越一致,也会越来越明确。要注意对来访者进行追踪观察,这是对会诊分歧解决的一个重要措施。

第四,要尊重地会诊。会诊是科学的讨论和分析。因此言语礼貌,态度和蔼,观点鲜明,在会诊中相互尊重、实事求是、大胆发表意见,这是会诊能够取得好效果的重要因素。

(二)非同行专家的会诊

非同行专家会诊与同行专家会诊程序基本相同。主要差异是在这类会诊中所邀请的专家是精神病学、医学等领域的专家,而非心理学专业人士。从心理诊断的角度看,这类会诊是咨询师对生理疾病与心理问题的关系把握不准或者咨询师对来访者是否是精神病存在疑惑时,邀请这些领域的专家会诊。虽然有精神科或医生邀请心理学专家会诊的情况,但是这不是心理诊断的主体。咨询师邀请其他领域的专家会诊时,由于领域跨度大,因此会诊的准备工作尤其要精心充分。

1.非同行专家的会诊程序

第一,会诊前准备。在会诊前,要提请会诊报告,同时要准备好会诊资料。因为非同行专家对心理诊断不太熟悉,资料准备不充分,非同行专家没有事先对资料阅读分析和思考,贸然集中会诊,不仅效率低下,还可能达不到会诊目的。准备工作除了资料准备外,还要注意资料的保密性、会诊时间及地点、提醒专家事前审阅会诊报告等诸多细节。请看下面的会诊申请:

尊敬的×××专家:

你好!请你于××月××日下午3点在××咨询中心参加会诊。并请注意对所提供的资料保密。该来访者,男,51岁,高中文化,工厂工人。已婚。主要症状表现为睡不着,易醒多梦,情绪低落2个月,伴有想死念头4天,尝试过用安眠药自杀,未遂。由女儿陪伴。半年前,妻子突然病逝。来访者的生活开始改变,刚开始还能正常生活,后来就觉得很空虚烦躁。不爱外出走动,不喜与人交往。晚上睡不着,有时只睡2~3个小时,心情也越来越差,无精打采,对什么事都没兴趣。记性也越来越差,煮饭忘记放水,买东西忘记付钱。在家里待得越久,来访者越觉得自己没用,不想拖累家人,所以,来访者就想死了算了。来访者病前性格偏内向,为人稳重,不喜与人沟通。我初步诊断为抑郁性神经症。但是,由于来访者出现了一些精神病性症状,我不能排除来访者是否是精神病或者有之,想请您来进行会诊指导。敬请参会!感谢您的支持!

咨询师:×××

×年×月×日

第二,明确会诊目的。与非同行专家会诊,咨询师一定要明确自己会诊的目的,也就是咨询师要明确请非同行专家来想解决的是哪方面的问题。有明确的目的,围绕会诊目的讨论资料,便于会诊专家发挥专业优势,解决咨询师在不擅长领域的困惑,从而提高会诊实效。一般而言,非同行专家会诊目的主要有以下两种类型:

(1)转诊的会诊。此类会诊主要目的是在会诊后,把明确不是心理问题的来访者转诊到相应的机构或部门。例如,来访者主要是躯体疾病,但是主要反映在心理问题上,来访者到了心理咨询室,经过与临床医生的会诊,确定来访者是生理疾病导致的心理问题,随着生理疾病的好转,心理问题会自行消失,对此类求助者就可采取这类会诊方式。

(2)明确诊断的会诊。由于来访者症状的复杂性,主持会诊的心理咨询师对来访者不能给予明确的诊断,因此需要非同行专家一起给出明确的诊断。例如:

来访者,女性,50岁,高中文化,已婚,退休干部。为人稳重、工作认真。半年前退休后在家,刚开始还好。但2个月前,来访者开始沉闷起来,没精打采,说话反应慢。记性越来越差,外出忘记锁门,做饭忘记放作料。夜里失眠、烦躁。由于丈夫工作忙,儿子上大学也忙,家里只剩自己一个人。觉得无聊,空虚,但是对什么事都没兴趣。每天早上丈夫出门的时候,就开始担心这一天该怎么过,丈夫下班后会好些。来访者近一个月来,食欲不好,还说胸口被东西堵牢了,一下瘦了好几斤。每天除了做饭就是对着电视,不停地换频道。最近两天,来访者连饭也不做了,还说生活没意思,来访者的丈夫早上回家拿忘了带的东西,发现她正拿水果刀,说不想活了。

对该案例应该诊断为什么?是更年期综合征?还是一般心理问题的抑郁状态?或是神经症的抑郁性神经症?还是精神病的抑郁症呢?通过会诊,需要精神病专家帮助做出确切的诊断。由于来访者有晨重暮轻的特点,以抑郁状态为主、病程快速、人格改变、出现了自杀行为等重性精神病症状,所以专家确诊为精神病的抑郁症。

主持咨询师请临床医生会诊是由于临床医生能用躯体疾病解释病人的大多数症状,对生理与心理的因果关系颇有经验,也能对一些症状进行解释,经过会诊可以明确症状是心理问题还是生理问题所致,或者是生理和心理问题的交织。

第三,申请者的叙述。会诊时,听取申请者的详细介绍。听完后,还应根据情况提出所需要进一步了解的资料。

第四,面询病人。为了进一步准确详细地把握来访者的心理问题,在与非同行专家会诊时,要特别注意在有条件的情况下,请会诊专家亲自面询来访者,这样专家们的诊断就更有直接经验和依据。

第五,信息的综合。会诊时,各位专家必定都有自己的见解,因此主持者必须综合所获得的资料信息,提出诊断、处理原则和可能的预后说明。

第六,提出咨询方案。在与各位会诊专家取得一致意见后,主持者可以与专家们商讨,对后续的咨询和治疗提出专家意见和建议。在参考会诊专家提出的后续咨询和治疗建议时,要注意既要尊重专家,也要体现心理学工作者工作的独立性、自主性。

2.与非同行专家会诊要注意的问题

第一,充分理解生理与心理相互影响的辩证关系。咨询师在会诊前要对心身相关的理论应有所理解,既要注意到心理会影响生理,也要注意到生理对心理活动的影响,特别是可以反复相互作用,使因果关系变得错综复杂。

第二,具有躯体疾病心理表现的知识。有些心理问题是某一躯体疾病发展到某一阶段时的表现,这是临床医生所能预料到的,心理工作者也应掌握这方面的知识。但是应当从心身相关的角度来分析那些错综复杂的因果关系,尤其要注意那些由于言语不当或某些药物治疗所引起的“医源性”心理行为问题。

第三,面询来访者,应征得来访者的同意。面询来访者时,首先应征得来访者的同意,然后向来访者介绍会诊专家,向来访者强调保密原则。

第四,注意任务的合理分配。对于那些原有明显的器质性病变或有严重的心理生理功能紊乱者,由医院的相应科室进行治疗,所出现的心理行为问题的解决可由科室主管医师执行,主持者可定期协助医生完成。

第五,治疗方案也要考虑生理因素。心理生理是双向调节互为影响的,所以所提出的治疗方案不可忽视生理功能的调节。

第六,面询过程要尊重和维护会诊专家和来访者。面询过程中,不可对临床医生挑剔指责,除非特殊心理治疗,一般的心理疏导不一定非要由专业心理咨询师占主导进行。面询过程也要尊重和维护来访者。

第七,说明本次会诊结果的建议性。会诊中主持者要说明心理现象的复杂性以及治疗意见的建议性,所提的心理咨询治疗方案尚需通过实践不断地修正和完善。

四、转诊

(一)转诊的内涵

转诊主要指咨询师根据自己的咨询状态、知识专长和精神病的相关知识,把不属于心理问题的来访者和咨询师不擅长的心理问题的来访者转介给适合的部门或擅长的咨询师。

转诊在心理诊断中具有重要价值。首先转诊尊重了心理诊断和心理咨询治疗的局限性。每个心理咨询师都有擅长的领域及不擅长的领域,因此,咨询师都是功能有限的心理学工作者,诊断人员不可为了获取来访者的信任而随意夸大心理诊断和心理咨询的功能。心理诊断工作受工作范围限制,咨询师不能在诊断与咨询范围以外向来访者提供帮助和做任何承诺。其次,转诊是为了不耽误对来访者的咨询治疗。把不属于自己能力范围的来访者强行滞留在自己门诊,既延误了对来访者的治疗又丧失了咨询师的责任。把不属于心理咨询治疗范围的精神病患者滞留在自己的部门,也会损害心理诊断、咨询治疗的功能。

(二)转诊的类型

在什么情况下进行转诊是处理转诊的关键。在情况不清楚的条件下匆忙转诊也会影响来访者的心理和求助动机以及对咨询师的信任。就某位特定的来访者而言,并非所有的咨询师都适合自己。有些来访者对该咨询师特别适宜,因为咨询师对来访者的背景熟悉,所遇问题轻车熟路,彼此有接近的价值观念,个性适合,也容易产生信任感、亲切感。有些来访者对咨询师的适宜性处于一般水平,这类人所占比例最大,对这类来访者需要不断加深了解、增加适宜性。通常转诊主要有如下三种类型:

类型一:不属于心理咨询和治疗的来访者

这类来访者主要是发作期的精神病人,以躯体疾病为主的病人和弱智儿童等。由于这类来访者不属于心理咨询和治疗的工作对象,因此应该转诊到更合适的地方。

有些案例,来访者出现了自罪妄想,例如见到警察就称我有罪,还出现了幻听,如不时听到有个声音在耳边责骂自己是坏人,也出现了思维被洞悉感,例如认为自己脑子里的事别人知道了,还出现了被害妄想,例如监视器就是邻居家的录音机和自己的手表。除此之外还出现了意志减退,如整天不刷牙洗脸甚至不穿衣服,同时求助者缺乏自知力、否病拒医,将这些症状综合起来看,来访者可被诊断为严重精神疾病。由于精神疾病不属于心理咨询和治疗的范畴,因此应该转诊给相应的精神科。

类型二:欠缺型

由于咨询师的训练重点不一,因此所擅长的心理问题也不同,这是很自然的现象。作为负责任的心理咨询师应该尊重这种事实。敢于承认自己的弱点,正视和正确对待自己不擅长的心理问题的来访者。坚决不能不懂装懂,拿来访者做实验。比如:一位擅长婚姻咨询的咨询师可能在学校心理问题上不是很在行,咨询师正确面对所面临的欠缺,就要将这样的来访者转介给更擅长的咨询师。所以,面对这样的来访者时,咨询师要敢于把自己欠缺的来访者转介,人尽其才是提高诊断质量和效益的重要途径之一。请看如下案例:

李某,男,49岁,某中学教师。三个月前,来访者偶见妻子有外遇,因此精神崩溃,开始终日哭泣,情绪烦躁,无食欲,失眠,心里很恨妻子,想离婚。但又不甘心,而且考虑到自己的年龄不小了,要再找一个不容易。因此,终日处于矛盾之中,痛苦至极。单位的同事都认为来访者近来脾气越来越大,无端发火。最近,工作又有差错,受到领导的批评。

该案例,至少是属于婚姻方面的问题,如果咨询师本人还是20岁左右的年轻人,既没有婚姻经验,也无家庭感受,则最好转介给年龄大一些的咨询师,这类转诊就是欠缺型转诊。

类型三:忌讳型

忌讳型指咨询师在价值观念、情感方式上很可能对某些来访者有某种程度的敏感、偏见和忌讳,因此,咨询师在面临这样的来访者时,就容易丧失客观性进入误区,此时尽管咨询师对此类问题很擅长,但是最好进行转介。

例如,咨询师刚与女朋友分手,咨询师对恋爱产生了很多的情绪反应。此时,咨询师面对失恋的来访者就很不适合,属于忌讳型,最好实施转介。以下是咨询师和失恋的来访者的咨询对话:

……

咨询师:你今天愿意和我讨论什么话题?

来访者:我、我……我女朋友不要我了!

咨询师:哎,你也失恋啦?失恋也好,这么痛苦还不如不恋呢。你看现在谈恋爱真是太折腾了,你真心对她好吧,她视而不见,你不对她好吧,她又说你不在乎她,动不动就说分手!

来访者:就是,这还不算,现在女的都很现实,没钱就跟你分手。我的女朋友就是个势利眼!

咨询师:也是,现在的女孩子就喜欢大款!我刚分手的女朋友不就是嫌我没钱嘛。

来访者:除了钱,还喜欢长得帅的,脸蛋又不能当饭吃!真是想不通!

咨询师:就是,哎……

从上面咨询师和来访者的对话中可以看出,咨询师由于刚失恋,在咨询对话时已经失去了咨询师的基本水准,咨询师把自己的情绪掺杂进去,从而影响了客观性。因此,咨询师应该常常接受督导,以提高自己的心理健康水平,更能接纳各种不同的价值观念、思维方式。遇到上述情况,咨询师应及时判断,转诊给更适合的咨询师。

类型四:冲突型

咨询师与求助者可能在个性等方面存在着某种不协调。比如,有些咨询师对那些盛气凌人、咄咄逼人、爱指手画脚的求助者感到不适应;有些咨询师对那些过于内向,谈吐退缩的求助者很不习惯;有些咨询师对求助者的情绪反应感到害怕。例如:

……

来访者:你是做心理咨询的吗?做心理咨询应该需要很多经验吧!还有啊,你们这张桌子应该摆得靠右一些,这样才符合美学标准嘛!

咨询师:嗯,好的。那你希望今天重点讨论哪些话题呢?

来访者:我说啊,你们这个收费标准是什么样的,有什么等级,我要那种收费最贵的,钱不是问题,最主要的是一定要帮我解决问题。

咨询师:咨询的收费,我们是有标准的,我可以给你介绍一下!

来访者:我不管,我只要最好的。你一定要保证我的心理问题治好!我是付了钱的,要是效果好,我会多介绍些朋友来的,没有效果,我就要到处去给你们宣传,看谁还来找你咨询。……

从这段咨询对话,可以看出,来访者具有咄咄逼人的气势。一些咨询师不习惯这样的来访者,因此与其行为方式产生强烈的冲突,在这种情况下,咨询师最好是把来访者转介给习惯的咨询师。

类型五:不信任型

有些来访者对咨询师坚持和信服的某种理论方法持不信任态度,那么就不能用此理论进行心理诊断和咨询,最好的处理是转诊。例如:假如咨询师是一个以精神分析治疗为主的人。以下是咨询师和来访者的一段对话:

……

咨询师:你所谈到的问题,我们可以采用精神分析进行……

来访者:什么!?精神分析?就是像弗洛伊德说的梦啊,性啊那种?那个怎么可能解决人的心理问题嘛,如果随便催眠一下就能解决心理问题,那还需要做什么思想工作嘛?你看那么多小孩,那么多问题,精神分析这么神秘兮兮的东西能起什么作用嘛?

咨询师:看来,你不太接受精神分析,其实精神分析的观点……

来访者:不管怎么样,我觉得弗洛伊德就是太离谱了!

咨询师:精神分析具有一套自己的实用技术……

来访者:精神分析,不是我瞧不起,我觉得还是行为主义才是真的有用的理论,你能不能用行为主义疗法给我咨询和治疗嘛?

咨询师:……

从这段对话可以看出,来访者对咨询师的精神分析治疗非常抵触,比较信服行为主义,因此咨询师最好将这种不信任型的来访者转诊。

(三)转诊步骤

转诊不是随便把来访者转给其他咨询师或部门就行了,而是必须按照一定的程序进行,保证转诊的严肃性和科学性。

1.判断是否转诊和转诊类型

对咨询师而言,转诊的情况多种多样,因此,在转诊时首要的工作就是咨询师必须根据多种情形来判断是否应该转诊,是转诊中的哪种情形,这样才能做到在转诊时心中有数。特别是重性精神病患者,在转诊时更要注意与相关科室的联系和衔接,以免出现意想不到的结果。

2.与来访者就转诊问题进行沟通

当确定来访者是属于转诊的情况时,一定要耐心和细心地与来访者就转诊的原因和必要性进行简短交流,使来访者对转诊不产生情绪抵触或者被抛弃的感觉,平静地接受转诊。

3.联系接诊的咨询师

在来访者同意的情况下,根据来访者的实际情况,咨询师帮助联系一位适合的接诊咨询师。在联系接诊的咨询师时既可以由现任咨询师帮助联系,也可由来访者自己联系。关键是要取得接诊咨询师的同意和接纳。

4.与接诊的咨询师办理资料移交手续

在转诊的最后,一定要办理相应的手续和资料的移交手续。这是程序和责任转移的要求。在移交的过程中,要注意保密原则。可以在此时向接诊咨询师做一些情况的介绍,使后续咨询师能够快速进行诊断和咨询服务。

(四)转诊的注意问题

1.转诊需要高度的责任感和职业道德

有些来访者的问题早发现、早诊断、早干预,其效果更好。因此,当咨询师发现与来访者不匹配时,或自己不善于处理时就应该本着高度的责任感和良好的职业道德进行转诊,这是一种优秀的职业道德和责任感的综合反应。

2.咨询师坦然面对自己的不足

咨询师有自己的经验和技术优势,同样也有自己的弱点,咨询师只有坦然面对自己的弱势时才能解决转诊中咨询师的心理阻碍。

3.转诊与面子

有些咨询师担心把自己的来访者转诊给其他咨询师会影响自己的名气和形象,其实这种担心是不必要的,转介是很正常的事情,更是严谨负责和科学的表现。

4.转诊不是简单地推荐接诊咨询师

转诊不能简单地理解为推荐下一位咨询师,转诊需要各种细节和铺垫工作。处理不好,就会对现咨询师、来访者和接诊咨询师产生伤害。因此一定要高度重视和谨慎从事。

在心理诊断中,初诊、复诊、会诊和转诊不是连续的过程关系。初诊和复诊之间关系紧密,高水平的咨询师一般都要完成初诊和复诊两个诊断形式。会诊和转诊是在特殊情况下发生的,不一定在每次诊断的过程中都使用。

第二节 心理诊断的过程

对心理诊断的过程,心理专家们最大的分歧就在于是否把诊断后的干预和评估或者方案制订包括在内。一些专家认为诊断过程不应该包括干预、评估和方案制定,心理诊断与后续的咨询治疗过程是独立的。也有专家认为心理诊断过程和后续的干预、评估、咨询方案的制订不能截然分开,因为在诊断中必然会产生干预方案、评估建议等,所以诊断和咨询治疗是紧密联系在一起的整体。从临床操作的角度看,心理诊断的过程主要包括建立诊断同盟关系、资料的收集及整理分析、寻找心理问题的关键点、问题定性和定量、病因诊断、鉴别诊断等六个阶段。

一、建立心理诊断的同盟关系

心理诊断实际上是整个心理咨询的最初环节。此时,来访者和心理咨询师都很陌生,因此打破彼此的心理坚冰,建立起和谐信任开放的诊断同盟关系,对整个心理诊断过程都很重要。建立起诊断同盟关系,来访者才能诉说真实痛苦,才能信任咨询师,从而提供丰富的信息资料,诊断和咨询治疗关系才能继续深入。心理诊断同盟关系的建立主要通过人际关系中那些支持性因素产生。诊断同盟对双方都会产生影响。当来访者与咨询师在一起时,有一种积极的体验。来访者在诊断过程中,发现了自己的心理问题得到了很好的讨论和分析,这种联盟的内化就会产生。以下因素对心理诊断同盟关系的建立具有显著的影响:

1.使来访者建立积极的情绪体验

在诊断过程中,咨询师对来访者各种各样的情况进行反应,这些反应往往超出了来访者的预料。比如并不指责来访者表现出的不适宜行为,也不指责问题陈述时思维不清楚等行为。这些都会有助于诊断同盟关系的进一步发展,使来访者对咨询师更加信任,并逐步产生出希望这种关系会比以往任何一种关系都能使自己受益的想法。这种关系和体验能使来访者产生安全感、减少防御心理、认真地探索自己。

例如,以下的问话是不妥当的,这些对话容易使来访者产生消极的情绪体验。

咨询师：你怎么现在才来咨询啊！？为什么不早点来呢？

咨询师：你都是个成年人了，怎么讲个事情都讲不清楚？

咨询师：啊，你怎么能这样做事呢？连一点儿公德心都没有？

咨询师：这个问题很简单，怎么一到你那里就成为问题了呢？

咨询师：这么简单的问题你都理解不了，你到底是什么文化水平哟！

2.使来访者受到尊重

在诊断同盟关系中，每位来访者对自己的看法都变得更积极了，而这种变化的产生非常明显地与咨询师对来访者的关心、价值观等的体会有关。咨询师接受来访者"坏"的行为的能力，对来访者产生了积极的影响。这减轻了来访者的心理压力，同时也为来访者接受咨询师的态度，提高他们对自己的认识提供了机会。使来访者获得尊重，来访者自尊心提高和积极的情绪体验是两个相互影响的过程。

3.使来访者产生认同作用

在诊断同盟关系中，内化产生的过程是认同。这是来访者对咨询师的态度认同。最初来访者对咨询师可能产生部分认同。认同是来访者在咨询师认真负责及真诚关注的态度下产生的。在诊断同盟关系进一步发展的基础上，认同的范围与程度会发生变化。认同是建立牢固的诊断同盟关系的基本要素。

面对每一个来访者，心理咨询师都必须努力地去建立和来访者的盟友关系。既然是盟友关系，双方便应该开诚布公。这对心理咨询师并非难事，但对来访者来说就复杂了。来访者在面谈过程中往往同时带有意识和潜意识两个层面的角色。心理咨询师在了解来访者的意识层角色后，必须更敏感地觉知来访者的潜意识层角色。唯有真正了解这两个层面的角色，心理咨询师才有可能和来访者真正建立起同盟关系。而对来访者潜意识层角色的了解通常是基于心理咨询师对来访者的深入体察和对移情的分析。作为一个心理咨询师不要自以为比来访者更了解来访者，而应该努力站在来访者的立场去体察来访者的真实心理状态，让来访者体会到他或她是被心理咨询师真正理解了。心理咨询师在和来访者面对面的接触之中，自然成为来访者日常人际关系的投射对象。心理咨询师必须在这种移情关系中保持对自我情绪的觉察和控制。值得注意的是，来访者对心理咨询师的移情本身是构成联盟关系的基础，但心理咨询师若陷入移情关系（例如和来访者进入性关系），这样的联盟关系便成为一种不正常的关系。

二、资料的收集整理和分析

诊断同盟关系的建立为资料的收集整理和分析铺平了道路。在同盟关系的基础上去收集资料可以确保所收集的资料的真实性和有用性。实践证明,收集资料越充分,对以后的诊断越有益。资料的收集和整理是很多咨询师容易忽略的工作,但却需要很丰富的经验和很强的工作能力,更需要各种技术的综合运用。多数来访者带着自身的问题前来,因此往往非常敏感和易受伤害。咨询师对此应有足够的认识,并努力创造出使来访者感到温暖、安全的气氛。心理诊断单元时间通常以50分钟到1个小时为限,因此,要在有限的时间内最大限度地获得来访者的信息,对初次接待来访者的咨询师,有一定难度,这需要我们掌握娴熟的资料收集技巧和整理技巧。在进行资料收集与整理时,应遵循结构性原则、激活性原则。

结构性原则似乎简单,做起来却不容易。例如,来访者被强迫回忆所困,他从自己幼年开始,一口气谈了40分钟,才刚谈到他小学毕业时的情形。虽然咨询师了解到了有关幼年的不少信息,但是咨询师实际上失去了对整个信息的结构控制,从而陷入资料的混乱之中。因此资料收集和整理的结构性原则很重要。为了使每次心理诊断能够成为一个完整的单元,咨询师必须把时间进程适时告诉来访者,并在临近结束前对来访者做一个总结性的概述。让来访者了解我们做了什么或者还需要做什么,甚至叙述的重点在什么地方。

有些来访者不善言辞、情绪压抑、消极被动,即使和心理咨询师建立起同盟关系,他们也不会主动提供相关信息。这时,心理咨询师应该不断鼓励来访者,努力了解来访者的愿望和期待,为来访者提供主动提问的机会,即激活性原则。对习惯于逃避责任的来访者而言,在涉及带有责任的问题时,来访者常常会采取回避或归咎他人的态度。对于饱受心灵创伤的来访者而言,那些创伤性事件通常是他们的禁区。如何激活这些禁区,可遵循太极推手的原理,即“不即不离,不丢不顶”。

对来访者的信息收集和整理,可以以多种方式进行,常见的主要有四种:一是一般提纲整理方式,二是成长史整理方式,三是三维整理方式(当前精神、生理和社会工作方式进行),四是主要症状整理方式。也有人建议从时间维度、思维和情绪维度及思维与行为维度三方面进行,如(1)时间维度:对于来访者过去经历的了解,可以得知其发展至今的概况;对于来访者现时状况的了解,有助于来访者获得对自己和自身问题的理解及看法;而来访者对将来的看法和打算的了解,可以使其进一步认清对自己、对他人、对周围世界的看法以及对现有问题为何产生烦恼与困惑有进一步的理解。对来访者过去、现在和将来的了解往往可以构成一幅连续的图景,有助于了解对方是一个什么样的人和其为何前来求助。(2)思维与情绪的维度:注意来访者对于自身、他人及有关事件的看法,注意由此而引发的情绪活动,对思维与情绪的认识有助于了解思维与情绪之间的交互作用,以及在治疗过程中,常常出现的理智与情绪不协调甚至对立的情况。(3)思维与行为的维度:注意来访者对于现实的理解和看法,注意其怎样处世待人,怎样处理自身所遇到的各种事物,注意其出现心理矛盾和冲突时,采取了怎样的防范、应急等措施,以及他对自身处理这些事物的看法。这有助于了解对方是怎样一个人,有助于了解其思维与行为之间的联系,并可预测其今后在某事上的反应。

对收集到的信息资料进行分析需要多种多样的能力,包括信息的抽取能力、信息的分类能力、信息的分离能力和信息的综合能力。在信息分析时,可以运用多种技术进行。关于这些技术,我们要注重在平时的临床实践工作中训练和提高。

三、寻找心理问题的关键点

对来访者的资料收集和整理之后,咨询师紧接着的核心任务就是寻找引发临床表现的关键点。所谓的关键点主要是指多数临床表现的原因或者与多数临床表现有内在联系。关键点因素在个体发展中持久地存在着并随着生活环境的变化改变自身的形式,但无论形式如何改变其本身性质不变。对临床诊断来说,找关键点或关键因素是最基本的也是最重要的技能。咨询师要将通过各种方式获取的临床资料相互对照印证和比较,确定资料的真实可靠性。学会将各种资料进行纵向和横向比较,抽象概括出牵动各种因素的关键点。在寻找心理问题的关键点时,未经验证的资料不能作为分析问题的依据,资料的分析不能有主观随意性,要符合客观逻辑。通常寻找关键点可以按照三个步骤进行:(1)把资料按照"主诉(对症状的自身体验)、家属报告、摄入性谈话、临床观察、心理测验结果"等方面罗列整理;(2)分析临床症状与相关因素之间的联系;(3)根据关键点的含义确定关键点。如何利用三步骤确定心理问题的关键点呢?请看下面的案例:

求助者,男,26岁,公司职员。主诉:乳名黑狗儿,从小父母说自己又黑又丑。12岁时和母亲吵架,不愿让别人叫自己黑狗儿。上小学时,有几个女同学当众说自己长得丑。和同学吵嘴时,一位同学嘲笑自己,说自己又黑又丑。在学校不愿参加集体活动,怕受歧视。学习兴趣不浓,老师总爱批评自己。中学毕业后,当送货员,有一次与顾客发生口角,顾客出口伤人,说:"看你那德行,丑八怪!"工作积极性差,领导总会批评自己,工作能力差,被扣罚奖金多次。家里介绍过女朋友三次,都没谈成功。对方说性格不合,谈不到一块去。

临床观察:不想上班,工作没兴趣。感到别人看不起自己,自己也觉得不如别人。不愿交女朋友,没这方面的兴趣,因为自己长得丑,怕人家看不中而被拒绝。同事关系和家庭中的关系处不好,总感到受人歧视,受别人欺负。因觉得活着没意思,前来咨询。

心理测量结果:EPQ,内向不稳定型个性倾向。

家属和朋友报告:均与主诉一致。

摄入性会谈结果:①乳名叫黑狗儿,持续12年,直到自己提出抗议。②小学时有几个女同学评论自己长得黑,叫他的乳名,回家后与母亲吵闹。抗议叫自己的乳名。③中学时在校不合群。④学习兴趣不浓,老师总是批评自己。⑤当送货员时,顾客骂自己是丑八怪。⑥因工作较差,被扣罚奖金。⑦恋爱失败。

针对来访者的资料,第一步按照主诉、家属报告、摄入性谈话、临床观察、心理测验结果等进行罗列。第二步,对临床症状之间关系的分析发现,工作兴趣低落。丧失求爱信心、人际关系较差(不愿接触别人,怕被人看不起)、有受欺辱的委屈感、不想活了(生存意向下降)等症状反映出了一个共同因素即自卑。同时,对来访者的共同因素——自卑进行纵向分析发现,该因素在小时候和成年时表现形式不同,但实质不变(小时不满别人叫自己的外号,大时表现在谈恋爱时怕人家看不中而被拒绝)。第三步,根据关键点的内涵,确定自卑是来访者心理问题产生的关键点。

四、定性和定量诊断

确定产生心理问题的关键点后,咨询师对来访者的心理问题就可以进一步进行定性诊断。定性诊断是在先前资料分析的基础上,在已有理性判断的基础上进行整合加工,并且依据一定的判别标准或理论模式确定心理问题类别。定性诊断是对信息的分析与综合,是对定性诊断的理论阐释和逻辑推论,定性诊断在心理诊断中具有统摄全局、理性升华、概括总结、预测指导的功能。定性诊断关键是要树立整体观念、系统思想和发展意识,善于根据各种已知线索、纵横联系和逻辑关系,确定诊断对象的性质、归属、特点、成因或趋向。由于人的认识是一个动态过程,在某种条件下获得的认识结果并不能排除其固有的局限性甚至偏差疏误,所以也就不能保证我们的定性诊断结果或预测指导意见绝对准确、完全有效。这就要求咨询师在对待诊断结果时要格外小心,留有余地,以防那些绝对化的语言或推论给诊断对象造成不必要的伤害。这点对维护诊断工作的声誉和科学性是非常重要的。

在定性诊断的同时,诊断中的心理测量是以咨询师形成的初步理性判断为根据,对来访者进行更加精确的量化描述和科学鉴定。虽然目前的心理测量工具在客观性、准确性上还存在不少问题,但它毕竟是迄今为止在测量人的心理特性与行为方面最好的工具,因而在诊断工作中得到广泛使用。通过各种心理测量,咨询师最初的理性判断得到丰富、充实、验证或修正,这就为下一步的病因诊断创造了条件。

五、病因诊断

求助者心理问题的产生是生理、心理、社会诸因素交互作用的结果。可能一因多果或一果多因,互为因果,错综复杂。原因不仅有横向的交叉,还有纵向的联系。也可以说,影响原因是一个立方体结构,既有横向诸因素的作用即共时态原因,又有纵向诸因素的作用即历时态原因,并且这两者是相互交叠在一起的。在一个原因的背后可能还有一层又一层的原因,形成原因层。有些表面上看起来不相干的人和事,却是问题的关键。有时以为是组成困扰的原因,细细探究,不过是一种表现。例如:某人有自杀企图,情绪十分低落,经了解是与女友分手,便容易以为是失恋所致。进一步了解失恋的原因,却发现是因为女友无法忍受他相当一段时间来无精打采、悲观消极的态度,相处时毫无乐趣,女友不得不提出分手。由此可见,抑郁在前失恋在后,故自杀念头的关键是抑郁,失恋也是抑郁情绪的结果。这就要求咨询师能透过现象看本质,辨别真假。咨询师重要而且非常关键的一步是找到核心原因。所以咨询师要善于思考、判断:这是最主要的原因吗?还有没有更深层的问题?虽然有些咨询学派并不看重原因分析,但是只有找到根源,改变才是彻底的,否则,解决了一个问题,类似的问题还会冒出来。

此外,人的某种心理活动往往是与整个心理活动联系在一起的。思维、情感、行为三者互相联系,牵一发动全身,很难把三者完全割裂开来。一般来说,一者有问题,另两者或多或少、或迟或早也会出现问题。求助者的问题往往不是单一的,人际关系的障碍也会同时表现为情绪抑郁、暴躁、烦闷,或注意力不集中,或对生活感到厌烦、失望等等。咨询师应善于分析,抓住主要矛盾和根本原因,寻找最合适的突破口,才能收到良好效果。

在倾听求助者叙述、分析心理问题原因时,咨询师要避免先入之见。以离婚案为例,一桩跨国婚姻破裂了,有的咨询师会想当然地以为是文化背景的差异,而事实是丈夫的暴力行为。尽管现实中,咨询师的想法有一定的经验根据,但是不见得适用于每个具体求助者。不可凭经验下结论,否则就会偏离事实的轨道,使得咨询难以进行。为此,咨询师不应有偏见或刻板效应,而应多倾听,在没有搞清事实之前,不要轻易下结论。

总之,在诊断过程中,通过资料收集和直觉观察所获得的印象总有一些是模糊的、不全面的,有的地方甚至可能是矛盾的、不合逻辑的。对于这些问题,必须经过查询工作才能获得较明确的答案。比如要诊断学生学习困难的原因,单凭学习成绩、家庭背景材料和对学生的直接观察,往往并不能发现学习困难的真正原因,有时还会被其中的表面现象所迷惑。只有通过咨询师的详细查询甚至追问,经过一番去粗取精、去伪存真的工作,才有可能抓住问题的症结或原委。查询工作的关键在于循疑而入,由果溯因,也就是针对诊断对象的疑点、矛盾之处查找问题的症结和线索,根据已知现象、结果挖掘深层次的原因和特征。查询工作对于理清诊断头绪,把握关键、要害,形成最初的理性判断具有重要作用。

六、鉴别诊断

从心理诊断的过程来看,鉴别诊断基本上处于心理诊断过程的结束部分。之所以进行鉴别诊断是由于诸多心理问题在症状之间具有相似性和混淆性,通过鉴别诊断,进一步准确地确定来访者心理问题的类别,为后续的咨询、干预和治疗打下良好的基础。鉴别诊断就是要对相似的症状进行仔细研究和区分,与相近或相似的诊断进行比较鉴别,使诊断更加精准。在进行鉴别诊断时,区分重性精神病与神经症、一般心理问题、严重心理问题的重点是自知力、求医行为。区分神经症与一般心理问题、严重心理问题的重点是心理冲突的性质。心理冲突有常形与变形两种。常形与变形的区分有两个标准:是否具有道德性质(是否能区分开道德与不道德)、是否与现实有直接联系。如出现第三者后,在离婚与不离婚中矛盾,这就与现实事件直接联系,并能区分开道德与非道德性质,这就是常形。如一个人整天想着是该吃饭还是不吃饭,与现实事件无直接联系,并且无法区分开道德与非道德性质,这就是变形。心理冲突若是常形,就可能是一般、严重心理问题。心理冲突若是变形,就可能是神经症。对鉴别诊断可以看如下案例:

男性,24岁,智力正常。今年本科毕业,到了一家外企工作。近半年来经常为一些事情无端担心焦虑。

来访者一毕业就找到了一份好工作,同学们都很羡慕他,家人也觉得他可以轻松轻松了。可是不知道为什么,来访者觉得很难受,放松不下来,更开心不起来。

来访者老是会想些不好的事情,担心工作不顺利,担心父母身体不好,走在路上担心被车撞,害怕发生地震,而且看到一些特别的字眼或图片就特别担心。

来访者现在情绪不好,干什么都提不起精神,觉得生活很无聊,明明有很多事情,但就是不想去做。常常有无名的压抑和痛苦,甚至有时会突然想到死。家人都很怕来访者一个人待着,怕他会控制不住做出什么事来。

对上面的案例,首先通过一系列的诊断过程后,诊断为焦虑性神经症,现在为了确保诊断的准确性、提高诊断质量,我们对“我现在情绪不好,干什么都提不起精神,觉得生活很无聊,明明有很多事情,但就是不想去做。常常有无名的压抑和痛苦,甚至有时会突然想到死”等症状进行关注,因此需要进行抑郁性神经症的鉴别诊断,同时来访者以担心焦虑症状为主,也需要与焦虑状态进行鉴别诊断。

总的来看,心理诊断过程的六个方面是一个内在逻辑整体。同盟关系的建立是诊断过程的起点。资料的收集整理和分析是诊断过程的基础和必备条件,寻找关键点是心理诊断过程的关键环节,定性诊断和定量诊断是心理诊断的中心环节,病因诊断是心理诊断的深入环节,鉴别诊断是提高心理诊断质量的重要补充。要做好心理诊断,必须充分理解并运用心理诊断的这一过程。

第三章

心理诊断的基本理论

心理诊断过程十分复杂,它引起了一些研究者和临床工作者的浓厚兴趣,并对之进行了大量的实践和研究,形成了对心理诊断的不同解释。这些解释观点各异其趣,形成了不同的心理诊断理论。心理诊断理论为临床工作提供了坚实的基础,也为心理诊断的发展提供了强大的推动力。

第一节　心理诊断的四成分和三水平理论

一、四成分和三水平理论的基本观点

心理诊断可以以不同的方式用于不同的领域。在心理诊断中，关于心理诊断的成分分析很重要。一般来说，心理诊断与心理学并不单是心理学家的活动领域，普通人对于人的特性、个体差异、行为改变的原因和行为的发展等也有自己的观点。

四成分和三水平理论认为在进行心理诊断时要考虑四种成分和三个水平，四种成分是指：(1)心理测量理论；(2)个体差异、情景与环境差异以及人的发展的理论；(3)测验、工具与程序；(4)诊断过程。这四种组成成分都可以从不同的水平进行解释：(1)常识性水平。(2)心理学的理论概念水平，由大量的心理学理论、构想和概念等组成的。(3)行为的数学模型水平。

常识性水平就是从普通人的观点出发，对心理诊断进行解释。常识性水平经常被看作是经验的行为，常识也可以看作是非科学的。理论概念水平是科学的诊断水平，主要包括检验过的假说以及心理学的各种研究方法。这个水平的内容是科学心理学基础知识的一个重要组成部分。行为的数学模型水平也是非常重要和常见的。在经典和现代测量理论中就已经建立起了不少的现象与行为的数学模型。心理诊断的三个水平不同，但又相互联系而不能完全分离。它们目标相同，对于个体或群体的行为、认知和情感有着共同的表述和解释。但在不同水平的关系上，也存在着差异。常识水平具有可信的一面，也有非科学的一面。心理学的理论概念水平，建立在科学基础上，但是对心理问题和特质，流于描述或者定性分析，而没有达到像定量研究那样精确。而数学模型水平是在定量的水平角度进行的诊断和解释，尽管已经提供了不少的模型来解释，但是，由于定量水平是建立在心理学理论的水平上，有些心理学理论本身存在模糊性，所以这样的定量不总是那么可靠。心理现象的复杂性也增加了心理定量的难度。有的统计模型所做出的解释与现实存在较大的距离。可见，三个水平上的诊断都存在各自的优缺点。每个水平都具有其自身的动力，都必须相互作用，还要力争达到真正的一致。四成分和三水平的关系可以见表3—1。

表3-1　四成分和三水平的关系表

心理诊断水平	心理诊断的成分			
	测量理论	心理学概念和理论	测验和工具	诊断过程
固有的常识性理论	可信	指出人的特征	对信息的常识性选择	常识性判断与预测
心理学理论概念	可重复性	特质理论	各种测验	实证与诊断循环
数学模型	RXX=真方差/总方差	因素分析、人格模型	基于不同理论的量表	规范的决策模型

二、心理测量理论成分

四成分和三水平理论第一成分是心理测量理论。心理测量理论是数学统计模型的基础。与心理诊断密切相关的心理测量理论是经典测量理论和现代测量理论或项目反应理论。

(一)经典测量理论

经典测量理论是大多数智力与人格测验的基础。经典测量理论的一个核心概念就是信度。信度是指测量程序与结果的可重复性。这是对去除了测量误差分数的部分进行的考察。在心理学中,观察分数经常被看作是由真实部分和误差部分构成。经典测量理论的信度主要用于测量工具与观察中的误差。它是一个关于误差的理论。误差的来源是人、测验条件和项目。观察不仔细,容易产生误差,工具不完善也会产生误差。由于不可能在一个人身上重复完全相同的测量,所以有必要想出其他的解决办法。有一些实用的程序可以评价测验的信度,包括平行测验、分半测验、重复测验和内部一致性检验等。

人们总希望能够避免和纠正在日常生活中所犯的那些错误,但是,“人难免会犯错误”,过后我们还是要说:“我再也不犯这种错误了。”数学模型中的随机误差是该模型的一个重要部分,它们同样可以被认为是不可避免的,它们是观察和测量过程中固有的,或者是被测量的现象自身存在的。由于经典测量理论能够解释测验误差,因此具有特殊的价值和特点。但是其中也反映出它的一些不足:(1)经典测验理论和信度都是关于测验总分的,总分是相加的结果。例如,测验者以不同的方式从一个有60个项目的测验中获得同样的总分30分。这些分数不是一个唯一的得分模型,每一个项目都可以被更换。(2)信度评价对测验的总方差来说是敏感易变的。人群样本的同质性越高,信度系数就越低。因此,在心理诊断中,咨询师了解来访者所在群体的方差十分重要,否则他就无法运用测验手册上的内在一致性系数。(3)平均数的回归现象是经典信度定义的一个逻辑结果。如果一个分数上下波动,那么,重复测量就会导致低分被试的分数上升,高分被试的分数下降。这种平均数的回归是人为的,不是真正的变化或发展。(4)测验根据经典理论原则设计,这就需要用常模来解释得分的意义。但是,分数本身没有内在的含义。此外,信度的经典概念中还存在着一些不足:(1)测验得分假定有一个间隔水平,但没有任何研究支持这一假定。经典测验理论在态度量表和现代测验理论面前相形见绌。在测验分析中,例如,方差分析、相关分析和因素分析中使用的许多技术都假定是间隔测量,这种假设是没有事先确认的。所以,认为真分数量表对于某心理特征确实是个有意义的量表,其实只是个假说,并未被验证。(2)从不同测验所获得的被测者的结果不能进行独立比较。两个测验看起来能够测量相同的内容,但是,它们不具有相同的变化水平,因而不可能在两个结构相同的测验之间做出比较。(3)测验假设在能力和人格结构每种水平上测量的标准误差都相同,这个假设缺乏实证检验。例如,一个人在比较简单的测验中表现出较高能力,但是,其运算能力未必就很高,相反,其能力很可能经常较低或处于平均水平。

(二)现代测量理论

现代测量理论或项目反应理论中包括大量的项目反应模型。根据其所用的数据,这些模型在假设和要求上都有所不同。项目反应理论通常用一个数学模型来说明行为、认知、情绪和发展等现象,这些现象常常局限于对一个项目做出一个回答。麦伦伯格(1990)把项目反应叫作微型行为的微型理论,项目反应理论是项目分析的一种形式。这种研究在一定程度上可以形容为曲线切合。智力、能力倾向和人格的测验是根据一种项目反应编制的。

项目反应理论模型的基本单位是某人对一个项目的回答,这个回答由他在某个潜在持质θ所处的位置决定。一般说来,它是智力、能力倾向、成就和人格的一个特定成分,这个潜在特质可能是理解能力或表象能力。某人在潜在位置与其在某一项目上的成功概率之间是一个非线性函数关系,这种非线性开始是一个缓慢的非线性开端,曲线非常缓慢地接近、但几乎永远达不到100%的成功水平。

一些项目反应模型具有反向直觉的意义。例如,某人在某任意量度(θ)上有一个分值,他对该项目做出正确回答的机会是60%,而现实是此人在该项目上只有两种结局,一种是失败,一种是成功,这就是反向直觉。更通俗地说,假定一个人有80%的可能性跳过2米远,那么根据项目特征曲线,他就有60%的机会跳过2.5米,有40%的机会跳过3米。因此,潜在跳远能力的值就可以不依赖于变化而独立评估,但这在现实中却是反直觉的。项目反应理论模型大约有50多个,有许多专门描述和解释在一个项目或一系列项目上的成功概率和非线性函数。这些模型的要求与限制各不相同,但是它们却有些共同的需要:(1)对某人及其潜在特质位置的评估;(2)对项目的变化的评估;(3)检验模型。项目反映理论两个主要的代表模型是拉什模型、莫肯模型。

1.拉什模型

拉什模型是项目反应模型的典型代表,是一个具有浓厚假设性的有关项目特征曲线(1CC)的模型。拉什模型是严谨的,由于多样选择项目的关系,拉什模型假设一个成功的概率水平,同时还要求测验的每个项目都有同样的辨别力,因此,拉什模型在项目的选择上非常严格。拉什模型还有一些变式,这些变式允许不同项目具有不同的辨别力。拉什模型的变式多用于成就测验。

2.莫肯模型

莫肯(1971)提出了两个更为实用的模型。他认为项目特征曲线不能是单向递减的。对测验项目的所有反应,都必须反映一个人以及在θ量表上测得相同的心理特征。所以,项目特征曲线的形式不是由某一个函数来决定。它允许一个测验有更多的项目,而测量水平也不高于定序测验的水平。莫肯模型适用于一些发展测验。

(三)经典测量理论与现代测量理论的区别与联系

经典测量理论与现代测量理论各不相同,一个是关于测量误差的理论,另一个是对某项目做出回答的数学模型。项目反应理论具有一定的优越性,同时也具有某些局限性。

项目反应理论的优越性具体表现在:(1)模型的公式化能够检验测量的特性。人与项目都用一个量表加以测量。(2)不同测验在测量同一特质时所得的分数可以做比较。(3)同一个量表的每一个值的信度是不一样的,平均分数通常比落在量表开始和结尾时所得的分数要有更高的信度。

项目反应理论的局限性具体表现在:(1)项目反应理论比较复杂,非专业人员很少运用它。(2)项目反应理论要求测验项目要具有某些特定的特征。因此,一些项目就必须剔除,测验项目减少了,信度自然会降低。(3)项目反应理论模型是关于真实现象的数学模型,它与现实还不是一回事,只有少数行为可以用模型来说明。

经典测量理论尽管存在一些不足,但是也有其独特之处,主要表现在:(1)测验得分必须要有信度。在经典测验理论中,信度和效度是非常重要的两个概念,这两个概念之间存在密切的联系。测验得分必须要有信度,即重复测验必须得出相同的测量结果,而这结果要尽可能没有测量误差。(2)测验分数还必须要有效度。效度意味着所得分数必须与那些在实践或理论上有意义的事物有关。我们必须能够根据人们的测验得分做出有说服力的评价。为此,我们常考虑预测效标效度、结构效度和内容效度。预测效标效度说明所得分数必须有预见事物的意义并提供对某心理建构的深刻理解的作用。线性回归问题用于预测效标效度。从智力和人格测验中的一个或多个组合的分数中,可以预测出在一个连续特征上的分数。像相关、回归、偏相关和解释方差这样一些概念和计算技术都是用于预测效标效度的。结构效度是指量表能测量理论的概念或特质的程度。因素分析适用于结构效度的确定,其目的在于找出量表潜在结构,减少题项的数目,使之变为一组题项较少、相关较大的变量。内容效度是指实际测评到的内容与我们所想测评内容的一致性程度,它探讨某些任务和项目是否属于某范畴的一部分,检验该范畴的每一个元素是否都有相等的机会成为测验的一个项目。(3)信度对效度来说是必要条件,但不是充分条件。有信度不一定有效度,一个可靠的研究程序并不证明内容一定有效,而一个有效度的研究一定是一个有一定信度的研究。有效度必定有信度,信度为效度服务,效度是信度的目的;效度不能脱离信度单独存在,所以信度是效度的基础。

总之,测量理论的一个实用目标就是预测有意义的特征和阐明心理学的建构。诊断专家喜欢预见关于人、机构和社会的特征。因此,一个更精致的模型并不是根据事实来对有关的特征做出预测而只限于建构上的解释。从发展的角度看,经典测量理论仍将存在一段时间,而项目反应理论将会缓慢地接受更多的心理学的建构。但是,项目反应理论在理论和技术上都优越于经典测验理论。对心理诊断而言,测验理论是必要的,但测验理论不足以描述心理诊断,没有完全地解释心理诊断学家们的工作以及心理诊断工作的目的。

三、心理学的理论与建构

心理诊断的四成分三水平理论的第二成分——心理学的理论与建构表明,在心理诊断中需要心理学的理论和理论上的建构。

(一)心理诊断对心理学理论的需求

心理诊断对心理学理论的需求涉及很多方面,但主要涉及变态心理学、个体差异、发展心理学等方面的理论。心理诊断总是对人的特性、行为、认知和情感等方面进行分析诊断。最初为了确定“天才”遗传的根源和筛选儿童以便因材施教所进行的智力差异评价,既是个体差异的充分体现,也迎合了心理诊断对个体差异理论的需求。卡特尔对人格差异的评价、心理学关于成就和行为方式个体差异的理论都是心理诊断对心理学理论需求的充分体现。变态心理学所涉及症状学知识与理论更为心理诊断打下了坚实的基础,发展心理学为确定个体在成长中是否出现异常反应也提供了丰富的理论基础。

(二)心理诊断中需要理论建构

心理诊断需要理论建构。心理诊断学工作者要确定评价什么,还要确定所诊断的内容的结构信息,所以他们需要理论建构,诊断并不局限于某些理论或概念。例如,可以把智力看作是一种一般能力或者是一组相互独立的能力。如果心理诊断没有理论建构,那么就会有一种无形的理论发挥作用。如,使用数据分析技术。但是这些技术在涉及结构时并不是完全合理的。当不加思考地运用方差分析、回归技术、相关因素分析这些统计技术时,缺乏理论建构很可能会歪曲数据反映的事实,因为这些技术都假定变量之间是线性关系,因此在进行心理诊断时,必要时需要理论的建构。

四、心理测验与工具

心理诊断的四成分三水平理论的第三种成分是传达人的特征信息的测验、方法和工具。

(一)心理测验与工具是心理诊断评价的重要依据

心理测验是一种系统的分类或测量程序,它有目的地使被试对许多精心选定的刺激做出反应,并将这些反应与代表性样本做比较,从而对一个人在某特定的非测验行为上的一种或多种基于实证和理论的特征做出评价。在诊断中,测验和其他评价工具表达了关于人的特征、认知、情感、行为、人所处的情境以及人的发展的信度和效度的确切信息。它包括测验如何编制、项目如何编写和挑选、在对被试的施测过程中如何设计标准的测验条件、如何控制偏差、如何计算总分并对其做出解释、等诸多问题。

(二)在编制测验时,要注意理性策略与经验策略的区别

理性策略是始于对一个建构的概念分析,并根据这种分析编写项目。侧面分析是一种策略,建构的各个侧面是预先界定的,然后选择覆盖每一侧面的项目和任务。经验策略意味着项目是根据经验选择的。假如一个人想编制一个职业兴趣测验,用来区分教师与律师的特征,那么,所有的项目都要由教师和律师这两种群体的样本回答。那些在两个群体之间有显著差别的项目就被选作为测验项目。如两个群体在"我喜欢郊游"这个项目上回答明显不同,那么这个项目就成了该测验的要素之一。

（三）测验程序标准化

为了能将问题回答的差异解释为人与人之间的差异，而不是条件上的差异就必须使测验标准化。实施测验的条件要在测验手册中做详细说明。但实施标准化测验时也会产生一些偏差，如在“检测极限”和“学习潜在测验”中实施标准化时会产生一些偏差。在标准化测验下，回答项目所获得的分数是客观的，从该测验中所获总分也是客观的，对分数的解释要参照常模进行。

（四）测验项目是编制测验的很重要的单元

心理测验、评价工具和程序都包含各种项目，这是心理诊断的最小单位。测验用的项目必须以某种特定的方式与其他项目组合，才能构成有目的的评价工具。

五、诊断过程

心理诊断的四成分三水平理论的第四种成分是心理诊断过程。心理诊断是一个目标取向的活动，这个活动有一个顺序，包含一个开端、一个主体和一个结尾。诊断的目的是回答问题：收集了什么信息？为什么整合这些信息？为了准确地勾画出对来访者的诊断，要考察心理咨询师诊断遵循的步骤和做出选择时的信息组合方式。

在心理诊断过程中多属性应用模型和贝叶斯定理是比较典型的决策和组合信息的模型。

多属性应用模型是一个最大限度地应用某项决策的标准模型。多属性应用模型要求对有关属性量化，并限定一个整合规则，以确定各选项或替换内容的吸引力。如果人们不选择最具吸引力的选项，他们就选择“不合理的”或者“不够理想的”选项。贝叶斯定理可用于个案。贝叶斯法则可以利用信息把一个演绎的假说变得更接近实际。虽然有时这一法则的结果有点儿反直觉。心理诊断过程得到了普通心理学中对有限信息进行加工的思想和心理学决策理论与社会心理学中关于人的信息的整合的思想支持。

总之，心理诊断的四成分和三水平理论，从心理诊断的内容和水平对心理诊断进行了讨论，涉及了心理诊断的不同方面，也显得比较全面。而且心理诊断的四成分和三水平理论对实际诊断实践也具有较强的指导意义。但是，心理诊断的四成分和三水平理论在理论的系统结构上，还显得比较松散。

第二节 实验周期理论和诊断周期理论

心理诊断的机制是什么？可以从不同的角度来回答,这些不同角度的回答就形成了不同的心理诊断理论。实验周期理论和诊断周期理论是从心理诊断过程的角度来解释心理诊断问题。诊断过程是回答问题或解决难题的程序。利用科学研究过程对心理诊断进行解释是实验周期理论和诊断周期理论的核心。

一、德·格鲁特的实验周期理论

在20世纪50年代初期,德·格鲁特提出了实验周期理论,把科学研究与诊断活动联系起来对心理诊断做出解释。他认为这样可以改进专业人员的诊断活动。德·格鲁特的实验周期理论(De Groot,1961年第1版,1994年第12版)是一个遵照公认的方法学规则来回答问题的程序。实验周期理论在用逻辑实证的方法获得科学知识时很适用,它对心理学有很大的影响。

在从事行为科学研究的时候,实验周期是一个计划。德·格鲁特最初只打算介绍科学的诊断学。实验周期是实验科学中对研究、思维和推理活动进行逻辑—方法学考察的基本方案,它包括五个阶段:

1.观察,收集实验数据并分类,形成假设

第一个阶段的主要任务是在信息收集的基础上,对信息数据进行分类整理,并在信息分类整理的基础上,形成基本假设。在这一阶段,首先是信息的收集。这就必须考虑信息收集维度即哪些信息是必须收集的,以及信息收集的方式和收集信息方式的可靠性和科学性。其次,也要考虑实验数据的分类,也就是信息的整理分析。在信息的分类整理中,适当的整理方式才能有效地抓住信息的实质和内涵。第三,在信息分析的基础上形成假设。在假设的形成方面也必须考虑若干问题,是形成单一假设,还是形成多个假设等。

2.归纳,使具体假设公式化

这一阶段的主要任务是将形成的假设转化为公式。假设的观点能够用公式表达出来,在逻辑上显得更加清晰和明确,理解起来更容易。具体假设转化为公式就容易验证分析。这一转化过程需要坚实的心理学基础知识和一定的转化能力。

3.演绎推理,对假设进行检验并从中得出结果

第三阶段需要对假设进行检验,假设检验的方式很多,主要的是演绎推理。演绎

推理是从一般到特殊的推理，是在思维过程中，重新组织已有的知识、观念之后引起新知识、新结论的过程。演绎推理是进行假设检验的重要方式之一，推理的依据是否科学，推理过程是否合乎逻辑都决定了演绎推理的质量和水平，从而决定了假设检验的质量和水平。

4.用新材料验证假设

第四阶段主要是用新的材料来验证假设。在第三阶段得出结论后，结论是否科学，结论是否可靠等，这些都必须寻找新的证据来验证。

5.结果评价与建议

第五阶段是对假设检验的结果做出评价。这种评价在某种程度上是对整个诊断过程的元认知过程，通过对整个发生的诊断过程及结果的反思、总结可以使诊断能力和水平快速提高。在此基础上，可以为后续的治疗过程提供一些建设性的建议。下面就是用德·格鲁特的实验周期理论进行诊断的例子。

来访者小雨，女，系某大学大二学生，已失眠一个多星期，近两天还曾用头去撞过墙，也想过自杀。小雨来到咨询室时，是同学陪伴而来的。一个多星期前男朋友跟她提出分手，她感到无法承受。她对男朋友的感情很深厚，在没跟男朋友在一起前曾暗恋男朋友两年。那是在高中期间，男友当时有女朋友，小雨还是默默地对他好。那时男朋友也知道小雨喜欢他，并没有拒绝接受她对他的好。就这样，小雨默默地喜欢了男友两年，毫无怨言。两年以后，高中毕业了，男朋友跟前女友分开，跟小雨在一起，小雨感到无比幸福。但是两人考取了不同城市的大学，现在两人在两个城市上大学，每天通过电话及短信联系，关系相处十分融洽，而且不久以前，男友还特意来看她。但是，让她万万没想到的是，男友回去后突然打电话跟小雨提出分手，而且，短短几天的时间，男朋友已有新女朋友。这种突如其来的打击使小雨陷入深深的痛苦之中，无法自拔，现已经连续失眠了一个多星期，主要表现是难以入睡。

分析如下：

1.观察，收集实验数据并分类，形成假设

(1)人口学资料：小雨，女，系某大学大二学生。

(2)个人成长史：小雨是“独生女”，家庭生活条件非常优越，从小一直是父母的“掌上明珠”。小雨从小就娇生惯养，所以她对痛苦的感受性会比同龄的孩子高一些。

(3)精神状态：感知觉尚好，情绪低落，逻辑思维清晰，思维状态有些偏激，存在认知偏差，情感表达自如一致，自控能力较好。

(4)社会功能：能很好地和别人相处。

(5)观察和别人反映：小雨看上去有些烦躁，迫切希望改善自己的心境状况。

(6)生活事件:最近失恋了,是与多年来暗恋和好不容易才恋爱上的男友。

根据所收集、整合的材料,咨询师对小雨形成的初步假设是由于恋爱问题导致的一般心理问题。

2.归纳,使具体假设公式化

对小雨由于失恋产生导致了失眠与极端行为的假设,用公式表示为:失恋(重要生活事件)⟶极端低落的情绪⟶(生理反应:失眠;行为反应:头撞墙;认知反应:自己什么都做不好,一无是处)。

3.进行演绎推理,对假设进行检验并从中得出结果

演绎推理的过程如下:小雨由于失恋产生了极端低落的情绪,结果导致了生理、行为和认知上的反应,从而出现了失眠,严重影响了日常学习和生活,形成了错误的认知评价,认为自己什么都做不好,一无是处。这种消极的认知结果以及糟糕的生理反应(失眠)作为直接表象的一种反应,又加剧了小雨的焦虑,这种相互作用加速了失眠,具体就表现为小雨陷入担心失眠的恶性循环之中。分别如图3-1。

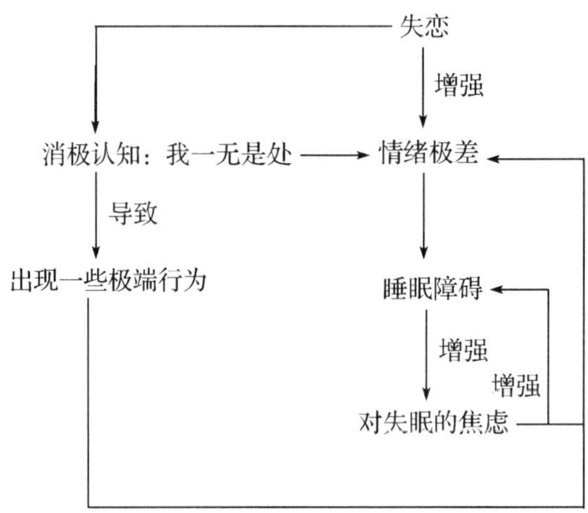

图3-1　小雨失眠的过程分析

4.用新材料验证假设

其同学反映:小雨以前在寝室没有这种失眠现象。前段时间,其男朋友打电话来说分手后,小雨才开始出现失眠症状,一个多星期以来每天半夜三四点都无法睡去,翻来覆去。小雨以前认为自己有这样的男友很幸福,现在没有了男朋友,这些天来,她几乎不怎么吃饭,没有食欲,也不去上课,每天干什么都没有精神。这些通过同学所获得的新材料可以验证小雨是失恋导致的心理问题。

5.评价和提出建议

从整个诊断过程来看,小雨失恋是事实,而且小雨对恋爱也非常看重。失恋也是小雨生活中发生的重要现实事件。小雨有自知力,心理冲突是常形,痛苦感非常强

烈，也影响了学习、生活等，轻微影响了小雨的社会功能。综合起来看，诊断为小雨是失恋导致的一般心理问题是可以接受的。由于失恋是过去已经发生的事实，同时也反映出小雨认知上的以偏概全等特点，建议后续的咨询和治疗可以从转变小雨对失恋的认知开始，从而改变情绪，最后改善睡眠的思路进行。

二、威斯腾伯格和库尔的诊断周期理论

威斯腾伯格和库尔提出了与德·格鲁特不同的诊断周期理论。威斯腾伯格和库尔认为，诊断周期包括六个过程：

1.要诊断的问题

对诊断问题的确定是诊断过程的首要目标。确定诊断问题实质是确定诊断目标。诊断目标确定以后，随后的诊断操作就有了方向。诊断问题的确定有多种方式，既可以根据心理测验的结果确定，也可以根据对来访者的观察确定，还可以在摄入性谈话过程由来访者提出。

2.相对非结构的信息收集

非结构性的信息收集是相对自由的信息收集方式。这种收集方式自由、灵活，可以获得许多具有启发意义的信息。同时，这种信息收集方式可操作性强，在来访者与咨询师之间较容易施行。但是，该收集方式的最大弊端是信息的主线不容易被把握，使后来的信息分析显得困难。

3.假设的确切陈述

用准确的语言对假设进行陈述，是这一阶段的主要任务。在进行陈述时，假设语言的归纳精练很关键。最好的陈述就是言简意赅。

4.有结构的数据的收集

第四阶段的数据收集方式与第二阶段是不同的。此时的数据收集目的更明确，主题更清楚，主要是围绕主题进行材料和信息收集，不再是第二阶段的非常开放式地收集信息。因此，此时的数据收集更讲究数据收集的逻辑性与结构性。

5.假设验证

本阶段是对假设进行检验的阶段。需要用相应的假设检验方式来进行。

6.导出诊断

导出诊断就是最后形成明确的诊断结论。下面是用威斯腾伯格和库尔的诊断周期理论解释心理诊断问题的案例:

小敏,女,20岁,管理学专业,大三学生。进入大学以来,不敢与人交往,在交际场合都很紧张,好像在躲避什么。一说话脸就发烧,低头盯住脚尖,心怦怦跳,好像全身都在发抖,怕别人看出表情不自然,不敢和别人交往,发作时伴有自主神经系统症状。明知这种反应不合理,却难以控制而反复出现,严重影响了日常工作和生活,一直痛苦不堪却不知如何是好。

分析:

1.根据资料信息可以确定小敏的主要问题:恐怖、人际关系不良、焦虑、抑郁。

2.相对非结构的信息收集:通过对辅导员老师和同学的额外了解,都说她性格比较内向,与人相处不太会表达自己的情感,集体活动也不积极参加,基本上没有一个可以倾诉的朋友和伙伴。学习认真,有追求完美的倾向,但是,近一年来学习成绩下降明显。

3.假设的确切陈述:非重症精神病性障碍,拟诊断为神经症—社交恐惧症。

4.有结构的数据的收集:

(1)一般情况:女,20岁,管理学专业,大专三年级学生,来自农村,姐弟2人,父母健在,家庭经济状况一般。

(2)个人成长史:自幼身体健康,未患过严重疾病。从小性格内向,怕见人,特别爱面子,争强好胜。初中开始父母不准她和男孩子交往。高中更加与男同学疏远。所以除了学校和家,她很少在外玩耍,从不和男生交往。中学时,见到男女生之间的往来很反感。

(3)精神状态:着装整洁,与年龄相称,谈话中总是低着头,不敢正视人,偶尔抬头看人,便立即躲闪,并表现出局促不安、紧张脸红。

(4)身体状态:与人讲话紧张,伴有心慌、脸红、气促;自己独处或者与非常熟悉亲密的人(母亲)相处的时候无任何反应。

(5)社会功能:不敢与人交往,上课、学习时注意力不集中,以至影响学习和人际关系,回避社交场合,甚至产生退学的想法。

5.假设验证:可以采用多种方式,进行MMPI测试发现出现典型的“左高右低”形状。根据其症状表现,可以验证为恐怖性神经症。

6.导出诊断:最后,确定来访者为神经症—社交恐惧症。

三、Kiat 和 Tak 的诊断周期理论

Kiat 和 Tak 在 1992 年提出了另一个诊断周期理论。这个理论与前面理论观点最大的不同点在于，该理论把干预与评估包括进来了，因此，这一理论包括了七个步骤：

1. 通告、接纳、筛选

通过不同的信息收集方式来收集信息。确定心理诊断的问题，明确心理诊断目标，为诊断的后续过程奠定基础。

2. 小组讨论，形成初始印象

初始印象是对来访者的初步诊断。这个初步诊断是在信息初步收集的基础上形成的。在该理论中，特别强通过调小组讨论的方式来形成初步诊断。

3. 广泛收集可以了解来访者的数据

广泛的信息收集必须考虑信息收集的各个方面。全面广泛的信息收集为准确的心理诊断打下基础。

4. 信息整合

信息整合的实质是信息的分析。信息的分析方式多种多样，整合分析强调把多方面所获得的信息综合起来。

5. 制订收集特殊资料的计划

这时的信息收集计划是信息的补充收集，由于诊断的需要，或者前期信息收集遗漏的原因，需要进行深入的收集或者补漏收集，这就需要特殊的资料收集计划。

6. 干预

这一阶段主要是对来访者进行系统干预，采用各种咨询和治疗技术，使来访者发生改变。

7. 评估

一般而言，诊断的作用包括提出建议，解决问题，定位，选择和分类。评估是对干预的效果进行评价以及对整个心理诊断过程进行反馈和修正，使诊断过程更好地为来访者服务。

把在科学活动中使用的实验周期应用于对来访者的心理问题的诊断是有益的。在心理诊断中应用这个周期理论，目的是使临床和诊断活动科学化。但是实验周期

和该理论二者之间既有相同点,也有不同点,这点要注意。

四、范·斯特林的诊断周期理论

范·斯特林(Van Strien,1983,1986)认为实验周期理论对心理诊断问题并不一定适用,因为实验周期的基础是理论—演绎法(Brandstater,1990)。而在实际诊断问题中,把理论演绎的规则和实验验证的规则两者都应用于具体案例中,这是从整体到部分地理解事物的方式,因此也许诊断周期理论更适用于心理问题的诊断。实际工作者必须找出给具体问题定位的规律,心理学是关于人和人的问题、能力及特征的学科。心理学的这种认识论背景,构成了范·斯特林系统地提出诊断周期理论的原动力。与实验周期理论相比,范·斯特林诊断周期理论所强调的重点有所不同:(1)诊断周期所强调的第一个要点是辨明来访者的问题。辨明来访者的问题就是咨询师对一个特定的来访者要提出什么问题。对每个特定的人,没有可用的一般规律。因为,一般规律大多数是在有代表性的群体中发现的,它们所估计的是整个群体的情况,不一定适合于每个个体。一方面,对许多亚群体来说,没有经实证的规律性东西。例如,在一些测验得分基础上建立的预测公式,由于其样本中不包括一般工人,而且该群体也缺乏同质性,于是对这些群体进行预测时,已有的规律就显得不适用了。另一方面,规律的应用是有条件的,只在一个稳定的时期里适用,环境变化了,条件变化了,规律的运用就必须考虑其他一些问题。因此,规律不适合快速变化的环境。基于这些原因,即使在特定规律下群体中的个体,由于个体的特殊性,必须根据个体的具体实际,在规律的前提下明确来访者的问题。(2)诊断中实用理论的建立。在诊断中,来访者对咨询师怀有期望。每一个来访者几乎都期望咨询师对自己的心理问题提出一个明确的诊断结论。但是,可能来访者的行为现象不符合任何规律,因此,咨询师要给来访者一个明确的诊断相当困难。但是来访者却要求和期待着回答。此时,咨询师就可以运用心理学的专业知识,进行有根据的猜测。实际诊断中,这样的情形并不少见。有些咨询师通过这种思路也成功地解决了问题,然后以此成功的经历建立一个实用的理论,这个实用的理论是以经验为基础的理论。这些诊断人员用自下而上、从个别到一般的归纳建构出这些理论。关于学习障碍的很多理论就是这些实用理论的范例。心理诊断中,实用理论的建立也是一个艰苦的假设演绎活动。诊断周期所强调的是要改变当前状况。心理诊断活动通常是要去分析什么而不是改变什么。特别是在实验周期中,更强调对心理问题的分析,而不强调对心理问题的干预和评估。诊断周期理论认为,提出干预方案,并对干预效果进行评估是心理诊断过程的一个部分。由此,范·斯特林认为该理论的诊断步骤包括五个步骤:

1. 问题

范·斯特林认为,心理诊断的第一步就是确定心理诊断的问题。心理诊断的问题来自诊断过程中对来访者的即时分析。诊断的问题明确了,后续的诊断过程就能有目的地实施下去。

2. 诊断

这一步是对来访者的心理问题的性质与类别进行判断,或者是对心理问题的病因进行判断。可以从多种角度来探索病因。

3. 计划

如何进行干预?这要制订一个方案。这个干预计划方案至少在很大程度上对干预的效果具有一定预测性。

4. 干预

对心理问题实施具体干预。干预的策略很多,例如:内容反应技术、情感反应技术、面质技术、解释和指导技术等。

5. 评估

评估是对心理问题干预效果的评价,是心理诊断的最后反馈过程。

范·斯特林认为诊断周期只是实验周期的增加与扩展。人们可以由此来理解诊断周期和实验周期的相似性,同时也要注意二者的区别。在德·格鲁特的实验周期中,根据理论进行演绎、实验设计与相关设计是对问题做出回答的主要手段。这种理论不能很好地适应个人的诊断。人们认为,范·斯特林的周期理论比德·格鲁特的周期理论更不严格。下面是范·斯特林的周期理论的一例应用:

宋某,男,21岁,大专三年级学生,即将面临就业,来咨询。

来访者自从两个月前丢失了300元的生活费之后,晚上经常做噩梦,然后两个月以来,每天都像失了魂似的。上自习看书,一会儿就看不下去了,总是想自己的钱有没有放好,经常翻看自己的口袋,想控制,但怎么也控制不住。然后就一发不可收拾,注意力不能集中,经常胡思乱想,想得心里又非常痛苦,严重影响学习和生活。

根据范·斯特林的诊断周期理论,本案例应该按以下步骤进行分析:

第一步,找出来访者的问题。来访者的主要问题是患者的强迫观念和强迫行为持续存在,给他带来明显的苦恼,严重影响来访者的学习、生活。

第二步,对心理问题的性质与类别的判断:可判断来访者患上了神经症中的强迫症。

第三步,计划,制订治疗方案。

(1)重要的是了解来访者的困扰是来自强迫性想法或行为。

(2)进行再归因训练。引导来访者自己对自己说:“这不是我,这是强迫症在作祟!若尝试赶走强迫思考,只是徒增压力烦恼罢了,而压力会让强迫症更严重。”

(3)转移注意力。选择某些特定的行为来取代强迫性检查。最好是从事自己的爱好活动,例如:散步、运动、听音乐、读书等。

(4)再评价训练。再评价的目标是贬抑强迫症状的价值,不随着它起舞。一方面有心理准备,就是了解强迫症的感觉将要来时,准备承受它,不要惊吓。另一方面接受它,当有强迫症状时,不要浪费力气自责。

第四步,进行有效干预:根据干预方案与计划具体实施干预。

第五步,对干预的结果进行评估。

五、德·布里安的诊断周期理论

德·布里安认为实验周期是心理诊断的基础。他把实验周期和诊断周期结合起来,形成了自己独特的诊断周期理论,德·布里安的诊断周期理论的主要观点是:(1)心理诊断就是一个决策问题。为了实现最优化,诊断人员必须选择决策的标准。由于诊断人员在诊断的过程中不可避免地存在偏见,因此,诊断人员在进行诊断时,必须遵循一定的决策模型,把一个目标的结构加以系统说明。同时,来访者经常在叙述自己的心理问题时,不像专业人士那样逻辑清楚,重点突出,详略得当,所以,如果没有一个序列性的目标方案,咨询师就不清楚何时必须知道什么。(2)诊断活动既有可重复的、标准化的一面,同时也有思辨的一面。诊断活动有可重复的、标准化的一面,这在合乎逻辑的步骤与决策过程中可以看到。同时诊断活动也有思辨的一面,在提出假设阶段就是这样。(3)诊断周期存在明确的步骤性。一个诊断周期包括规定的一些步骤。这些步骤使心理诊断有一个明确的目标结构。实验周期的方法论和实验周期的程序可以帮助诊断人员做出诊断决策。德·布里安认为诊断程序主要如下:

1.对来访者的主诉进行分析

这一成分主要是对来访者的主诉进行分析,例如找出主诉的关键点,找出后面的真实含义,分析心理问题产生的历史,等等。

2.以经得起考验的科学分析来阐释这些问题

根据心理学的有关理论,对心理诊断所提出的问题进行解释,从心理学理论的角度来理解这些问题。

3.诊断

根据来访者各种症状表现，确定来访者心理问题的性质和程度，以及探求来访者心理问题的原因等。

4.说明治疗方案

在问题确诊之后，根据心理问题的性质，提供相应的治疗和干预方案，为后续的咨询与治疗过程提供参考。

在该理论的诊断程序中，诊断程序的四步骤都要用到实验周期的方法，但是各个步骤具有各自的特色。在第三个步骤即诊断步骤中，运用起来相对容易些。诊断程序主要是对所提出的假设进行验证的过程，对主诉进行分析是主观的，因此在对来访者的主诉进行分析时，不大容易运用实验周期。这些主观解释可以通过调查来检验，对问题的分析也同样可以使用调查。在诊断过程中，说明治疗方案这一步骤比较容易用实验周期理论加以考察。某些特殊治疗方法的使用，如来访者的能力、潜力及社会环境等，是有一些标准的。因此，该理论是实验周期与诊断周期的整合。请看以下案例：

一个初中女学生小丽，因上课回答问题时，被老师当众指责，同学哄笑，心理受到极大的伤害，以致产生了对学校的恐惧。感觉紧张害怕、心发慌，不敢进校门。老师发现她没有上学，也没有请假，请家长到学校说明情况，父母回家批评了她，并要求她正常上学，次日上课时，突然觉得头晕目眩，心慌胸闷，呼吸急促，全身发抖，大汗淋漓，送到医院后很快缓解，父母不放心而让其住院一周，各项检查未发现器质性病变。出院后只要提起与上学有关的事就很不舒服，情绪低落，惊慌，感觉气不够用，发抖，如果不去想上学的事，则一切如常。两个月来请家教在家学习，一个人在家心情不好，常为一些小事跟父母发脾气，学习效率也低，还会控制不住自己看电视、上网，考试成绩下降。渴望能够像其他同学一样正常到学校学习，希望咨询师能够帮助她克服对上学的恐惧心理。

第一步，从主诉分析，小丽的问题关键在于：(1)对上学表现出明显和持久的恐惧，恐惧的程度与实际危险不相称。(2)发作时伴有显著的自主神经功能障碍，如一想到上学就会出现惊慌，感觉气不够用等感觉恐惧的症状。(3)出现学校恐惧有两个月的时间，且与创伤事件有关。(4)对恐惧的处境——学校有回避行为，造成社会功能轻度受损。(5)自己知道惧怕上学过分、不合理、不必要，但无法控制。(6)有自知力，能够主动求医。(7)智能完整，能够在家完成学业。

第二步，以经得起考验的科学分析来阐释这些问题。(1)在成长过程中一直受到家长、老师、同学的呵护，形成了我是可爱的、完美的，别人不能批评我的错误认知。

(2)经历了对小丽来说刺激强度较大的负性生活事件,自信心严重受挫。(3)个性因素:追求完美,自我要求高。(4)错误观念,认为自己不应该受到别人的批评,一旦老师批评自己就受不了,感觉糟糕至极。

第三步,诊断。根据来访者各种症状表现以及各方面的分析,可以诊断出小丽所患的就是学校恐惧症。

第四步,说明治疗方案。治疗过程分三个阶段,第一阶段确定咨询目标;第二阶段是咨询阶段,首先帮助求助者分析和解决问题,改变其不适应的认知,其次改变其对学校的恐惧行为;第三阶段是巩固与结束阶段,使求助者把在咨询中学到的东西运用于今后的生活中,不断完善人格,提高心理健康水平。

六、诊断周期理论的共同性与差异性

(一)共同性

从心理诊断的周期理论来看,这些理论都存在诸多的相似之处:

(1)都认为心理诊断是一个过程,可以通过过程来解释。

(2)都认为信息收集在心理诊断中起着重要作用。

(3)在心理诊断中,如何提出问题、界定问题是大家共同关心的问题。

(4)都认为心理诊断是个假设检验过程。假设检验只是诊断周期或者实验周期的一个环节,但是都很重要,几乎是心理诊断的核心过程。

(二)差异性

诊断周期理论之间也存在差异性。这些理论之间也存在差别,最大的差别是心理诊断过程是否包括了治疗和评估。有相当一部分观点把治疗方案纳入了心理诊断周期的范畴,也有一些理论把评估纳入了心理诊断的范畴。治疗与评估是心理诊断人员必须具备的素质,但是如果把治疗与评估纳入心理诊断过程也许有时候又会损害心理诊断的独立性。

第三节 其他心理诊断理论

一、De Bryun假设检验模型理论

假设检验模型指一个人或一群人对假设进行检验。诊断应该遵循什么步骤、什么步骤最佳,是假设检验模型必须要考虑的问题。

假设检验模型是对心理诊断中长期存在的应用问题的回答。在假设检验模型中客观检验与信息整合的统计规则是进行诊断的重要工具。因此,必须重视资料的收集,必须有计划地以一种客观方式来收集来访者的资料。要重视经验的循环,经验的循环是心理诊断的基础。经验的循环对个体或群体的诊断一直占据首要地位。冯·斯特里恩认为,这一循环与咨询师的活动过程近似,同时它也是个颇具科学性的程序。在诊断的过程中,咨询师并不评价群体参数,但为了回答来访者的问题,却要以某种方式运用方差分析和相关分析技术。

在实证循环与诊断循环相结合的基础上,De Bryun认为假设检验模型包含六个步骤:(1)定位于被咨询师用自己的语言论断的问题。(2)用具体真实的术语描述问题行为。被咨询师对于问题的知觉及问题行为发生的背景对被咨询师来说都是实际存在的。(3)阐释和选择那些以解释问题知觉和(或)问题行为为目标互不相同的假设,该模型即得名于此步骤。假设检验在科学的心理诊断中是中心要素。(4)选择(或创建)使建构可操作化的工具和(或)方法,以检验因果因素;运用这些测验、工具和方法,将结果与假说做比较;接受或者放弃某些假说,最终选择可接受的那一假说并使其完善,以用于诊断。(5)制订适用于该问题的处置建议。(6)评价。冯·斯特里恩强调假设检验模型是一个适合咨询师的实践活动的变式,与德·格鲁特的经验循环中所表现出的科学规则是一致的。

假设检验模型把诊断过程看成是和科学研究过程相似的东西。在假设检验模型中,必须运用一些原理对某些相应的内容做出解释。换而言之,存在着一个前提因素和一个行为心理现象,如果一定的前提条件出现了,就可以运用规律来解释。假设检验模型由此获得了一些新的发展,新的假设检验模型主要包括以下一些步骤:

(1)主诉中反映出来的倾向。

(2)查明问题。

(3)提出互相独立的假设,作为对问题的解释。

(4)选择收集资料的工具和程序来验证假设。

(5)提出建议和干预方案。

假设检验模型是以诊断活动划分阶段以及对结果做出报告的模型,与诊断周期

及实验周期理论是有差异的。

二、多属性实用性模型

心理诊断实际是一个决策过程。决策贯穿于心理诊断的各个方面,是心理诊断过程的核心。决策是否周密、合理与及时,关系到心理诊断的质量和水平。决策是心理咨询师的重要能力。好的心理诊断必须做到"多谋善断","谋"就是进行谋划;"断",就是做出决断。决策就是心理诊断的优化。心理诊断过程中的决策具有预见性。决策所处理的是可能性的问题,所以决策必须以所收集的相关信息为根据。决策也具有选择性。决策体现了可能性,某种程度上选择了必然性。咨询师只能对各种可能性进行比较选择,以便使决策结果达到或接近必然性。决策的实质是从众多的可能性中进行最优可能性的选择。决策既具有客观性也具有主观性。决策的客观性是指选择的问题应当尽量符合事物发展的客观规律性。决策的主观性是指对每一种可能性都是一种预测,要冒风险,要付出一定的代价。由于决策时有主观因素的参与,因而决策的结果有正确与错误两种可能性,作为咨询师就是要尽量使自己的主观符合客观实际,并做出正确的决策。多属性实用模型的主要观点是:

1.要对一个需要决策的问题进行说明

在进行决策时,咨询师必须对该问题有个详细的了解。了解问题的性质、问题的边界、问题的背景等诸多信息。一些诊断人员就常常喜欢对一个需要决策的问题详细加以说明。

2.在进行心理诊断时,多属性实用模型必须考虑多种可能性

一些心理学者把所有的行为都看成是决策。这意味着诊断就是要提供可能性。多属性应用模型要求把诊断问题看成是二选一或多选一。

3.在进行可能性选择时,重点要考虑决策需要考虑的属性

决策对象各特征与属性的权重影响了最终的诊断决策。多属性实用性模型帮助人们从几个现实的选项中选出一个,同时比较不同选择的属性。这些属性必须与所做的选择有关。请看以下案例:

一家人,在星期天有三种选择:(1)待在家里;(2)平静地逛商场;(3)去农家乐钓鱼。这家人在进行决策时,至少需要考虑四个方面的属性:花费大小,所花时间长短,一家人的整体爱好,交通是否便利等。

分析:运用多属性实用性模型的解决步骤:

(1)先找出影响在三种方案中做出决策的属性,例如上面的四种属性。

(2)对三种选择的吸引力进行数字评价。

(3)让家人对每一种权重赋予一个权重比例,以表示与其他选项比较该属性的重要性。这些权重的综合加起来应该为1。

(4)把三种选择的各种属性的得分总分乘以权重,得分高的就是他们最喜欢的,如果选项之间的差异不很大,选择起来就比较困难。

可以看出,应用多属性实用性模型进行诊断决策关键就是分解出各种可能性的属性,然后再给各种可能性赋予权重。分解各种可能性的属性相当困难,特别是在实践领域,同时给各种可能性的属性赋权重也很困难,因为权重是一种很主观的衡量。不过,多属性实用性模型在心理诊断领域的实践中很有用处,比较直接地表现了心理诊断的心理过程。

三、决策树理论

在诊断过程中,为了了解行为现象,可以运用方法论的原则,把诊断过程规范化。诊断周期理论和实验周期理论就是诊断过程规范化的例子。这些理论可使咨询师在诊断过程中通过获得可靠的知识进行诊断。但是这些理论在诊断工作中对诊断人员的激励不足,使人们缺少诊断的动力。由此,把诊断看作一个具有特殊结构的过程,重点由查明来访者问题的原因以及怎样进行干预转移到强调诊断过程的连贯性及对来访者的可接受性。决策树理论采取一系列有组织的步骤或标准化的模型方式进行诊断。这个诊断过程更容易控制在诊断决策中的偏差或效应。决策树理论主要集中在诊断人员的信息处理方面。通过一系列结构化的有组织的步骤按照树形的思维方式进行诊断。决策树通过对计划和形式的描述,防止重要成分丢失,帮助人们去注意各个要点,对重要的步骤进行深入思考,使诊断人员从正反两个方面去权衡利弊,最后完成诊断过程。这是一个实用的诊断技术。在使用决策树时,其基本步骤与技巧如下:

1.对问题必须加以明确的表述和筛选

对问题的界定需要多次把握,一次就把问题说清楚是不可能的。在决策树中,第一步要解决分类问题。例如,是神经症,还是家庭之间的夫妻冲突或是心理障碍等。

2.诊断人员必须决定在诊断中开展工作的相关要素

如何开展工作?工作顺序是怎样的?什么时候开始工作?对有些问题,需要直接干预;另一些问题则需要花时间查明是属于哪一类问题。每个决定都放在决策树上,它包括对结果的估计。

3.诊断人员已经把所有相关步骤都画在一个树状图上

决策树理论必须决定每一步要做什么,例如,是否需要测验,是否需要收集新数据,是否需要干预,要不要告诉其他人,要不要让咨询师进入一个机构等。通过分析,确定最好的决定概率,在诊断中哪些信息与此无关,什么行动可以起作用。

4.诊断人员必须决定是否干预

决策树理论要求选择对诊断人员和咨询师来说花费最小、得益最大的干预措施。

决策树理论的优点是比较明显的:(1)决策树理论使诊断任务的决策结构化,结构化增强了决策诊断的操作性,同时也使整个决策过程时时纳入心理视野之中。(2)决策树理论能较及时地判定哪些信息重要,哪些信息还需要进行补救。

第四章

资料的收集整理和分析

临床资料的收集、整理和分析处理是心理诊断的基本功,也是心理诊断不可跨越的环节。临床资料的收集、整理和分析处理方式多种多样,不同的临床人员提出了许多实用简便的资料收集、整理和分析处理技巧。

第一节　临床资料的收集

来访者临床资料的收集主要涉及收集内容和收集方式两个方面。收集资料的方式主要是以收集提纲的方式,运用会谈技术进行。各专家学者对资料的收集方式基本上比较一致,但是对于临床资料收集的主要内容方面,不同的专家却提出了不同的看法。这些不同的观点详尽不一,侧重点也有所不同。

一、资料收集的内容

(一)马隆和沃德的收集提纲

心理活动涉及的内容和范围非常广泛,缺乏收集提纲在实际的工作中就会很茫然。鉴于此,马隆和沃德在1976年提出了一个十二个题目的收集提纲。其中六个题目的收集内容主要如下:

1.外表和行为

对外表和行为的收集主要技术是观察。在观察中,外表是首先关注的点。通常要考虑:装饰品有什么特征? 表情和动作是否古怪?有无"神经质"的动作反应? 他的姿势怎样?是否避免与人对视?求助者是如何表现自己的?他给人的一般印象如何?外表是否整齐、清洁?衣着是否符合求助者的背景和现状?有无明显的身体缺陷?他在过去的会谈中表现如何?活动缓慢还是不停地乱动?是否机敏?是否顺从?态度是否友好?

2.交谈过程中的语言特点

语速如何?是缓慢还是快速?会谈是直爽还是小心谨慎?是否犹豫?有无言语缺陷?有无咬文嚼字?健谈还是不健谈?有无松弛的联想?哪些话题避而不谈?是否有海阔天空的闲聊?是否有自造的词汇?笑、皱眉、姿势、手势、表情与语言表达是否协调?说话内容与声调所表达的是否一致?对交谈的兴趣如何?

3.思维内容

有无不断抱怨和纠缠不放的题目?有无思想不集中现象?有无幻想、错觉、恐惧、执着和冲动表现?

4.认知过程及功能

求助者的各种感觉有无缺陷和损伤？求助者能否集中注意于手中完成的工作？时间、人物、空间定向力如何？能否意识到自己所在的地方？年、月、日的知觉如何？能否说出自己的名字、年龄等？近期和远期记忆如何？会谈内容能否反映出他的职业和受教育程度？运算能力如何？阅读、书写如何？

5.情绪状态

在会谈期间，求助者的一般心境如何？情绪的一般表现是哪一种，痛苦、冷漠、鼓舞、气愤、易怒、变幻无常还是焦虑？求助者对心理咨询师有无献媚、冷淡、友好、反感等表现？情绪表现与会谈内容是否一致？他们的自我报告是否与心理咨询师的印象一致？

6.灵感与判断

求助者对自己就诊的目的是否判断准确？对自己的判断是否符合实际情况？求助者对自己的精神状况有何想法？他是否能观察到、意识到自己的行为或情感已经有了问题？求助者对问题的原因是否有中肯的认识？在对问题原因的分析上有无道德和文化因素的作用？求助者对于自己的工作有无准确判断？求助者如何理解生活中出现的问题？他们处理问题是一时冲动、独立进行、非常负责还是相反？对讲述自己的事情是否有兴趣？对改变自己的现状是否有要求？

马隆和沃德的收集提纲主要通过这六个方面来了解一个来访者。

（二）桑德伯格的资料收集提纲

从马隆和沃德的十二个问题的收集提纲来看，他们对资料的收集主要以问题为特征驱动。这种以问题为特征驱动的收集方式显得直接、简洁，但相反不够全面和系统。为了比较全面地了解求助者的心理病史和个人资料，桑德伯格提出了包括来访者的十七个方面的更系统、详尽的收集提纲。

（1）身份资料：姓名、性别、年龄、职业、收入、婚姻、住址、出生日及地点、宗教信仰、教育、文化水平和文化背景。

（2）来就诊的原因和对治疗服务的期望。

（3）现在及近期的状况：居住条件、活动场所、日常活动内容、近几个月以来生活发生变动的种类和次数、最近的变化。

（4）对家庭的看法：对父母、对兄弟姐妹、对其他主要成员的看法，对自己在家庭中所起作用的描述。

(5)早年回忆:对能记清的最早发生的事情以及周围情节的回忆。

(6)出生和成长:包括会走路和会说话的时间。与其他多数儿童相比较曾出现过什么问题,对早期经验的态度。

(7)健康及身体状况:包括儿童时期和以后发生的疾病和伤残、近期服用的咨询师指定的药、近期服用的不是咨询师指定的药、吸烟与饮酒的情况、与他人比较身体状况、饮食与锻炼的习惯。

(8)教育及培训:特别感兴趣的科目以及所获得的成绩、校外学习情况、感到困难的科目、值得自己骄傲的科目、其他文化上的问题。

(9)工作记录:对工作的态度,是否改变过职业,理由如何。

(10)娱乐(包括感兴趣和使你愉快的事):如工作、阅读等,自我描述是否准确。

(11)性欲的发展:第一次意识到性问题、各种性活动、对自己近期性生活的看法。

(12)婚姻及家庭资料:家庭中发生的重要事件与原因、家庭的现状与过去的比较、道德和文化因素。

(13)社会基础:交际网和社交的兴趣所在,与自己交谈次数最多的人,能给予各种帮助的人,互相影响的程度、对他们的责任感以及参加集体活动的兴趣。

(14)自我描述:包括长处或优点、短处或弱点、想象力、创造性、价值观、理想。

(15)生活的转折点和选择:生活中曾有过什么变化和你做出的最重要的决定如何,对它们的回忆(以一件事为例)和评价。

(16)对未来的看法:愿意看到明年发生什么事情,在五年至十年里希望发生什么事情,这些事情发生的必要条件是什么,对时间的现实感,抓重点的能力。

(17) 求助者附加的任何材料。

利用桑德伯格的收集提纲采集来访者的资料时要注意,一方面来访者需要对大量的事实进行回忆,而他们的回忆过程可能组织起来较乱,所以要花较长的时间,要有耐心才能完成上述项目。其次,咨询师通常是在会谈结束后对内容进行回忆整理,桑德伯格的提纲内容量大,对咨询师准确、完整整理来访者信息也提出了很高的要求。同时,桑德伯格的提纲涉及内容量太大,通常一次会谈无法完成,一些地方显得琐碎,降低了操作性。因此可以根据情形适当调整,增减一些内容。

二、心理咨询师国家职业资格的收集标准

2001年心理咨询师纳入国家职业资格标准。根据这个职业资格标准,确定了一套收集来访者信息资料的方式。其内容主要包括来访者的一般资料(人口学资料和成长史)、主诉与个人陈述、咨询师的观察和他人的反应等三个方面。这种资料收集

方式最显著的优点在于信息维度简单明了，收集资料快速简洁，所搜集的资料利用率高。因而也是运用得较多的资料收集方式之一。请看下面的例子：

（一）一般资料

1.人口学资料

周某，女，未婚，20岁，汉族，系某大学外语系二年级学生。

2.个人成长史

198×年×月×日出生，顺产。出生后一直跟父母、祖母一起生活。6岁上小学，成绩中上。小时候父母经常吵架。母亲文化程度低、脾气大、敏感、多疑，对自己管得很严，对自己总不放心。性格稍内向，初中时对班里的活动参与不积极，初中阶段要好的同学不多。高三时与同桌一女生很好，有次听同学说她找了男友，便问她是否是真的，女生否认并很生气，要来访者把告诉她这个消息的同学找出来对质，但这同学反口否认，于是这女生便威胁说“要自杀”“要写遗书”，并对人说如果她死了就说是来访者害的，等等。来访者将此事告诉老师及父亲，父亲找到一位熟人法院院长跟她解释过，说这女生如自杀与她一点儿关系也没有。但患者对此事仍感害怕，以致当年的高考落榜。

（二）主诉和个人陈述

自己一向外语成绩很好。近三年来读外语时感到紧张伴声音颤抖，且自己越想控制，就越容易发生，为此烦恼、紧张。

（三）观察和他人反映

1.咨询师观察

求助者独自来咨询，衣着整洁，意识状态良好，面带愁容，低头说话，言语表达尚得体。

2.他人反应

通过对同学的调查反映，该同学自立意识比较强，能够独立完成各种任务，学习比较认真努力，不经常与同学交往，但是同学关系还可以，无矛盾纠纷发生。

从上面例子可以看出，以国家职业资格标准资料收集形式对来访者的资料进行收集，用时少、维度简洁、条理也比较清楚，为后续的诊断和治疗积累了丰富的信息和材料。

从资料的收集来看，这是一项基本功，尽管烦琐而细致，但是却是一个咨询师综合素质最直接的反应，因此每个咨询师都要加强这个方面的训练。

第二节　来访者资料的整理

临床资料的整理是为资料分析做准备的。临床资料整理的质量对诊断分析会产生直接的影响。资料整理越好、越清晰,对资料的分析就越有深度,越容易把握问题的本质,越能清楚地了解心理问题产生的原因,也越能准确地诊断。临床资料的整理从表面上看是个既烦琐又不容易出成果的工作,但是,其对后续的诊断治疗却有重要的价值,因此咨询师必须高度重视。

一、资料整理的原则

对临床资料的整理,由于每个人的出发点不同,观点各异。为了确保资料整理的质量,就必须遵循必要的原则。在整理临床资料时要遵循三条基本原则:

(一)条理清楚

所谓条理清楚主要是资料整理的结构具有清晰性和逻辑性,不能出现某一资料在整理过程中不能归属于任何一结构的情况,也不能出现同一资料可以放在若干结构中的情况,这都容易导致资料整理的条理不清,违背了资料整理的目的。

(二)简明扼要

资料整理分类类别不宜过多。类别过多相当于没有整理,因为资料整理的一个功能是化繁为简。但是资料整理的类别也不宜过少(例如二分法整理资料),太少的类别往往忽略了资料的重要信息。

(三)尽量全面

在资料的整理中,不要遗漏了重要的信息。咨询师在对资料进行取舍时一定要小心谨慎,太过随意地取舍信息容易错误地理解信息资料,从而导致误诊。因此,整理信息资料时,应该尽量全面。

二、按照“基本提纲”整理资料

对临床资料必须有条理地加以整理之后才能进行逻辑分析,才能对各种与临床表现有关的资料加以综合,最后才可以作为诊断依据。在临床资料的整理方面,出现了不同的技巧和方式。按照基本提纲进行整理是一种比较详细和全面的整理方式。其优点是内容细致，缺点是太过琐碎，容易导致信息迷失。按照基本提纲进行整理，其主要的一级内容包括“求助者的人口学资料、求助者生活状况、婚姻家庭、工作记录、社会交往、娱乐活动、自我描述、求助者个人内在世界的重要特点”八个方面。主要内容如下：

1.求助者的人口学资料

(1)姓名、性别、年龄、出生地、出生日期。

(2)职业、收入、经济状况、受教育状况。

(3)宗教、民族、婚姻状况(未婚、已婚、离异)。

(4)现住址、邻里关系、社区文化状况(商业区、工业区、农村城乡接合部、文化区)、联系方式。

2.求助者生活状况

(1)居住条件。

(2)日常活动内容、活动场所。

(3)生活方式和习惯。

(4)近期生活方式有无重大改变。

3.婚姻家庭

(1)一般婚姻状况(自由恋爱、他人介绍、包办、买卖婚姻)，婚姻关系是否满意(性生活、心理相容度)。

(2)婚姻中有无重大事件发生，事件原因中有无道德和文化因素。

(3)家庭组成成员，对家庭各成员的看法，家庭成员在日常生活中的分工，自己在家庭中所起的作用。

(4)家庭中发生的重要事件和原因，原因中有无道德、文化因素。

4.工作记录

(1)对工作的态度、兴趣、满意程度。

(2)是否改变过职业，理由何在。

5.社会交往

(1)社交网以及社交兴趣和社交活动的主要内容。

(2)与自己交往最多、最密切的人有几个。

(3)能给予求助者帮助的人和求助者帮助过的人有几个。

(4)举例说明社交中的相互影响。
(5)社交中互相在道德和法律方面的责任感。
(6)参加集体活动的兴趣如何。

6.娱乐活动

(1)最令求助者感到愉快的活动。
(2)求助者对愉快情绪体验的描述是否恰当。

7.自我描述

(1)描述自己长处、优点时的言辞、表情、语言、语调是否夸张或缩小。
(2)描述自己缺点时的言辞、表情、语言、语调是否夸大或缩小。

8.求助者个人内在世界的重要特点

(1)想象力。
(2)创造性。
(3)价值观(对生活享乐方面、社会责任方面、追求精神生活质量方面的价值取向)。
(4)理想(已经付诸行动的理想)。
(5)对未来的看法。
①希望明年发生什么事。
②希望未来5~10年内发生什么事。
③对未来事件发生的理由和判断依据。
④对现实状况能否捕捉住关键和重点。

9.其他

下面的案例就是按照“基本提纲”对来访者的案例资料进行整理的例子：
(1)人口学资料:张某,女,8岁,小学三年级。
(2)家庭与生活状况:张某的父母都是北方人,大学毕业后一起来四川创业,现在在四川开了一家酒店。张某出生后,由于父母忙于工作,由奶奶带大,还曾经在老家农村生活过一年,读小学前到四川与父母同住。
(3)婚姻家庭:家庭结构完整。
(4)学习状况记录(工作):在家做作业磨磨蹭蹭,每天要花很多时间,在做作业的过程中很不专心,经常要做小动作,甚至还要离开座位玩一会儿,学习效率很低。
(5)社会交往:母亲管教严厉,张某放学回家后要做额外的作业,很少能出去和同院的孩子们玩。

(6)娱乐活动:非常缺乏。

(7)自我描述:不喜欢现在的自己,觉得很孤单,与以前在外婆家相比,觉得在这里很没意思。

(8)求助者个人内在世界的重要特点:孤独、厌烦。

(9)其他:无。

从上面的整理结果可以看到,即使按照基本提纲进行整理,也会有一些内容不够清晰明确或者内容上的缺乏,但咨询师仍然要从整个宏观整体来整理这些资料。

三、按照成长史进行资料的整理

对来访者的临床资料的整理可以从成长过程的角度进行。抓住成长主线,按照时间的变化顺序对资料进行整理是一个容易进行的资料整理方式。成长过程对每位来访者而言,都有丰富复杂的信息资料,所以按照成长史整理资料时,必须抓住成长阶段中的主要事件或关键事件,整理的方式通常如下:

(1)婴幼儿期:有哪些在出生时及出生后的抚养人提到的重要事件或情况,这些状况抚养人认为对来访者的成长发展产生何种影响?

(2)幼儿园期:①各种心理发展指标有无特异性现象?例如走路、说话的开始时间特别延迟或特别提前等。②有无到现在为止,还让来访者记忆深刻的受伤害的负性事件或者受到鼓励的正性事件?③幼儿园期父母情感是否和谐,父母的关系给你留下什么印象?④幼儿园期家庭教养方式、幼儿园的教育情况,有无退缩或攻击行为?兴趣何在?有无充足时间做游戏,与同伴关系如何?

(3)小学期:①小学入学适应顺利与否?对小学老师有什么样的印象?对小学生活的初期有什么感受?②小学阶段家庭教育、学校教育、社会教育中有无挫折发生?小学阶段最值得骄傲的事和深感羞耻的事是什么?③小学阶段对异性同学有什么感受?这方面有无记忆深刻的事情?④小学阶段在与成人的关系中,有无不愉快事件发生,有无仇视、忌恨的事或人?⑤小学阶段兴趣何在,有无充足时间做游戏,与同伴关系如何?

(4)初中阶段:①初中阶段最崇拜的人是谁?有无早恋感觉或与之相关的事件?②初中学习生活的总体感觉是什么?在学习方面有无特别的故事愿意讲讲?③与同学关系如何?与老师关系如何?与家长的关系如何?这些关系之间有什么事情让你终生难忘?④有无最要好的朋友?这些朋友对你怎么看?

(5)高中阶段:①高中阶段最崇拜的人是谁?有无恋爱或与之相关的事件?②高中学习生活的总体感觉是什么?与初中相比,学习感觉有无变化?在学习方面有无特别的故事愿意讲讲？③与同学关系如何？与老师关系如何？与家长的关系如何？这些关系之间有什么事情让你终生难忘？④有无最要好的朋友，这些朋友对你怎么看？对一些来访者，如果没有读高中，就略去这个阶段，转向工作或就业情况的询问。

(6)大学阶段：①大学阶段最崇拜的人是谁？有无恋爱或与之相关的事件？②大学阶段的学习生活的总体感觉是什么，与高中相比，学习感觉有无变化，在专业方面，有什么感受？在学习方面有无特别的故事愿意讲讲？③与同学关系如何？与老师关系如何？与家长的关系如何？这些关系之间有什么事情让你终生难忘？④有无最要好的朋友？这些朋友对你怎么看？⑤大学期间遇到了哪些挑战或机遇？

(7)工作或读书结束后的情况：①对现在的工作怎么看？工作上有无特别不满意的地方？②情感或婚姻如何？③与同事、领导的关系如何？与父母的关系如何？这些关系之间有什么事情让你终生难忘？④有无最要好的朋友或同事，这些朋友或同事对你怎么看？⑤生活满意吗？对生活有什么感触？

在按照成长史整理来访者资料时，要注意灵活性。例如，一个来访者的婴儿期可能与现在的心理问题没有什么关系，但是心理咨询师若还是以这个时期的资料作为重点整理，那就偏离了主要方向，有可能由于大量烦琐的信息资料使咨询师忽视了心理问题的本质。同时，资料的整理要注意，如果来访者没有读初中、读高中或大学，就应该从读书历程结束的阶段转到第七个阶段，即工作或读书结束后的情况。在整个资料整理中要特别注意个人成长中的重大转化以及现在对它的评价。下面就是按照个人成长史进行的资料整理的例子：

(1) 模糊的幼儿。从小我便是一个很安静的小孩，在幼儿时期似乎分外地依恋我的母亲，独自在陌生的环境中，总是很担心会回不了家。习惯幼儿园的生活后，这种情形得到了改善……

(2)张扬的童年。小学六年是漫长的，仍记得，当时总是埋怨自己长不大，晚上总不能看好看的电视，就会被赶着去睡觉……

(3)分明的初中。初中开始的一年，似乎特别灰暗。首先受到挫折的是学习。初中三年，一半灰暗，一半明亮，中间的分界线，便是这次座位的调动……

(4)波动的高中。高中三年是紧张繁忙的三年，刚进校，老师将一把名曰“高考”的利剑，悬挂在每个人的头上三寸；更是随时眨着火眼金睛，在一旁检阅着大家的一举一动。压力根本就不再是一个偶然事件，而是一种弥散的氛围。学习成绩的不断起伏，情绪的不断波动，压力与紧张，习题与考试，似乎这就是我的高中三年……

(5)逐渐成熟。进入大学住校生活之后，就生活上而言，并没有感到适应不良。来到大学，看到更多的事、更多的人，了解以前不了解的学习领域。逐渐走向成熟……

四、按照生理、心理和社会功能整理资料

对来访者临床资料的整理,也可以根据当前状况进行整理。对当前状况的整理通常主要考虑来访者的生理状态、心理状态和社会功能状况等三个方面进行。

(一)生理状态

(1)主要有来访者的年龄、性别、睡眠情况、食欲状况等。这些信息资料主要以来访者的植物性神经功能的症状为主,例如心慌、头晕、脸红、呼吸加快、心跳反应等。

(2)求助者近期体检报告。

(二)心理状态

(1)认知过程的情况:主要包括感觉、知觉、注意力、记忆、思维、言语、想象。

(2)情绪过程的情况:情绪情感的表现、情绪情感的性质、情绪情感的强度、情绪情感的稳定性、情绪情感的适合性等。

(3)意志:意志增强、意志下降、意志减退、意志丧失等状况。

(4)行为表现:如有无冲动毁物行为,有无失控行为,有无自控能力,言行一致性如何,有无怪异行为,等等。

(5)人格状况:人格的完整性、相对稳定性、整体性、社会性等情况,重点是人格的稳定性,是否有缺少重大社会事件的刺激却出现了人格的突然变化。

(三)社会功能状况

(1)工作情况:工作能否依旧胜任?工作效率一样高?工作兴趣没有发生什么变化?工作中出错情况?如此等等。

(2)交往状况:主要包括与家人的交往变化,与朋友的交往变化,与邻居的交往变化,与同事的交往变化,等等。

在按照生理状态、心理状态和社会功能状况三个方面整理来访者的资料时一定要注意在一级分类下的二级分类甚至是三级分类的详略的处理。社会功能的考察一定要考察两个关键因素,其一是社会交往状况的变化,其次是工作效率。不能把工作兴趣的变化完全等同于工作效率的变化。不能简单地推论兴趣下降,工作效率一定降低。下面就是一个对来访者的资料进行整理的例子:

来访者,李某,女,汉族,25岁,未婚,大学文化,某国家机关公务员。来访者害怕与异性说话,工作时避免与男性当面的接触,希望把协调、组织工作交给别人,不要分配给自己。必须与男性联系时,尽量通过邮件的方式。每当不得不与男性说话时,都

感到是极大的负担,感觉心慌、脸红,肚子发硬,同时担心自己声音颤抖更引起对方的注意。求助者想尽量降低自己的紧张,以免别人感到异常,但是感到对方会用奇怪的眼光看自己。

近半年来甚至见到了人都觉得害怕,很少与人交往,整天感到疲惫不堪,下班后就是自己在家看电视。工作中注意力无法集中,记忆力下降。食欲、睡眠都受到影响,对自己长期处于这种状况感到很沮丧。来访者衣着朴素、整洁。

对来访者按照“生理状态、心理状态和社会功能状况”进行整理:

(1)心理状态:紧张不安,注意力无法集中,记忆力下降。

(2)生理状况:心慌,脖子僵硬,疲劳,食欲和睡眠问题。

(3)社会功能状况:妨碍求助者恋爱,工作受到影响,影响其社会支持系统。

从上面案例可以看到:按照来访者的心理状态、生理状态和社会功能进行整理,资料简明扼要,资料清楚,理解和运用都很方便。

五、按资料性质进行分类整理

对资料进行整理时,也可以分类进行。在收集临床资料时,各类资料可能是互相交错的,如环境条件、个人情绪、行为表现、个人的看法等,可能是混杂在一起的。面对相互交错和混杂的资料,往往给思考、判断带来不便,所以可以按照资料的性质加以整理。资料性质主要可以分解为情绪、认知和行为三个方面。按照资料性质对材料进行整理可使咨询师更容易判断不同资料之间的纵向、横向以及逻辑关系。对来访者资料按照性质分类整理可以按照表4—1的形式进行。

表4-1　事件的时间顺序分析表

时间顺序	事件性质			
	事件	情绪	认知	行为
年　月　日				

六、按个体情况、环境情况及专业评价进行整理

收集了来访者的全部情况之后,为了临床目的,主要的任务就是对这些资料进行整理。W.haley(1977)认为可以按照个体情况、环境条件和专业评价进行整理。

个体方面:主要为来访者的生物特性、心理与行为以及自我意识及其表现等情况。

环境条件：主要是指人事关系、工作环境、生活的物质条件。

专业评价：主要指他人对她的评价，主要对她的一般印象、对治疗情况的评价等。这三类材料可以说都是很有用的，因为它几乎概括了一个人的一切。以下案例就是按照个体情况、环境条件和专业评价进行整理的：

案例：朱××，男，高考意外失败后，消沉了一段日子，后经家人意见决定入学参军，到学校后重新振作精神，在各项训练学习中都有了很不错的成绩，后被分配到执勤学校后，出现喝酒等违纪行为，并受到了一定的处理，因此开始抱着一种冷漠消极心态。对人怀有戒心，甚至敌对情绪，既不与他人交流沟通，又对他人的困难冷眼旁观、无动于衷，远离班集体活动，意志低沉，缺乏积极向上的精神。

分析如下：

1.个体方面

(1)个体成熟水平。来访者正处青春期，激素和性格等各方面正在迅速发展，因此很容易走入偏激的思想道路，抑郁情绪产生的机会比其他时期多很多。

(2)认知能力水平。在日常的生活、学习中，不能以正确的心态对待别人的言论，导致承受水平相当低。因此，特别容易误解老师和同学的意图，更加重了失望的情绪。

(3)精神承受能力。违纪受到学校处理后，精神上承受不了，所以变得冷漠消极，甚至产生了敌对心理。

2.评价态度

(1)老师反映。该同学在工作、生活、学习中都表现得很冷淡，用各种借口逃避参加集体活动，缺乏进取精神和集体荣誉感，我们也找他谈过很长时间，但是效果不大，很难改变他的这种状态。

(2)同学陈述。他很容易就会发火，甚至和人动手。大家一起玩的时候，他就躲在一边，只和固定的几个人接触，打扫环境卫生的时候慢慢地磨，等人家都打扫完了，他才乱扫一下，并且很不服从管理，不喜欢和大家一起玩，和大家很合不来。

3.环境条件

求助者在家中是独生子。在校读书的时候，学习成绩一直处于优良。身体健康，未曾患过严重疾病。从小比较受家人、老师的看好，因此自视过高、以自我为中心，且敏感多疑，一旦被否定，就会由极度的自尊变成了自卑。

七、资料整理的注意事项

(1)对咨询师而言,收集资料属于基本功,而资料整理是更为重要的基本功。因此,对资料的整理必须严格按要求操作,不能怕麻烦。

(2)资料整理也是对咨询师思维品质的训练,所以在操作中应主动体会各类资料间的逻辑关系,形成良好的思维方式。

第三节　临床资料的分析技巧

资料的整理仅是资料利用的一部分,也是资料利用的中间阶段。要对资料充分利用,就必须切实做好资料分析工作。对资料的分析既要考虑资料分析的先后顺序,又要考虑资料的可靠性,既要对资料赋予心理意义,也要考虑影响资料可靠性的可能因素,同时还要充分理解职业倾向对理解资料的影响,更要在来访者的资料中寻找有价值的资料,最后还要分析出来访者的主导症状、行为症状、情感症状、生理症状以及核心症状等。通过对资料的多方面分析,可以更加准确地对来访者做出诊断。

一、资料分析的顺序

资料分析的顺序主要是考虑把来访者的哪些资料放在优先的位置来考虑,这样便于抓住资料的重点,抓住来访者心理问题的核心。对资料的分析可以按以下顺序进行:

(1)分析时首先考虑与治疗直接相关的资料。这类资料不仅对诊断有重要作用,而且自然地与后续的治疗衔接起来。这样不仅考虑到了当前的工作,也考虑到了后续的工作。

(2)其次,分析偏离正常标准的行为资料。从心理诊断的生活观来看,偏离正常标准的行为资料具有重要意义。这种资料本身从生活经验的角度预示着来访者的心理问题。因此,抓住偏离标准的行为表现去考虑问题是有效的思路。

(3)最后分析与咨询师的看法有关的资料。从咨询师自身经验和理论思考的角度出发,找到与咨询师的个人看法有关的资料进行分析。这些资料在咨询师的心目中会觉得很突出和显眼。因此,在工作中抓住那些“显眼和突出”的事件,给以解释,并按这种解释去归纳别的事件,也是很重要的分析资料的思维方式。请看如下分析:

求助者,张某,女性,20岁,汉族,高三学生。焦虑情绪一月多。

(1)与治疗直接相关的资料:高三学生。家里经济条件较好,从小到大发育正常,按时入学。现在成绩良好,人际关系正常,性格偏内向。之前身心一直健康,没有患过躯体疾病。

(2)偏离正常标准的行为资料:焦虑情绪一个月多,求助者有时可以自己摆脱,有时很难摆脱,须借心理老师的帮助解决。

(3)与咨询师的看法有关的资料:学习效率轻度下降。病程不到三个月。

经过对来访者的资料按照优先顺序分析后发现:来访者心理问题产生的核心是焦虑情绪一个多月,这不仅与其性格内向有关,还与来访者所处的阶段即高三时期有关,但病程不到三个月,可以判断求助者的主要问题在性质上属于一般心理问题,可排除重型精神病。

二、资料的可靠性分析

(一)资料可靠性分析的原因

资料的可靠性主要是指资料的可信度。在心理诊断中,获得来访者资料的方式不同,资料的可靠性也存在差异。即使是来访者自己报告的资料,有时来访者因回避问题而说谎,这种情况也会降低资料的可靠性。因此,即使是来访者自己陈述资料,咨询师也需要分析资料的可靠性。当资料不是来自来访者自己的陈述而是其亲友的陈述时,对资料的可靠性进行分析就更有必要了。这些人在陈述资料时,由于缺乏专业知识,甚至不了解真相而把自己的想象代替事实进行陈述,加上看问题的角度不同,可能丧失了陈述资料的客观性,所以从这些途径获得的资料也必须进行资料的可靠性分析。咨询师应当去伪存真地审视这些资料。在对资料进行分析时,对来自亲友的资料,应首先分析其真实程度并给以附加说明后,方可使用。转诊时,咨询师提供的信息资料,很可能包括一些初步诊断性的结论,对这些结论性资料也应进一步核实,才能使用。

(二)资料可靠性分析的方法

对资料的可靠性进行验证,方法很多,主要有三种方式。

1.补充提问法

所谓的补充提问法是指对来访者的资料陈述,为验证资料的可靠性,咨询师可以补充提一些问题,通过来访者对补充提问的回答,来看来访者提供资料的可靠性。这是使用得最多、也很方便的方法。如:“这个人是怎样被他人发现的?”“你怎样发觉别人对你有这种印象的?”

2.问卷和心理测验法

所谓的问卷法或者心理测验法是指运用自编问卷或者已有的标准化量表对来访者的信息资料进行检验的方法。这种方法操作复杂,而且对某些资料的验证不一定有对应的问卷或者标准量表,因此使用起来费时费力。建议咨询师在通常情况下尽量少使用。例如,来访者自我报告焦虑,吃不下饭等症状,采用SCL-90,在相应的因子上,应该有分数上的反应,如焦虑因子达到阳性。

3.不同来源比较法

所谓的不同来源比较法是指咨询师可以从借用信度的内涵,比较同一资料的不同来源,看这些不同来源的关于相同内容的资料是否一致。最简单和典型的做法就是比较来访者自我陈述、咨询师的观察、亲人的报告和测验结果四个方面关于同一个信息是否一致。例如,来访者自我报告焦虑,咨询观察到来访者在办公室显得憔悴并急促不安,在SCL-90的测验中焦虑因子得分达到3分(超过2分即为阳性症状),家属也反映来访者在家里翻来覆去睡不着,这四个来源关于焦虑的资料比较一致,因此咨询师可以认为这个资料是可靠的,因而是可信的。

(三)影响资料可靠性的因素

在对资料进行分析时,诸多方面都会产生重要影响。咨询师从接触来访者那一刻起便从他们的动作、声调、表情方面收集相关资料,并试图对来访者做出某种估计,即使与来访者的接触时间很短,也要力争对来访者形成印象和假设,甚至主观地猜测他们的兴趣、爱好和处境等,这是难以自控的必然倾向。这些倾向以及其他一些因素都会对资料的可靠性产生影响。影响来访者资料可靠性的因素很多,主要表现在:

1.咨询师可能给求助者形成暗示

过分随意地交谈、咨询师的倾向性很可能给求助者形成暗示,造成求助者的自我评价和环境判断的失真,这对所获资料的可靠性有重大影响。

2.咨询师的早期印象可能影响最终诊断和咨询决策

同一个咨询机构中,收集资料者如果也是后来的决策者,那么,咨询师的早期印象可能影响最终诊断和咨询决策。可是,如果一个人收集资料,另一个人去做决策,又往往导致对资料的错误理解,所以,最好的办法是把两者结合起来。

3.求助者可能会出现阻抗

资料的收集并不是一件容易的事,因为求助者都是有个性特点的人,要求他们提供自己的生活情境、生活历史和坦率说明自己的感情,经常会出现阻抗或言不由衷的情况。面对一位陌生人,在一个陌生的环境里坦白地暴露自己,那不是任何人都能做到的。咨询时必须考虑求助者的这种处境,要根据情况,灵活地做出交谈计划,以决定在什么时候、什么地点了解求助者的生活状况和内心世界是适宜的,什么时候这样做是有害的。如果忽略了这一点,资料收集工作十有八九要失败。

4.初期印象和后来新资料之间的矛盾会影响诊断

对初期印象和后来新资料之间的矛盾,假若处理不当,会影响诊断。在会见求助者时,最初印象的形成是相当快的。这种早期印象的形成,受咨询师主观态度的影响很大。所以,如果更符合客观实际的新资料与早期印象冲突时,咨询师必须尊重资料,不可固守自己的印象,应随时准备依据事实资料修正和调整自己的看法。初步印象形成有多快,密尔(P.F.Meel)在1960年曾做过这样的研究,他让临床心理学家在每次会见和治疗后,尽快地给求助者一个评定,以确定心理学家对求助者的印象。结果发现,第三次会见时便形成了很牢固的印象,第一次见面时的初始印象和第三次以后说出的印象相关甚高。

这个实验说明,初步印象的形成比较快速,一旦初步印象形成后,咨询师就会按照初步印象来解读来访者的资料,这种解读导致对资料的理解出现偏差。

三、资料意义解读

资料意义解读是指资料本身没有意义,资料的意义都是咨询师来解读。也就是说,资料或数据本身并不包含太多的意义,它们的意义是心理咨询师赋予的。例如,一个人失眠,这种现象的心理意义是什么?失眠是心理问题的原因还是心理问题的结果?这要求咨询师对这个资料的意义进行解读,否则失眠对来访者是没有任何意义的。对资料的意义解读方式也多种多样,常见的有如下三种:

(一)就事论事方法

就事论事的分析方法实际上是一种就现象而分析的方法。这种方法要求在特定时间内,咨询师对所观察到的现象不加任何粉饰,力求如实而详尽地进行描述。这种方法并不用以推测现象发生的深层原因,而是就现象进行直观分析。这种方法包括:把现象直接作为咨询师的研究对象,对其进行自然的观察;坚持对现象进行朴素而如实的描述,不做任何推测和解释;对现象进行质的分析,反对盲目地进行深层次的理论解释;强调现象的整体性,反对把现象割裂开来的单一分析。例如:一天某学校的女学生服用大量镇静剂,于是把她送往医院抢救后才幸免死亡。采用就事论事法对资料赋予意义可以认为:这个女学生在学生宿舍服用了致命性的镇静药,不是误用;这个女学生想死,不愿意别人救她;这次没死,可能还会用别的方法寻死等。

(二)寻找相关法

所谓的寻找相关是指对来访者出现这个结果的所有可能相关因素都进行假设性考虑。这种假设性考虑不是天马行空的思考,而是与这个结果和现象相关的思考。对资料赋予心理意义的寻找相关的方法在使用上也比较常见和方便,因而也是三种方法中使用频率较高的方法。但这种方法赋予心理意义后,对各种相关的可能都要逐一排除,因此咨询师需要大量的精力和非常丰富的经验,才能更有效地运用好这个方法。以上面女生服用镇静剂自杀为例:

如果采用寻找相关的方式来赋予资料心理意义的话,就要考虑大学女生自杀相关的情况。例如,可能是女大学生失恋;也可能是该女大学生来到大学生活出现不适应;也可能是该大学生患抑郁性神经症;还可能是该学生家庭经济困难,不能完成大学学业,等等。

(三)迹象分析法

所谓的迹象分析法就是把事实作为一种结果,作为一种症状,进一步去寻找原因。迹象分析法实质上是一种由果溯因的分析方法。用迹象分析法对资料赋予意义可以形成多种推断,多种推断使资料意义的解读有了更加准确的理解。同样,多种推断也增加了准确理解资料的心理意义的心理负担。因此,迹象分析法在使用时也需要慎重。同样以上例中女学生服用大量镇静剂自杀的案例为例。用迹象分析法可以形成几种推断:(1)该女生把对男友的仇恨转向了自己而自杀;(2)她想以死让其男友终生负罪而自杀;(3)她要求别人帮助自己的希望已破灭而自杀;(4)此人内心冲突很强烈,痛苦严重,不能自己摆脱而自杀等。

在对资料赋予心理意义的方法中要注意,赋予意义的过程实际上仍然是一个假设的过程,而不是事实的存在。因此,面对假设我们对所赋予的心理意义仍然要小心求证。

四、职业倾向对资料赋予心理意义的影响

在心理诊断中,资料心理意义的赋予受到心理咨询师的职业倾向的显著影响。不同职业,往往使人们看问题的出发点不同,这种不同使咨询师在赋予心理意义时也容易产生偏差。

(1)普通观察者的偏差。普通观察者只是依据日常生活经验从平常人的角度看问题,用日常生活的眼光和视角对来访者观察和思考,这种观察与思考与专业分析之间存在偏差。咨询师特别要注意这种思考,因为他们的意见是从生活常识出发,容易为很多人理解。他们的看法切近生活,来访者觉得与自己的理解很接近,所以更容易信以为真,为此普通观察者的意见对来访者会产生强烈的暗示效果。

(2)医学背景的咨询师的偏差。具有医学职业背景并持病理学观点的心理学家和咨询师,他们的焦点是发现来访者是否有病,潜在的意识是来访者有病。为此,他们对待临床资料就像对待医学化验结果和X光照片一样。他们用心理测验或会谈法去了解求助者的心理功能,主要目的是想把他们与正常人区分开来。带有这种倾向的咨询师主要关心的是来访者的混乱情绪和思维,并据此做出诊断和预测疾病,最后制订治疗方案。

(3)教育职业倾向的咨询师的偏差。教育职业倾向的咨询师容易强调求助者是学习、行为或认知方面的障碍。教育职业倾向的咨询师侧重在学习方面考虑问题,重视对临床资料的评价,着眼点是那些通过学习可以得到改善的情绪、思维和行为。这种倾向的咨询师为了改善人的适应能力,以功能分析的方式检查学习过程中人的功能障碍而评价临床资料。他们关心来访者存在的那些不适应环境的习惯,如学生逃学,一个人经常说谎,等等。他们不使用病的观念来进行诊断。

(4)生物学职业倾向的心理咨询师的偏差。生物学职业倾向的咨询师的观点和人本主义思想一致,它否认诊断的价值,多采用会谈法收集资料。他们倾向于从人的生长发展角度看问题,认为问题的关键是自我发展受到阻碍;从成长发育角度收集资料。它认为求助者将随着自我经验和自我认识的增长而逐步得到改善。他们的兴趣是求助者的能力状况,根据临床资料帮助求助者选择适合其能力的职业。对儿童,多采用测验技术来确定各种能力的发展水平。

(5)生态学职业倾向的心理咨询师的偏差。生态学职业倾向的咨询师觉得来访者的问题是与环境失去了平衡。这种观点重视组织和环境条件以及人与环境中其他事物的关系,希望临床资料能提供一幅个人与周围环境相互关系的“图画”。

以下案例就是五种不同职业倾向的咨询师在分析资料时的不同结果:

小豪,男,10岁,独生子,小学四年级学生。因学习成绩急剧下降,与同学关系不融洽,行为异常,前来就诊。

(1)普通观察者的偏差:这个学生行为异常,对老师的批评教育无所谓,甚至故意搞恶作剧引起老师和同学注意。

(2)医学背景的咨询师的偏差:情绪易激动,一旦提到母亲或有关老师和同学就会产生反感情绪。初步观察父母亲人格结构基本完整,无障碍,家庭无精神疾病病史,就诊检查均未发现有身体疾病。患者主观世界与客观世界相统一,内在心理活动能够保持一致,人格无明显异常,无幻觉、妄想等精神病性症状,因此可排除重性精神病。

(3)教育职业倾向的咨询师的偏差:该来访者出现逆反行为,厌学,能按时上学、放学,不愿完成作业,成绩不理想。与同学关系不融洽,存在交往困难。该患者表现症状是"逆反行为",交往不良。

(4)生物学职业倾向的心理咨询师的偏差:对其进行心理测验——《韦氏儿童智力测验》,结果显示,IQ分值是90,属于平常。出现问题的原因是自我发展受阻碍。

(5)生态学职业倾向的心理咨询师的偏差:求助的心理冲突是求助者不适应学校环境,与学校环境失去平衡所致。

显然,不同职业倾向的咨询师的看法不但包含着不同的目标,而且采用不同的方法和不同的疗效标准。当把同一批临床资料给他们看时,他们必然会做出不尽相同的解释。在临床操作中,这五种观点并不完全对立,而是辩证统一的。对一个成熟思维方法的心理学工作者来说,可以综合使用各种观点来分析临床资料。既可以用学习的观点揭示求助者的学习需要,又可以用发展观点鼓励他们的自我发展;既可以用病理学观点发现求助者的变态心理,又可以用生态学的观点帮助求助者在与环境相互作用中使人格更加完善。每一种观点都是一个进入临床心理世界的入口。问题的关键不是从哪个入口进入,而是进入后的思路如何。一个心理学工作者若不能全面理解各种观点,不能娴熟地驾驭它们,那么在进入心理世界之后,往往会按一条路走下去,直至极端,这会导致心理诊断的错误。所以应该把各种资料相互比较,各种想法彼此联系,注意不同职业倾向的偏差,以求全面准确地做出诊断。

五、寻找有价值的资料

在资料的分析中,对来访者过去接受咨询的有关资料进行分析也是重要的方面。对来访者过去接受咨询的有关资料进行分析,寻找有价值的资料,对来访者的诊断具有重要价值。对那些曾经有过咨询经历的求助者,要对其说明详细了解既往史的重要性,以免求助者主观上认为哪些重要、哪些不重要而忽略有价值的细节。在寻找有价值的资料中,第一,要了解当时咨询师的诊断以及进行过何种治疗,疗效如何。第二,对以前分析当时去医院就诊的原因哪些是躯体方面的,哪些是心理方面的以及二者的关系如何。第三,对来访者过去的诊断和咨询进行详细的询问。来访者过去曾经历过心理咨询,很可能由于咨询效果不好而来。而效果不好的原因之一有可能就是诊断不正确。为此,就要对以往的诊断及咨询过程做详细的了解,即使对权威机构的诊断也不要盲从。在咨询过程中,失误是难免的,正是由于以往别人失误的教训,才使后来者能避免再走弯路,建立新思路。不可在来访者面前对以往的失误进行挑剔和嘲讽,这也是良好职业道德的体现,同时也避免加大对求助者的伤害。第四,对来访者现在咨询的问题与以前的问题进行仔细的鉴别与区分。有的求助者原来确实患有精神病,但这次的问题并不是原来的精神疾病,而是另外的问题,这些都要仔细地加以区分。第五,要注意经过咨询后问题加重的情形。有的求助者经过以往的心理咨询之后,问题非但没有解决,反而加重。这就必须详细了解其咨询过程,澄清问题的性质,以免对求助者继续造成伤害。

六、症状细分分析

症状细分分析主要是指咨询师要分析出来访者的主导症状,并进一步细分行为症状、情感症状、生理症状、心理症状等。特别是主导症状的分析,对心理诊断很重要。因为主导症状通常对诊断具有决定性的价值。所谓的主导症状主要是指使来访者感到痛苦而迫切需要解决的问题,即异常的心理行为表现。主导症状与核心症状具有相同的价值和意义,有些主导症状可能具有诊断或鉴别诊断的意义。请看下面的案例:

来访者,男,27岁,未婚,工人,初中文化,近一年来人际关系不好,朋友少,心情差。住单位集体宿舍,一年前某星期天工休,早上起床发现宿舍里十分安静,房门已开,以为同事都出门上街去了。于是,他将房门反锁,也上街去了。直到晚上九点多才返回,此时方知有一后起床的同事被他反锁在宿舍里一整天,无法吃饭,也不能上厕所。这自然免不了遭人一场痛骂。该男士为此事内疚自责不已。自这以后,他每次出外锁门都十分谨慎,必须将宿舍内的每一张床和角落都认真检查一遍,以致渐渐发展成巨细诸事都要认真反复检查。现在做事刻板重复,常遭人误会,进而影响人际关系,感到十分苦恼。生活中总是情不自禁地去想或做某一件事,经努力仍无法摆脱这些念头和行为。经常感觉苦闷,睡不着觉。求助者自述能听到别人说自己的坏话。

从上面的案例可以看出,该来访者的主导症状不是人际关系障碍或者焦虑,而是强迫行为。主导症状也称为典型症状或核心症状。

七、资料分析的注意问题

对资料分析要注意如下一些问题:(1)未考察的资料不能作为分析问题的依据。必须认真考察资料来源可靠性和资料的真实性。(2)资料的分析不能主观随意。要符合客观逻辑。(3)获取资料和对资料分析,必须按规定程序进行,保证客观性。(4)在获取与分析资料期间,不得给来访者任何关于诊断的暗示,以免增加资料收集的偏差性。

总之,资料的收集、整理和分析是一个艰苦、需要大量精力的工作,更需要丰富的经验与积累,只有扎扎实实地进行训练,才能够提高心理咨询师收集、整理和分析资料的能力,从而为心理问题的诊断奠定坚实的基础。

第四节　心理诊断概念化

心理诊断过程中,与求助者交谈并使他们参与诊断只是整个心理诊断过程的一部分。咨询师自己的心理或内隐活动非常重要。咨询师从求助者那里获得大量的资料信息,但除非咨询师对这些资料信息进行整合和综合,否则它们几乎就没有什么价值和作用。在心理诊断过程中,心理咨询师需要懂得针对求助者问题要获取什么样的信息,如何获得信息并加以有意义地综合,如何利用信息进行临床预测和假设,从而由这种判断形成对来访者的心理诊断。心理咨询师的这些内心活动就是心理诊断概念化过程。心理诊断概念化过程就是咨询师对求助者问题性质的思考方式。

一、心理诊断概念化的依恋理论模式

发展心理学研究发现,一个人的依恋模式包括安全型、沉溺型、拒绝型和恐惧型等四种主要模式。依恋安全型是一种对己、对人积极的依恋模式,在紧张多变的情境中能与他人一起建设性地解决问题。依恋沉溺型是一种对己消极、对人积极的依恋模式,意识和评价过程失衡,能量较多地指向他人,从而导致缺乏个人情感调控、缺乏客观的自我评价。依恋拒绝型是一种对己积极、对人消极的依恋模式,意识和评价过程多指向自己,很少有与依恋相关的需求。依恋恐惧型是一种对己、对人消极的依恋模式,害怕表现自我,常感到易受伤害和不适应,对他人态度消极,不愿与人交往,很少意识到他人。

心理诊断概念化的依恋模式以依恋类型为主体,从对人对己的信心、信任感、对关系的投入、依恋类型、自我与他人界限的打破、独立与依赖间的平衡等六个方面对来访者进行心理诊断概念化。这种心理诊断概念化主要是基于来访者内部工作模型来进行的。基于依恋模式的心理诊断概念化可以通过表4-1来进行。

表4-1　心理诊断概念化案的依恋理论

依恋理论	概念化描述与结果
对人对己有信心	
信任	
对关系的投入	
依恋类型	
人我界限的打破	
独立/依赖 平衡	

心理诊断概念化的依恋模式强调个人早期与养护者间的依恋经验,对其成年后社会竞争和情感调控能力的影响作用。内部工作模式的转变可以经过治疗而发生。通过心理咨询与治疗,求助者可以清楚地认识自己在与他人建立关系时的主导工作模式,然后用平衡、健康的内部工作模式来代替现有的失调模式,这样他们在治疗关系内外都能体验到自己内部模式的变化。

二、心理诊断概念化的BASIC ID法

心理诊断概念化的BASIC ID法是Lazarus提出的。Lazarus认为,对求助者进行心理评估和干预有七种形式,用它们的首字母表示就是BASIC ID。这七种形式不应孤立地使用。

B:行为(Behavior)。它包括各种简单和复杂的心理运动和活动。在多数临床诊断中,治疗者不得不根据求助者的自我报告来推断他做了什么和没做什么。Lazarus认为重要的是要特别注意那些过度或缺失的行为,即求助者做得太多或太少的行为。

A:情感(Affect)。它包括感觉到或报告出来的情绪和情感。Lazarus认为,应注意某种特别情感是否存在,以及有没有隐藏着或被扭曲的情感。

S:感觉(Sensation)。它包括五种主要感觉加工过程:视觉、动觉、听觉、嗅觉和味觉。有时求助者的主诉是感觉躯体不适,如痉挛或头晕。治疗者需要注意求助者报告的感觉是愉快还是不愉快,以及那些没有被意识到的感觉。

I:表象(Imagery)。它包括各种能对个人生活产生影响的心理图像。Lazarus认为,对于那些过度使用认知形式并将情感理性化的求助者来说,了解其表象形式会特

别有帮助。

C:认知(Cognition)。认知是指人们的思想和观念。Lazarus认为心理诊断中最重要的是人们的错误观念、不合逻辑或不合理性的观念。通常要注重应当论、完美主义和外部归因论三者不合理观念。

I:人际关系(Interpersonal Relationships)。Lazarus认为人际交往过程中的问题,不仅可以从求助者的自陈报告和角色扮演中发现,也可以通过观察求助者与治疗者的关系发现。对人际关系的评估包括观察求助者如何表达和接受他人的情感,以及他们的行为和对别人的反应。

D:药物(Drugs)。药物是一种需要加以评估的重要的非心理方面,因为神经生理和生物化学因素能够影响求助者的行为、情感、认知、感觉等。除精神药物治疗所要求的一些特殊的调查项目之外,药物评估还应包括整体外貌如衣着、皮肤、话语流畅性、痉挛、心理运动障碍等,也包括躯体生理主诉和已经确诊的疾病,还包括一般的健康状况和幸福感,如身体健美、锻炼情况、饮食与营养状况、职业兴趣和爱好、闲暇时间的消遣等。这种检查治疗需要咨询医生或其他健康专家的参与,或由他们进行会诊。在实际工作中,心理咨询师可以采用表4—2心理诊断概念化的BASIC ID模式表来进行。Lazarus认为许多心理咨询师都无法同时对七种形式都进行评估和治疗。他们只能依据自己的个人爱好和理论取向来处理其中的一两种形式。

表4-2 心理诊断概念化的BASIC ID模式

BASIC ID形式	观察表现
B:行为	
A:情感	
S:感觉	
I:表象	
C:认知	
I:人际关系	
D:药物	

总的来看,心理诊断概念化的BASIC ID模式主要是识别求助者的行为,尤其是过度和缺失行为,识别求助者的重要情感,识别求助者主要的感觉经验和感觉过程,推测其基本的感觉系统,识别那些影响求助者的表象过程,识别求助者明显的认知功能,评价求助者的人际关系性质,识别求助者问题中的生理和躯体因素等。

三、心理诊断概念化的ABC模式

心理诊断概念化的ABC模式认为行为(B)既受到发生在前面的事件影响,这一事件被称为先前事件(A);还受到某类发生于其后的事件的影响,这类事件被称为后继事件(C)。先前事件(A)是一种线索或信号,使人知道在某种情境中应如何行动,而后继事件(C)则是能增强或削弱行动的事件。个人的行为与某些特定事件直接相联,或受其影响。鉴于先前和后继事件对行为的影响和作用,心理诊断的重点就是要识别出那些影响问题行为或与问题行为相互作用的先前事件和后继事件。行为即是求助者所做和想做的事。外显行为是他人可以见到或可以察觉的行为。内隐行为是指那些他人所不能观察到的内部事件,观察者必须借助于求助者的自我报告和非言语行为才能察觉到这些事件。内隐行为包括思想、信仰、表象、情绪、心境和躯体感觉等。求助者的问题行为不是孤立发生的,大多数的问题行为都是更大的行为系统或行为链中的一部分。而且每一个问题行为通常都不止有一个组成部分,它含有情感成分、躯体成分、行为成分以及认知成分。问题行为也会因背景因素和人际关系因素而有所不同。所有这些成分都或多或少地与每一种问题行为有关。对于每一个问题行为,确定出各种成分的相对重要性是很有必要的。先前事件可以引起情绪或生理的反应,如愤怒、恐惧、兴奋、头痛或血压升高等,它使行为发生的可能性增加或减少。在问题行为发生前一刻出现的先前事件对行为有影响,而与行为相隔较久的先前事件,同样也可以增加或减少行为的可能性。较近的先前事件被称为"刺激事件",包括引发行为、增加或减少其发生可能性的内部、外部事件或条件。而与问题行为时间相隔较久远的先前事件,则被称为"背景事件",指人们在最近或曾经经历过的事件。背景事件可能在行为发生以前就终止了,但它的影响却继续存在。背景事件的例子有求助者的年龄、发育阶段、生理状况、工作性质、家庭或学校环境、文化因素,它们都能够影响后来的行为。刺激事件和背景事件必须根据每一个求助者的不同情况加以鉴别和确定。在心理咨询诊断中,要区分出那些能促进适应行为发生的先前事件和那些与适应不良行为相关的先前事件。行为的后继事件是指发生于行为之后,并在某种程度上仍然影响行为或与行为存在功能关系的事件。并不是每一件发生在行为之后的事件都被自动认为是后继事件。后继事件可分为积极和消极两种。积极后继事件通常被称为"奖励"或者"强化物";消极后继事件被称为"惩罚物"。人们也倾向于进行那些有利益或者有价值的行为,即使这种行为是问题行为。积极的后继事件也可以通过消极强化的作用,来维持问题行为,如去除行为之后的不愉快事件,会增加行为再次发生的可能性。人们愿意重复那些能够摆脱烦恼或痛苦的行为,他们常常用消极强化的方式回避和逃避行为。当所期望的不愉快事件被消除时,回避行为就得到强化维持。消极后继事件可以减弱或消除某种行为。治疗者必须注意到求助者生活中消极后继事件的存在,以及它们对求助者的影响。在心理咨询的诊断中,辨别出问题行为的后继事件是重要的。因为这些信息将在干预治疗阶段帮助咨询者选择出适当的策略和方法,以维持和增强我们所希望的行为,减弱和减少我们所不希望的行为,如过度行为和缺失行为。因此,在实际诊断中,观察者必须针对每一个求助者来评估和鉴别问题的先前事件、后继事件,以及问题的各种组成成分。

四、心理诊断概念化的诊断分类模式

心理诊断概念化的诊断分类模式是求助者的问题行为可以用某种形式的诊断分类法进行分类和组织。正式的分类系统是美国精神病协会制定的《精神病诊断和分类手册》第四版。尽管2012年DSM—Ⅴ已经出版多年,但是DSM—Ⅳ中的诊断分类编码还有一定参考价值和意义。DSM—Ⅳ将各种精神和心理失常分为十七种主要的诊断类别,每一个类别中包括许多次级类别。每一类别都有具体的诊断标准,可以帮助咨询师对求助者的问题进行评价和分类。DSM—Ⅳ中特有的评价系统被称为多轴系统,共有五种编码或五条轴线:

轴Ⅰ:临床观察到的主要问题和其他失常表现

轴Ⅱ:人格障碍和精神发育迟滞

轴Ⅲ:一般的躯体状态

轴Ⅳ:心理社会和环境的问题

轴Ⅴ:机能的整体评估

轴Ⅰ包括临床失常和其他异常行为,这是咨询师所关注的重点。轴Ⅱ用来报告人格障碍和精神发育迟滞。DSM—Ⅳ认为,这两个内容要分别报告,不可忽略任何一个方面。轴Ⅱ也可用来记录患者是否存在防御机制和适应不良的人格特征信息,但其程度还不足以被确诊为人格障碍。如果治疗者在轴Ⅱ上没有做出任何诊断,便可以用编码V71.09记之。轴Ⅲ用于表明患者目前的躯体状况,以便进一步理解和处理患者的临床症状。轴Ⅳ用于报告那些对心理障碍(由轴Ⅰ和轴Ⅱ确诊)的诊断、治疗和预后产生影响的心理社会环境问题(美国精神病协会,1994)。轴Ⅳ包括有九类一般性问题,分别与消极生活事件、环境和家庭压力,以及缺乏社会支持等相联系,它们是:

与主要支持群体有关的问题;

与社会环境相关的问题;

教育背景问题;

职业问题;

家庭问题;

经济问题;

与医疗卫生服务有关的问题;

与司法/犯罪有关的问题；

其他心理社会环境问题。

轴Ⅴ用来报告治疗者对患者整体机能水平的评估，其结果将有助于确定治疗方案和评估治疗目标。这类评估被称为机能的整体评估(GAF)，分数范围从0到100，即从机能不良到机能卓越。分数段的描述如下：

91—100在绝大多数活动中，机能表现优良，生活问题从不会失控；

81—90没有症状或症状极少；

70—80如果有症状的话，也是短暂的，是对应激的自然反应；

61—70有一些轻微的症状；

51—60中度症状；

41—50严重症状；

31—40在实际测验或沟通中，某些机能受损；

20—30与人沟通和进行判断时，机能严重受损，行为由幻觉或错觉支配；

11—20有伤害自己和他人的危险；

0—10有严重伤害自己和他人的危险。

这种心理诊断概念化模式也称多轴评价系统。下面描述了DSM—IV中轴Ⅰ和轴Ⅱ所列的十七种诊断分类：

(1)常见于婴幼儿和青少年的疾病：智力落后(轴Ⅱ)和学习困难，运动障碍，交流障碍，弥散性发育障碍，注意力缺失及多动症，早期儿童进食困难，痉挛等(轴Ⅰ)。

(2)各种类型的精神错乱，痴呆，健忘症及其他认知障碍(轴Ⅰ)。

(3)在医学上无法分类原因造成的精神失常：紧张症和人格改变(轴Ⅰ)。

(4)与药物相关的失常：酒精中毒，苯丙胺药物中毒，咖啡因中毒，可卡因中毒，幻觉产生，毒品吸食，尼古丁吸食，鸦片吸食，镇静剂、安眠药成瘾，多种药物同用等(轴Ⅰ)。

(5)精神分裂症和其他精神异常：分裂症(妄想、定向力丧失、紧张僵直、冷淡等)，情感型分裂等(轴Ⅰ)。

(6)情感异常抑郁，躁郁症(轴Ⅰ)。

(7)焦虑失常：没有广场恐怖症状的发作，有广场恐怖的发作，没有发作史的广场恐怖症，特殊物体恐怖症，社交恐怖症，强迫症，创伤后应激失常，急性应激失常，广泛性焦虑等(轴Ⅰ)。

(8)躯体症状：躯体化症状，弥散性躯体失常，躯体症状为主失常，癔症等(轴Ⅰ)。

(9)人为分类瘫状：心理症状为主失常，躯体症状为主失常等(轴Ⅰ)。

(10)分离失常：健忘症，神游，身份失常及非人化等(轴Ⅰ)。

(11)性异常和性别角色异常:性功能失常,性别身份倒错等(轴Ⅰ)。

(12)饮食异常:厌食症,食欲过盛症等(轴Ⅰ)。

(13)睡眠异常:睡眠异常为主症状(如类睡症),由其他精神异常导致的睡眠异常等(轴Ⅰ)。

(14)冲动—控制失常:间歇爆发行为,窃盗癖,放火狂,病态赌徒等(轴Ⅰ)。

(15)适应不良:抑郁型,焦虑型,抑郁焦虑混合型,行为、情感失衡等(轴Ⅰ)。

(16)人格障碍:偏执狂,分裂性人格者,反社会人格,边缘人格,歇斯底里人格,自恋人格,回避人格,依赖人格,强迫人格(轴Ⅰ)。

(17)其他:心理因素影响的医学症状,医疗导致的运动失常等。下述症状均记为编码Ⅴ:人际关系问题,由虐待、忽视造成的关系障碍。其他症状,如,抗拒治疗,诈病,成人反社会行为,儿童反社会行为,老年认知能力下降,丧失亲友,学业问题,宗教或灵魂问题,文化适应问题,生命转折期问题等(轴Ⅰ)。

心理诊断概念化的诊断分类模式的诊断系统存在着明显的理论和应用局限性,但它确能帮助治疗者评估问题行为和选择适当的治疗方案,还为问题行为及其相关控制变量提供了有用的信息,诊断分类体系有助于选择那些对同类问题有效的治疗策略。

五、心理诊断概念化的诊断窗口模式

Sinacore—Guinn提出了心理诊断概念化的诊断窗口模式,从文化的角度对问题行为概念化。它包含如下四个方面的评估内容:

(1)文化系统和结构。包括社会结构、家庭、学校、互动方式、疾病概念、生命发展阶段、应付机制和移民史等。

(2)文化价值观。包括五种价值取向:时间、活动、人际关系取向、人与自然的关系、人的本性。

(3)性别角色的社会化。包括性别角色、意义,求助者对性别的态度以及性别偏爱上的文化、种族和民族的差异。

(4)创伤。包括直接的、间接的和潜伏的创伤体验,以及创伤产生的社会环境和社会政治背景。

咨询师以一种文化敏感的方式,从文化系统和结构、文化价值观、性别角色的社会化和创伤四个方面来理解求助者的问题行为。图4—1中诊断窗口之内才是病态行为,有了病态行为才可做出诊断。按照这种模式,并不是所有的求助者都在窗口中表现出症状。Sinacore—Guinn认为关键在于咨询师要仔细地限制窗口的范围,不使它过大。窗口之外的问题行为不是病态的。

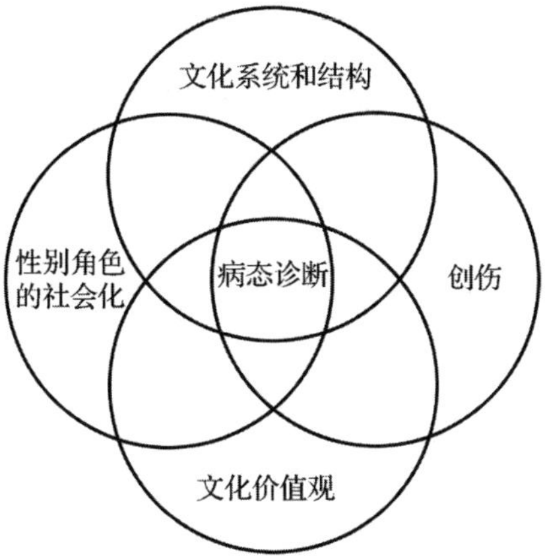

图 4-1　心理诊断概念化的诊断窗口模式

第五章

心理诊断的基本技能

心理诊断的基本技能主要是心理咨询师在心理诊断过程中的技术,这些技术具有较强的操作性。这些技术主要包括摄入性谈话与倾听,提问技术,参与性技术和影响性技术等。

第一节 心理诊断的摄入性谈话与倾听

一、摄入性谈话

(一)谈话法的分类

在心理诊断、心理咨询和治疗中,会谈技术是最常用和最基本的方法。会谈根据目的不同包括多种类别。一般包括摄入性谈话、鉴别性谈话、治疗性淡话、咨询性谈话和危机性谈话等五类。

摄入性谈话主要是收集来访者有关资料信息的谈话,通过咨询师拟定的会谈提纲,从多个方面了解来访者的情况,为对来访者的问题进行诊断提供详细、全面的资料的会谈方式。

鉴别性谈话主要指通过交谈和观察确定使用什么测验或者在会谈中抓住具有鉴别意义的症状进行深入的了解分析,使对来访者的诊断与近似的诊断相区分。

治疗性谈话主要指针对来访者的心理问题和行为进行的矫正性谈话,主要采用专业性的治疗性技术,例如合理情绪治疗法、阳性强化法、系统脱敏治疗、生物反馈治疗等对来访者实施的深入干预与治疗的会谈方法。治疗性会谈主要针对严重心理问题与神经症等程度比较严重的问题等。

咨询性谈话主要是指采用咨询关系的建立技术、影响性技术和参与性技术等,对来访者的心理问题及行为进行比较初步的干预的会谈方法。咨询性会谈一般涉及来访者的一般心理问题与严重心理问题等正常心理。常见的有家庭关系问题、婚姻恋爱问题、成长发育问题等。

危机性谈话主要指当事人发生意外时,如突然遭受失恋而自杀、突然受精神创伤而出现异常行为时进行及时干预的谈话。

(二)摄入性谈话的作用与形式

摄入性谈话是以来访者问题为中心的会谈,其主要功能是获得来访者的一般信息资料、求助动机了解以及个体全面状况等。摄入性谈话主要是面对面的语言交流形式,随着现代网络技术的发展,也逐渐发展出不见面的网络会谈形式,如QQ聊天、视频等。摄入性谈话获得的资料对确定来访者心理问题的性质具有非常重要的价值。摄入性谈话涉及的内容十分广泛,从来访者的职业到他的人际关系,从成长经历到对生活重要事件的看法,等等。

摄入性谈话的形式包括自由式会谈和结构式会谈两种。自由式会谈是一种事先没有确定的会谈提纲的开放式会谈。这种摄入性谈话方式的显著特点是气氛轻松、约束少、表达自由、谈话空间大、表达的机会多。不足是自由式会谈在会谈中容易受到咨询师的主观印象和偏见的影响;结构式会谈是根据目的预先拟定会谈提纲,然后根据提纲逐次开展会谈的摄入性会谈形式。这种会谈强调结构性和程序性,这种结构和程序通常体现为事先编好的一个评估大纲或会谈表,在会谈时逐项提问以完成会谈。应用结构式会谈法时咨询师可根据自己的经验对来访者的反应做出诊断,也可简单扼要地依据会谈记录进行诊断。结构式会谈的最大优点是节省时间、效率高。结构式会谈容易使来访者感到拘谨和有例行公事的感觉,也可能不能获得更为真实、可靠的信息资料。因此通常在心理诊断中使用相对客观的结构化评定量表,如情感障碍评定量表,以降低这种倾向。

摄入性谈话是一个互动的过程。在摄入性谈话中咨询师起主导作用。因此,咨询师掌握和正确使用会谈技术十分重要。

(三)摄入性谈话的操作步骤

使用摄入性谈话,收集临床诊断的资料要遵循一定的程序,主要包括确定谈话主题、确定提问形式、认真仔细倾听、控制谈话方向、谈话内容归类、规范结束谈话等操作步骤。

1.确定谈话主题

咨询师初诊接待过程中,与来访者谈什么内容对许多咨询师而言是一个不小的难题。咨询师可以从多方面来确定谈话主题。例如,根据来访者的主动要求确定主题。咨询师可以就事论事地将来访者所提出的内容与问题确定为摄入性谈话主题。咨询师围绕来访者提出的问题收集有关资料。请看下面案例:

来访者:我最近老睡不着,很烦躁。

咨询师:嗯,你最近的睡眠不如以往好了。

来访者:是的,心情不太好,白天发生的事情一到晚上躺在床上时像过电影一样,老在脑里转,很累。

咨询师:这个状态从什么时候开始的,还记得吗?

……

从上面的对话可以看出，咨询师就是采用来访者主动提出要求的方式来确定谈话主题，围绕来访者的躯体症状“失眠”展开摄入性会谈的。也可以根据咨询师在接待中观察到的疑点确定谈话主题，特别是来访者欲言又止的问题。

还可以依据心理测评结果的初步分析所发现的问题为谈话主题，去了解与此相关的信息资料。也可以根据上级心理咨询师所确定的谈话目标为谈话主题。在确定谈话主题时，如果来访者提出了多个谈话主题，应与来访者共同商定确定一个作为谈话主题。对其他的话题也应在分析这些谈话主题之间的逻辑关系后，理清各话题之间的关系，把问题分清前后、主次，再依次提问，进行摄入性谈话。

2.确定提问形式

在进行摄入性谈话时，提问是主要的深入谈话的方式。一般根据谈话主题确定提问形式。通常情况下，三种提问方式交替进行，并根据不同提问方式的功能与谈话目的的匹配关系确定提问方式。开放式提问的主要功能是超越限制地获得多方面的信息。封闭式提问的主要功能是验证信息的真实性。半开放式提问的主要功能是在一定范围内获得更多的相关信息。三种提问方式的使用基本原则是多使用开放式提问，少使用封闭式提问，偶尔使用半开放式提问。三种提问方式的使用没有对错之分，只有适合性问题。例如，

开放式提问：我看到你的头发有些乱，衣服也弄脏了，发生了什么事？

半开放式提问：一个月前发生了什么特别的事情呢？

封闭式提问：还记得她吗？

在对提问形式的回答上也可见三种提问方式的差异。不同的提问方式能够引发来访者不同的思考。开放式提问可引发最宽广的思考范围，半开放式能引发特定范围的思考，半封闭式的思考范围更窄些。开放式和半开放式的提问通常引来来访者详细的回答，封闭式则基本以“是”“否”来回答。

3.认真仔细倾听

倾听就是咨询师集中注意力，调动一切心理资源，全神贯注地、倾心地听来访者所讲述的一切，并做出适当的反应。确定了提问形式后，最为重要的任务就是认真仔细倾听。认真仔细地倾听，要注意：(1)不能随便打断来访者谈话并插入自己对谈话内容的评价。(2)倾听要及时而迅速地判断来访者的谈话是否合常理，是否合逻辑。(3)倾听要及时把握关键点。倾听最重要的是听出来访者的关键点在哪里。请看下面一段咨询对话：

咨询师：你来这里最需要得到我什么帮助？

求助者：需要解决失眠问题，我睡不好觉，以前入睡大约需要一小时左右，现在吃

过药后,半小时可以入睡,但睡眠质量不好。

咨询师:哦,你说今天天气不错。

求助者:我不是说今天天气不错,我是说我睡眠不好。我因为学历不高在工作中感到压力大,总希望把事情做得完美,有时候写一些东西,睡觉前就会兴奋,只要兴奋就睡不好觉。晚上躺在床上越想越睡不着,现在每晚能睡5至6小时吧。

咨询师:睡5或6个小时,睡眠就不好? 不一定吧!

在这段咨询对话中,可以明显地看到咨询师对来访者的反应不匹配,也不能正确理解来访者倾诉的睡5或6小时,睡眠质量不好的真实意思。可见,该咨询师没有做到认真仔细地倾听。

4.控制谈话方向

摄入性会谈不是一种漫无目的的会谈,而是一种有方向性、计划性、目的性以及内容性的会谈。会谈时间上必须有所限定和控制。如果摄入性会谈漫无边际,咨询师和来访者双方都会因为无所收获而阻碍会谈的进一步深入和发展,并产生厌烦情绪。因此,摄入性会谈必须在心理咨询师的控制下进行。控制会谈进程不能简单地进行,而是要有技巧性。控制会谈方向的技巧很多,运用时要随机应变。常用的控制谈话的方法有如下几种。

(1)释义法。释义法的核心技术是解释,解释时一定要有心理学的理论素养。具体应用时咨询师先把来访者的话重复一下,然后就来访者所提出的问题等做一解释,解释完以后,立即顺便提出另一个问题。通过另一问题的提出转换话题,这样对谈话方向的控制自然、合理。如:“你刚才谈到你的爸爸常常对你发脾气,发脾气是面临挫折或者压力下的一种外在反应,那你能具体说说在什么情景下他会这么做吗?”

(2)中断法。中断法是指采用某种方式使正在进行的谈话暂时休止一下,在这个休止期间,咨询师可以根据需要提出需要进一步了解的信息资料,达到转换话题和控制谈话方向的作用。来访者有时因情绪激动而喋喋不休,有时因思维障碍而啰唆不已,有时因烦闷压抑而唠唠叨叨,这时咨询师不能硬行迫使他停止谈话,可以插入一些活动中断其谈话。通常可以替他倒一杯水或请他取一样东西过来或建议他换一个地方再继续谈等,这时咨询师就可以提出所需要的话题。

(3)情感反射法。情感反射法主要指咨询师有意识地激一下来访者,使他把谈话转向某类问题。情感反射法是针对来访者的情绪进行操作的,因此在使用情感反射法时要慎重。因为来访者来咨询时,肯定有情绪上的反应,如果对来访者情绪刺激不当,往往会引起来访者的情绪紊乱,一时难以控制,对来访者造成二次伤害。如:“你在谈到爸爸时好像有些激动,愿意跟我聊聊他吗?”这里,通过激动这种情绪刺激方式来实现话题的转化从而达到控制谈话方向的目的。

(4)引导法。引导法就是由目前的话题引出另一新话题。通常的做法是在进行话题引出时发一下感叹,一方面表示对来访者的同情,另一方面把来访者的想法引向更远的地方,然后提出咨询师需要深入了解的问题。如:"刚才你说你的父亲常对你进行语言虐待,让你默默地在心中哭泣,这的确是很痛苦的体验,你很坚强,一直承受着没有反抗。回到现在,你在单位里常对领导有不满情绪,觉得他们不尊重你,这两件事之间你觉得有什么联系吗?"

5.摄入性谈话内容的记录

在摄入性会谈中,一般都不做详细的笔录,更不能一边谈一边像一个秘书一样把来访者所讲的所有内容都记录下来,咨询师仅可以拿一支笔和一张纸偶尔记一下来访者所谈内容的重点词。在没有征得来访者同意的情况下,更不能录音和录像。摄入性谈话的内容需要咨询师大量的临场记忆,但有可能导致信息失真,因此操作难度较大。所以摄入性谈话后,咨询师必须做一些简单的咨询笔录。

6.摄入性谈话结束语

摄入性谈话结束时,要根据不同的谈话效果做出不同的结束语。结束语的类别多种多样,以下是常用的几种谈话结束语。

(1)保密式结束语。"我可以负责地说,依据我们的道德和相关法律,今天我们的全部谈话,会绝对保密,请您放心。"

(2)继续会谈式结束语。"今天暂时谈到这里,在今天的交谈中,我基本了解了您心理上存在的某些问题,但要我马上做出最后确切的判断,还有一定困难。由于时间关系,今天无法继续,如果您愿意的话,我建议我们再谈一次,您觉得如何?"

(3)诊断式结束语。"今天我们的讨论,已经有了初步结论,对这个结论您是否能同意,希望您回去后,再认真想想,是否还有需要补充说明的,我也再想想,是否还有什么不妥之处,我们就按今天的诊断共同研究一下矫治方案,您觉得如何?"

(4)其他检查式结束语。"就您谈的情况看,恐怕您应该先到某某科做个检查,我将会根据某某科的检查,再来考虑您目前状况是否有心理问题的因素存在。"

(5)再见式结束语。"谢谢您的来访和对我们的信任,以后有什么问题,希望再联系。谢谢。"

(四)摄入性谈话中的非言语性技巧

在摄入性谈话中,非言语性技巧也很重要。非言语性技巧主要是通过谈话双方视线的接触和身体手势等来传达信息,非言语信息会成为会谈中交流的要素。

1.目光的接触与身体语言

在会谈中,区别一个咨询师是否成功,其中也需要考虑咨询师与对方视线的接触及咨询师的身体姿势动作所构成的身体语。在诊断会谈时,双方一直保持视线的自然接触。咨询师要关注来访者的身体语言。在会谈中咨询师的目光该怎样安排比较合适呢?当倾听来访者的谈话与叙述时,目光可在来访者双眼范围内游动。在进行解释时,这种视线的接触可比听对方谈话时少些。在对方讲话时,一定要用目光表示关注。自己谈话时,有时视线可以短时间离开对方。

2.其他非言语性的技巧

除了目光的接触与身体语言之外还有其他一些非言语性的技巧。说话的语气、语调及速度就是其中之一。关于咨询师的话语,要讲究一些技巧,例如要有抑扬顿挫、变速与停顿,话语要有生气、有吸引力。讲话时,要尽量发出明确声音,使对方能够听清楚,含混不清易使对方产生犹疑,语速不要过快或过慢,一般中等速度较为适宜。

3.非言语行为的观察技术

人类的非言语行为是非常丰富的。即使是当人们沉默地坐在一起,那里的气氛中也充满着各种信息。会谈中,咨询师决不能忽视个体的非言语行为传递的信息。伊根认为,一个有效的治疗者应学会“倾听”和理解“躯体行为、面部表情、声音特征、自发的生理反应、个人的生理特征和个人的总体印象”等非言语行为。

(五)摄入性谈话的注意事项

(1)态度中性。在摄入性会谈中,无论是在提问、倾听,还是在控制话题与结束会谈过程中,态度都应该保持中性。中性是指咨询师不可表达出对谈话的哪类内容更感兴趣,否则暗示和诱导等因素都可能使来访者的报告产生偏离。

(2)避免会谈失误。在摄入性会谈中,要避免提出给来访者带来二次伤害的问题,也要避免用题外话占用来访者的会谈时间,更不能用指责、批判性语言阻止或扭转来访者的谈话内容。在摄入性谈话后不应给出绝对性的结论。在结束会谈时要避免用生硬的话做结束,以免引起来访者的误解。这些不妥当的处置容易导致会谈失误。

(3)在摄入性谈话后不应给出绝对性的结论。绝对性结论使来访者和咨询师之间缺少回旋的空间,也容易影响摄入性会谈后续进程。

总之,摄入性谈话是一个极其灵活而方便的诊断方法。摄入性谈话中要注意咨询师不要过多地把精力投放在注意对方某句话说的是什么,然后自己应该怎样反应和“下面我该说什么”上。有些咨询师全神贯注于对自己在会谈中行为表现出的紧张、焦虑情绪上,如“我刚才说的,他会不会那么想?”而忽略了对方本身。摄入性谈话不是纸上谈兵可以学会的,也没有某种唯一正确的方式。有关摄入性谈话的技巧要在实践中融会贯通,并结合其他诊断方法共同对个体做出客观、适宜的诊断。

二、倾听

(一)倾听内涵与重要价值

倾听是心理诊断的第一步,是建立良好诊断关系的基本要求。听的繁体字为“聽”,从繁体字这个古人的书写方式可以看到“听”字左边是“耳”,右边是“目”和“心”,这说明古人很早就知道“听”一定要眼、耳、心同时到位。倾听是心理诊断的一个基本技术。倾听是尊重与接纳的化身。倾听意味着学会沉默,学会关注,学会设身处地地去体验当事人的内心感受并做出富于同感的反应。倾听可以表达对来访者的尊重,同时也使来访者在比较宽松和信任的氛围下诉说自己的烦恼。倾听时咨询师要认真、有兴趣、设身处地地听,并适当地表示理解,不要带偏见和框框,更不要做价值评判。也不可对求助者所讲的内容表现出特别的惊讶、厌恶、奇怪、激动或气愤等神态,而是予以无条件的尊重和接纳。同时,在适当的时候可以通过言语和非言语的方式对求助者的倾诉做出反应,比如,“噢”“嗯”“是的”“然后呢”等,以及点头、目光注视、微笑等。

倾听不但要听懂求助者通过言语、表情、动作所表达出来的东西,还要听出求助者在交谈中所省略的和没有表达出来的内容或隐含的意思,甚至是求助者自己都不知道的潜意识。有时求助者说的和实际的并不一致,或者求助者避重就轻,自觉或不自觉地回避本质性的问题。例如,在中国文化背景下,性是许多人羞于启齿、极为敏感的问题,因此,求助者常常只谈些皮毛的问题或打“擦边球”,有时他们希望咨询师能听出问题,主动地向他们询问。同时,倾听中,来访者对同一意思的不同表述方式也可以反映出求助者认知和思考方式,这为诊断中正确认识来访者的认知特点、价值取向甚至是人格特点等都提供了丰富的信息。所以,咨询师对此更要认真仔细地倾听。请看下面的例子:

来访者说在期末考试中没有考及格时,可能有四种不同的表述方法:①期末考试没及格。②我期末考试没及格。③期末考试,老师没让我及格。④真倒霉,期末考试没及格。

咨询师初听这些说法时,感觉到意思都差不多。但是良好的倾听者却从不同形式的表述中可以洞悉来访者的自我意识与人生观的线索。其中,第一种表述是对考试结果做客观的描述;第二种表述是来访者做了自我批评,暗含着自己对这个结果负责任,但同时也可能意味着该来访者凡事都自我归因,自省自责,自卑退缩;第三种形式暗含是老师的过错,不是自己的责任,可能意味着该来访者常推诿,容易有攻击性;第四种形式含有宿命论色彩,凡事易认命。可见如果没有良好的倾听能力,要理解不同表述的背后意义,是很困难的。正确的倾听要求咨询师以机警和共情的态度深入求助者的感受中去,细心地注意求助者的言行,注意对方如何表达问题,如何谈论自己及与他人的关系,以及如何对所遇问题做出反应。还要注意求助者在叙述时的犹豫停顿、语调变化以及伴随言语出现的各种表情、姿势、动作等,从而对言语做出更完整的判断。为了练习和提高咨询师的"倾听"能力,咨询师可以开展倾听能力训练,常见的操作训练是:

第一步:组成一个八人小组,两两配对,形成四个两人的小组。

第二步:两人小组的任一个人扮演咨询师,另一人扮演来访者,给来访者五分钟的时间说话,在这期间,咨询师不能说话,只能倾听。

第三步:两人相互交流在刚才角色扮演中自己的感受和体会,互换角色。

第四步:在八人小组中每人交流自己的感受和想法,总结出倾听需要注意哪些问题。

(二)倾听时容易出现的错误

在进行心理诊断时,一些咨询师往往不重视倾听,不愿意倾听,容易犯以下的错误:

1.急下诊断

这种类型的错误主要是来自经验不足和自我效能感低。因此在心理诊断的新手中容易出现这种情形。心理诊断的新手太过于焦虑和迫切,往往在没有真正深入了解事情真相之前,便急于下诊断结论。这种肤浅的理解所下诊断结论会导致三个弊端:一是求助者感到扫兴。求助者认为咨询师没有耐心听自己述说,会因为讲话被打断而扫兴,也容易影响咨询关系的建立;二是求助者产生怀疑。求助者意识到咨询师是在问题把握不全的情况下进行的诊断时,就会对诊断结果表示怀疑;三是影响咨询师诊断工作的针对性和有效性。由于倾听不够,咨询师对求助者的个性、思维方式、情感特点等就可能缺乏了解,把握不准,从而影响了诊断工作的针对性和有效性等。请看下面的例子:

来访者：我最近一段时间老觉得提不起精神，对任何事情都没有兴趣，吃饭也没什么胃口，还老睡不着，感觉活着真没意思。

咨询师：你这个是典型的抑郁症，需要比较长期的治疗。

从这个对话中可以看出：咨询师还没有详细询问来访者的相关信息就诊断其是抑郁症，太过急躁。

2.偏离重点

缺乏倾听的咨询师在了解情况、寻找问题原因时，由于不善于透过现象看本质，在咨询对话中就显得茫然。咨询对话就像蜻蜓点水或东一榔头西一棒槌，常常会偏离话题的重点。具体表现为常常打断求助者的叙述而转移话题，使求助者无所适从。更严重者认为求助者的问题是小题大做、自寻烦恼，求助者的问题没有什么。请看下面的案例：

来访者：昨天我和我老公又吵了一架。最近我们隔三岔五地闹得不可开交，也不知道是我到了更年期还是他到了更年期。

咨询师：夫妻之间吵吵架有什么？何况你们都到这个岁数了，应该早习惯拌嘴了。没什么大不了的，家家有本难念的经嘛。

从上面的对话中可以看到，咨询师缺少倾听技巧，认为夫妻间吵架是极为平常的现象，没有必要为此烦恼，否认了来访者的焦虑情绪，言语间流露出对求助者的敷衍，因此使整个心理诊断过程偏离了咨询对话的重点。

3.喜欢做评判

倾听容易犯的第三个错误就是咨询师喜好做评判。评判主要有两种类型，一是正确性评判，二是道德性批判。例如“你讲话怎么这么轻率啊”，“这件事上明明是你错了，你还说别人的不对”等就是咨询师在倾听的过程中进行的正确性评判。又如“你这种价值观念是不正确的”，“你这种想法是不符合社会道德的”等是咨询师在倾听过程中进行的道德性评判。咨询诊断过程中并非说不能做这样的评判，但这样的评判一是不要轻易做出，二是不要在求助者还在叙述问题时就讲，三是不要仅仅只做判断而没有具体有说服力的解释，四是尽量少做这样的评判而改用别的方式。一般来说，如果咨询关系建立得好，咨询师又适时适度地有根据地分析，则效果较好；否则可能会起反作用。咨询师应认识到，求助者是来求助的，而非来听批评、指责的。最好让求助者自己来评价，而不是咨询师把自己的价值观念、是非标准强加于他。对此，请看下面的案例：

来访者：我很爱我的妻子，可是我竟然在一次酒后和另一个女人发生了关系，我实在后悔不已。现在更要命的是我竟然控制不住和她继续交往，我怎么成了这样一个人!

咨询师:你虽然说你很后悔,但居然还在和她继续交往,你这样做怎么对得起你的妻子和孩子?

从上面的对话可以看出,咨询师在倾听的过程中,表达出强烈的批评与指责,加入了明显的道德判断因素,因此对心理诊断与咨询过程会产生难以避免的负面影响。

4.询问与概述过多

询问与概述过多是倾听过程中咨询师在运用咨询技巧方面容易出现的错误。询问过多表现在求助者只是被动提供资料,处于一种被询问而无奈的状态之中。多数情况下,求助者往往不知道自己的问题及根源,如果咨询师倾听得当,来访者才会渐渐理出头绪,找到问题及根源。所以在通常情况下,咨询师应尽量多听少问,非问不可时再问。概述过多主要表现在诊断中占用时间太多,让求助者觉得咨询师的领悟力不足,太啰唆,每次都要简单概述一下,降低了咨询师在来访者心目中的影响力。

5.不适当的情感反应。不善于倾听的咨询师可能犯的一个错误是不适当的情感反应。咨询师对来访者情感反应的次数过多或程度过重会对求助者产生不良的心理暗示或者强化不良情绪。例如,可能煽起或扩大了求助者的伤心情绪。也可能使来访者认为其负面反应真的是这样,而不愿意改变。尤其当求助者比较信任或崇拜咨询师时,不适当的情感反映其暗示作用就更强。因此适时适度很重要。适时适度的标准需要咨询师多体会、多思考、多实践。

(三)倾听的常用技术

倾听最常用技术是给予适当的鼓励性回应。鼓励性回应简便实用、效果较好。鼓励性回应常用的方式是咨询师用某些简单的词、句子或动作来鼓励求助者把会谈继续下去。鼓励性回应的最常用、最简便的动作是点头。点头时需要认真专注、充满兴趣、目光注视的配合。点头要适时适度,更不能机械式随便。鼓励性回应最常用的词句是“是的”“噢”“确实”“真有意思”“说下去”“我明白了”“你再说得更详细些”等等。最好的鼓励性回应是和点头动作连在一起的“嗯”。鼓励性回应表明:我在听你说,我对你的谈话很感兴趣,请继续说下去,等等。鼓励性回应要确保叙述是在来访者的参考框架中,而不是为了迎合咨询师的兴趣。

(四)倾听技术的注意事项

(1)心理诊断中的倾听不同于社交谈话中的聆听。社交谈话中的聆听更具随意性和漫无目的性,而心理诊断中的倾听计划性、控制性和目的性明显增强。

(2)倾听禁止随意插嘴讲话或任加是非评论乃至争辩。心理咨询师在倾听过程中必须克制插嘴讲话的欲念,更不以自己的好恶进行评价,绝对不能与来访者进行单纯的争辩。

(3)倾听要学会兼容并蓄。倾听不是要心理咨询师放弃个人的信念与价值观,而是要学会兼容并蓄。倾听要学会换位思考,并坚守个人的信念与价值观,同时接受来访者的信念与价值观,最大化心理诊断的效能和心理咨询的效果。

总之,心理诊断中的倾听技术是既简单又复杂的技术。简单在于似乎人人都会,复杂在于要高超地运用好这个技术需要很多的训练和积累。也许“可问可不问时,少问;可说可不说时,少说”这句话是对倾听技术应用的最好诠释。

第二节　心理诊断的提问技术

提问是心理诊断的最常用技术之一。提问有多种方式,一种是开放式提问,另一种为封闭式提问,第三种为半封闭式提问。同时不适当的提问也会给求助者带来二次伤害,提问过多也会导致诸多负面效应。

一、提问技巧遵循的原则

在心理诊断中,大量的诊断信息都是通过提问方式获得的。因此在诊断中提高提问技巧对心理诊断大有益处。心理诊断中的提问技巧遵循的原则是在合适的时间,在合适的内容上提出合适的问题。

二、提问方式

在心理诊断中,可以有不同的提问方式。根据谈话目的和咨询师需要收集的资料内容来确定提问方式。

(一)从问题的开放性程度来分类

从问题的开放性程度来分,提问方式可以分为开放式提问、半开放式提问和封闭式提问等三类。

1.开放式提问

开放式提问是指来访者可以根据问题进行大范围的回答的问题。形式经常如“你能详细谈谈是怎么回事吗?”在该提问形式下,来访者可以自由地阐述自己的想法。这种类型的提问方式还可以使用“什么”“如何”“为什么”“能不能”“愿不愿意”等词来发问。求助者在这种提问方式下会详细说明有关问题、思想、情感等。获得事实资料常用“什么”方式提问,获得一件事的过程常用“如何”提问,获得事情的原因常用“为什么”提问,要开始询问或者促进来访者自我剖析常用“愿不愿”“能不能”等提问。一般情况下,在诊断中应使用开放式提问,不使用封闭式提问。这样可以获取更多的诊断资料,使摄入性谈话自然地进行下去。

2.半开放式提问

半开放式问题指来访者可以在一定的范围内做出自由回答的问题。半开放式提问也称限制性开放式提问,指咨询师给来访者限定一个范围,提出一个开放式问题,使来访者在一定范围进行开放式回答。半开放式提问主要是在一定范围内确定某种信息之间的关系。如“除了刚才你所谈到的在学习方面的困扰,你在人际关系上还有什么烦恼吗?”就是半开放式问题。半开放式问题一般在想确证某些问题,同时又想了解另外某些信息时使用。

3.封闭式提问

封闭式提问是指来访者只能在是否等少数选择限制内进行回答的问题。封闭式提问的主要功能是为了确证某种现象是否存在。封闭式提问的回答只需要“是”“否”式的简单回答。通常使用“是不是”“对不对”“要不要”“有没有”等词提问。封闭式提问常用来收集资料并加以条理化,澄清事实,获取重点,缩小讨论范围。当来访者的叙述偏离正题时,也可适当地用来中止叙述。封闭式提问的使用必须适当,使用过多就会使求助者陷入被动回答之中,自我表达的欲望和积极性会受到压制。过多使用封闭式提问剥夺了来访者自我表达的机会。

封闭性提问更容易限制回答,并将来访者引向某一具体反应,它可以用作减少或控制来访者说话的一种技术。

在心理诊断中,从问题的开放程度来看,没有最好的提问方式,只有最合适的提问方式。到底用哪种提问方式,要依据诊断目标、收集资料等权变式地选择和确定。

(二)从临床交谈的性质来分类

根据临床交谈的性质,凯利在1977年把不妥当的提问分为六大类别。主要包括

“为什么”的问题、多重选择性问题、多重问题、修饰性反问、责备性问题和解释性问题等。

1.“为什么”的问题

“为什么”的问题要求来访者解释理由，对理由进行深入探索。“为什么”的问题的负面效应是对来访者产生强烈的暗示性，暗示来访者是错误的。“为什么”问句常引起两类反应。其一，有些来访者会说“因为”并开始解释，有时会解释得很长，为什么他们这么想、这样做或这样感受。其二，有些来访者会用“为什么不？”来防御自己，或者，由于他们感到攻击，他们通过直接质问治疗者“这有什么不对吗？”来寻求保证。因此咨询师要在诊断中尽量少用这种提问形式，降低为什么问题的指责性。对此问题可以改变形式，可以改为“怎样”和“什么”的形式。如：“为什么你要自杀？”改为“你那里出什么事啦？”“你为什么这样思考”改为“你是怎么想的？”等等。改变形式以后的问题，不带指责性，来访者就不会把重点放在自我辩解上而是重点进行自我探索。

2. 多重选择性问题

多重选择性问题指在问题中有若干选择项，来访者只能在几个备选项中做出一个选择。实际上与单项选择题相似。如“你有什么想法，是同意还是不同意？”或者“对这件事情，你感到伤心还是难过？”就是多重选择性问题的例子。多重选择性问题所提供的信息有限。要想获得更丰富的信息就要把多重选择性问题的选择部分去掉，如“你有什么想法？”“对这件事，你有什么感受？”等等。

3. 多重问题

多重问题主要指咨询师对来访者同时问多个开放式问题，这些问题涉及多个方面内容。多重问题与多重选择不同，多重问题的每一个问题都需要来访者进行开放性陈述，而多重选择性问题的每一个问题都是一个选项。如：“你对未来的看法怎样呢？你的父亲又是怎样看这个问题的呢？你的同事又是怎样做这件事的？”这种连珠炮性质的问题，就是多重问题。多重问题引起的最大负面效应是使来访者不知所措，显示出咨询师急躁、缺乏耐心。来访者面对多重问题的处理对策经常是选择其认为最重要的一个方面回答。多重问题对一件事从若干个方面同时提出问题表现出诊断人员没有经验和缺乏训练。

4. 修饰性反问

修饰性反问是咨询师提出一个反问，该问题不需要来访者回答，如“一个老师怎么不会爱护自己的学生呢？”修饰性反问实际上并不存在问题，也不需要回答，也无法回答。修饰性反问最大的负面效应是常使谈话陷入僵局，将所谈的内容引向空洞和抽象的评价,离开具体问题。修饰性反问的抽象性和空洞性不能促进来访者的领悟,对来访者毫无益处。因此,在诊断中,咨询师严禁提这样的问题。

5.责备性问题

责备性问题主要以反问形式指责来访者,如“现在这样,早知如此何必当初?”责备性问题最主要的负面效应是经常使来访者产生被排斥、指责和防卫心理。责备性问题对来访者产生很大的威胁感,会破坏咨询师和来访者之间的关系,所以会立即引起来访者的心理防卫。在诊断中咨询师要杜绝责备性问题。

6.解释性问题

解释性问题主要是咨询师运用心理学的原理和理论,对来访者的现象、症状等进行解释,咨询师自己表达对问题的看法和理解,咨询师从专业的角度阐述对问题的理解,如“你知道这个问题的原理是什么吗? 就是……”解释性问题最大的负面效应是不能推动来访者自我探索,成长的主动性被咨询师替代了。解释性问题可以给来访者指导,也可给来访者提供理解问题与现象的新解释。解释性问题对来访者的自我探索作用很小,因此在运用中我们要特别谨慎。

三、提问过多的消极作用

在心理诊断中,提问技术无处不在。心理诊断中的提问是一个既简单又复杂的技术。问题提得是否妥当,对诊断的效果影响很大。问题提得好,可以促进诊断关系,增进交流和使来访者感到被咨询师理解;问题提得不好,可能会伤害诊断关系,破坏信息交流,使来访者感到被咨询师拒绝。在心理诊断中,有多种因素可能导致咨询师提问过多。最主要的原因是咨询师对来访者的心理问题和谈话内容缺乏基本了解。其他可能的原因有可能是咨询师没有掌握言语交流的技巧,也可能是咨询师不善于语言交流。提问过多,在心理诊断中会产生如下的消极心理作用。

(1)造成依赖及减少来访者的自我探索。咨询师问题提得太多时,来访者就把心理诊断与心理咨询过程简单地理解为提问与问题的回答过程。来访者产生对咨询师的依赖性。来访者认为心理诊断与咨询依赖于咨询师提问。咨询师提问来访者就回答,不提问就不叙述。这种依赖减少了来访者在心理诊断过程中的自我探索。来访者就会惰性地等待咨询师来挖掘自身的问题,而不主动深入进行自我探索。

(2)责任转移与产生不准确的信息。在心理诊断和咨询中,解决心理问题的责任者是来访者自己,而不是诊断专家。问题过多就会把解决心理问题的责任从来访者身上转移到咨询师身上,这种转移会阻碍来访者的成长。来访者认为提问题和对问题的回答就是解决心理问题的主要形式。由此,问题的好坏以及针对性是解决问题的关键,如果问题没有解决就是咨询师的问题提得不好的缘故。这就是责任转移的逻辑过程。提问过多咨询师不容易把握各个心理问题之间的逻辑关系。因此就可能存在前面的问题对后面问题的回答具有强烈的暗示作用。这种暗示作用影响到了来访者对问题的理解和回答。在这种暗示作用的影响下来访者可能把真实情况掩盖了。有的事情比较难判断,而非要做出回答时,在暗示的影响下,就难免主观臆断,从而产生不准确的信息。

(3)来访者产生防卫心理和行为。提问过多,容易激起来访者的防御心理从而产生防卫心理和行为。质问性的问题,本身就容易让来访者产生防卫心理,更不用说质问性问题的连续追问了。如"你怎么能这样思考呢?""你不知道那太离谱了吗?""你为什么要这样放弃呢?"等等。在这些问题的追问下,来访者会做出许多不同的反应,有些是表白自己,有些是以沉默对抗,这些反应都会影响心理诊断的进行。

(4)影响诊断中必要的概括与说明。在诊断的过程中,会谈进行了一定的时间后,都要进行必要的概括与说明。提问过多使咨询师和来访者都关注提问,没有留下更多的时间和空间去概括和总结交谈中的提问。因此,除提问题的数量和频率要注意掌握外,还应当对各类问题的性质以及可能造成的后果有所了解。

四、提问内容的选择原则

在心理诊断中,提问内容的选择很重要,特别是把提问作为心理诊断手段时,提问的内容必须认真选择。选择提问内容的原则一般可以遵循如下几个方面:

(1)提问内容适合来访者的接受能力并兼顾来访者的兴趣。对一位心理学很陌生的来访者,如果咨询师开头就问来访者:"你知道什么是神经症吗?"显然,这样的问题不适合来访者的接受能力,因此会使诊断会谈陷入僵局。同时,来访者一直沉默不开口,那如何突破呢?咨询师发现来访者对星座很感兴趣,因此咨询师选择从来访者感兴趣的话题开始入手,使心理诊断和心理咨询得以顺利进行。

(2)提问内容对来访者的人格发展或矫正有重要作用。虽然心理咨询在价值取向上应该是中立的,但是在咨询过程中咨询师应始终具有积极、乐观的人生态度,所提问题也应激发来访者的深入思考,促进其人格的完善。如一名因无法和室友和谐相处的大学生前来咨询,在谈到如何具有良好的人际关系时,咨询师可多用提问的方式使来访者学会换位思考,例如询问让你的生活作息与室友的交换一下,你想告诉你的室友什么呢?

(3)提问内容有助于探索来访者的病因。问题的提出不仅要起到收集信息的作用,更要起到对深层病因的探寻作用。如一名已进入青春期的孩子突然出现尿床的现象,咨询师一定要善于通过提问挖掘出这个现象深层的原因,如询问父母假如孩子的尿床突然好了,那么家里会发生什么变化呢?这时就可以引出原来孩子的尿床是由父母正在闹离婚所引起,当孩子出现这个现象后,父母把关注点都投向了孩子,就无暇再讨论两人离婚的事情。因此,一个好的提问就直接找到了问题的本质,接下来的处理就更具有针对性了。

(4)提问内容有助于对来访者进行鉴别诊断。在给来访者下诊断的同时,也要对类似的一些问题做出鉴别诊断。比如,一个来访者描述他很郁闷、很烦躁的时候,要考虑到这是一个很常见的症状,很多问题都可以引起类似的情况,比如焦虑、抑郁、强迫等,因此,不能就现象问现象,而应了解这个事情的来龙去脉、前因后果,帮助鉴别诊断。

(5)提问内容对来访者认知、行为、情感和态度改变等有积极作用。选择提问时有些提问本身就具有治疗作用,因此,提问的目的不单是想得到答案,更重要的是通过提一些来访者也许从来没有思考过的问题来触发其神经,让其在思考问题的过程中就发生顿悟。如,有的来访者因为失恋而痛不欲生,告诉咨询师自己离开了对方没有办法生活下去了,咨询师可以询问:“他是你的初恋,你很爱他,你跟他在一起有两年的时间。我想知道在认识他之前你是怎样生活的呢?”通过这样的问题,本来对未来已经失去信心的来访者再回顾自己一个人的日子时就不会觉得像世界末日一样,因为她知道在没有遇到这个男朋友之前她一样生活得很好。

(6)不可把精神分裂症症状作为提问的内容。心理咨询师面临的服务对象仅限在正常人群中,所以已经观察到是具有精神分裂症的来访者应该及时转介到精神专科医生那儿。精神分裂症患者已经丧失了自知力,对其询问已无法得到较客观真实的资料,所以不把其作为提问的主要对象。

五、提问的中性态度

咨询师在向来访者进行诊断提问时,提问态度应为中性态度。所谓中性态度是指提问时咨询师只能持一种非评判性态度。中性态度对诊断具有积极功能。中性态度使来访者感到轻松;中性态度可以使来访者无所顾忌,敞开心扉,从而把内心真实世界展现在咨询师面前;中性态度可以促进诊断会谈气氛的和谐;中性态度可以使来访者得到知己,但并非是支持者或反对者。提问保持中性态度的技巧至少有三个:(1)非控制感。罗杰斯认为:“当看着日落时,我们不会想去控制日落,不会命令太阳右侧的天空呈橘黄色,也不会命令云朵的粉红色更浓些。我们只能满怀敬畏地望着而已。”这是对中性态度非控制感的最好诠释。(2)禁用忌语。在提问中，一些语言是千万不能讲的，一讲就破坏气氛，丧失中性态度。如：“你的做法好傻哟！”“你好幼稚哟！”等等。(3)使用“理解”一词。中性态度表明一般情况下，咨询师不表态。但如果诊断会谈气氛和来访者迫使咨询师非表明态度不可，不表明态度会谈就无法进行时，咨询师表态的最好词语就是“理解”。理解是表达态度中性的最好使用和最常用的技术。影视对话中也常见用这个词来表示态度中性。在诊断对话中，常可以使用“你当时的反应，从心理学角度完全可以理解”或“我理解你当时的激动”等等。“理解”是态度中最中性化的和非评判性的词语。从心理学角度理解，可以传达咨询师对来访者的行为、情绪发生的规律性、必然性表示了肯定，但对社会效应和后果持保留态度。

六、提问能力的训练

在心理诊断中，提问能力的训练方式很多。这里以小组训练法来说明其训练方式和过程。

第一，把参加提问能力训练的同学分成三人组。

第二，进行任务与角色分配。在每组中，一个人担任面谈者，另一人担任来访者，第三个人作为观察者。

第三，阐述和说明训练内容与要求。面谈者的任务是花五分钟时间从来访者那儿获得信息。规则是面谈者只能使用提问来获得信息，其他的咨询技巧都不能使用，来访者的任务是尽可能直接地回答面谈者，同时留意与这一简短的面谈体验有关的任何内部情感、想法或反应。观察者的任务是发现面谈者与来访者表现出的模式。例如，观察者应注意面谈者所提问题的类型以及来访者所做反应的质量。观察者还应注意面谈者的某类问题与来访者的反应之间任何可以感觉到的联系。

第四，角色互换训练。任务完成后，并互换角色尝试。

第五，讨论分享与成长。训练完成后，每个角色都进行分享、讨论。每个角色的问题如下：

面谈者的问题：

(1)作为一名面谈者，只问问题你的感受如何？

(2)在面谈进行中，你对自己的表现和来访者对你的反应有过什么想法？

(3)你是否发现自己大多数依赖于某一类问题？如果是，是哪一类？

(4)提问题怎样影响你与来访者之间的关系？

来访者的问题：

(1)面谈者只问问题你的感受如何？

(2)对于你的表现和面谈者的行为,在面谈中你有过什么想法?

(3)你是否发现面谈者主要依赖于某一问题类型?

(4)这种提问方式如何影响了你与面谈者的关系?

观察者的问题:

(1)面谈者与来访者在这种面谈方式下显得舒服吗?

(2)面谈者使用最多的是哪类问题?

(3)面谈者提问的类型与来访者回答的质量之间是否有联系?

(4)这种提问方式如何影响了来访者与面谈者的关系?

反复通过这种小组过程,咨询师在诊断过程中的提问能力会逐渐提高。同时,咨询师也可以小组训练过程为基础,不断改进和创造出各种新的训练方式。

七、提问技巧运用的注意事项

(1)要注意各种提问方法各有优缺点,不能固定于某种方式询问求助者。如理性情绪学派和精神分析学派的咨询师十分注重"为什么"的句子,而罗杰斯求助者中心理论流派则反对,他们认为这种方式是咨询师凭着自己的感受,而侵犯了求助者的隐私。他们更倾向于运用鼓励、释义、情感反应等技巧来了解求助者,促进求助者自我分析。

(2)询问尤其要注意问句的方式。询问的语气语调,不能轻浮,不能咄咄逼人或指责,尤其是涉及一些敏感的隐私问题时。询问是诊断的需要,而不是为了满足好奇心或窥探隐私的欲望。

第三节　心理诊断的参与性技术

在心理诊断中,一些技术的运用使来访者参与诊断过程的投入度会不同。一些技术使来访者的参与度和投入程度比较低,而另一些技术的运用又会使来访者的参与和投入程度高。这种参与和投入程度的不同,也意味着咨询师对来访者的影响力的不同。在心理诊断中,把投入较低,参与不高,影响不大的技术称为参与性技术,主要包括了鼓励和重复技术、内容反应技术、情感反应技术、具体化和参与性概括等技术。

一、鼓励和重复技术

鼓励和重复技术是指直接地重复求助者的话或仅以某些词语如“嗯”“讲下去”“还有吗?”等,来强化求助者叙述的内容并鼓励其进一步讲下去的技术。通过对求助者所述内容的某一点、某一方面做选择性关注而引导求助者的会谈朝某一方面做进一步深入,也是鼓励与重复技术的表现。在运用鼓励与重复技术时咨询师应把握求助者所谈的内容,根据经验并结合需要有选择性地给予鼓励,也要注意选择来访者所叙述的内容进行重复和鼓励。一般来说,求助者长篇大论的描述其困惑的最后一个主题,往往有可能是最重要的,可对此做重复与鼓励。请看下面的对话:

求助者:我的生活真是糟透了。前段时间我公公婆婆突然过来和我们一起住,本来以为只是玩一玩,没想到这一待就是两个月。两代人的生活习惯根本没办法协调,特别是在带孩子的问题上,更是无从沟通。孩子这段时间也不知道怎么搞的,老是不听话,隔个三五天老师就要打电话让我去学校,搞得我很没面子。和同事之间的关系也出现了些问题,本来挺好的一个朋友,现在和我说话总是躲躲闪闪的,问她也不说。真是烦死了。

咨询师(1):嗯,你的生活真是糟透了。

咨询师(2):你说和公公婆婆的生活习惯无法协调?

咨询师(3):你说和公公婆婆在如何带孩子上无从沟通?

咨询师(4):孩子最近也很不听话?

咨询师(5):老师隔个三五天就让你去学校,你觉得你的脸都丢尽了?

咨询师(6):和同事之间的关系出了些问题?

咨询师(7):原来的好朋友现在和你说话总是躲躲闪闪的?

咨询师(8):你觉得烦死了?

从上面的案例来看,咨询师可以选择多达至少八种方式进行重复和鼓励。选择的内容点不同就可以引导来访者朝不同方向达到不同的深度。至于应该选择八种方式中的哪种方式更好,就需要咨询师根据心理诊断的目的灵活把握。所以,重复和鼓励技术不是简单重复来访者的语言,而是有目的地深入和引导。

二、内容反应

内容反应也称释义或说明,是指咨询师在诊断中选择来访者所叙述的实质性内容,用咨询师的语言将其表达出来,咨询师的语言中最好引用来访者言谈中最有代表性、最敏感、最重要的词语。内容反应技术反应的是来访者的主要观点,而不是咨询师的观点。内容反应技术实际上是咨询师对来访者的观点换一种更加简洁、清晰的方式叙述出来。因此,内容反应技术在心理诊断中至少具有三个功能:(1)整理功能。内容反应技术可以对来访者的主要言谈、思想加以综合整理,使求助者所叙述的内容更加明朗化。(2)反馈功能。咨询师更换一种表达方式,把来访者表达的主要观点以内容反应的方式反馈给来访者。(3)自我剖析功能。释义使得求助者有机会再次剖析自己的困扰,重新组合那些零散的事件和关系,深化会谈的内容,也有助于求助者更清晰地做出决定。请看下面的案例及对话:

求助者:我和男友是高中同学,上大学后确定了恋爱关系,他们家因我的父母是普通工人,反对我们恋爱,但我们依然悄悄地恋爱了四年。毕业后我们不在一个城市工作,他提出分手。我想不通,不想分手,他说我们不在一个城市,将来工作生活很不方便,于是只好分手了,可是我想找新男朋友却总忘不了他。

在上面案例的心理诊断对话中,咨询师谈到"你和谈了四年的男友分手了,想找新的男朋友但却忘不了以前的他",这就是咨询师对来访者所叙述的主要内容进行了简洁和整理后的内容反应。

三、情感反应

心理诊断中的情感反应技术与内容反应技术非常相似。内容反应技术着重于求助者言谈内容的反馈,而情感反应则着重于求助者的情绪反应。情感反应技术是指咨询师在诊断中选择来访者所叙述的情感内容,用咨询师的语言将其表达出来,咨询师的语言中最好引用来访者言谈中最有代表性、最敏感、最重要的情感词语。情感反应技术在心理诊断中如同内容反应技术一样能够发挥重要作用的原因是情绪往往是认知的外露,经由对求助者情绪的了解可进而推测出求助者的认知、态度等。情感反应的主要功能有三:(1)捕捉功能。情感反应最大的功用就是捕捉求助者瞬间的感受。(2)突破功能。诊断会谈中求助者往往产生混合情感或矛盾情绪,如既爱又恨的感情,既有吸引力又有排斥力。富有经验的咨询师常善于寻找来访者困扰中的矛盾情绪,而予以突破。(3)了解功能。求助者的情绪性词语,是观察其对周围环境认知的很好的线索。情绪性词语往往表达了来访者的心境。一方面,咨询师可由情绪反应了解到求助者的思想、情感。另一方,通过情感反应,咨询师也可使求助者更为清晰地感知到自己的情感。在使用情感反应技术时要特别注意两点:其一是情感反应最有效的方式是针对求助者现在的而不是过去的情感,如,"你此时的情绪似乎对你领导非常憎恨"比"你总是对你领导非常憎恨"更有效。其二,内容反应与情感反应经常同时运用。如"你说单位同事总是在背后说你的坏话",这是内容反应,而"你似乎对他很生气"是情感反应。但在实际的诊断会谈中,咨询师经常会说"你的同事在背后说你的坏话,你为此感到十分生气,是这样吗?”则是同时运用了内容反应技术和情感反应技术两种技巧。对情感反应技术的运用,具体看下面案例:

求助者:半年前我脸上起了一些青春痘。一天,同学们在议论哪个帅哪个酷,我从旁边过她们就不说了,但我走过去后就听到一阵笑声,我想她们肯定在议论我,说我的青春痘。从那以后我感觉青春痘影响了我,我变丑了,我怕见人,尤其不愿去学校,怕同学笑话,走路也低着头,没有一点儿信心,情绪也不好,很痛苦,您说我该怎么办?

心理咨询师:哦,听了你说的情况我也很为你着急,本来应该在学校上课却因为长青春痘缺课这么多,你认为同学们都笑话你,这让你感到烦恼痛苦,是吗?

在上面的案例对话中,“你认为同学们都笑话你,这让你感到烦恼痛苦,是吗?”这是典型的情感反应。

四、具体化

具体化是指咨询师巧妙地运用引起来访者更深入详细地叙述的方式,使来访者清楚、准确地表述他们的观点、事情的来龙去脉、所体验的情感等。具体化有助于咨询师把握来访者的真实情况。因此具体化的主要功能有:(1)澄清功能。在心理诊断中,往往来访者叙述的思想、情感、事件是模糊、混乱、矛盾、不合理的,同时也使问题变得越来越复杂、纠缠不清,咨询师运用具体化技术就可以澄清求助者的观念及问题,使求助者弄清自己的所思所感。(2)病因探索功能。具体化技术常使来访者详细清楚地叙述所体验到的情感以及所经历的事件,从这些叙述中咨询师更容易找到来访者产生心理问题的原因,因此具有病因探索功能。常常在以下三种情况下,心理咨询师要使用具体化技术。

1.问题模糊

当来访者用含糊、笼统的字眼谈自己的问题时,来访者就会使自己陷入这种不清晰的负面情绪和困扰之中,此时咨询师要运用具体化技术使来访者的体验清晰起来。具体化技术的运用会还原本来面目,让求助者明白真相。请看下面的案例:

求助者:哎,最近我感觉真难受!

咨询师:你能告诉我发生了什么事吗?

求助者:我经常为学生的事难受……

咨询师:你能告诉我发生什么事了吗?

通过具体化技术,咨询师就可以真实理解来访者所说的“难受”了。

2.过分概括

过分概括就是以偏概全的思维方式,把对个别事件的意见上升为一般性的结论,把对事的看法发展到对人,把有时变成经常,把过去扩大到现在和未来,把个别概括成全面,把偶然当成必然,把一次当成永远等等,都会引起情绪困扰,此时咨询师应用具体化技术给予澄清。原因是当来访者把个别的、特殊的经验上升为一般的结论即泛化后,就会强化原有的经验。用这样的眼光和态度去看待周围的人和事物时,就会使矛盾扩大化,问题复杂化,这种就会形成一个认知恶化的反复循环过程。采用具体化技术就会使来访者突破这一认知恶性循环,从而达到认知突破。

3.概念不清

咨询师和来访者可能对同样的词语做出不同的理解,特别是来访者由于缺乏专业知识,更容易贴标签,给自己乱用概念,这些都会导致误解而使来访者的心理问题的解决变得更加困难。因此,咨询师此时应用具体化技术也很有必要和价值。通过具体化技术理解不同概念,采用层层分析、由表及里的方法,不仅有助于咨询师对求助者所述问题的了解,也有助于对求助者的了解,还有助于求助者自我认识能力的提高。请看下面的例子:

求助者:我感到害怕。我得了癔症,精神不正常。

咨询师:请具体谈谈,是什么样的情况?

……

在该案例中,来访者认为自己"得了癔症,精神不正常",对于什么是癔症,来访者显然并不明白其内涵,因此,咨询师采用具体化技术进一步把握来访者所谓的"癔症"的内涵,为后续的诊断和治疗提供基础。

五、参与性概括

参与性概括是指咨询师把求助者所述内容,包括观点和情感整理后,以简要的形式——罗列式的方式再对求助者表达出来。参与性概述的主要功能是:使诊断会谈获得一个简单的整理,也可使诊断会谈获得适合的节奏。参与性概述的运用有不同的情形:(1)参与性概括可用于一次面谈结束前;(2)可用于一阶段完成时;(3)也可用于一般情况下,只要认为对求助者所说的某一内容已基本清楚就可以作一小结性的概述。对参与性概述的运用请看下面的案例:

咨询师:你遇到什么困扰了,愿意跟我谈谈吗?你不必有什么顾虑,我们今天的谈话你的班主任是不会知道的!

求助者：最近三个星期我的心情一直很不好，感觉很压抑，上课时无法集中精力听讲，也不愿跟同学交往，不想吃饭，晚上躺下后胡思乱想睡不着，现在真是难受死了。

咨询师：发生了什么事情了吗？

求助者：（沉默）每当面对同学的时候我总觉得特别自卑。

咨询师：你说自己感觉自卑，你能举例告诉我什么事情让你自卑吗？

求助者：……

咨询师：噢，那我简单总结一下刚才所谈到的，你说你感到情绪低落，是由于自卑的原因，你自卑一方面是因为“你寝室同学的父母是大学毕业而自己的父母只有初中文化”，“另一方面一些同学找了女朋友而自己没有”，结果导致了你压抑并且自己的学习、饮食和睡眠都受到了影响，是这样的吗？

从上面的例子可以看出，心理咨询师以“噢，那我简单总结一下刚才所谈到的，你说你感觉到情绪低落，是由于自卑的原因，你自卑一方面是因为你寝室同学的父母是大学毕业而自己的父母只有初中文化，另一方面一些同学找了女朋友而自己没有，结果导致了你压抑并且自己的学习、饮食和睡眠都受到了影响，是这样的吗？”这样的语句就是参与性概括。

总之，参与性概括技术的主要目的在于引导求助者有序地探讨自身的种种困扰，可起到促发探讨、澄清的作用，并使咨询师对求助者的种种思想、感情反应更能准确认识，获得精准的诊断。

第四节　心理诊断的影响性技术

在心理诊断中，把来访者投入较多，参与较高，影响较大的技术称为影响性技术，主要包括了面质、解释、指导、内容表达、情感表达、自我暴露、影响性概述等技术。

一、面质

面质技术是指在心理诊断中咨询师面对来访者叙述的信息资料等进行质疑、对质、对峙、对抗等，咨询师指出求助者身上存在的矛盾。面质技术的主要功能在于：(1)促进了解。咨询师通过面质，协助求助者促进对自己的感受、信念、行为及所处境况的深入了解。(2)激励功能。咨询师通过面质激励求助者放下自己的防卫心理、掩饰心理来面对自己的现实,并产生建设性的活动。(3)促进自我整合。咨询师运用面质技术促进求助者实现言语与行动的统一,理想自我和现实自我的一致。(4)明了优势。咨询师运用面质技术使求助者明了自己所具有而又被自己掩盖的能力、优势和资源,并加以利用。(5)榜样功能。通过咨询师的面质给求助者树立学习、模仿面质的榜样,以便将来自己有能力去对他人或者自己做面质。

(一)面质技术的使用情形

面质技术通常在哪些情况下使用,主要有四种情形。

1.言行不一致

在心理诊断过程中,来访者面谈时的言语和面谈外的行为不一致,为了理解清楚来访者的真实表现和反应,可以使用面质技术。请看下面的案例:

咨询师:你希望在哪方面得到我的帮助?

求助者:我害怕去招聘会。

咨询师:你去过招聘会吗?

求助者:去过,转一圈就走了。

咨询师:你前面说很想找到工作,你现在告诉我几乎没有参加过招聘,这似乎存在着矛盾,你能解释一下吗?

这里咨询师使用“你前面说很想找到工作,你现在告诉我几乎没有参加过招聘,这似乎存在着矛盾,你能解释一下吗?”的方式指出了求助者面谈中的言语和面谈外的行为的不一致,咨询师使用了“你能解释一下吗?”这样委婉的语言,尝试性进行了面质。

2.理想和现实不一致

当来访者希望成为的自己与现实中的自己不一致时或求助者希望达到的目标与现实能力之间存在较大差异时,为了让来访者清楚地理解自我,此时也可使用面质技术。请看下面例子:

求助者:我的能力挺强的,虽然我没有当上什么干部,但我相信大学毕业后我至少能进全国五百强企业,我相信以我的能力在三年之内当个经理是绝对没问题的。

咨询师:嗯,看来以后你很希望进企业工作。不知道现在你有为进企业工作做些准备没有?

求助者:不着急,我现在才大三。

咨询师:你觉得自己的能力很强,能进很好的企业工作,可实际上你从来没有参加过任何实践活动,尤其是跟企业管理相关的,并且你的专业和企业管理也有很大的距离,你认为如果到毕业你都依然保持现在这样子,到企业工作现实吗?

从上面案例可以看到:求助者总是表现出胸有成竹的样子,对自己表现出过度的自信,其实是在掩饰他想逃避的现实问题,通过面质,让他正视自己的现状,而不是一味沉浸在自己想象的空间里。

3.前后言语不一致

在心理诊断中求助者叙述的事实前后有出入或求助者前后表达的情感有矛盾时,为了弄清楚哪个是来访者的真实状况或感受,此时可以使用面质技术。请看下面的例子:

求助者:我和我丈夫是大学同学,可以说是郎才女貌,毕业后我们就结婚了,当时班里不知道有多少同学羡慕我们,结婚这么多年来,我们的感情也很好。

……

求助者:我有外遇的事情最近还是被我丈夫发现了,他气得不行,一定要和我离婚。

咨询师:你前面说你们夫妻的感情一直都很好,现在怎么又说你有外遇很长时间了呢?

通过面质求助者前后不一的言语,促使求助者进一步反思她的婚姻关系,更能清楚地获得来访者的真实感受和真实资料。

4.咨询师和来访者意见不一致

咨询师对来访者的认知与求助者的自我认知不一样或者咨询师对咨询关系的看法与求助者有差异时,为了促进来访者的领悟与成长,此时也可使用面质技术。请看下面的案例:

求助者:是的。可是,我现在并不担心乙肝,我担心自己得了其他病,不然为什么一点儿力气和兴趣都没有呢,我在医院检查,各科都没问题。家人和医生都说我想得太多,我也觉得自己跟别人不一样,世界上那么多乙肝病人,人家怎么就活得好好的呢?

咨询师:我想告诉你一件事,也许你会惊讶,我也曾经是乙肝患者,现在还是携带者,所以我很理解你现在的心情。不过,仅仅是乙肝还不至于让人这样子,你说是吗?

从上面的案例可以看到,咨询师以"不过,仅仅是乙肝还不至于让人这样子,你说是吗?"表达了咨询师和来访者意见不一致,从而运用了面质技术。

(二)面质技术使用的基本技巧——尝试性面质

在心理诊断的实际工作中,因为面质具有一定的威胁性,所以过分小心,害怕使用面质,对求助者的成长不利,而过分使用,则有可能伤害求助者的感情,破坏咨询关系,导致心理诊断工作的失败。因此在使用面质技术时更要注重咨询关系建立的程度、使用面质技术时的用词、语气、态度,更需要掌握面质技术使用的基本技巧——尝试性面质。所谓的尝试性面质是指在面质中加上一些如“似乎”等表示不确定、有待探讨的词,这样的面质为求助者留了余地,若求助者不愿面对问题,可找机会避开,减少面质带来的难堪、恐慌等等。例如,“我不知道我是否误会了你的意思,你上次似乎说你很爱他,他人也很好,可刚才你却说恨不得杀了他,这人自私自利,不知哪一种情况更确切?”这里用“似乎”一词,就是对来访者进行的尝试性面质。在心理诊断中,尝试性面质技术更能充分发挥面质技术的功能。正如艾根所说:“没有支持的面质会发生灾害,而没有面质的支持则是贫血的。”尝试性面质就是两者兼具的有血有肉的面质。

(三)面质技术的注意事项

面质技术的使用不是随意而为的,由于面质技术给来访者带来强烈的心理冲突,所以面质技术的使用必须要注意一些基本问题:(1)在事实基础上进行面质。事实是面质的坚实基础,缺少事实不宜采用面质。(2)面质不是个人情绪发泄。面质是为了澄清问题,促进求助者成长,不是咨询师情绪的发泄,咨询师不可将面质变成发泄情绪的工具。(3)避免情绪攻击。咨询师应该在诚恳、理解、关怀的基础上应用面质,而不能把面质当作表现自己智慧与能力的机会,不能无情地使用面质使求助者无法招架,陷入尴尬、痛苦状态。面质不是“法庭辩论”。(4)面质以良好的咨询关系为基础。面质对求助者都可能有应激性、威胁性。因此,在共情、尊重、温暖、真诚等原则的前提下面质才能取得良好效果。良好的咨询关系会给求助者以心理支持,充满理解、真诚的面质过程会减弱面质中的威胁成分。

二、解释

解释技术是咨询师运用心理学的专业理论来解读求助者的认识、情感和行为等要素的原因和实质,咨询师也可运用自己的理论和人生经验来为求助者提供一种认识自身问题以及认识自己和周围关系的新思维、新理论、新方法。解释使求助者从一个新的视野、不同的角度来重新认识自己的困扰,用新的观念和理论来刺激自身的行为、思想和情感的改变,产生领悟,提高认识,促进积极的成长与变化。

(一)解释技术与释义技术的区别

解释技术和释义技术尽管一字之差,但是技术内涵却明显不同。两者的区别主要有:(1)参考框架不同。释义是来访者的参考框架说明内容,而解释则是从咨询师的参考框架来说明内容。(2)影响力度不同。释义仅仅是一种说明,影响力小,而解释技术用理论或人生经验来解读求助者的困扰,影响力大。(3)创造性程度不同。解释性技术的创造性高,是咨询师凭借自身的理论和经验,创造性地针对不同求助者的不同问题做出各种不同的解释。释义技术的创造性水平较低,主要是从来访者的角度进一步说明来访者的困扰及感受等。

(二)解释技术运用的注意事项

解释技术的运用要注意一些细节,否则就会出现咨询师任意曲解和乱解的现象。解释是诊断会谈中最复杂的技术。因此解释技术在应用时要注意以下事项:

(1)解释技术的运用者应该有深厚的理论功底。解释水平高低很大程度上取决于理论联系实际的程度。咨询师不能仅停留在感觉、经验的水平上给予解释,这样会过于表面化,叙述不清,缺乏说服力。相反应该从理论的高度给予系统的分析解释,这需要咨询师不断提高自身的理论素养。

(2)解释应该有灵活性。解释应具体问题具体分析,不能妄自菲薄。要深刻理解理论与实践之间存在的差距。解释更要明白想解释什么内容、对什么样的人解释、在什么时间运用解释等,应该灵活地、熟练地、创造性地在实践中运用知识。针对不同的对象解释水平和方式也应该有差异。对文化水平高、心理学修养好、领悟力较强的来访者,解释时可以更深刻、更系统、更全面。对理解力不强,文化水平较低的来访者,解释应尽量通俗易懂,少用专业术语,多举例子。

(3)不能强制解释。不能强制解释的意思是一方面不能在求助者还没有心理准备的时候匆忙地解释,往往会使求助者不知所措,难以接受;另一方面不能把求助者不同意或有怀疑的解释强加在他们身上,应该根据其需要"匹配"合适解释。最好的办法就是经咨询师富有技巧性的帮助后,求助者有了充分的思想准备,可以水到渠成。最有效的解释是与求助者的思想基础、理论取向有某种程度的吻合。对解释技术的使用,可以看如下案例:

咨询师:你来这里最需要得到我什么帮助?

求助者:需要解决失眠问题,我睡不好觉,以前入睡大约需要一小时左右,现在吃过药后,半小时可以入睡,但睡眠质量不好。

……

咨询师:睡眠是正常的生理现象,是兴奋到抑制的转换过程,你这个过程没有转换好,消极的暗示就会使人变得焦虑、恐惧,你的情绪困扰着你的睡眠,有些人白天坐在沙发上,就能睡着,因为是处在一种心理放松的状态。

咨询师从"睡眠是正常的生理现象,是兴奋到抑制的转换过程,你这个过程没有转换好,消极的暗示就会使人变得焦虑、恐惧,你的情绪困扰着你的睡眠,有些人白天坐在沙发上,就能睡着,因为是处在一种心理放松的状态"对来访者的睡眠做了理论上的解释,这就是解释技术的应用。

三、指导技术

指导技术是影响力最明显的技术。所谓的指导是指咨询师直接地告诉求助者应该采用的行动及行动方式等。对指导技术的应用,不同的心理学流派有不同的观点。心理分析学派常指导求助者进行自由联想以寻求问题的根源;行为主义学派常指导求助者做各种训练,如系统脱敏、满灌法、放松训练、自信训练等;人本主义的完形学派习惯于作角色扮演指导,使求助者体验不同角色下的思想、情感、行为;理性情绪学派则针对求助者的各种不合理观念予以指导,用合理的观念代替不合理的观念;非指导型咨询师不赞同用指导技巧,而是任何时候都更多让求助者自己确定讨论的问题。

在具体运用指导技术时,要特别注意:(1)指导要清楚。咨询师要很明确自己对求助者的指导内容及指导效果,叙述要清楚,要让求助者真正理解指导的内涵。(2)不以权威自居做指导。咨询师不能以权威的身份强迫求助者接受指导。因为这可能会导致相反的效果,甚至会引起反感。(3)语言和非语言进行综合性指导。咨询师指导时语言和非言语行为都会同时对求助者产生影响,因此要加强指导效果,有时可以考虑语言和非语言的综合性效果。如何运用指导技术,请看下面的案例:

求助者:还有几个月就要高考了,父母虽然没有给我什么压力,说能发挥出什么水平就什么水平,可是我还是很焦虑,现在已经开始不太能吃得下东西,睡眠也有些不好了。

咨询师:恩,很多孩子在高考前都会出现失眠,食欲下降,心情烦躁不安等现象,只是在程度上有一些差异。我能理解你很焦虑的心情,我想我们可以一起尝试用系统脱敏疗法来帮你缓解焦虑紧张的情绪,下面我详细地给你介绍一下系统脱敏疗法,好吗?

在上面的对话中,咨询师用行为主义理论的系统脱敏疗法来指导求助者,帮助其克服高考前的焦虑情绪。

四、情感表达

情感表达技术是指咨询师向来访者告知自己的情绪与情感活动状况,让求助者明白咨询师的情感感受,通过咨询师情感的展现,促进来访者的认知领悟。情感表达与情感反应不同,情感表达的参考框架是咨询师,而情感反应的参考框架是来访者。情感表达是咨询师表达自己的情感,情感反应是咨询师反应求助者叙述中的情感内容。深入理解情感表达时,要注意以下三个方面:(1)表达的对象可以有所不同。情感表达的对象既可以针对求助者,也可以针对自己或针对其他事物。如"我感到你很平静"就是针对求助者进行的情感表达,"我很抱歉没有及时联系你"就是针对咨询师自己进行的情感表达,"我喜欢这盆花"就是针对事物进行的情感表达。(2)情感表达的应用要有效力。情感表达的应用要能体现咨询师对求助者设身处地的反应,又能传达自己的感受,使求助者感受到一个活生生的咨询师形象,了解咨询师的人生观。咨询师情感表达的情绪分担方式为求助者做出了示范,易于促进求助者的自我表达。这样就使情感表达具有了促进来访者成长的效力。(3)情感表达的目的是为来访者服务。情感表达不是为反应而表达,不是为表达咨询师自己、不是为宣泄而表达。情感表达的内容、方式应有助于咨询过程的进行。请看下面的例子:

求助者:我从中国的最北方到这儿来读大学,本来憧憬着特别美好的大学生活,可没想到,到了这儿,饮食、气候都特别不习惯。更要命的是,我一直习惯了早睡早起,可是宿舍的同学都是夜猫子,很晚了还在玩电脑,鼠标、键盘的声音吵得我根本没办法睡觉,我已经连续好几天失眠了。

咨询师:一个人背井离乡地到异地求学,环境上有很多不适应的地方,再加上和宿舍同学的生活习惯不同,睡眠也受到了影响,我听了也觉得挺让人烦恼的。

……

在这段对话中,咨询师用"我听了也觉得挺让人烦恼的"表达了自己的情感,运用了情感表达技术,这是典型的情感表达。

五、内容表达

内容表达是指咨询师向来访者表达咨询的观点,这些观点可以是所传递的信息、提出的建议与忠告,给予的保证、进行的褒贬和反馈等。内容表达与内容反应不同,两者的不同与情感表达和情感反应之间的不同相似。内容表达以咨询师为参考框架,咨询师表达自己的观点,而内容反应以来访者为参考框架,是咨询师反映求助者的所叙述的观点。从影响程度来看,内容反应对来访者的影响力显得隐蔽、间接、更加薄弱。在运用偏好上,两种技术也有所不同。求助者中心学派、非指导型咨询师多用内容反应技术,而希望直接施加影响、表达自己观点的咨询师则多喜欢用内容表达技术。

反馈是一种内容表达,反映咨询师对求助者的种种看法,借此可使求助者了解自己的状况,也可以从求助者的言语和非言语反应中得知自己的反馈是否正确,从而相应地做出调整。提出忠告和建议也是内容表达的一种形式,但应注意措辞要缓和、尊重,比如"我希望你""如果你能或许就会更好",切不可使用"你必须""你一定要""只有……才能""要不然",这类措辞求助者听了会不舒服,像是被人强迫似的。同时,咨询师不要认为自己的忠告和意见是唯一正确、必须实行的,这势必会影响咨询关系。如何使用内容表达,请看下面的例子:

咨询师:那你觉得有些情绪是不是因为有些想法决定的呢?

求助者:的确是这样。看样子我的问题也可能是因为我的一些想法在作怪。

咨询师:就你的问题来说,别人也可能遇到。夫妻吵架,感情不和,这在夫妻间是常见的事,但并不是每一个人都像你现在这个样子,为什么会这样呢?

……

在上面的例子中,咨询谈到"就你的问题来说,别人也可能遇到。夫妻吵架,感情不和,这在夫妻间是常见的事,但并不是每一个人都像你现在这个样子,为什么会这样呢?"这里既有情感表达,更有内容表达,表达了咨询师的观点。

在实际运用中,内容表达和情感表达经常在一起综合运用。

六、自我开放

自我开放亦称自我暴露,指咨询师把自己的情感与经历讲述出来,与求助者共同分享,是在这种分享过程中,使来访者获得积极的成长的技术。自我开放与情感表达和内容表达十分相似,是二者的一种特殊组合。自我开放在诊断会谈中十分重要。自我开放的主要功能是:(1)自我开放可以建立并且促进咨询关系,也可实现求助者更多的自我开放。自我开放应以促进咨询关系、促进求助者进一步自我开放和深入地了解自己、有助于诊断为准则。(2)咨询师的自我开放与求助者的自我开放有同等价值和功能。对自我开放,原来只强调求助者的自我开放,以后逐渐认识到咨询师的自我开放有和求助者的自我开放同等的价值。自我开放能使求助者感到有人分担了他的困扰,感受到咨询师是一个普通的人,能借助于咨询师的自我开放来实现求助者更多的自我开放。(3)增进彼此的信任感,鼓励求助者进一步吐露欲探讨问题的信息,对求助者产生示范作用,与求助者集中探讨问题的关键,协助求助者获得启示,让求助者领悟到咨询师的平凡之处，愿意对自己的问题负责。

（一）自我开放的形式

（1）告知式的自我开放。这种自我开放是咨询师把自己对求助者的体验感受告诉求助者。若告知的信息是积极、正面、赞扬性的，则为正信息，正信息能使求助者得到正强化，能使求助者感到愉悦和受到鼓励，促进咨询关系建立和巩固，激励其相应的行为。咨询师传达正信息要注意内容实事求是、态度真诚、时机及时、程度恰到好处、目标是对对方有益的。若表达的是消极的、反面的、批评性的信息，则为负信息，传达负信息的自我开放时，应注意到它可能会产生的副作用，也就是说，不能只顾自己表达情绪而忽视和体谅求助者的心情。进行这种告知式的自我开放式请看下面的例子：

求助者：我来这儿已经有好几次了，可是我总感觉你和我的谈话太严肃了点，让我坐在这儿有时有被审问的感觉。

咨询师：听到你能直接说出你的感觉，我很高兴，表示你对我很信任。

从该例子可以看到咨询师把求助者描述后的感觉直接反馈给求助者，一方面让求助者放心，鼓励求助者直接表达自己的感觉，另一方面也使咨访双方的关系更加坦诚，有助于进一步的诊断工作。

（2）经验分享式的自我开放。经验分享式的自我开放是咨询师暴露与求助者所谈内容有关的个人经验。咨询师借自我开放来表明自己理解并愿意分担求助者的情绪，促进求助者更多地自我开放。请看下面的例子：

求助者：是的。医生说长青春痘是正常的，但都治了好几个月了还不见好，别人一看我，我就心跳，他们肯定觉得我特难看，所以我不愿见人，更不愿去学校，想治好了再去。家里人嫌我缺课太多。我也知道，但就是不愿回学校，所以来求您看怎么办？

咨询师：我想告诉你，我年轻的时候也曾经长过青春痘，所以，我很理解你现在的心情。

在这个案例中，咨询师说“我想告诉你，我年轻的时候也曾经长过青春痘”，这是咨询师暴露与求助者所谈内容有关的个人经验，这是典型的经验分享式的自我开放。

（二）自我开放的层次

自我开放包括不同的开放层次。通常有深浅不同的四种层次。

第一层次：咨询师自动疏远求助者，闭口不谈自己的经验与感受；或过分地谈到自己一些事，是想达到自己的某些目的。

第二层次:咨询师不主动谈自己的事,他只直接回答求助者所问的问题,或者回答得很犹豫或草率,结果求助者不能清楚得到所问问题的回答。

第三层次:咨询师虽然能提出自己和求助者有关的态度和经验,但是只停留在表面,没有把内在或特殊的感觉说出;如果求助者能够了解到咨询师的想法和感觉,可能对求助者处理问题有些帮助。

第四层次:在讨论求助者关心的问题时,咨询师也自愿地谈到他自己的思想、经验及感觉。对咨询而言,这样的做法有时也含有危险(可能遭到求助者的拒绝)。对自我开放的层次可以看如下例子:

求助者:最近我儿子的班主任告诉我,我的孩子和班里的一位女同学很要好,这样下去会影响学习,让我给儿子做工作。可是我儿子说没有这回事,我不知所措,也很担心。你的孩子有过这种情况吗?

咨询师:是啊,我们做母亲的都是这样,经常为孩子操心。

自我开放层次1:你儿子和这个女孩子的关系好到什么地步了?

自我开放层次2:我的儿子也有过这种情况。你的孩子读几年级了?

自我开放层次3:我儿子以前也有过这种情况,不过这都是青春期很常见的现象,等过了这段时间就好了。

自我开放层次4:你可能不知道,我的儿子读初中的时候也和班里一个女生很要好,我知道这个情况后最开始也是很着急,担心影响他的学业,但我又怕强制阻止他引起他的反感。后来我考虑再三,决定不主动提这件事,而是从侧面和他谈作为一个男人应该负起哪些责任,和他聊了几次后他很受启发,知道自己现在如果不好好学习,以后也无法给这个女孩子幸福,所以后来两个人都特别用功,成绩不仅没受影响,还稳步上升。现在两个人虽然没有谈恋爱,但关系一直保持得不错,我儿子上次还跟我说,多亏妈妈你当时处理得及时妥当,要不然自己也会很后悔的。其实,孩子遇到这种事情也是有很多困惑和无助的,作为家长我们应该体会到他们的心情,一起帮助他们渡过这个难关,而不是再给他们额外的压力。

(三)运用自我开放的注意事项

(1)在时机合适时才进行自我开放。在运用自我开放时,要注意自我开放需建立在一定的咨访关系上,有一定的谈话背景,如果过于突兀可能会超出求助者的心理准备,反而起不到好效果。

(2)自我开放应该有度。自我开放的内容、深度、广度都应与求助者所涉及的主题有关,适可而止。咨询师的自我开放不是目的而是手段,应始终把重点放在求助者身上,故开放数量不宜多;咨询时间是求助者的,咨询师不可借自我开放的时机,批评求助者对问题的感觉、想法与行为反应。须避免自己成为咨询中的主角,使话题重心转到咨询师身上。咨询师的自我开放应协助求助者注意到问题的关键,以及求助者可以运用的资源上。自我开放应该遵循的原则是自我开放应以有助于促进咨询关系、促进求助者进一步自我开放和深入地了解自己、加强咨询效果为准则。

(3)注意把握自我开放的时机。自我开放的应用时机主要是在咨询师与求助者建立了良好的关系的时候,咨询师确信开放、表露自己的类似经验,有助于求助者问题的解决。

七、影响性概述

影响性概述是指咨询师将自己所叙述的主要观点经组织整理后,以简明扼要的形式罗列表达出来,咨询师整理与归纳两人谈话的要点(包括情感与想法),再回应给求助者。或是咨询师请求助者就谈过的内容,做重点式的整理,再表达出来。影响性概述的主要功能是:(1)可使求助者有机会重温咨询师所说的话,加深印象,使求助者有机会再一次回顾、整合自己的叙述信息。(2)可使咨询师有机会回顾讨论的内容,加入新的资料,使咨询师有机会检验自己的理解是否准确,协助求助者产生新看法,设定处理问题的新目标。(3)可使咨询师强调某些特殊内容,提出重点,为后续交谈奠定基础。(4)影响性概述使诊断会谈有一个暂停喘息的机会,转移话题,或进入新的主题。影响性概述与参与性概述不同,影响性概述是咨询师表达观点,而参与性概述是求助者叙述的内容。影响性概述较参与性概述对求助者的影响更大。影响性概述有不同的使用时机:(1)影响性概述可以在一小段时间谈话后;(2)影响性概述也可用于转向另一个主题时;(3)影响性概述也可用于某一次面谈结束前;(4)影响性概述可以用于每一次咨询开始前;(5)影响性概述也可以放在一个阶段或者整个咨询结束时。总之,只要咨询师认为对求助者所说的某一内容已基本清楚就可作影响性概述;或者咨询师认为有必要对自己讲的内容做一个回顾,加深求助者的影响,就可以作影响性概述。

参与性概述与影响性概述既可以单独使用,也可以合起来使用。咨询师先对求助者的叙述内容做一概述,总结求助者的主要问题、原因,以及双方已经进行的工作,再把咨询师的意见作一概述。这样整个过程脉络清晰、条理分明,有利于求助者加深印象,概述性的工作也可以由求助者来进行,这样咨询师就可以了解求助者理解的程度,咨询师可在此基础上做出概述或修正。关于影响性概述的应用,请看下面例子:

求助者:(求助者提到自从母亲去世后一直意志消沉,甚至无心工作)自从我妈妈去世后,我觉得活得好难过。以前我中午的便当是妈妈准备的,现在一到中午我就觉得很烦,不知道自己该吃些什么。尤其是晚上回到家里,整间房子空荡荡的,好冷清。

咨询师:我将我们刚刚所谈的内容做些整理。母亲去世后,你的生活顿失重心。一方面因为没有人照顾让你害怕回家,所以只得借着疲倦来麻痹自己。经历到这些痛苦后,你突然有所领悟,如果当初不拒绝婚姻的话,今天就不会沦落到这般光景。

从上面对话中可以看到,咨询师通过"我将我们刚刚所谈的内容做些整理。母亲去世后,你的生活顿失重心。一方面因为没有人照顾让你害怕回家,所以只得借着疲倦来麻痹自己。经历到这些痛苦后,你突然有所领悟,如果当初不拒绝婚姻的话,今天就不会沦落到这般光景"等回应,对来访者所叙述的内容进行了一个影响性概述。

第六章

心理诊断的同盟关系建立技术

心理诊断同盟关系是适应心理诊断实践工作的需要而提出的一个新概念。心理诊断同盟关系主要是指在实施心理诊断时，心理咨询师和来访者之间建立起来的相互信任、合作、和谐的关系。心理诊断同盟关系是心理诊断的起点，是心理诊断工作能够延续下去的基础，是心理诊断过程的首要环节。心理诊断同盟关系是一种工作联盟。这种联盟关系对加深来访者和咨询师之间的合作和配合具有直接的作用。建立良好的心理诊断同盟关系是心理诊断的重要内容。心理诊断同盟关系的建立受到咨询师与求助者的双重影响。就求助者而言，其咨询动机、合作态度、期望程度、自我觉察水平、行为方式以及对咨询师的反应等会在一定程度上左右心理诊断同盟关系。就咨询师而言，咨询师的人格魅力、咨询师的人性观、咨询师的态度对心理诊断同盟关系的建立和发展具有重要的影响。心理咨询师在建立诊断同盟关系时的正确态度包括五种要素：尊重、热情、真诚、共情和积极关注。咨询师的咨询态度不是单纯的工具或手段，而是咨询师职业理念和人性的表达。因此从咨询态度的方面来建立心理诊断同盟关系是任何从事心理诊断工作的咨询师都必须熟练掌握的基本技术。

第一节　尊重和热情

一、尊重技术

(一)尊重的内涵及功能

尊重技术是指咨询师发自内心地、真诚地把求助者作为一个充满喜怒哀乐的真正的人来看待。在咨询师的心目中,来访者是一个思想感情丰富的人,是一个内心体验深刻的人,是一个对生活积极追求并努力上进的人,是一个具有独特性的人,更是一个能自我负责,具有自主性的人。尊重求助者,不仅是心理诊断工作者的基本要求,也是建立起诊断同盟关系的基本条件。尊重意味着对来访者现状、情感、认知纠结和人格特点的接纳、关注和爱护。对来访者的尊重是无条件的,更不能带着索取某种回报的想法去尊重来访者。罗杰斯认为尊重应该是无条件尊重。对来访者的无条件尊重是促进来访者人格产生建设性改变的关键条件之一。为了对来访者获得准确的诊断,求助者需要知道咨询师是否能够理解他们的想法和感受,能否体验到他们的情绪,如何看待他们的"异常"。只有在尊重的气氛和条件下,来访者根据双方接纳和了解的程度,才会开始逐渐透露自己的情感及要求。如果求助者感觉到咨询师要鄙视他们与他们的问题,甚至居高临下地改造他们,很可能感到压力而拒绝咨询师对他们进行诊断。

在心理诊断中尊重来访者具有临床意义,尊重的主要功能有:(1)尊重可以使来访者在安全下表达。尊重可以给来访者创造一个安全、温暖的氛围,使来访者最大程度地表达自己。(2)尊重可以使来访者获得价值感。尊重可以使来访者感到自己被接纳,获得一种自我价值感,这种自我价值感会促进诊断同盟关系的建立和发展。(3)尊重具有明显亲和效果,是心理诊断成功的基础。(4)尊重可以唤起来访者的自尊心和自信心,起到激发来访者潜能的作用,从而使来访者在心理诊断过程中积极配合、主动参与。

(二)表达尊重的策略

1.完整接纳表尊重

完整接纳意味着接纳来访者的优点和缺点,而不是仅接受来访者的光明面,排斥甚至压制消极面。完整接纳的最高境界是咨询师把来访者看作是有人权、价值、情感和独立人格的人。完整接纳意味着咨询师接纳一个价值观和自己不同甚至差距很大的来访者,并与之平等交流。一些咨询师不能完整接纳来访者往往是从接触来访者的言行开始的。当来访者的价值观、人生观甚至生活方式与咨询师的相差很远时,咨询师不能完整接纳求助者。当来访者的一些看法和观点非常固执、滑稽,甚至蛮横无理时,咨询师也不能完整接纳求助者。当求助者身上有令人厌恶的恶习时,有些咨询师可能会不由自主地产生不满、反感甚至厌恶,也不能接纳求助者。一个勤奋、充满活力、生活健康而充实的咨询师,面对一个浑浑噩噩、怨天尤人、自我中心的来访者时,咨询师可能会流露出不满与指责,也不能完整接纳求助者。因此,咨询师应该充分地了解自己的价值观,完整地接纳来访者的价值观,从而表现出对来访者的尊重。请看下面的例子:

来访者:我也不知道自己哪根筋出了问题,那天竟然去偷别人的自行车,结果被当场抓住,还在派出所待了几天,这才刚被放出来。

咨询师1:再怎么样也不能去偷东西,你看,这样把自己的生活搞得多糟糕。

咨询师2:你也想不通自己怎么会去偷东西,还被抓了个现行,这让你很内疚,很自责。

从两个咨询师的反应来看,咨询师1的回答传达了批评态度,没有把求助者看作独特的人,没有做到完整接纳。而咨询师2的反应既不原谅也不批评求助者的情感和行为,传达的是一种完整接纳,表达出了对来访者的尊重。

2.一视同仁表尊重

一视同仁意味着无论求助者相貌美丑,地位高低、经济贫富、脾气好坏、年龄大小、性别为何,咨询师都以相同的态度,相同的认真程度对来访者负责。咨询师应该不厚此薄彼,不轻视或奉承求助者。请看下面的例子:

来访者:我从一所普通大学毕业,现在在一家公司工作,还是一个低级职员。我最近老是失眠,睡不着。老师,你看我该怎么办?

咨询师:哦,对不起。咨询我的对象至少应该具有一定的职务,对一般人员的咨询不由我负责,请你找另外的咨询师吧!

来访者:啊!?

从以上来访者的回答可以看出,咨询师没能做到一视同仁,而是厚此薄彼,这是对来访者不尊重的表现,在心理诊断中,要严加杜绝。

3.以礼待人表尊重

中国是礼仪之邦,在几千年的文化积淀下,对来访者的尊重就充分体现在以礼待人上。以礼待人具体体现在咨询师要仪表端庄、语言规范、举止得体、待人热情。礼貌要求咨询师在与来访者的诊断会谈中语言举止谦虚、恭敬,彬彬有礼,特别注意在诊断会谈中要禁用忌语,对求助者要不嘲笑、不动怒、不贬抑、不惩罚。即使求助者的言语举止有些失礼,也应以礼相待。

4.信任对方表尊重

信,诚也,从人言。孔子曰:人而无信,不知其可也。古人云:小信诚,大信立。人无信而不立。信者令人推心置腹。信任是咨询师在心理诊断工作实践中总结、凝练出来表达尊重的基本准则,是确保心理诊断工作持续、有效进行的重要技巧。信任是尊重的基础,缺乏信任的尊重是一种虚假的尊重。在心理诊断中,来访者在涉及某些敏感问题时会有所顾虑、掩饰或犹豫,此时信任来访者,表达出对来访者的尊重可以有助于消除顾虑,同时促进诊断同盟关系的建立。面对来访者的言语矛盾,咨询师不可简单地认为是来访者故意不诚实,只有继续信任来访者才能换来来访者的诚实。同时,信任是一种促进来访者表达、开放、自我暴露的重要力量。在信任的驱动下,来访者可以获得巨大的勇气面对自己的问题。

5.保护隐私表尊重

在心理诊断过程中,咨询师对来访者讲述的隐私内容必须进行保护。这既是职业道德的要求,更是建立心理诊断同盟关系的一个要求。保护来访者的隐私,是对来访者最好的尊重。在保护隐私时,一方面对来访者所讲述的内容不随便外传,另一方面对求助者暂时不愿意透露而与诊断密切相关的隐私,咨询师应耐心等待,不可强迫讲述,更不可对来访者的与诊断无关或关系不大的隐私随便干预,也不可由于好奇而探问。

6.真诚待人表尊重

真诚并不意味着要一味地迁就求助者,没有原则,没有是非。进行心理诊断时,咨询师可能会与来访者存在不同意见和观点,真诚意味着咨询师应该在收集信息资料的基础上,表明自己的意见,否则就会违背真诚的要求。与求助者有不同意见时,真诚并非不尊重求助者,也不等于否认他,真诚是对事不对人。在某些情况下,真诚需要适度地表达对来访者言行的看法。同时,要让来访者正确认识真诚和尊重的关系,因为在诊断后期咨询师经常会对求助者进行面质,若能使求助者及早理解咨询师对事不对人的观念,对诊断同盟关系的建立也是很有利的。

(三)咨询师的人性观对尊重的影响

咨询师对来访者的尊重程度,往往与咨询师对人的看法即人性观有关。咨询师的人性观,会影响咨询师在心理诊断中的态度和行为,也会影响他对诊断理论和技术方法的运用水平,而选择的理论和方法通常又会反过来影响他的人性观。对人性观,世硕主张人性是有善有恶的,孟子主张所有的人都是性善的,告子主张人性是无善无恶,荀子主张所有的人都是性恶的。对一个具体的咨询师而言,其对来访者的相信程度和干预力度可以表现出不同的人性观。在临床实践中,如果咨询师相信来访者有自我调节、自我发展的能力,但这种能力有时会受到自身和环境的阻碍,需要外界的支持和帮助时,咨询师就会表现出对求助者不同的指导性。一位对人持有消极悲观论调的咨询师不容易对求助者拥有信任和尊重的感情,很难相信求助者会有能力去面对危机,克服困扰。这种咨询师容易被阴暗包围,感到压抑、烦躁,同时也会把这种情绪传染给求助者,给诊断关系蒙上一层阴影,甚至会增加求助者的困扰。因此,咨询师积极、乐观的人性观和人生观应当成为诊断氛围的基调。

(1)内在潜力型。咨询师深信求助者有内在的潜力去面对挑战和成长。在心理诊断过程中,咨询师以来访者个人的决定和意向为主,对其言行几乎不加评论和干涉。把成长的权力和勇气交回给来访者。请看下面的例子:

来访者:我现在交往的男朋友对我很好,我们的感情也不错,但是他未来的发展让我很担心,我担心他不能给我很好的生活。另外一个追求我的男孩子是个公务员,工作很稳定,而且能力很强,还说只要我愿意和他在一起,就可以帮我解决工作,不过我对他没什么感觉。

咨询师:你感到左右为难,和现在的男朋友在一起感觉很好,但他在物质生活上不能给你保障,另外一个男孩子能满足你的物质生活,可是又没有感情。

来访者:是的,我很矛盾,不知道该怎么选择。

咨询师:要做出一个决定确实很困难。

在整个会谈中咨询师未去评论求助者的言行,通过对求助者情感的反应鼓励其进一步表达自己的想法和情绪,不干涉其具体的选择,咨询师相信来访者有成长的内在潜力。

(2)潜力有限型。咨询师相信求助者只有有限的能力改变自己,咨询师对求助者的指导和支持是非常必要的。来访者的成长与诊断的获得都需要咨询师等人在内的帮助。咨询师虽尊重求助者的意见和选择,但仅把部分的成长责任和权力交还给来访者。请看下面的例子:

来访者:我现在交往的男朋友对我很好,我们的感情也不错,但是他未来的发展让我很担心,我担心他不能给我很好的生活。另外一个追求我的男孩子是个公务员,工作很稳定,而且能力很强,还说只要我愿意和他在一起,就可以帮我解决工作,不过我对他没什么感觉。

咨询师:恩。你能把现在的男朋友和这个追求你的人的优缺点都列出来做个比较吗?

来访者:好的。(开始写下两人各自的优缺点)

咨询师:好,写完了你来看看有哪些缺点是你绝对无法忍受的,有哪些优点是你认为非常宝贵,如果成为自己的男朋友必须要具备的?

在这个对话中,可以看到咨询师在主动引导求助者,但同时将选择的主动权交给求助者自己。这是咨询师认为来访者潜力有限的反应和表现。

(3)日常应付型。这种类型的咨询师不相信求助者有内在潜力成长自己,来访者仅有应付日常生活琐事的能力。咨询师认为来访者面临人生抉择时,需要心理咨询师的专业指导与帮助。对日常应付型的咨询师请看下面的例子:

来访者:我现在交往的男朋友对我很好,我们的感情也不错,但是他未来的发展让我很担心,我担心他不能给我很好的生活。另外一个追求我的男孩子是个公务员,工作很稳定,而且能力很强,还说只要我愿意和他在一起,就可以帮我解决工作,不过我对他没什么感觉。

咨询师:恩。现在的男朋友没有钱,但和他有感情,另外那个追求你的男人有钱,但和他没有感情。要在物质和感情两者间做选择,我认为感情还是最重要的。你和你男朋友都还这么年轻,未来的发展具有很多不确定因素,只要两个人一起努力,要创造好的物质条件还是不难的。

从上面的对话可以看出,咨询师认为来访者在面临感情抉择这样重大问题时,有必要对其指导,通过自己的人生经历给予其帮助,这就是咨询师认为来访者仅有日常应付能力的表现和反应。

(4)潜力缺乏型。咨询师不认为来访者具有内在潜力。咨询师认为人的自然倾向是消极堕落的,人身上有许多原始、野蛮、罪恶的倾向,有某种劣根性,有原罪,趋向于自我毁灭,等等。这些负面因素决定了来访者在面临成长机会时,缺乏成长的能力。请看下面诊断会谈:

来访者:我现在交往的男朋友对我很好,我们的感情也不错,但是他未来的发展让我很担心,我担心他不能给我很好的生活。另外一个追求我的男孩子是个公务员,工作很稳定,而且能力很强,还说只要我愿意和他在一起,就可以帮我解决工作,不过我对他没什么感觉。

咨询师:现在的社会就是这样,女孩子为了一时的荣华富贵就置最宝贵的感情不顾,到最后自己又后悔不已。

从这里可以看到咨询师的话语传达出对来访者的批评和指责,并且对来访者的选择持悲观态度,这就是咨询师认为来访者缺乏成长潜力的表现和反应。

二、热情与温暖

一般情况下,在心理诊断中,温暖和热情通常指相似的含义,在实践中也常常交错使用。但尊重和温暖与热情之间却存在一些差异。首先,温暖、热情较尊重与来访者的距离更近些,尊重是以礼待人、平等交流,富有理性的色彩,而热情和温暖则充满了浓厚的感情色彩。其次,仅有尊重而没有热情,心理诊断或咨询过程有时会显得公事公办似的,只有两者结合,才能情理交融,感人至深。因此,温暖和热情应充满整个心理诊断过程乃至后续的心理咨询过程。从迎接来访者初次进门到送来访者离开都应热情、周到,让来访者感到自己受到了友好的相待。通常咨询师表现温暖与热情的技巧有如:

1.询问适当,关切到位

一般来说,接受诊断会谈的来访者常常会感到忐忑不安,常有一种错综复杂的心态。来访者一方面担心自己到底是什么心理问题,严重与否,同时也希望获得准确的诊断。来访者希望咨询师是出色优秀的,能理解自己,热情地对待自己,带给自己温暖和帮助,但又担心并非如此。许多来访者初到心理咨询室时,常表现为不安、疑虑、自卑、紧张、犹豫,也有人表现出拘谨、手足无措。这时,咨询师的热情、友好往往能有效地消解来访者的不安心理。双方坐下后,咨询师适当地询问一些与当前诊断任务无关的情况,如一些日常生活中的话题,这种适当的询问使求助者感到温暖、可亲,也到位地表达了关切。询问和关切应该简短为宜,否则既让人感到啰唆,也可能引起紧张。温暖是咨询师真情实感的流露,只有对人充满爱心,对求助者充满关切,视助人为崇高的职责的咨询师才能最大程度地表达出对求助者的温暖和热情。

2.注意倾听,感受温暖

咨询师的温暖本身具有助人功能。一旦来访者开始叙述时,表达温暖与热情的最直接方式是咨询师的有效倾听。咨询师有效地运用倾听技巧,关注来访者的语言表达和非语言表达,全神贯注,留心求助者的一言一行,把热情与温暖表现在倾听细节上。如果咨询师东张西望或漫不经心,很快诊断会谈就会泛起冷淡氛围。咨询师通过面部表情、身体姿势向来访者传达一种关注和通情达理的态度。临床工作中,许多咨询师发现非言语行为往往比言语更能向来访者传达出温暖与热情。因此,非言语行为往往是理解温暖与热情的重要线索。

3.梳理表达,把握主题

来访者的叙述能力相差各异。有些来访者叙述思维不清、语无伦次或颠三倒四,意思模糊不清,咨询师不知所云;有些来访者文化水平不高,用词不准,意思含混;有些来访者心情紧张,口齿不清,越想说清楚越说不清楚;有些求助者心存顾虑,回避实质,顾左右而言他,让咨询师摸不着头脑;有的来访者把客观事实和主观判断搅和在一起,使咨询师理不清头绪。针对这些情况,咨询师要梳理求助者的表达,把握求助者叙述的主题。咨询师要耐心细致,否则就会心烦意乱,既搞不清真相,又会给求助者带来巨大的心理压力。咨询师应根据不同情况,循循善诱,不厌其烦,采取不同的梳理技巧。面对求助者的不同情况若是因为紧张引起,可让求助者先安定情绪,说些亲切的话,再进入正题;若其表达能力欠佳,叙述不清时,咨询师要善于归纳,帮助求助者叙述,以澄清问题;若因为顾虑而未讲清叙述内容,咨询师不要生气,应重在建立相互信任的基础上用温暖、真诚去消除顾虑;有些求助者不知讲什么好,咨询师可多启发,多提一些问题,给求助者一个谈话的方向、范围,若谈话符合咨询目标,则予以鼓励、肯定;当求助者的叙述比较杂乱、主次不清时,咨询员应耐心听取,善于从中发现关键问题。咨询师可以运用一些咨询中的影响性技巧,同时在对求助者做指导、解释、训练时,充满热情、富有耐心,若求助者未听懂、未学会,应反复讲授。咨询师的温暖热情此时体现为不厌其烦地梳理来访者的表达内容,把握会谈主题。咨询师也可多听求助者的反馈,求助者似懂非懂时,让求助者复述也是一种有效的方式。

4.离别相送,得体得当

诊断会谈结束时,咨询师需要送别求助者,告知有关注意事项,感谢求助者的密切配合等,这些细节和礼貌处理会让求助者感受到温暖和热情。温暖、热情是一个优秀咨询师的必备素质,缺少温暖热情的咨询师就会变成行尸走肉。只有充满热情,咨询师才有可能真正对心理诊断工作充满热情。缺乏热情和温暖的心理诊断工作会变成一种冷冰冰的仪式,也会影响心理诊断的准确性。离别相送,得体得当,意味着按照通常的礼仪向来访者告别。

总之,在心理诊断过程中,特别要注意热情和温暖的使用,因为尊重有更多平等、礼貌,想保持距离,偏理性成分,而温暖有更多友好、热情,想减少距离,偏感性成分。只有尊重,显得有点客气,甚至公事公办,而只有温暖,显得过于友好,让人不知所措,两者结合,才能情理交融。在心理诊断中,咨询师通过热情,主动外露地表达对来访者浓浓的关爱,使来访者被温暖包围,感受到点点细节温情,可以消除或减弱来访者的不安心理,激发来访者的合作愿望,使来访者在这一过程中感受到成长的力量,有效地促进心理诊断同盟关系的建立。由此可以看出:温暖和热情是咨询师真情实感和爱心的流露,将温暖贯穿整个心理诊断过程的始终。因此温暖的职业性把握很重要,是建立心理诊断同盟关系的一个重要技巧。

第二节　真诚与共情

一、真诚

(一)真诚的内涵与功能

真诚是指咨询师在心理诊断过程中以真正的自我出现,表里一致、真实可信地以真正的自我投身于与求助者的关系中。一些咨询师在心理诊断过程中把自己隐藏在专业角色的后面,利用防御式的伪装,带上假面具,仿佛是在扮演角色,这就是缺乏真诚的表现。在心理诊断过程中,真诚技术的主要功能是:(1)咨询师的真诚可信,可以为求助者提供一个安全自由的氛围。在这种安全的氛围中,来访者知道自己可以表露自己的软弱、失败、过错、隐私并且无须顾忌。真诚让来访者切实感到自己被咨询师接纳、信任、爱护。(2)咨询师的真诚为求助者提供了一个良好的榜样。咨询师的真诚可以鼓励求助者,也可以促使求助者以真实的自我和咨询师交往,坦然地表露自己的情感,宣泄自己的情感。(3)咨询师的真诚可以促使来访者发现、认识真正的自我。来访者在咨询师的帮助下,更加深入地进入自己的内心世界,认识真正的我,面对真实的自我,然后不断改进与成长。(4)咨询师的坦诚促进求助者进行相应的开放。求助者的开放会减少诊断会谈过程中的沟通的混淆和模糊,并使双方的沟通更清晰和准确。请看下面的例子:

咨询师:根据我的咨询经验,我觉得你还有其他的原因没有说出来,如果没有更深层的原因,你不会这么痛苦。可当我试图想去寻找时,你似乎不时地在绕圈子,不愿正视问题。说真的,我有点伤感,因为我觉得我真心地想帮助你,可没有被你接受,我感到一种没被完全信任的感觉,不知我的这种感觉对不对?

来访者:很对不起,我知道你是想帮助我的。你的话使我想起了平时当我一片真情待人而未得到回应,甚至被误解时的那种委屈。过去我很信任人,慢慢地我也变了。尤其我发现我最信任、什么都对她说的好朋友,居然在我背后说我坏话,把我的秘密作为笑料时,我都气疯了,我的心碎了。我发誓不再相信任何人。

咨询员:这是否才是你几次恋爱没有成功的根本原因?

求助者:我想是的,因为我对他们表达的爱慕,心存怀疑,怕自己陷得越深,失望、痛苦就越严重,所以每每快到要进入热恋状态时,我就害怕起来,我想这恐怕是我屡屡恋爱不成功的原因吧。

咨询师:你来咨询,是希望对自己有帮助,改变自己的状况,但另一方面,你是否最初对我也抱有那么一种不信任感?

求助者:是的,我希望相信你,把自己的情况都谈出来,可另一方面我又心有余悸。我对自己那种不信任人的心理,既不满意,也不太愿意承认。我常矛盾。我希望我能对人真诚、信赖。是的,是你对我的诚恳冲破我内心筑起的围墙……

从上面的例子可以看出:咨询师发现女求助者总在躲避涉及敏感的问题,在绕圈子、作掩饰甚至作否认性说明,因此咨询师运用真诚技术促进了求助者自我开放。咨询师的真诚、坦白起了决定性作用。打开了求助者封闭的心灵大门。咨询师就可以由此既了解了情况、促进了来访者的自我探索,也发展了心理诊断同盟关系。

(二)真诚技术的应用

一般人认为真诚的表达完全是顺其自然的事情,似乎不需要什么技巧。但实际上真诚的表达存在着恰如其分的问题。尽管表达真诚贵在真和诚,不应有掩饰、虚假,但真诚的表露并不像通常人所认为的那样简单,运用不当会起反作用。

1.真诚与说实话的差异

真诚与说实话是有区别的。真诚不能简单地理解为有什么说什么,想到什么说什么。咨询师的真诚应符合对求助者负责,有助于求助者的心理开放,有助于求助者后续的成长这一个基本原则。咨询师的真诚并不是什么都可以随意地说出来的,而是所说的应该是真实的。咨询师的非言语行为尤其是诊断会谈中的表现更是表达真诚的最好方法。那些会损害咨访关系的话,咨询师就不宜说,例如:“你这个人实在是愚蠢!”“你的确是个讨厌的人!”“你的这种处事风格,你如此吝啬,难怪没有一个人愿意与你交朋友。”尽管这些很可能是事实,是咨询师当时的真实感受,但是从有利于心理诊断同盟关系的角度看,不宜直接表达,可用另一种表达方式。例如,比如以上三句可改为“我觉得你刚才那番话的道理不是很充分,有点按自己的意愿在评判,是不是这样?”“你的这种行为人们或许会接受不了,从而有可能引起不良评价。”“你的有些言行容易引起一些人的误解,引起矛盾。不知道我的这种感觉对不对?”通过这样的叙述,一来表达了咨询师真实感觉,二来容易为求助者所接受,第三,后者的描述比前者更准确,更符合理性的判断,避免了给人贴标签和过分概括化、绝对化等弊端。当然有时候也可能需要某些比较激烈的言语,其目的是刺激求助者,促使其对自己及问题的严重性产生认识。但一般不宜多用。即使用,也应建立在良好的咨询关系基础上，而且充满诚意，切不可变成咨询师发泄对求助者不满的手段。请看下面的例子：

一位来访者已经咨询过五六位著名的心理咨询师了，每次都是咨询了几次就寻找下一位咨询师。

来访者：我已经咨询过好几个著名的心理学家了，都没有把我治疗好，我听说你挺有名的，就来找你，如果你还是把我治疗不好，我就只好去找另外更有名的心理学家了。

咨询师1：你这样说好像不信任我，如果你认为我的水平不够就去找另外更有名的心理学家吧。

咨询师2：我发现一个有趣的现象，就是虽然你已经找过很多心理学专家了，但每次都只做几次咨询就离开，似乎你很难和一个心理学家保持比较长久的关系，能告诉我是为什么吗？

从上面的对话可以看到，咨询师1虽然表达的自己的真情实感，但这种表达无益于治疗。咨询师2真诚地表达了其所看到的，并且该问题可引发来访者的思考，有助于咨询的深入。

2.真诚与自我发泄

在心理诊断中，来访者向咨询师叙述自己的痛苦经历时，对诊断有直接作用，同时来访者的叙述也具有倾诉及治疗作用。在这种情绪和情景的诱导下，一些咨询师容易触景生情、感慨万千，转而向来访者滔滔不绝地、非常激动地叙述自己的往事。尽管咨询师的叙述是真实的，有感而发，真诚流露，是真诚的分享，但他把心理诊断中的真诚简单或错误地理解为自我发泄。这种认为真诚就是自我发泄的操作带来了明显的负面效应。一是使咨询师容易把咨询中的主配角及功能错位。咨询的时间是属于求助者的，咨询师不应随便地占用求助者的时间。其次，本质上咨询师流露真情，表示真诚，其功能是为了帮助求助者成长，处理不好就会变成咨询师宣泄自己的情感，宣扬自己的主张。第三，求助者的自我发泄通常都是强迫求助者倾听，这种强迫可能会使求助者对咨询师的能力产生怀疑而发生动摇。

3.真诚与实事求是

实事求是是指咨询师不掩饰自己的知识或技能方面的薄弱或缺陷。不懂装懂的咨询师常常会失去来访者的信赖。一些咨询师认为，如果咨询师对某些技能或技术不懂，那是非常丢脸的事情，因而常常在来访者面前假装自己知识渊博。一些咨询师很注意自己的个人形象，要求自己在求助者面前是权威的和完美的，能让求助者敬佩的，否则就会内心不满并影响诊断效力。咨询师违反实事求是的原则，不懂装懂会导致诸多危害。首先,会误导求助者,带来不良的后果。其次,不实事求是,失去了很多的真诚,带上了不少修饰成分,拉大了咨询师与求助者之间的距离,给沟通增加了困难。因而,咨询师要了解自己,承认并接受自己的不足、不完美。请看下面的例子:

来访者:(支支吾吾)老师,我其实是个同性恋,我喜欢我寝室的一个男生,可是他不是同性恋,我很难过。我家里很传统,绝对无法接受这个事实,我该怎么办呢?

咨询师:能感觉到你很焦虑。我自己不是同性恋,如果在有些时候没有完全理解到你的感受希望你能告诉我,好吗?

从上面的咨询对话,可以看到,咨询师没有装腔作势,而是坦诚自己的不足,真诚地与来访者沟通。

4.真诚的界限性

咨询师的真诚是内心的自然流露,不是技巧的效果。咨询师真诚的基础是咨询师对人的乐观看法、对人的基本信任、对求助者的关切和爱护,对自己接纳、自信谦和。真诚的界限性是指在运用真诚技术时应该有边界,也就是真诚应该表现出一定的度。超过一定界限的真诚反应就是滥用真诚和乱用真诚。滥用真诚表现在,以为真诚越多越好。因此无论对象、场合、形式地表现出真诚。这是对真诚使用的误解。真诚的界限性进一步说就是针对适合的对象、在适合的场合、以适当的方式、以适合的度向来访者表现出自己真实的想法。因此真诚的界限性绝不允许表达有害于求助者的言语,也不允许把真诚流露用于发泄自己的情感,而是权变式的方式表达真诚。没有一成不变的真诚,也没有表达真诚一成不变的形式,表达真诚应灵活机动。表达真诚也不要超过来访者的接受能力,否则来访者可能对真诚产生超限抑制而无反应,这样起不到真诚的功效。

在诊断过程中,诊断初期对咨询师真诚的表达可以要求低一些,例如“不虚伪”。随着诊断工作的推进,咨询师可以对真诚进行高级一些的反应,例如咨询师可以通过对求助者的缺点以不伤害为原则的反馈来表达真诚。真诚是咨询师开展诊断工作的素质,这种素质不是一蹴而就的,而是需要长时间的修炼。

二、通情达理

(一)通情达理的内涵和意义

在心理诊断过程,许多实践工作者发现,咨询师的一些特质会影响诊断工作的深入开展。其中最公认、最关键的特质就是共情。共情也称同理心或通情达理。通情达理是理与情的交融。通情达理要求情与理的综合与协调运用。一方面,咨询师要设身处地，进入求助者的内心世界，这含有情的成分，是“通情”，另一方面，咨询师还要用理性考虑和回答求助者的问题，这包含了“达理”。心理诊断中，通情达理需要做到三个方面：(1)咨询师借助于求助者的诉说内容和言谈举止，深入对方内心去体验他的情感、思维。(2)咨询师借助于知识和经验，把握求助者的体验与各种事件之间的联系，以更好地理解问题的实质。(3)咨询师运用咨询技巧，把自己的关切理解传达给对方，以影响对方并取得反馈。通情达理主要功能表现在：(1)设身处地的理解功能。运用通情达理技术，咨询师能设身处地地理解求助者，这种理解能更准确地把握来访者的信息及信息的心理意义。(2)正向情绪功能。运用通情达理技术，理解和接纳求助者，这种理解和接纳通常使求助者在心理诊断中产生正向的情绪，例如产生愉快、满足、舒心等情绪体验，正向的情绪功能推进了诊断关系的发展和深入。(3)促进自我表达和探索的功能。采用通情达理技术，促进了求助者的自我表达、自我探索，从而达到更多的自我了解和咨访双方更深入的沟通。(4)助人功能。对那些迫切需要获得理解、关怀和情感倾诉的求助者，通情达理具有明显的助人效果。通情达理常常被认为是一种治疗因素。(5)诊断的价值功能。不能设身处地体验求助者的处境，就无法关切地理解他(她)，也就谈不上获得对心理诊断有重要价值的资料。因此，设身处地体验求助者的内心世界，在心理诊断中具有重要的作用。

(二)通情达理技术的使用策略

要有效地发挥通情达理技术的效果，必须注意通情达理技术的使用策略。通情达理技术的使用主要有如下几个策略：

1.以来访者的参照框架来使用通情达理技术

在使用通情达理技术时，参照框架很重要。一些咨询师习惯于以自己的参照框架来体验来访者的喜怒哀乐，这种体验方式容易产生误解。所以，咨询师要走出自己的参照框架，以来访者的参照框架来体验来访者的喜怒哀乐。咨询师把自己放在求助者的地位和处境上来尝试感受来访者的真情实感。咨询师的感受越准确、越深入，通情达理的层次就越高。如果咨询师以自己为参照标准，就常常不容易做到设身处地，也就无通情达理可言。咨询师在诊断会谈中可以通过自我提问的方式检验自己是否做到了参考了来访者的参照框架来实现通情达理，例如问自己：“我对求助者是否持一种开放接纳理解的态度?”“我是否做到了设身处地地进入求助者的内心世界中去?”。请看下面的例子：

来访者：我今天倒霉透了，老板临时让我帮他做些额外的工作，还要赶在下班前完成，我费劲做完了，结果老板还不满意，说我完成得太粗糙了，哪有这样的老板?

咨询师1:在公司做事就是这样子,没什么好值得生气的。

咨询师2:哎,听起来真难为你了,忙累了不说,还没得到老板的认可,你肯定觉得特气愤,特委屈。

从上面的对话可以看出,咨询师1以咨询师的参考框架来理解来访者的感受,否认了来访者的感受,没能做到通情达理。相反,咨询师2以来访者的框架对其进行感受进行反应,很好地把握住了来访者的情绪,做到了通情达理。

2.尝试性地使用通情达理技术

使用通情达理技术时,当咨询师要检验自己的运用是否适当、是否准确、是否达到了通情达理技术时,可使用尝试性、探索性的语气来表达,请来访者对自己的通情达理技术检验并做出修正。请看下面的例子:

咨询员:听你的话,你好像对你的班主任很反感,但你却敢怒不敢言,是不是这样?

求助者:噢! 不是这样的,我对他的印象并不那样坏。

咨询员:哦,对不起,我可能听错了,但由于这一点很重要,我希望你能举些例子,好让我更清楚你对班主任的感受。

求助者列举了几个与班主任相处的典型例子,于是咨询员对他的通情达理便更准确了。

3.因人而异地使用通情达理技术

表达通情达理要针对不同的来访者有针对性地施行。也就是说,运用通情达理技术时要因人而异,否则会适得其反。例如,对倾诉式述说和信息收集式述说,前者更需要通情达理、给予理解;一般来说,对情绪反应强烈的、表达比较杂乱的、寻求理解愿望强的来访者需要更多的通情达理技术,而对情绪稳定的,表达清楚的,理解愿望低的来访者可以赋予较少的通情达理。通情达理应适时适度,不宜在谈话中间随便插入,否则容易破坏情绪。通情达理反应的程度应与求助者的问题程度、感受程度成正比。过度的通情达理会让人感到咨询师小题大做、画蛇添足、过度渲染情绪。通情达理不足亦会让人觉得对来访者理解不够。

4.利用非言语行为来表达通情达理

非言语行为,如眼神、语气、面部表情、姿势、动作变化等等也可以表达通情达理。非言语行为表达通情达理有时比言语表达更有效、简便。非言语行为在通情达理的表达上有时具有显著的效果。心理诊断中应把言语行为和非言语行为结合起来表达通情达理,这样使通情达理的效果倍增。请看下面的例子:

来访者：我的男朋友一直对我都很好，我本以为我们毕业就会结婚的，谁知道前两天他突然告诉我说我们性格不合适，要和我分手，我简直都懵了。结果这才没几天，我就看到他和另一个女孩子在一起。现在，只要想起过去我就控制不住……（伤心地大哭）

女咨询师：默默地把手搭在来访者的肩上，同时递了一张面巾纸给来访者。

从上面的例子可以看到，咨询师完全体会到来访者心如刀绞的心情，知道她此时最需要好好地哭一场，因此没有多说话，只是把手轻轻搭在来访者的肩上，一方面表示对其理解，另一方面也传递出自己的力量，同时，递上面巾纸，让来访者可以尽情地发泄。

5.角色把握与通情达理技术

通情达理技术运用的效果与咨询师在运用过程的角色把握有关。运用通情达理技术时，咨询师应该成为一个进出自由的角色。咨询师在通情达理时，出入自如，恰到好处，才能达到最佳效果。有些咨询师尽管做到了设身处地，同喜同悲，但完全忘记了自己的咨询师角色，在角色把握上丧失分寸，这样就可能失去客观性。在通情达理中，角色把握就是咨询师要保持客观公正的立场，即参与观察，防止完全受求助者情绪的影响。在诊断中，咨询师的通情达理是指体验求助者的内心如同体验自己的内心，但永远不要变成“就是”。这就是心理诊断中通情达理的实质。

6.文化背景及差异与通情达理技术

通情达理表达应考虑到文化背景及求助者的某些特点。从文化差异来看，在西方文化中心里咨询师有时可以用拥抱、抚摸，甚至亲吻表达自己的通情达理，但在很多东方文化中不行，特别是中国的文化传统不允许这样。这种通情达理表达的差异的原因就是文化背景的不同。同时从求助者的特点来看，一般同性之间可以有某种身体接触，如诊断会谈过程中咨询师可以较长时间地握住求助者的手，以表达通情达理，这在同性中可以用，异性间则不允许，尤其对年轻女性；女性之间有时会有爱抚的动作，比如女咨询师对一位情感处于悲哀、痛哭中的女子可能会搂抱、爱抚，以传达自己的关切和理解，但不可用于异性间。这些情景都体现出在表达通情达理时要考虑文化背景及差异。

（三）通情达理的水平和层次

在临床实践中，进行心理诊断时，向来访者表达通情达理时，是有水平和层次差异的。一般的研究者认为通情达理至少可以表达出四个层次。第一层次是忽视求助者的感情，咨询师没有理解求助者的语言。第二层次是咨询师试图共情地理解来访者,但隔靴搔痒,没能完全理解到求助者的心情。第三层次是咨询师虽然对求助者表示了一定程度的理解,但理解不深。第四层次是咨询师完全准确地理解了求助者,达到了较好的共情程度。对共情层次的掌握与运用,请看下面的例子:

求助者说:“我马上要去国外留学,我从没离开过父母,周围又有很多好朋友,可现在一下子走这么远,人生地疏,真不知道出去后会怎么样。”

然后不同的咨询师产生了不同的回答:

咨询师1:“出国是好事呀,有什么好苦恼的。”这是忽视求助者的感情,显然是没有理解求助者的语言。这属于共情的第一层次。

咨询师2:“你看上去又聪明又漂亮,你会过得很好的。”这样的回答,是隔靴搔痒,没能完全认识到求助者的茫然和担忧,同样是没有理解她。这属于共情的第二层次。

咨询师3:“我们每个人总有一天要独立的,这没什么了不起的。”咨询员的话是一种评判,高高在上,完全否认了求助者的情绪。这属于共情的第二层次。

咨询师4:“要独自一人外出留学是会有很多困难的,但要相信世上无难事,只怕有心人。”咨询员虽然对求助者表示了一定程度的理解,但后半句显得有些空洞,属理解不深。上述种种,会不同程度地影响与求助者的心理沟通,甚至使求助者不愿再继续交谈下去。这属于共情的第三层次。

咨询师5:“你以前没有独立生活过,现在一下子要出国,在异国他乡独立生活,是很不容易的,我能理解你的这种不踏实。”这属于共情的第四层次。

咨询师6:“你的这种心情是可以理解的,当一个人开始一种全新的生活时,特别是像你现在所遇到的情况,都会有这种感觉。”这属于共情的第四层次。

咨询师7:“我能体会到你现在的不安心情,如果是别人也会有这种想法的,现在让我们来分析一下究竟会遇到哪些问题?”这属于共情的第四层次。

通过在不同层次和水平上运用共情层次,求助者会感到自己被理解、被尊重、被接纳,就愿意进一步向咨询员敞开心怀,与此同时,心理诊断同盟关系就逐渐建立起来了。

第三节 积极关注和移情

一、积极关注

（一）积极关注的内涵和意义

积极关注指在心理诊断过程中，咨询师对来访者表现出的积极面予以关注，从而使来访者拥有正向价值观，在这种正向关注下不断成长与完善。

每位来访者，他们都有其存在的价值和意义。每个人身上都有闪光点。每位来访者身上都有其亮点和旁人所不及之处。每位来访者的身上都有潜力，都存在着一种积极向上的成长动力。每个来访者都可通过自己的努力变得比现在更好。因此，咨询师在心理诊断过程中，必须看到来访者身上的这些积极面，使来访者发生正向的改变。

积极关注不仅有助于建立诊断同盟关系，而且本身对心理诊断就具有效果。积极关注对那些比较自卑或低落的来访者都有很好的效果。咨询师的积极关注往往能帮助来访者全面地认识自我，树立信心，有勇气和负责任地成长，最终消除迷茫。

（二）积极关注技术的使用

为了有效地使用积极关注技术，咨询师应当从以下几个方面考虑和进行。

1.积极关注不盲目

积极关注是对来访者身上的正向价值与表现给予赞赏与认可，不是空洞的自以为是，更不是盲目的沾沾自喜。咨询师不能盲目地运用积极关注，不能表现出对来访者的过分乐观。特别是采用一些空洞抽象的话来表示乐观时就缺乏成长的力量。例如，我相信作为一个人终会有一些长处的，所以你会利用你的长处赢得别人对你的尊重的，你没有必要自卑。这个会谈本身没有什么大的问题，但是由于空洞、抽象、缺乏具体的关注点，因此使得诊断会谈成为一种机械式的反应，缺少成长的温情，是一种教条式的反应，缺乏对求助者的共情，淡化了求助者的难题的难度。积极关注不盲目还表现为咨询师应针对来访者的实际问题，具体详细地分析来访者的不足，进一步深入分析来访者所拥有的支持系统和资源，使来访者对自己的成长和改变充满信心和力量。请看下面的例子：

来访者：三个月前我发现和我相濡以沫十几年的丈夫竟然有了外遇，我实在无法忍受，迅速和他办理了离婚，孩子跟我。这件事对我的打击已经够大了，没想到上周我听说我们单位最近要裁员,我很可能马上就要下岗了,我觉得自己简直要崩溃了。

咨询师:不要太担心。你长得这么漂亮,相信一定可以找到一个比前夫更好的男人的。现在下岗再就业的免费培训也很多,只要再参加一些培训,相信即使下岗了再找个工作也不难。放心吧,生活会好起来的。

从上面的例子可以看到,咨询师没有考虑到来访者的客观情况,四十多岁的女性,一个人要养孩子,供孩子读书,同时又面临失去工作的危险,目前的处境是很困难的,而且这种困难持续的时间不会太短。咨询师盲目乐观,对其支持的话语过分空洞,没有力量。

2.积极关注不要过分消极

过分消极是指咨询师只看到来访者的失败与缺点,然后放大这些缺点和弱点,结果使来访者陷入其中而难以自拔。过分消极表现在一些咨询师对来访者所处的不利情形多次重复证实,这种多次重复的负面信息容易使来访者形成一种恶性循环的不良思维,并使来访者获得不良的自我暗示。如,你所面临的困难的确超出了多数人的应对能力,你想解决它比登天还难,而且持续下去可能事情还更难以解决。咨询师的这种反应虽然表现出了咨询师的真实心态,但整个诊断会谈中咨询师不断地用这种方式,来访者就会越来越消极,更沮丧、困惑或绝望,但心理诊断和咨询的本质是给来访者以成长的动力、力量。由此,促使来访者突破困境,消解迷茫,减轻痛苦是咨询师的主要任务,所以咨询师不能过分消极,咨询师始终要立足于给人光明、希望与力量。咨询师的反应不能纯自然、纯客观,应符合心理诊断的原则。正确的做法是咨询师让来访者客观分析形势,明白自己的长处和学会利用自己所拥有的资源,积极关注不要过分消极。请看下面的例子:

来访者:三个月前我发现和我相濡以沫十几年的丈夫竟然有了外遇,我实在无法忍受,迅速和他办理了离婚,孩子跟我。这件事对我的打击已经够大了,没想到上周我听说我们单位最近要裁员,我很可能马上就要下岗了,我觉得自己简直要崩溃了。

咨询师:听你这样说,你的生活确实太艰难了。被丈夫抛弃了,一个人带着孩子,又要面临失业的危险,你的学历又不高,再找工作也很困难。这样的生活实在是太难熬了。

从上面的对话可以看到,尽管咨询师是在描述来访者目前的生活状况,但言语间透露出相当悲观的信息,这反而会加重来访者内心的压力,让她更加看不到光明的未来。

3.积极关注要实事求是

实事求是是指咨询师在关注来访者时应建立在来访者客观实际的基础上。如果咨询师在杜撰的基础上表现出对来访者的积极关注,那求助者会觉得咨询师是在用虚言安慰自己,可能显得咨询师很“虚伪”,这样的积极关注会适得其反。如,一个相貌比较丑陋的来访者在谈到自己因为长相很自卑时,咨询师立刻说:“你哪有长得丑,你一进来我就觉得你长得很漂亮,很有气质。”这样的积极关注没有建立在实事求是的基础上,让来访者听了后觉得咨询师很“假”,不愿意再讲下去了。所以积极关注要建立在实事求是的基础上,从来访者的客观实际来发掘求助者身上的闪光点、光明面、潜力和价值。立足实事求是的积极关注与态度才是积极关注力量所在。积极关注促进求助者自我发现与潜能开发,对心理诊断具有突出的正向价值,咨询师应把积极关注贯穿于整个心理诊断会谈过程的始终。

二、移情

(一)移情的理解

移情是指在心理诊断和咨询过程中,来访者对咨询师产生的一种强烈的情感,这种情感是来访者将自己过去对生活中某些重要人物的情感、态度投射到咨询师身上的过程。例如,来访者把对父亲的情感、态度转移到了咨询师身上,并相应地对咨询师做出反应的过程,这就是诊断过程中发生的移情现象。发生移情时,咨询师成了求助者某种情绪体验的替代对象。咨询师要把来访者的情感反应和移情区别开。求助者表达自己的情感并非都是移情,只有当求助者把自己以前的情感反应转移到咨询师身上,把咨询师作为过去情感对象的替代,对咨询师抱有超出咨询关系的幻想和情感时,才是移情的表现。移情在不同背景的咨询师身上都很容易发生。当来访者的情感达到一定的强度,以至于他们失去了客观判断力时,就开始向咨询师移情,就好像咨询师是他们生活中的一些重要人物一样。

不管咨询师的性别怎样,移情都有可能发生。因为咨询师的出现,使得来访者过去未被满足的要求重新出现。不管是正移情或负移情,常常是来访者所熟悉的旧有的交往模式重新浮现的一种形式。移情可以帮助发现来访者早些时候受到某种特殊对待时,他们感受是如何的。移情通常发生在当咨询师无意中做了些什么或说了些话,从而触动了来访者心中未得到解决的问题,这些问题多出在来访者与其家庭成员,如父母、兄弟,或其他重要人物之间。移情问题常发生在心理诊断阶段,并且随着心理诊断的进程变得越来越强烈。

(二)移情类型

根据移情的性质,移情可以分为正移情和负移情两类。正移情主要表现为咨询师对来访者过分热情、爱怜和关怀。负移情主要表现为咨询师对来访者的敌视、厌烦和憎恨。无论正移情还是负移情,实际上都是咨询师对来访者所产生的一种自我防御,因此移情对心理诊断工作和后续的咨询工作客观上带来了一定程度的负面影响,阻碍了心理诊断工作的持续深入。

1.正移情

正移情有多种表现,主要的表现是求助者把咨询师当作以往生活中某个重要的人,来访者对咨询师发生了浓厚的兴趣和强烈的感情,表现出十分友好、敬仰、爱慕甚至对异性咨询师表现出性爱成分的心理,对咨询师十分依恋、顺从。出现正移情后,虽然来访者的心理问题逐渐好转但来咨询室的次数却越来越频繁,有些甚至连生活中的大小事都要咨询师给他(她)出主意。正移情下,来访者对咨询师表现出无限信任,对咨询师产生的强烈情感使来访者甚至关心咨询师的衣食住行和家庭生活。例如有的来访者对咨询师产生了正移情后,要求咨询师提供家里的电话号码和住址,希望随时都能找到咨询师。这样的来访者已经将咨询师当作了自己的亲人甚至是父母,模糊了和咨询师的界限。

2.负移情

负移情主要表现为求助者把咨询师视为过去经历中某个给他带来挫折、不快、痛苦或压抑情绪的对象。在心理诊断过程中,来访者把原有的情绪转移到了咨询师身上,从而在行动上表现出不满、拒绝、敌对、被动、抵抗、不配合等。例如咨询师和一个来访者已经进行了长达三个月的治疗,咨询师感觉到来访者的问题已经解决完了,因此和来访者讨论三周以后将结束治疗关系,结果来访者在后面的咨询中表现得越来越生气、不满。这使来访者体会到咨询师即将离开他,勾起了他幼年被父母抛弃的伤心回忆,表现出强烈的负移情。

移情的类别除了上述的正负移情分类方式外,还有直接移情和间接移情两种形式之分。直接移情是来访者明明白白、直接清楚地向咨询师表达自己的体验。例如,我与你聊天感到特别快乐和兴奋,你使我想起了我的……间接移情是来访者间接地向咨询师表达自己的感受,例如,我觉得你真会关心人,我感到很幸福。

(三)移情与依赖的区别和联系

咨询师要学会区别移情与情感反应等的区别与联系,也要学会区别移情与依赖。

移情与依赖有相似之处,移情中多有依赖,但两者又有明显的区别。

(1)依赖主要是一种信任,而移情更是一种好感。依赖是来访者将咨询师当作自己依附的对象,具有高度的信任感,而移情是一种感情的转移,把对其他人的感情转移到了咨询师身上。

(2)依赖是寻求现实的帮助,而移情是弥补过去的感情。依赖者更多的将自己的现实困难寄希望于被依赖者,希望他帮助解决,如可以向对方借钱等。移情则更多是精神层面的交流,将既往未曾得到满足的情感寄托给目前的心理咨询师。

(3)依赖者多在遇到困难时来寻求帮助,而移情者则时常想见到咨询师。依赖者是在自己遇到实际的困难如没有钱继续上学,生了病需要住院等情况下寻找对方,让对方给自己出主意,想办法;移情者在感情上的转移却是一旦发生即每时每刻存在,无论对方是否在自己面前,如一个来访者已经把自己对已故母亲的情感转移给现在的心理咨询师了,那么无论她是否见到这个心理咨询师,她对该咨询师的类似母亲的眷恋都始终存在其内心里。

(4)依赖者寻求心理依靠,而移情者寻求感情依靠。依赖者更关注的是在关系上能有一个可以依赖的对象,对这个关系的要求是实实在在的,而移情者并不是对一个实体产生需求,而是寻求感情上的一个慰藉,让自己未得到充分满足的感情能有一个新的依附对象。

(5)依赖者的对象是现实的目标,而移情者是寻找替代物。依赖者一旦找到被依赖对象,这就成为其具体的目标,而移情对象只是一个中介体,换句话说,只是情感的投注体,与实体无关。比如将对方移情为自己的母亲,这个对象可能与自己真实的母亲的形象相差十万八千里,甚至可能对方还是一个男性,这都无所谓,最重要的是他让这个来访者在他身上找到了妈妈的感觉,成了其母亲的替代物。

(6)依赖者对咨询师的感情色彩淡,而移情者对咨询师的感情色彩浓。依赖者依托的是实体,看重的是实实在在的本人,感情色彩平淡,而移情者投注的就是感情,所以一旦移情,感情色彩就非常浓厚。

(四)产生移情的心理机制与功能

移情的形成基础是来访者幼儿期在与双亲或其他重要的人际关系中存在的未能处理妥当的问题。发生移情时,来访者过去未曾解决的问题会使他们对咨询师的知觉和反应方式产生变形。这些未解决的问题根源于来访者过去的人际关系,而现在又直接指向了咨询师,表现出来就是移情。

移情具有一定的价值功能。一旦来访者解决了由于移情而产生的对咨询师的曲解,咨询师与来访者的关系才会获得极大的改善,这种改善会使来访者对咨询师表现出更多的信任。通过解决移情问题,来访者对自己的过去有更加深刻的认识和领悟,这就是移情的价值功能。移情是治疗过程中的过渡症状,咨询师应鼓励求助者继续宣泄自己压抑的情绪,充分表达自己的思想感情和内心活动。求助者在充分宣泄情绪后,会感到放松,再经咨询师的分析,得以领悟后,心理症状会逐渐缓解。但移情也具有一定的阻碍功能,不论是哪一种移情,由于它很容易对咨询师形成固定的情感偏好,从而造成认识偏差。同时,由于情感偏好强化了来访者对心理咨询师的自我防御机制,也就阻碍了来访者与咨询者真诚的、自然的沟通,从而扰乱了心理诊断过程中所建立起来的同盟关系。

(五)移情的处理和对待

移情被认为再现了求助者以前尤其是儿童时期生活的某种情感,这种情感长期被压抑着而无处释放,甚至成了心理问题的一个"情结"。求助者把咨询师当作以往生活环境中和他有重要关系的人,把曾经给予这些人的感情置换给了咨询师,借咨询师宣泄了积压的心理能量,从而有助于心理平衡。

出现移情是心理诊断过程中的正常现象。透过移情,咨询师可以更好地认识来访者,并运用移情使对方的情绪宣泄,引导对方领悟。比如,可以分析求助者为什么会对自己或自己的言行反感,或者有特殊的好感,"你好像不太喜欢我刚才的……""你能否告诉我,为什么你喜欢我?"求助者也许会说,之所以不喜欢是因为咨询师说话的语气像他那整天爱唠叨的母亲,咨询师问话的方式像那位刚刚与自己离婚的丈夫,咄咄逼人,让人喘不过气来,或者咨询师像自己日夜思念的但已离世的爱人、恋人、亲人,像自己敬爱的领导和老师,像自己暗恋的对象,等等。求助者有时自己也不知道为什么,但经深入询问,一般都能明白其中的原因。

如果求助者对异性咨询师产生正移情,咨询师不必害怕,应当婉转地向对方说明这是心理诊断与咨询过程中可能出现的现象,但这不是现实中正常的、健康的爱。咨询师要有策略地、果断地、及早地进行处理,将其引向正常的诊断关系上来。有策略地处理是指咨询师在处理移情过程中不要伤害求助者的自尊心,果断地处理是指咨询师让求助者知道咨询师明确、坚决的态度,及早地处理是指咨询师要早尽发现,尽早采取明确态度。对移情如果任其发展,不但会干扰正常诊断工作的进行,还会带来麻烦。至于别有用心地利用求助者的不健康心态下的感情以达到某种目的,是一种严重违反心理咨询职业道德的行为。如果咨询师觉得自己难以处理移情现象,可以转介给别的咨询师。

(六)移情的表现

来访者所表现出来的移情频度较多的是:依恋、恋爱情感和两面情感。

1.依恋

人都有依恋、依赖的感情,这种感情不分年龄、学历、教养程度或人种而存在。有的时候,这种感情可以作为双亲的代偿而转移到咨询师的身上。但是,并不一定说所有的依恋都是不好的,如希望依存于父母(不想被遗弃),所以就好好听话,并长大成人。同样,依存于咨询师,就能听进咨询师的建议。如果没有依恋的话,可能也就不会来咨询。所以从某种程度上讲,依恋是来访者的成长过程中不可缺少的体验。

2.恋爱情感

移情表现比较多的另一现象是恋爱情感问题。“老师,我喜欢你”“你也爱我吗?”“我想和你保持私人交往”等就是一种接近恋爱情感的例子。如果咨询双方是同性的话,会产生一种类似于朋友关系、亲子关系或同胞关系的情感。

对这样的一些情感并不是说咨询师必须给予解释,也不是必须让来访者从中解脱出来。充分利用这样的阳性转移,有时则可以深入问题的本质。所以说,这种爱的情感也存在着程度的问题,如果这种情感可以促进来访者的心理成长的话,就没有什么特别的问题;如果这种转移的程度过强、转移量过多的话,就可能成问题了。

3.两面感情

移情表现频度较多的第三种现象是两面感情,如爱与憎、想接近又想回避、相信又不相信这样的相反感情的同时转移。如果咨询师能比较妥当地处理好来访者的移情的话,即不产生对抗移情并让来访者意识到移情,来访者就可以从不安和罪恶感中解放出来,并更加信赖咨询者,从而通过移情获得一种新的成长。

第七章

心理诊断的症状学基础

心理诊断必须要具备常见的心理异常的症状学基础知识。这是心理诊断工作者必备的基础知识。心理诊断工作者了解这些知识，在诊断上就可以进行识别、鉴别和确认工作：识别出心理正常与异常状态，鉴别精神障碍和非精神障碍，确认来访者是否是心理咨询和治疗的工作对象。症状学的知识涉及非常广泛，但可以从心理过程的角度进行系统分析和理解。从心理过程来看，心理症状可以分为认知症状、情感症状以及意志行为症状三个方面。

第一节 认知症状

认知过程是获取信息和加工信息的过程,这个过程具体包括感知、思维、记忆、言语和智力等多个方面。因此,要了解来访者的认知症状就可以遵循认知过程包含的成分来逐一解读。认知症状主要包括感知症状、思维症状、记忆症状和智力发育以及自知力障碍四个方面。

一、感知症状

(一)感觉症状

1.感觉过敏症状

感觉过敏症状是由于病理性或功能性感觉阈限降低,出现对外界低强度刺激的过强反应。具有这种症状的人对外界各种一般强度的刺激如光、声等出现不适感,对它们的感受性增高,表现出不能忍受的现象。在神经症或感染后虚弱状态的患者身上更容易表现出这种感觉症状。请看下面的案例:

某女,20岁,某大学政治系二年级学生,表现出每天晚上睡觉前对温度、光线、说话声、噪声等刺激特别敏感的现象,而且难以入眠。她无法忍受平时同学出入寝室时的关门声,在她听来就像巨大的雷声;她对同学进出寝室的脚步声也不能忍受,觉得像阅兵式时多人一起踏下的巨响声;她对寝室的灯光也不能忍受,认为太过刺眼,让自己睁不开眼睛。对此,她感觉很苦恼。

从以上案例可以看出,来访者对关门声、脚步声和灯光等过度敏感,以致严重影响了学习和休息,这是感觉过敏症状的表现。

2.感觉减退症状

又称感觉抑制。这种症状与感觉过敏恰恰相反。具有这种症状的患者由于病理性或功能性感觉阈限增高而对外界刺激的感受性下降,表现出感受迟钝的现象。患者对强烈的刺激不能感知或感觉轻微。在抑郁状态、木僵状态、意识障碍和患神经系统器质性疾病时常常有感觉减退症状。

3.内感性不适症状

这种症状具体表现为躯体内部性质不明确、部位不具体的不舒适感,或难以忍受的异常感觉。这种难以忍受的异常感觉最明确的特点是难以表达,患者往往描述不清。可能也会产生牵拉、挤压、撕扯、转动、游走、溢出、流动、虫爬等特殊感受,但这种特殊感受的部位不明确,描述不清楚。患者伴有焦虑、不安,常常会产生疑病观念,典型的有癔症球和癔症盔。癔症球患者感觉喉头梗阻,似有东西在咽喉部爬动,咽不下,吐不出,但检查无任何东西。癔症盔患者感到头部紧压不适,似带了紧箍的帽子。内感性不适症状在精神分裂症、抑郁状态、神经症和脑外伤后综合征患者身上更常见。在心理诊断实践工作中,我们特别要注意内感性不适和内脏幻觉的区别。两者最重要的区别是尽管都会出现牵拉、挤压、撕扯、转动、游走、溢出、流动、虫爬等特殊感受,但是内感性不适的这种感受定位不明确,患者不能清楚和具体地描述,而内脏性幻觉定位明确,患者能给予具体的描述。其次的区别是内脏幻觉往往很荒谬,例如病人认为自己的肾脏烂掉了,肝脏烂掉成粉末了,等等。医生一听就不可能。而内感性不适常常让人可以理解,甚至相信这种现象是存在的。例如病人感到胃部不适,这时医生往往先怀疑是胃病。请看下面的案例:

某女,48岁,高中文化,已婚,事业单位内退人员。失眠,情绪低落3个月,伴有想死念头一周,由儿子陪同前来。求助者是在半年前内退的。刚开始还可以,慢慢地就觉得生活没有意思,很无聊。想打电话给朋友们,但是大家都在上班,没空搭理自己。儿子在工作也很忙。晚上睡不着,有时只睡3~4个小时,心情也越来越差,做事没精力,对什么事都没兴趣。但近半个月来越来越瘦,吃饭没胃口,还说胸口被东西堵牢了,吃不下,人也瘦了好几斤。还说生活没意思,表情忧伤,有时还哭泣。

从上面案例中的资料可以看到,来访者近半个月来出现了内部性质不明确、部位不具体的不舒适感,胸口被东西堵牢了,而且难以忍受。如果排除器质性的病变,则属于典型的内感性不适症状。

4.感觉倒错症状

感觉倒错症状在感觉症状中很少见而且仅限于浅层感觉。有这种症状的患者把热觉误认为冷觉,非疼痛性刺激诱发出疼痛感觉等。出现对外界刺激产生与正常人不同性质或相反的异常感觉。如棉球轻触皮肤反而产生麻木感或疼痛感。在一些癔症患者中可见此症状。

（二）知觉症状

1. 错觉

错觉是指将客观事物看错了而出现的对客观事物的歪曲知觉，也就是实际存在的事物被歪曲感知为与实际完全不相符合的事物。错觉的出现是有条件的，条件具备，必然产生。同时，错觉的产生具有固定的倾向。在理解错觉时一定要与幻觉进行区分。幻觉是在没有现实刺激作用于感觉器官的情况下所出现的知觉体验，是一种虚幻的知觉。幻觉和错觉的主要区别是：幻觉是把无看成有，而错觉是把有的事物看错；错觉是一种错误的感知觉，幻觉是一种虚幻的不存在的感知觉；错觉多见于正常人，而幻觉多见于精神病人。

正常人的错觉是偶然出现的，一般通过验证，能很快被纠正和消除，例如"杯弓蛇影，风声鹤唳，草木皆兵"都可以通过重复观察或实践纠正。

病理性的错觉，患者深信不疑，不能接受现实检验，如有的患者把大便池里的稀便看成芝麻酱。意识障碍时出现的错觉带有恐怖色彩，如传染病中的高热或中毒性疾病中的谵妄状态。

2. 幻觉症状

幻觉是无对象性的知觉，感知到的形象不是由客观事物引起的。幻觉是一种很重要的精神病性症状。对幻觉，依据不同的分类标准可以获得不同的理解。

（1）按照感受器官来分

根据感受器官的不同，幻觉可分为幻听、幻视、幻嗅、幻味、幻触和内脏性幻觉。

其他种类的幻觉较少出现，临床上最常见的幻觉是幻听，排在第二位的是幻视。

幻听包括言语性和非言语性的幻听。实际上言语性幻听比非言语性幻听更常见。

言语性幻听可分为命令性幻听、评论性幻听、争论性幻听三种形式。请看下面的案例：

某女，17岁，高三学生。她跟班主任说，上课时听到坐在最后一排的男生说话，在评论自己，多是些坏话。如长得丑，不可一世，还有不堪入耳的猥亵语言。下课找他们算账时，同学们觉得她不可理喻。自认为确有其事，不承认有病。

在该案例中，来访者听到坐在最后一排的男生说话，在评论自己，多是些坏话，这是来访者出现了评论性幻听。

幻视是指所见物体缺乏具体形态和明确结构，又叫作原始性幻觉。如见到闪光、火花等。

幻嗅是指患者嗅到的异味感。如尸臭、轮胎烧焦后的气味等。

幻味是指患者在食物或水中尝到某种特殊的怪味道。

幻触是指患者感到皮肤或黏膜上有虫爬、针刺、电灼等异常感觉。

内脏性幻觉是指患者躯体内部有性质明确、部位具体的异常知觉。如感到某一内脏在扭转、穿孔或感到昆虫在器官内爬行等。这类幻觉常与疑病妄想、虚无妄想结合在一起。精神分裂症患者的内脏幻觉常表现出感到体内有液体在流动,某一个内脏器官有明显的异常,如肺叶在扇动等。男患者可有精液被吸走感,女患者常出现生殖器官烧灼感。更年期抑郁症的内脏幻觉常与虚无妄想和疑病妄想联系起来,对自己躯体方面的细微感觉极为敏感,认为只剩下有形无实的一具躯壳,内脏腐烂,骨骼已断裂,血液枯竭,焦虑万分,惶惶不可终日。脑动脉硬化性精神病患者的内脏幻觉感到肢体内有许多小虫子在爬、咬,并吸他的血。可生动描绘出虫子的大小和形状,可继发疑病和被害妄想,妄想内容多不系统,并随幻觉变化而变化。请看下面的案例:

患者李某,男,33岁,大学毕业,已婚。患者无明显诱因出现睡眠困难,言语异常,说自己将在生日那天死去,死后变成狗。病人为此感到恐惧,怀疑所吃的食物中有使他变成猪的东西,因此常常拒食。后来,又感觉自己腹腔中有蛇和鸭脖子,并感到蛇在腹中窜动,难以忍受。

以上案例中患者感到腹腔中有蛇和鸭脖子,并感到蛇在腹中窜动,这种具体而明确的幻觉是典型的内脏幻觉症状。

(2)按幻觉体验的来源分类

按幻觉体验的来源分类有真性幻觉和假性幻觉。真性幻觉是指患者的幻觉形象清晰、生动,位置精确,与客观事物一样,并引发相应的情感和行为反应。例如,觉得有人跟自己讲话,或者有个喇叭对着自己广播,有人在几公里外,甚至是千里之外的老家跟自己说话,等等。

假性幻觉是指幻觉形象模糊、不生动、位置不精确,与客观事物不一样。它产生于患者的主观空间(如脑内、牙齿内),叙述幻觉不是通过相应的感觉器官感知到的,如患者说闭上眼睛能看到人像,不用耳朵,用脑子也能听到声音。请看下面的例子:

某女,28岁,未婚。近半年来觉得脑子里有一个男子在说话。而且觉得自己的行为受脑中说话的男子控制。多次,脑子里的人命令她要穿得花里胡哨,还叫她捣毁人家的房子。买东西时,脑子里的人不让她思考,以致她不能算账。

该案例中,患者近半年来觉得脑子里有一个男子在说话,这种幻听产生在主观空间的大脑内。这是一例典型的假性幻听。

(3)按幻觉产生的特殊条件分类

按幻觉产生的特殊条件可以分为功能性幻觉、思维鸣响、心因性幻觉。

功能性幻觉是指在某个感觉器官处于功能活动状态的同时出现的幻觉。功能性幻听与正常知觉同时出现、同时存在、同时消失，两者互不融合。如患者在看电视时，同时听到骂他的声音，关闭电视便听不到骂到他的声音。功能性幻觉多见于精神分裂症，有时见于气功所致精神障碍或其他精神障碍。

思维鸣响或思维回响是特殊形式的幻觉。表现为患者能听到自己所思考的内容。思维鸣响多见于精神分裂症。

心因性幻觉是强烈的精神刺激引发的幻觉。例如，在迫切期待的情况下，可听到敲门声、说话声。例如，一个母亲突然失去儿子，悲痛万分，有时会听到儿子在同她讲话等这都是心因性幻觉的典型例子。心因性幻觉出现的时间一般不会太长，随着环境的变化，经过适当的心理治疗便会痊愈。在应激相关精神障碍和癔症中容易出现心因性幻觉。

（三）感知综合症状

1.视物变形症

视物变形症患者感知客观事物的个别属性，如大小、长短、远近时产生变形。该症状分为视物显大和视物显小症，统称为视物变形症。请看下面的案例：

一位患者看到他爸爸的头变得很大，耳朵像大象的一样大，鼻子却小得只剩下两个窟窿眼儿。脖子长得就像长颈鹿的脖子，整个脑袋好像摇摇欲坠似的，一见到就感觉很可怕。

在以上案例中患者看到客观事物的大小改变了形状，这就是视物变形症。

2.非真实感

非真实感患者觉得周围事物像布景、水中月、镜中花，人物像是油画中的肖像没有生机。非真实感可见于抑郁症、神经症和精神分裂症。请看下面的例子：

某男，高三学生。为了准备高考，高度紧张，夜以继日地看书、写作业。最近出了一种怪毛病，只要坐在那里超过一个小时，他的头就开始发晕，继而感到精神恍惚，于是眼前的一切景象都发生了“画”一样的变化，比如看教室墙上画，老师在讲台上讲课以及窗外射进来的阳光，等等，都好像是一幅静静的油画，这时便产生“身临其境”的感觉，似乎他就在此画中。和爸爸妈妈一起吃饭，有时父母说些家常话，他总竖着耳朵好像听隔壁邻居讲话一样。和别人讲话有如与之相距十米开外，听音远得很。

该案例就是一种以非真实感为表现形式的感知综合症状。

3.窥镜症

窥镜症是患者认为自己的面孔或体形改变了形状,自己的模样发生了变化,因而在一日之内多次窥镜,故称为窥镜症,可见于精神分裂症和脑器质性精神障碍。请看下面的例子:

某男,17岁,高三学生。一个月来开始随身带着小镜子。一开始下课时照,在家里照。后来上课时也照,走路时也照,简直放不下镜子。同学问他,他说自己的脸最近发生了变化,自己的脸形变得非常难看,头型变得不规则,上小下大,像个柚子;嘴巴越来越尖了,鼻孔不对称,向左歪了。同学经常提醒他没有像他说的那样,他开始觉得的确是自己夸张了,可过不了多久,又觉得变成那样了。

该案例中,患者认为自己的面孔改变了形状,自己的模样发生了变化,因而在一日之内多次窥镜,是典型的窥镜症表现。

二、思维症状

思维症状的临床表现多种多样,通常将思维症状分为思维形式症状和思维内容症状两种类型。

(一)思维形式症状

思维形式症状包括思维联想症状和思维逻辑症状。常见的思维症状如下:

1.思维奔逸

思维奔逸症状直接观察到的表现为口若悬河、滔滔不绝、词汇丰富、语量多、语速快、诙谐幽默。因此,思维奔逸是一种兴奋性的思维联想症状,主要特征为思维活动量增加和思维联想速度加快。患者自诉脑袋转得快、脑子反应灵敏。谈话内容经常出现音联、意联和话题随境转移的特点。

音联是指在患者的言语中,上下句之间只因词语的同音或押韵就随意地连接,而不顾意义上是否关联。

意联指只因词句意义相关或字义相通而不管上下句之间是否有内在逻辑关系就任意地联结起来。

话题随境转移是指说话的主题很容易变动,常常一个问题未说完,接着就转移到另一个话题上去,主题可以随着当时周围环境中所发生的变化或出现的新情况而转移。多见于躁狂状态或情感性精神障碍躁狂发作。请看下面的例子:

某女,50岁,双相障碍躁狂发作。在查房时,患者问医生姓名。医生告诉她姓李。患者听到后说:“啊,十八子,十分佩服。子曰‘学而时习之’。向白衣战士学习,向白衣战士致敬。”这时走进一个其他病房的医生,患者的注意力立即被他吸引,并自言自语地说:“他来干什么?我熟悉这儿,我可以帮到他。”患者离开医生,欲走向这个陌生医生之前,连声说:“抱歉,抱歉,我得问问他姓什么。”

从这个案例中可以看到,来访者出现了明显的音联、意联和话题随境转移的特征,语速快,是典型的思维奔逸症状。

2.思维迟缓

与思维奔逸相反,思维迟缓症状是一种抑制性的思维联想症状。临床表现主要是思维活动显著缓慢、联想困难、思路阻滞、思考问题吃力、反应迟钝。患者语量少、语速慢、语音低沉、对问题反应迟钝,回答问题十分困难,拖延很久,难以出口。在再三重复和催促下才能回答,内容也很简单。患者常诉说自己脑子变得笨拙和迟钝,脑子里好像一团糨糊似的。患者常说“脑子不灵了”,虽然患者非常努力,但学习和工作效率很低。概念在脑子里停留很长时间不能顺利表达出来,因此写发言稿,经过很长时间还是写不出来,常为此苦恼。在抑郁状态或情感性精神障碍抑郁发作中更容易出现此症状。

3.思维贫乏

思维贫乏指患者思想内容空虚,概念和词汇贫乏,联想数量减少,患者体验到脑子空洞无物,没有什么东西可想,对一般性的询问往往无明确的应答性反应或回答得非常简单,回答“不知道”或“没有什么”。表现为沉默少语,谈话言语空洞单调或词穷句短,但回答时的语速并不减慢。患者平时很少主动讲话,被询问时则回答:“没有什么要想的,也没有什么可说的。”严重的患者可以什么问题都回答“不知道”。思维贫乏、情感淡漠、意志缺乏三项症状是构成精神分裂症的基本症状。思维贫乏,多见于精神分裂症状或器质性精神障碍痴呆状态。在心理诊断工作中,关键是要区分思维贫乏和思维迟缓症状。思维贫乏表现出语速正常,但内容量少;而思维迟缓则语速减慢,但内容量正常。这是思维贫乏和思维迟缓症状的鉴别要点。

4.思维松弛或思维散漫

思维松弛也是思维联想症状。患者的思维活动表现为联想松弛,缺乏主体,内容散漫,一个问题与另一个问题之间缺乏联系。患者说话或书写时,每一句话结构完整,可以理解,但整段话或书写内容没有中心思想,各段上下文之间缺乏联系,患者对问题的叙述不够中肯,也不很切题,缺乏一定的逻辑关系,不明其主题及用意。给人的感觉是“答非所问”,与其交谈有一种十分困难的感觉。这些都是精神分裂症的早期症状。在理解思维散漫症状时要注意与病理性赘述的区别:典型的思维散漫是说不了几句就离题,再也回不到主题上,最终没有回答医生的问题;而病理性赘述的回答开始离题较远,在叙述过程中越来越近,最终能回答医生的问题。医生对思维散漫的感受是期望—失望—再期望—再失望,对病理性赘述的感受是越听越不耐烦。请看下面的案例:

思维散漫病人讲话时每几节链条就有一节断开。如病人说:“我喜欢绿色,绿色代表湖水,代表抑郁。我家住的平房,过道上的红灯代表鬼火,对面有一座山。(掉一节)有人喜欢我,就像一个小铃铛,一个铁犁头恶搞,我的鼻子被搞得滴血。(又掉一节)有件衣服有尿,但不是我的尿,我不会那样没有自理能力。(又掉一节)包括现在有人跟踪我,你知道权钱交易吗?”

从以上案例可以看出,这类病人整个讲话没有一个核心主题。但每个句子的结构是完整的,而且意思也基本明白。但是连起来之后就无法理解了。句子与句子之间缺乏逻辑关系,不明其意,这就是典型的思维松弛的症状。

5.破裂性思维

破裂性思维是思维联想症状。较思维散漫严重,句与句无联系,仅保留词与词的联系,使人不知所云。患者在意识清楚的情况下,思维联想过程破裂。患者在言谈或书信中,其单独语句在语法结构上是正确的,句子结构完整。语句之间缺乏内在意义上的连贯性和应有的逻辑性,主题与主题之间缺乏联系。旁人无法理解其意义,病人对自己的联想过程中的破裂性毫无察觉。思维破裂是精神分裂症的典型表现,对精神分裂症的诊断有重要参考价值。思维破裂和思维奔逸不会同时出现。严重的思维破裂会出现语词杂拌现象,即言语支离破碎,个别词句之间也缺乏联系。请看下面的案例:

医生问:“老蒋,消夜了吗?”

病人答:“吃饭,天要下雪了,小心汽车被碰坏了,夏天必须游泳……”

医生又问:“在医院还习惯吗?”

患者不理睬医生,而是漫不经心地独语:“睡不睡觉有什么关系,月亮比星星亮多了,自古英雄出少年,女人生孩子谁管得了呢?豆腐加工可不是开玩笑的事,你有那么多钱吗?”

上述病人的每一句话的意思都能让人明白,但每一句话之间毫无内在联系。病人的谈话包含大量荒谬离奇的、漫无边际的破裂性思维。

6.思维不连贯

思维不连贯是严重的破裂性思维,是思维联想症状之一。如果语词杂拌是在意识障碍的情况下出现的,这时候的精神症状就是思维不连贯。虽然破裂性思维的语词杂拌和思维不连贯的词语杂拌很难进行区分,但两者临床上的严格区分对诊断非常重要。破裂性思维和思维不连贯的重要区别在于语词杂拌出现时,患者意识是否清楚。思维不连贯多见于器质性和躯体性疾病所致精神障碍。思维不连贯可以表现为段与段的不连贯、句与句的不连贯和词与词的不连贯。

(1)段与段的不连贯

例如,患者说:东边有个毛泽东,西边有个喻座山,以后国家发达,药方要改,否则成卡车的药方,你写不完,晚上再跟你说。三月三,荠菜花煮鸡蛋,吃一个苹果,百病都好。晚上没事跳绳,用蚕丝做线,不会有假。患者这三段话中表现出段与段之间思维不连贯。

(2)句与句的不连贯

一位客人喝醉状态,问旁边的朋友小李:股票今天又跌了?小李正在回答,醉酒客人又问旁边的小王:茅台酒现在多少钱一瓶?好像他已经忘了自己提出的第一个问题,这就是句与句不连贯。

(3)词与词的不连贯

一位谵妄状态的病人,突然不认识家人,说医院是中关村,自语不停:动则那边了,带小孩,跑,杀鸡养太阳,聋人,上代白冲,妈妈,舅舅,姑姑,扎头巾的,外公,外婆,姓尚,有好事,背了书包,带一条腿,带两个手,戴三副眼镜,不要抱,洗衣服。不断在沙发上乱拿东西。

7.思维中断

思维中断又称思维阻滞。患者在意识清晰又无外界干扰的情况下,联想被封锁,思维过程突然出现中断,思维变成空白,病人感到脑中的思维突然没有了,停顿片刻再开口时已经换成另一个全新的思维内容。这种中断不是为推敲措辞而另有所想。表现为患者说话时在明显不应该停顿的地方突然停顿,片刻后又重新说话,但所说内容不是原话题。思维中断的发生是不自主的,不受患者意愿的支配,有患者在回答医生对这种现象提问时说“当时我心里明白,但脑子里一片空白”。对于尚有一定自知力的患者来说,这是一种恐怖的体验,患者感受到思维被外力“吸去了”,“夺走了”,这种患者有当时的思维被某种外力抽走的感觉,则称作思维被夺。思维被夺只是患者对思维中断的妄想性解释。思维中断的特点有不自主性、意外性、内生性。有的病人形容为“脑子突然部分停电,一停电什么信息都没有了”“脑子像机器停了一样,像死机了一样”“正在想问题,问题突然掉了,像突然陷下去一样”。病人跟人家讲话讲到一半时,脑子突然一片空白,这时思维中断反应可能有三种:一是不讲了;二是改为别的话敷衍;三是问“等一等噢,刚才讲到哪里了?”。多见于精神分裂症。

8.思维插入

思维插入是患者在思考过程中突然出现一些与主题无关的意外联想,患者对这部分意外联想有明显不自主感,感到这种思想不是属于自己的,不受他的意志所支配,是别人强行塞入其脑中的。思维插入可理解为片段的强制性思维。思维插入的特点具有不自主性、意外性和内生性。仅少数是外源性的思维插入。思维插入是发作性的,不是持续性的。由于插入内容不是自己想的内容,与思维前后内容不相关联,所以事后难以记住。思维插入的干扰程度取决于插入的次数,偶尔插入一个想法,对无焦虑的病人干扰不大,对有焦虑的病人则可能干扰其思考。如果插入想法虽为间断性,但较频繁,即使无焦虑的病人的思考也会受到干扰。有时,病人对思维的插入会表现出妄想性解释。例如有病人解释,我的思维是钢琴师用键盘控制的,他在键盘上敲一个键,一项思维就输入我的脑中,再敲一个键,就把我的一项思维从脑中删除。这种思维插入是外源性的。思维插入与闪回是不相同的。闪回内容是与精神创伤有关的不愉快情节,具有鲜明的情感性,是内生的,而思维插入的内容与自己毫不相干,不具有鲜明的情感性,可以是外源性的。比如清醒时突然没头没脑地冒出"大炮打蚊子"。思维插入多见于精神分裂症。

9.思维云集

思维云集又称强制性思维,是指一种不受患者意愿支配的思潮,强制性地大量涌现在脑内,内容往往杂乱多变,毫无意义,毫无系统,与周围环境也无任何联系。这些内容往往突然出现,迅速消失。强制性思维是第一个插入的思维把正常思维挤走,第二个插入的思维又把第一个插入的思维挤走,第三个插入的思维又把第二个插入的思维挤走,如此快速地进行下去。病人说"感到自己的思维像坐在高速列车上一样,窗外的新景物一个个不断地快速送到眼前,又迅速逝去,由于思维变换速度太快,使人目不暇接";"想法一个接一个地不断往外冒,情景转换快到一瞬即逝,快到来不及看即过,情景是想到不是看到";"想得又多又快,思维密集",且插入的思维之间毫无关联,故诉脑子乱。有的患者说:"这些乱七八糟的思维出现,就像夏天天空中的云彩一样,突然乌云密布,突然乌云消失,又见阳光。"多见于精神分裂症,也可见于脑器质性精神障碍。

强制性思维与思维插入、思维被夺是有区别的。思维插入、思维被夺时,患者还有属于自己的、受意愿支配的思维活动。而在强制性思维时,患者认为他的思维活动已经完全不受自己意愿的支配,已经没有属于自己的思维活动了。

10.病理性赘述

病理性赘述是患者在与人交谈过程中不能简单明了、直截了当地回答问题,谈话过程中夹杂很多不必要细节。患者并不觉得自己说话啰唆,反而认为这些都是其认真交谈和回答问题时必不可少的。患者不听劝说,坚持要按他的原想法把话讲完。患者在讲了很多完全可以省略的谈话内容以后,最后终于讲出本次谈话主题和中心思想。多见于脑器质性精神障碍。请看下面的案例:

某男,52岁,某大学后勤人员。当朋友问"你的儿子干什么工作的?"时,病人回答:"我的一儿两女经常给我来电话,我的大女儿很优秀,她是单位的领导,人很善良。小女儿很时尚,很新潮。她在读研究生,学校在重庆,坐飞机都要三个小时。儿子刚结婚了,喝喜酒时来了很多朋友和领导。儿媳妇脾气不怎么好,是个山东人,总是很霸道,很喜欢教育人。她是教师。我儿子搞交通运输,是个公交车司机。"

从上面案例可以看到,当问及儿子是干什么工作的问题时,实际上可以直接简明地回答,但患者却绕了很多内容最后才回答是司机。这就是典型的病理性赘述症状。

11.病理性象征性思维

病理性象征性思维属于概念转换。患者主动地以一些普通的概念、词句或动作来表示某些特殊的、不经患者解释旁人就无法理解的含义。如某患者经常反穿衣服,以表示自己"表里合一、心地坦白"。如病人认为一丝不挂代表光明磊落。再如某患者说:"因为暖气片是工人阶级制造的,我决心和剥削阶级家庭划清界限,永远和工人阶级在一起。"这一症状反映出形象概念与抽象概念之间的联想障碍,即患者混淆了具体的形象概念(衣服、暖气片)与抽象概念(表里合一、工人阶级)之间的界限。常见于精神分裂症。正常人可以有象征性思维,如"红旗是用烈士的鲜血染成的"。这种象征以传统和习惯为基础,彼此能够理解,而且不会把象征当作现实的东西。请看下面的案例:

来访者,男,34岁,精神分裂症。2个月来多次撞向汽车轮胎,他解释说这样做是为了投胎,重做新人。有时将左腿放在右腿上,有时将右腿放在左腿上,有时双手捧着肚子或抱着头。他解释说,左腿代表依靠群众,右腿代表克服困难;左腿放在右腿上代表依靠群众克服困难,右腿放在左腿上则代表克服困难依靠群众。双手捧着肚子代表保护人民,抱着头代表保护领导。

该案例中轮胎的意义和左右腿的意义,病人不解释,正常难以理解。所以这是典型的病理性象征性思维症状。

12.语词新作

语词新作指概念的融合、浓缩以及无关概念的拼凑。患者自创一些新的符号、图形、文字或语言并赋予特殊的概念。有时把几个无关的概念或几个不完全的词拼凑成新词,以代表某种新的概念或新的含义。如病人自创字"ㅓ ㅏ"代表离婚。也有病人自创“%”代表离婚。再如患者自创“犭市”字,代表狼心狗肺。该症状多见于精神分裂症青春型。

13.逻辑倒错性思维

逻辑倒错性思维以思维联想过程中逻辑性的明显障碍为主要特征,患者推理缺乏逻辑性,推理过程十分荒谬,既无前提也无根据,因果倒置,离奇古怪,不可理解。尽管如此,患者依然坚持己见,不可说服。如患者说:“因为电脑感染了病毒,所以我要死了。”可见于精神分裂症和偏执狂等。请看下面的案例:

某男,23岁,精神分裂症。患者高中毕业后长期休息在家,和父亲两人相依为命,相处较好。半年来认为父亲要害自己,并出现一些稀奇古怪的想法。患者说:“我认为同性相吸,异性相斥,由于2012年转换到2013年对地球的磁力发生改变,这种磁力影响了我爸爸,使爸爸对我的态度发生改变,爸爸现在疏远我。”

该案例中患者说:“我认为同性相吸,异性相斥,由于2012年转换到2013年对地球的磁力发生改变,这种磁力影响了我爸爸,使爸爸对我的态度发生改变,爸爸现在疏远我。”这主要是逻辑倒错性思维的症状。

(二)思维内容症状

思维内容症状主要包括妄想、强迫观念和超价观念等三种类别。其中妄想的表现形式最为复杂,症状类型最多,在心理诊断中具有重要的价值。

1.妄想

妄想的思维内容脱离现实或思维逻辑背离客观事物的规定性,并且患者坚信不疑,是一种脱离现实的病理性思维。妄想具有三个特点:第一,以毫无根据的设想为前提进行推理,违背思维逻辑,得出不符合实际的结论。第二,对荒唐的结论坚信不疑,不能通过摆事实讲道理进行知识教育以及自己的亲身经历来纠正这种荒唐结论。第三,具有自我卷入性,以自己为参照系。妄想内容的核心完全涉及自我,如“我不得了”“他人要杀我”“我有罪”“他喜欢我”等。如内容的核心不涉及自我,就算是一些没有依据的且荒谬离奇的想法,也可以不视为妄想。

临床上妄想的主要类别有:关系妄想、被害妄想、特殊意义妄想、物理影响妄想、夸大妄想、自罪妄想、疑病妄想、嫉妒妄想、钟情妄想、内心被揭露等等。

(1)关系妄想

关系妄想又称牵连观念、援引观念,是患者把实际与他无关的事情,认为与他本人有关系。如患者认为电影是在演他的事,认为网络上的内容是在影射他,认为广场上陌生人之间的谈话是在谈论他,别人的笑容和生气的表情是在针对他,因而拒绝出家门，拒绝去上班。关系妄想的内容多数对患者不利，常发生于被害妄想之前或与之同时发生。关系妄想症状多见于精神分裂症。请看下面的案例：

李某，女，22岁，研究生二年级学生，无躯体不适。李某刚入学时成绩挺好，研究生一年级时，有时发现她总是不合群，躲着同学，后来常和他人吵闹，说同学谈话、眨眼睛是专门针对她，是故意侮辱她，后来就休学了。半年后回到学校，同学发现她和别人吵架较多，建议她来做心理咨询。李某很不情愿，最终在爸爸的陪伴下，勉强前来咨询。

从上面的案例可以看到"研究生一年级时，有时发现她总是不合群，躲着同学，后来常和他人吵闹，说同学谈话、眨眼睛是专门针对她，是故意侮辱她"，患者把实际上与她无关的事情，认为与自己有联系，这是典型的关系妄想。

(2)被害妄想

被害妄想的患者坚信周围某人或某些团伙对他进行跟踪监视、打击、陷害，甚至在其食物和饮用水中放毒等。病人往往会变得极度谨慎和处处防备，还时常将相关的人纳入自己妄想的世界中。在妄想的控制下患者会表现出拒食、控告、逃跑、伤人、自伤等行为。这样的患者，通常都很紧张。关系妄想和被害妄想的区别还是很明显的，被害妄想具有伤害性或威胁性，而关系妄想主要表现出关联性。被害妄想多见于精神分裂症和偏执性精神病。请看下面的例子：

某女，35岁。来访者于半年前与丈夫感情突然变坏，常失眠感到全身不适，认为是丈夫在汤里放了毒药暗害她，因此，吃饭时总是让丈夫先喝汤后再吃。一次，她在喝汤时和丈夫换碗，并说"试验试验你"，之后又看着小狗哭起来，说"幺儿，妈舍不得你呀！"认为豆腐中有辣味，汤里放了药，使她腹痛。

以上案例中，患者感到丈夫害自己，这是典型的被害妄想症状。

(3)特殊意义妄想

特殊意义妄想的患者认为周围人的言行、日常的举动不仅与他有关，而且有一种特殊的含义。患者可以把小孩玩煮熟的鸡蛋这一行为赋予特殊的意义，就是让自己滚蛋而不悦；他人把削好皮的梨分给患者一半，他会赋予离婚这一特殊的意义从而大怒。请看下面的案例：

某女，38岁，某高校教师。来访者在单位上看见一个教授分核桃给同事，并说："您别看有些核桃大，但是不好吃，这几个小的更好吃些。"她听后心里很不悦，因为她的名字里有"大"字，因此认为教授在同事面前贬低她。教授走后她立即对同事大发脾气。回家看见儿子在吃草莓，而且请自己吃，她一把将儿子手中的草莓拿过来，扔在地上，说："你咒我倒霉是吧？你这个挨千刀的！"儿子再三解释无效。

以上案例中，患者把教授分核桃一事理解为贬低自己，把儿子给草莓吃理解为咒自己倒霉,这是典型的特殊意义妄想。

(4)物理影响妄想

物理影响妄想是一种认为自己的思想、情感或身体均被外界力量控制和干扰的病态观念。患者认为自己的思维、情感、意志行为活动受到外界某种力量的支配、控制和操纵,患者不能自主,这被称为影响妄想。如认为这种操纵其精神活动的外力是由某种先进仪器所发出的激光、X射线、红外线、紫外线等就称为物理影响妄想。多见于精神分裂症。请看下面的案例:

某女,38岁。患者1年来始终感到有一种特殊的仪器在控制自己,控制自己的想法、行为和大小便。认为自己处于"完全被控制"的状态。当受到控制时,有紧束感、反应迟钝、头脑难受、不听自己指挥;早晨不让她起床,背部肌肉抽痛,发热难熬,也不允许她料理个人卫生。只有当仪器关掉时,她才感到自己恢复了自由身。

以上案例中,患者感到有一种特殊的仪器在控制自己,这是一种典型的物理影响妄想。

(5)夸大妄想

夸大妄想是以自负、自感伟大或优越为内容的病态信念。夸大妄想的患者夸大自己的财富、地位、能力、权力、聪明才智、美貌、体力、金钱、名誉地位、权势等。患者认为自己有非凡的才智、至高无上的权力和地位,大量的财富和发明创造,或自己是名人的后裔。可见于躁狂型精神病和器质性精神病。轻躁狂病人的夸大多带有不大严肃认真的性质,很难说病人是否坚信,即使是妄想,内容还是现实的。精神分裂症的夸大妄想可以十分荒诞,如病人声称他制造了好几个月亮。器质性脑疾病的夸大妄想内容一般比较简单,随着疾病的发展更是渐趋单调。请看下面的案例:

某男,46岁,在单位收发室工作。来访者的日常工作就是负责收信件和杂志,工作业绩很一般,但经常向同事表露说自己是全国最有影响力的男人,只要读者看到报纸必然会感谢他的工作。他还说自己将要被评为全国劳模和道德模范,为此总理要亲自接见他并给他颁奖。

以上案例中,患者夸大自己,认为"自己是全国最有影响力的男人""要被评为全国劳模和道德模范,为此总理要亲自接见他并给他颁奖"。这是典型的夸大妄想症状。

(6)自罪妄想

自罪妄想又称罪恶妄想。患者毫无根据地认为自己犯了严重错误和罪行,以致国家和他人遭受了不可弥补的损失,甚至自己是罪大恶极,死有余辜,应受惩罚,患者可无中生有地历数自己的罪状,或尽力搜集以前所做的不当的小事,夸大成罪。患者拒食、要求劳动改造、常吃剩饭,甚至自杀。主要见于情感性精神障碍抑郁发作,也可见于精神分裂症等其他精神疾病。请看下面的案例：

某女，29岁，某名牌大学博士生。病人因情绪低落自杀未遂住院，曾在自杀前给家人及男友写遗书，说自己对不起爸妈和男友，自己罪不可恕。在遗书中说自己都快30岁了，还在读书，是拖累家人，还说男友等了自己8年，自己却没有给他什么。不久前手提包掉了，说自己是个败家子，因此需要到公安局自首。

在该案例中患者说"自己对不起爸妈和男友，自己罪不可恕"，还要到公安局自首，这是典型的自罪妄想症状。

(7)疑病妄想

疑病妄想常常是继发于内脏性幻觉的，就是说先有内脏性幻觉——我的肾脏腐烂了，再有疑病——我的肾有病，并对此坚信不疑。疑病妄想的患者毫无根据地坚信自己患了某种严重的躯体疾病或不治之症，因而到处求医，即使通过一系列详细检查和多次反复的医学验证都不能纠正其歪曲的信念。严重的疑病妄想又称虚无妄想，患者认为"内脏已经腐烂了""本人已不存在""只剩下一个躯体空壳了"。内脏幻觉、疑病观念和疑病妄想三者是有区别的。内脏幻觉是知觉，疑病妄想是思维，是对主观体验做出的主观判断。疑病观念主要指患者担心或相信已经或将要患有一种或多种严重躯体疾病，病人诉说躯体症状，反复就医，虽然经反复医学检查阴性和医生解释没有相应疾病也不能打消病人的顾虑。疑病妄想多见于精神分裂症，也可见于更年期和老年期精神障碍。请看下面的案例：

王某，女，32岁，有打牌的爱好，经常找同学打牌。前年冬天，打牌时天气冷，于是边打牌，边烤火。打了半天后突然觉得胸闷气短，发晕。朋友将其送到医院后，检查为一氧化碳中毒，心律不齐。出院后，患者很长时间仍感觉胸闷，常去检查。但是医生总说没大问题。有一次偶然听到其他人随口说了一句："这么年轻就有心脏问题……"就总怀疑医生的诊断结果，认定自己的心脏已经腐烂了，心脏有病，已经无可救药了。这种情况至今已有半年有余，不能正常上班了。

该案例中，患者认为"自己的心脏已经腐烂了，心脏有病，已经无可救药了"，这表明患者出现了疑病妄想。

(8)嫉妒妄想

嫉妒妄想又称奥赛罗综合征，是一种病态型思想。患者坚信配偶对其不忠，有外遇。因此，患者跟踪监视配偶的日常活动，甚至检查配偶的内裤等，想方设法寻找所谓的证据。多见于精神分裂症、酒精中毒性精神障碍、更年期精神障碍。请看下面的案例：

某男，42岁，公务员。患者近半年来坚信妻子有外遇，认为妻子和网友有染，经常打电话探查妻子是否上班。有时到妻子单位门口张望，看到妻子与男同志讲话，回家就要盘问妻子,并要她交代,有时要检查妻子的内裤。哥哥劝患者不要多疑,患者却怀疑邻居和妻子有“暧昧”关系。妻子在厨房烧饭和邻居打招呼,他便认为妻子和邻居眉来眼去,肯定有不正当关系。

从该案例看到,患者近半年来坚信妻子有外遇,采用各种方式跟踪、监视妻子。这表现出典型的嫉妒妄想。

(9)钟情妄想

钟情妄想的患者坚信某异性对自己产生了爱情,而不是指患者本人的单相思现象,即使遭到对方严词拒绝,仍毫不置疑,反而认为对方是在考验自己对爱情的忠诚,反复纠缠不休。钟情妄想这种病态思维,完全是以病者自己头脑中主观形成而与客观实际相脱节为特征的。它有很牢固的信念,通常要经过心理治疗才能动摇和改变它的性质。病人醒悟过来后才会逐渐认清“对方并不爱自己”这一事实。多见于精神分裂症。请看下面的案例:

某男,22岁,大三学生。八个月来常去图书馆看书,发现生物系一女同学也在看书,认为对方对自己有好感。随后,主动写信向这位同学表示爱慕之心,但遭到拒绝,并将信退回。患者认为对方是在考验他,故又多次写信给这位女同学,但对方均未理睬,患者认为对方已默认。一天,这位女生穿了一件白色外套,患者认为对方是在向自己表露爱意。尽管同学告诉患者“对方已有男朋友,她根本不喜欢你”,但患者坚信对方是爱自己的,认为默默相爱是独特的方式,他们不理解。

从以上案例可以看到,患者坚信女同学喜欢自己,尽管对方屡次拒绝,但还是坚信对方喜欢自己,这是典型的钟情妄想症状。

(10)内心被揭露

内心被揭露又称被洞悉感,这类患者体验到自己的思想一出现便会尽人皆知,感到自己的思想与人共享,毫无隐私可言,患者认为其内心的想法或者患者本人及其家人之间的隐私,未经患者语言文字的表达,别人就知道了,为思维扩散。若患者认为自己的思想是通过广播而扩散出去,为思维被广播。虽然病人说不出是怎样被人探知的,但确信已经尽人皆知,甚至搞得满城风雨,所有的人都在议论他。请看下面的例子:

某女,33岁,企业高管。患者坚信自己所有想法别人都知道了。别人一眼就能看出自己的想法,而且还会通过脑电波把自己所想的事传给所有人。逛商场时,商贩都知道自己今天想买什么,都主动向她兜售。到乡村基,她还没有告诉服务员,服务员都知道她想吃什么。因为大家都知道她想干什么,因此她不能有坏主意,否则可能立即被警察侦查到,然后拘留她。

从上面案例可以看到,患者坚信自己所有想法别人都知道了,这是典型的内心被揭露症状。

妄想还可以按照起源分为原发性妄想和继发性妄想两类。原发性妄想是突如其来的,内容不可理解,与既往经历和当前处境无关,具有象征意义的病态信念,找不到任何心理学上的解释,此时病人既无知觉障碍,亦无智能理解障碍。多见于精神分裂症,也可见于癫痫性精神病等器质性病变。如一位精神分裂症女病人无端断定另一个女病人是她已故丈夫的化身。她说:“虽然她的外貌是女的,但是她的灵魂是男的,她的鼻子和我丈夫的一模一样。”

原发性妄想主要分为突发性妄想、妄想知觉、妄想心境三种表现形式。突发性妄想产生得非常突然,找不到任何心理学上的解释,病人突然在脑海中出现大量的没有前因,没有推理,也无法解释的妄想。如有一位患者突然声称家里所有的人都对她施加压力,存心将其置于死地,凭空而来的这些错误的病理性信念使家人感到莫明其妙。妄想知觉是指患者突然对正常知觉体验赋以妄想性意义,如患者和同事们一同外出,大家都看到了前面马路上有一只猫,患者当即说:“我要发财了,奖票很快就会到我手里。”妄想心境是指患者对他所熟悉的环境突然感到气氛不对,周围环境已经发生了某种对他不利的变化,使得患者有某种不祥的预感,而此时患者尚不能明确地说出周围究竟发生了什么对其不利的事情。如患者突然产生一种妄想性情绪,感到周围发生了某种与自己有关的事件。曾有一位患者从外地出差回家,突然感到汽车站的一切都和自己有关,所有的人的一言一行都意味着对自己不利,于是,坚信自己即将被害。如果这种妄想心境未得到及时治疗,就会进一步发展为被害妄想。原发性妄想是精神分裂症的特征性症状,对精神分裂的诊断有重大参考价值。

继发性妄想是指以错觉、幻觉、逻辑推理障碍、情感高涨或低落等精神异常为基础所产生的妄想,或者在某些妄想的基础上产生另一种妄想。如幻觉可引起解释性妄想;情感高涨时由于自我评价过高可继发夸大妄想;抑郁情绪由于自卑自责可引起疑病妄想、罪恶妄想。继发性妄想可以见于很多种精神疾病,在诊断精神分裂症时,其临床意义不如原发性妄想。

2.强迫观念

强迫观念又称强迫性思维,是指某一种观念或概念反复地出现在患者的脑海中。患者自己知道这种想法是不必要的,甚至是荒谬的,并力图加以摆脱。但事实上常常是违背患者的意愿,想摆脱又摆脱不了,患者为此而苦恼。

强迫观念可以表现为反复回忆某些事情的经过(强迫性回忆),反复思索某些毫无意义的问题(强迫性穷思竭虑),反复对高层建筑物的层数进行计数(强迫性计数),总是怀疑自己的行动是否正确(强迫性怀疑),脑中总是出现一些对立的观念(强迫性对立观念)。强迫观念常伴有强迫动作。

强迫观念与强制性思维虽是一字之差,但临床意义完全不同,必须注意鉴别。强迫意向是患者在出现某种正常心理时常出现相反的违背自己内心的意愿,虽然这种相反的意愿十分强烈,但从不会付诸行动。如过马路时,想要冲向正在驶过的汽车等。强迫情绪是患者对某些事物感到厌恶或担心,明知根本无必要却不能克制。例如,担心自己会伤害别人,担心自己会说错话,担心自己受到毒物的污染或细菌的侵袭等。强迫观念多见于强迫症,强制性思维多见于精神分裂症。请看下面的例子:

某女,30岁,酒店收银员,已婚。求助者半年前,由于朋友找她有事,离家时走得很匆忙,忘记锁门。丈夫下班后发现,说了她几句,为此曾经痛哭一场,严重失眠五天。从此以后,每次上班出门,都要反复多次检查家门是否锁上,明知已经锁好,还是控制不住要检查,否则就心慌,总担心"万一没锁好呢?",有时要检查二十遍。近来,每次收钱也要反复检查,为此她十分苦恼,以致无法正常上班。

该案例中出现了反复的、违背自己意愿而且能引起焦虑的观念,属于强迫观念。

3.超价观念

超价观念是一种在意识中占主导地位的错误观念。它的发生虽然常常有一定的事实基础,但是患者的这种观念是片面的,与实际情况有出入。只是由于患者的这种观念带有强烈的感情色彩,因而患者才坚持这种观念不能自拔,并且明显地影响到患者的行为。多见于人格障碍和心因性精神障碍患者。其中疑病观念就是一种典型的超价观念。请看下面的案例:

某男,45岁,半年前因胃炎而住院治疗。药物治疗后,胃炎症状缓解而出院。但自此以后,求助者总认为自己的病还没治好,这些医生很笨,没有检查出其他病。他经常感到头皮发紧,身上有一股阴气存在,认为自己肝脏有病,肾脏有病。经常查看自己的嘴唇是否红润,如果不红,就说明血脉不通,肯定是有疾病存在。情绪紧张,经常照镜子,看自己的嘴唇好不好,有时嘴唇略有不好,就认为自己的病很重了,烦躁焦虑。求助者频繁去医院检查,经过各种检查,并未发现异常,医生的各种劝说,检查的阴性结果,均未能打消求助者的疑虑,求助者坚信自己一定得了什么重病。因此,该患者一直病休在家。

在这个案例中来访者坚信自己得了什么病,这是一种典型的疑病观念,就是超价观念的一个具体例子。

三、注意、记忆与智能障碍

（一）注意障碍

注意不是一种独立的心理过程。感知觉、思维、记忆、智能活动等之所以能够正常进行，均需要注意的参与，因此注意是一切心理活动的属性。注意对判断是否有意识障碍有重要意义。意识障碍产生时总是伴随有注意障碍。临床上常见的注意障碍有注意减弱、注意狭窄等。

注意减弱指患者主动和被动注意的兴奋性减弱，以至于注意容易疲劳，注意力不容易集中，从而记忆力受到影响。多见于神经症衰弱症状群、脑器质性精神障碍及意识障碍时。

注意狭窄指患者的注意范围显著缩小，主动注意减弱，当注意集中于某一事物时，不能再注意与之有关的其他事物，常见于意识障碍、激情状态、专注状态和智能障碍患者。

（二）记忆障碍

记忆包括识记、保存、提取三个过程。其中提取又包括再认和回忆（再现）。识记是事物或经验在脑子里留下痕迹的过程，也是一种反复感知的过程。保存则是使这些痕迹免于消失的过程。提取中的再认是现实刺激与以往痕迹的联系过程。提取中的回忆则是痕迹的重新活跃或复现。识记是记忆保存的条件或前提，而再认和回忆则是某种客体在记忆中保存下来的结果或显现。记忆障碍包括记忆增强、记忆减退、遗忘、错构和虚构。

1. 记忆增强

记忆增强是一种病理性记忆增强，表现为病前已遗忘并且不重要的事情都回忆起来。多见于情感性精神障碍躁狂发作或抑郁发作，也可见于偏执状态。

2. 记忆减退

记忆减退表现为远记忆力和近记忆力的减退。脑器质性损害患者最早出现的是近记忆力的减退，患者记不住最近几天，甚至当天的进食情况，或记不住最近几天谁曾前来看望过他等。

3. 遗忘

对局限于某一事件或某一时期内的经历不能回忆称遗忘。遗忘又称为顺行性遗忘和逆行性遗忘。

顺行性遗忘指患者不能回忆疾病发生以后一段时间内所经历的事情。如脑震荡、脑挫伤患者回忆不起受伤后到意识恢复清晰这一段时间内所发生的事情。

逆行性遗忘指患者忘掉受伤前一段时间的经历。它的长度是指由受伤一刻开始,直至受伤前最后一件能清晰回忆的事情为止。

心因性遗忘症指对生活中某一特定阶段的经历完全遗忘,通常与这一阶段发生的不愉快事件有关,可见于癔症。

4.错构

错构是记忆的错误,对过去曾经历过的事情,在发生的时间、地点、情节上出现错误的回忆,并坚信不疑。多见于脑器质性疾病。

5.虚构

虚构患者在回忆中将过去事实上从未发生过的事情,说成确有其事。患者以这样一段虚构的事实来弥补他所遗忘的那一部分经历。由于有虚构症状的患者常常有严重的记忆障碍,因而记不住曾经说过的、属于虚构的内容。其虚构的内容常常变化,并且很容易受暗示的影响。多见于脑器质性疾病。当患者同时出现记忆减退(特别是近记忆力减退)、错构、虚构以及定向力发生障碍时则称之为柯萨可夫综合征,又称遗忘综合征。多见于慢性酒精中毒性精神障碍以及其他脑器质性精神障碍。

(三)智能障碍

智能包括注意力、记忆力、分析综合能力、理解力、判断力、一般知识的保持和计算力等。总之,智能是一个复杂、综合的精神活动。临床上将智能障碍分为精神发育迟滞和痴呆两大部分。

1.精神发育迟滞

精神发育迟滞指先天或围生期或在生长发育成熟以前,由于多种致病因素的影响,使大脑发育不良或发育受阻,以致智能发育停留在某一阶段,不能随着年龄的增长而增长,其智能明显低于正常的同龄人。精神发育迟滞的致病因素有遗传、感染、中毒、头部外伤、内分泌异常或缺氧等。

2.痴呆

痴呆是一种综合征,是意识清楚情况下后天获得的记忆智能的明显受损。主要临床表现为分析、综合判断、推理能力下降。记忆力、计算力下降,后天获得的知识丧失,工作和学习能力下降或丧失,甚至生活不能自理,并伴有精神和行为异常。

四、自知力障碍

自知力是临床精神病学中广泛应用的一个概念，是精神分裂症检查的重要组成部分。自知力是指患者对其自身精神病态的认识和批判能力。神经症患者通常能认识到自己的不适，主动叙述自己的病情，要求治疗，医学上称之为自知力完整。精神病患者随着病情的加剧，往往丧失了对精神病态的认识和批判能力，否认自己有精神疾病，甚至拒绝治疗，对此，医学上称之为自知力完全丧失或无自知力。经过治疗，随着病情好转、显著好转或痊愈，患者的自知力也逐渐恢复。患者完整的自知力应包括：认识到自己有病，确切了解疾病的性质和症状，对发病的诱因和症状进行分析和批判，求治迫切，对疾病治愈后的工作、生活有合乎情理的打算。由此可知，自知力是精神科用来判断患者是否有精神障碍、精神障碍的严重程度以及疗效的重要指征之一。

第二节　情感、意志行为症状

情绪情感是人对客观外界事物的态度的体验，是人脑对客观外界事物与主体需要之间关系的反映。其外部表现形式就是人的表情。情绪情感变化的维度是两极对立性。情绪情感具有适应、动机、组织、信号功能。情绪和情感的种类有基本情绪与复合情绪、心境、激情和应激、道德感、美感和理智感。

情感症状是指情感活动的规律受到破坏，人在认识客观事物的过程中所表现出的某种态度上的紊乱症状。通常，正常人的情感活动与其他心理活动是协调一致的。一旦情感活动发生故障，可引起其他心理活动过程的障碍。反之，其他心理活动过程发生故障，也可导致情感症状。情感症状可以从不同的角度来认识和理解。

一、以程度变化为主的情感症状

以程度变化为主的情感症状主要有情感高涨、情感低落、焦虑、恐怖等。

1.情感高涨

情感高涨患者经常面带笑容，自诉心里高兴，就像过节一样。因而精力充沛，内心充满幸福感，睡眠减少，爱管闲事。同时，自我评价过高。有的患者认为自己能力强，赚钱容易，花钱大方，乱买东西乱花钱。有时患者自负自信，流于夸大，可有夸大妄想。有的情感高涨患者易激惹,情绪容易波动,说到伤心事也会哭泣流泪,但是很容易随着别人谈论高兴的事情而恢复原先的好心情。情感高涨时患者的动作行为有感染力,经常能引起周围人的共鸣。这种高兴愉快的心境,若强烈程度与现实环境明显不相称,则是躁狂或轻躁狂的主要症状。情感高涨、思维奔逸及活动增多同时出现,则构成一类常见综合征——躁狂状态。

2.情感低落

情感低落患者经常面带愁容,表情痛苦悲伤。自诉精力不足,失眠或睡眠过多。患者变得喜欢安静独处,自恋,原因是患者由于思维迟缓对社会交往变得顾虑重重。患者的愉快感缺失,原有的业余爱好和个人兴趣不复存在。患者的自我感觉比实际情况要差,自我评价过低;自信心不足,流于自谦,有时长吁短叹,甚至有自罪妄想。患者自责自罪,有自杀企图和行为。如果思维迟缓、情感低落、动作减少同时存在,则构成抑郁状态,多见于情感性精神障碍抑郁发作,也可见于器质性和躯体疾病所致精神障碍,例如脑卒中后抑郁等。

3.焦虑

患者在缺乏充分的事实根据和客观因素的情况下,对其自身健康或其他问题感到忧虑不安,紧张恐惧,顾虑重重,犹如大祸临头,惶惶不可终日,即使多方解劝也不能消除其焦虑。常常伴有憋气、心悸、出汗、手抖、尿频等自主神经功能紊乱症状。严重的急性焦虑发作,称为惊恐发作,患者常常有濒死感、失控感,伴有呼吸困难、心跳加快、手心出汗、尿频、尿急等自主神经功能紊乱的症状。惊恐发作一般持续几分钟到半小时左右。焦虑和惊恐发作见于焦虑症、惊恐障碍。

4.恐怖

正常人面临危险处境时也会出现恐怖的情绪反应,并伴有明显的心悸、气短、出汗、尿频、四肢震颤等自主神经功能紊乱的症状,这是容易为他人所理解的。某些患者遇到特定的境遇或某一特定事物(如看到家犬或剪刀等尖锐的物品时),随即产生一种紧张恐惧的心情,患者明知没有必要,却伴有明显的、无法摆脱这种恐怖的内心体验。脱离这种特定的环境或事物时,紧张恐惧的心情随即消失。恐惧感与特定环境或事物存在类似于因果的关系。多见于恐惧症。

二、以性质改变为主的情感症状

以性质改变为主的情感症状主要有情感迟钝、情感淡漠、情感倒错三类。

1.情感迟钝

患者对一般情况下能引起鲜明情感反应的事情反应平淡，缺乏相应的情感反应。例如，某早年丧父的女患者，多年来与母亲相依为命，情意深重。病后患者对母亲变得疏远和冷淡，对母亲关心体贴的谈话越来越少，与病前相比判若两人。情感迟钝不仅仅指正常情感反应量的减少，更具有特征性的是患者一些高级的、人类所特有的、很精细的情感如劳动感、荣誉感、责任感、义务感等逐渐受损，但是还没有达到完全丧失的程度，多见于精神分裂症早期以及脑器质性精神障碍。

2.情感淡漠

情感淡漠是情感迟钝恶性发展的结果。指患者对一些能引起正常人情感波动的事情以及与自己切身利益密切相关的事情，缺乏相应的情感反应。患者对周围的事情漠不关心，表情呆板，内心体验缺乏。多见于精神分裂症衰退期和脑器质性精神障碍。

3.情感倒错

情感倒错患者的情感反应与现实刺激的性质不相称。例如，遇到悲哀的事情却表现欢乐，遇到高兴的事情反而痛哭。或是患者的情感反应与思维内容不协调。例如，说到自己受人迫害时，患者的面部不但没有愤怒的表情，反而笑嘻嘻地好像在谈论与自己毫无关系的事情。多见于精神分裂症。

三、脑器质性损害的情感障碍

以脑器质性损害为主的情感障碍主要分为情感脆弱、易激惹、强制性哭笑、欣快等。

1.情感脆弱

情感脆弱患者常常因为一些细小或无关紧要的事情而伤心落泪或兴奋激动，且无法克制。常见于脑动脉硬化性精神障碍，也可见于神经症的神经衰弱等功能性精神障碍。

2.易激惹

这是一种剧烈但持续时间较短的情感障碍。患者一遇到刺激或不愉快的事情，即使极为轻微，也很容易产生一些剧烈的情感反应。病人极易生气、激动、愤怒，甚至大发雷霆，与人争执不已。常见于瘟病、神经衰弱、躁狂状态、躯体性或脑器质性精神病。

3.强制性哭笑

强制性哭笑患者在没有任何外界因素的影响下,突然出现不能控制的、没有丝毫感染力的面部表情。患者对此既无任何内心体验,也说不出为什么要这样哭和笑。这是在发生脑器质性精神障碍时较为常见的一种精神症状。

4.欣快

欣快是在痴呆基础上的一种情感高涨。患者经常面带单调且刻板的笑容,连他自己都说不清高兴的原因,因此给人以呆傻、愚蠢的感觉。常见于麻痹性痴呆和脑动脉硬化性精神障碍。

四、意志行为障碍

意志是有意识地确立目的、调节和支配行动,并通过克服困难和挫折实现预定目的的心理过程。意志包括自觉性、果断性、坚忍性、自制性等品质。意志行为障碍主要包括意志增强、意志缺乏、意志减退、精神运动性兴奋与精神运动性抑制等几种类别。

(一)意志增强

随着意志活动的增多,不同的精神障碍表现不尽相同。躁狂状态情感高涨时,患者终日不知疲倦地忙碌,但常常是"虎头蛇尾",做事有始无终,结果是一事无成。而有被害妄想的患者受妄想的支配,不断地调查了解,寻找所谓的证据或到处控告等。

(二)意志缺乏

意志缺乏表现为患者缺乏应有的主动性和积极性,行为被动,生活极端懒散,个人及居室卫生极差。严重时患者甚至连自卫、摄食及性的本能都丧失。意志缺乏多见于精神分裂症精神衰退时,也可见于痴呆患者。

(三)意志减退

意志减退往往和情感失调密切相关。意志减退是因基本动力不足,缺乏主动性及始动性,因而对社交无要求,回避亲友,对工作、学习、生活缺乏应有的主动性和积极性,生活懒散,逐渐表现为不上班、不外出、不交往、不娱乐、不学习,从而不能正确适应现实生活,严重的则脱离现实,不能料理个人卫生及生活,在独居斗室呆坐或卧床不起，孤僻、离群。有些病人出现意向倒错而吞食脏物。典型的阴性症状的患者具有内向性，精神活动与环境脱离，行为离奇孤僻，呆坐墙隅，自语自笑，无任何要求，有时紧张恐惧，有时呆坐呈木偶状态。也有的患者行为古怪、幼稚，愚蠢而固执己见。

意志减退常有两种情况，一种是抑郁状态患者，此类患者并不缺乏一定的意志要求，但受情感低落的影响，总感到自己做不了事。或是由于愉快感缺失，对周围的一切兴趣索然，觉得干什么都没有意思，以致意志消沉，使患者的学习、工作或家务劳动成绩受到明显的影响。抑郁状态患者对自身的这些变化，一般说来还是能够意识到的，自知力可能部分存在。另一种情况是程度较轻的意志缺乏，即意志低下患者。两类患者的意志活动较他们正常时都有明显的减少，这是两者的相同点。但是这两类患者的内心情感体验不同，疾病诊断有别，治疗方案各异，应加以分辨。

（四）精神运动性兴奋

常区分为协调性和不协调性精神运动性兴奋两种。协调性精神运动性兴奋时，患者动作和行为的增加与思维、情感活动协调一致，并且和环境协调一致。患者的动作和行为是有目的的、可理解的。多见于情感性精神障碍躁狂发作。不协调性精神运动性兴奋时患者动作、行为的增多与思维及情感活动不协调。患者的动作杂乱无章，动机和目的不明确，使人难以理解。多见于精神分裂症的青春型或紧张型，意识障碍的谵妄状态时。

（五）精神运动性抑制

1. 木僵

木僵指患者不言不语、不吃不喝、不动，言语活动和动作行为处于完全的抑制状态，大小便潴留。由于吞咽反射的抑制，大量唾液积存在口腔内，侧头时顺着口角外流。如果患者的言语活动和动作行为明显减少，但是还没有达到完全消失的地步，则称之为亚木僵状态。包括紧张性木僵（木僵多见于精神分裂症紧张型）、抑郁性木僵（抑郁症）、心因性木僵（心因性精神障碍）、器质性木僵（脑器质性精神障碍）四种木僵状态。但病因、治疗、预后各不相同，应该重视加以鉴别。

2. 违拗

违拗患者对于别人要求他做的动作，不但不执行，反而做出与要求完全相反的动作，称作主动性违拗。例如要求患者张嘴时，患者反而把嘴闭得更紧。如果患者对别人的要求不做出任何行为反应，称作被动性违拗。多见于精神分裂症紧张型。

3.蜡样屈曲

蜡样屈曲患者不仅表现为木僵状态,并且患者肢体任人摆布,即使被调整为一个很不舒服的姿势,也可在较长时间内像蜡塑一样维持不动。如果将患者头部抬高,做出好似枕着枕头的姿势,患者也可以很长时间内保持不动,称之为空气枕头。多见于精神分裂症紧张型。

4.缄默

缄默患者缄默不语,也不回答问题,但有时可以用手势或点头、摇头示意,或通过写字与别人进行交流。多见于精神分裂症紧张型和癔症患者。

5.被动性服从

被动性服从患者被动地服从医生或其他人的命令和要求,即使别人所要求的动作对他不利,会使他难受,患者也会绝对服从。例如,患者已经历过舌体被针刺的痛苦,再次让其伸舌头时,患者还是会被动地服从。多见于精神分裂症紧张型。

6.刻板动作

刻板动作患者机械刻板地反复重复某一单调的动作,常与刻板言语同时出现。多见于精神分裂症紧张型。

7.模仿动作

模仿动作患者无目的地模仿别人的动作,常与模仿言语同时出现,多见于精神分裂症紧张型。

以木僵为主要临床表现,同时由违拗、蜡样屈曲、缄默、被动性服从、刻板言语、刻板动作、模仿言语、模仿动作等精神症状中的几个症状构成紧张性木僵症候群,是紧张症性综合征的一部分。紧张性木僵和紧张性兴奋单独或交替出现,就构成紧张症性综合征的全部内容。多见于精神分裂症紧张型,也可见于脑器质性精神障碍等其他精神障碍。

8.意向倒错

意向倒错患者的意向活动与一般常情相违背,导致患者的行为活动无法为他人所理解。例如患者吃粪便、喝尿、喝痰盂里的脏水等。常见于精神分裂症青春型。

9.作态

作态患者做出幼稚愚蠢、古怪做作的姿势动作、步态与表情。例如做怪相、扮鬼脸等。多见于精神分裂症青春型。

10.强迫动作

强迫动作是一种违反本人意愿,反复出现的动作。例如强迫性洗手、强迫性地检查门是否锁好等。患者清楚地知道,自己做这些动作完全没有必要,并努力设法摆脱,但徒劳无益,为此患者感到非常痛苦。多见于强迫症,也可作为强迫状态的一部分见于精神分裂症。

第八章

一般和严重心理问题的诊断

对心理问题的诊断，需要确定诊断的标准。诊断标准可能存在于来访者心理问题的表现中，也可能存在于产生心理问题的刺激源中。临床工作中，来访者的心理问题表现及性质是什么？这是工作中必须弄清楚的问题。那么，根据心理问题的不同表现，如何进行分类诊断呢？这是本章关注的问题。

第一节　一般心理问题的诊断概述

一、心理问题的分类体系

从国家心理咨询师职业资格鉴定来看，对心理问题的诊断主要以严重程度为分类标准。据此，通常把来访者的心理问题分为一般心理问题、严重心理问题、可疑神经症、神经症、人格障碍、精神病6大类。该分类体系如图8-1所示。

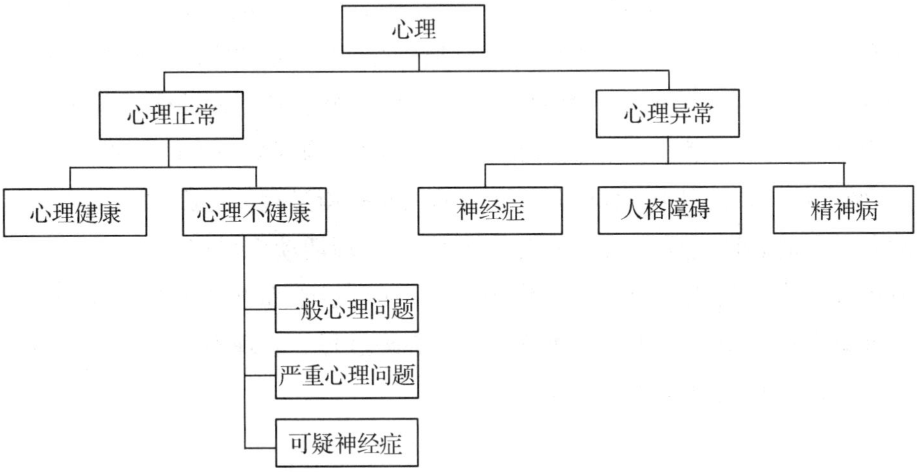

图8-1　心理问题的分类体系

二、心理诊断的相关概念

在临床诊断中，心理问题类别的概念使用具有一定的混淆性。这些概念主要有心理问题、心理障碍、心理紊乱、边缘状态和精神病性。有时使用心理问题代表着包括精神病在内的所有障碍，有时仅特指这6类中的一般心理问题。有时也会使用心理障碍一词，而心理障碍有时像心理问题一词的含义一样，包括了一般心理问题、严重心理问题、可疑神经症、神经症、人格障碍、精神病等6大类问题，有时又特指严重心理问题及其以上的类别。

心理紊乱特指严重心理问题及其以上的状态。边缘状态主要是指诊断为精神病但又不够明显，诊断为神经症又过于简单的状态。一般的考虑可能是具有轻微的精神病症状，但又不能确诊为精神病的状况下，通常人们理解为可能是精神病的早期症状。随着时间的迁延,精神病症状越来越明显和确定,但有一部分患者其症状却长期维持在这种状态,因此称为边缘状态。

根据1990年的"ICD—10"草案,精神病性一词是描述具有6种症状的患者:(1)幻觉;(2)妄想;(3)显著的兴奋和活动过多;(4)严重而持久的社会性退缩,但这种社会性退缩不是由于抑郁和焦虑引起的;(5)显著的精神运动型迟滞;(6)紧张症性行为。

在心理诊断中,经常还会遇到"心理健康、心理不健康"等概念。这些概念也有其相应的含义。

理解心理健康首先要理解心理正常和心理异常。一些专家认为所谓的心理正常是具备正常功能的心理活动,或者说是不含有精神病症状的心理活动。心理异常也称心理不正常,主要是指有典型精神障碍症状的心理活动。因此心理正常和心理异常主要是标明和讨论"有精神障碍"或"没有精神障碍"等问题。而心理健康与心理不健康是在心理正常的大前提下来讨论的。换言之,正常心理实际上包括心理健康状态和心理健康状态欠佳,但没有精神障碍的心理。郭念峰等人的研究认为心理健康是在常规条件下,个体为应对千变万化的内、外环境,围绕某一群体的心理健康常模,在一定(两个标准差)范围内不断上下波动的相对平衡过程。健康的心理活动是一种处于动态平衡的心理过程。在非常规条件下,当心理活动变得相对失衡,而且对个体生存发展和稳定生活质量起着负面作用时,这时的心理活动便称为"心理不健康"状态。不健康心理活动是一种处于动态失衡的心理过程。心理不健康主要包括一般心理问题、严重心理问题和可疑神经症。

三、识别心理正常和异常

在区别心理正常与心理异常时,常用主客观同一性原则、心理内在一致性原则和人格的相对稳定性原则。但这些原则的运用或实践,常使咨询师在临床工作中不能做出准确的判断,因此,在诊断实践中识别心理正常与异常时,通常不能根据单一的标准进行,而应该采用多种标准综合进行。在临床实践中,通常根据以下标准对心理正常和异常进行综合诊断。

(一)心理冲突的性质标准

当心理处于不健康状态时,诊断人员通常都会感受到来访者存在心理冲突,因此可以通过考察来访者心理冲突的性质来判断其心理正常或异常。从现象或事实的角度来说,心理冲突有常形与变形之分。从心理冲突性质来考察心理正常与异常时主要有两个方面:第一是冲突的道德性;第二是冲突的现实性。所谓冲突的道德性主要是指心理冲突是否可以做道德性评价。心理冲突具有道德性是指心理冲突有明显的道德性质，不论你持什么道德观点，你总可以将冲突的一方视为道德的，而将另一方视为不道德的。相反，心理冲突不具有道德性是指不论你持什么道德观点，你都不能对这一冲突做道德性的评价。所谓冲突的现实性主要是指心理冲突是否与现实处境相联系。如果心理冲突具有现实性，则涉及大家公认的重要生活事件，如夫妻感情不和，想离婚又不想离婚，十分苦恼；如果心理冲突不具有现实性，则它与现实处境没什么关系，或者它涉及的只是生活中一些鸡毛蒜皮的事情。一般人认为根本不值得为它操心，或者使常人感到难以理解，很容易解决的问题为什么病人却解决不了。根据这两个标准，如果心理冲突具有现实性和道德性，那么心理冲突的性质属于常形。如果心理冲突缺少现实性同时也缺少道德性，那么心理冲突的性质则是变形的。对心理冲突性质的具体理解或运用请看下面的案例：

咨询师：你有什么需要我为你提供帮助的吗？

来访者：我有一个“帽子情结”！

咨询师：怎么说？

来访者：我不知道到底该不该戴帽子出门？

咨询师：你能谈得具体一点儿吗？

来访者：我想戴帽子，但是你想人家会觉得，你没事戴帽子干吗，秃头啊？但是我不戴帽子吧，总感觉又显示不出自己的穿戴风格和特点，老师你说我到底该不该戴这帽子啊？

……

从上面的案例可以看到：这个来访者每天陷于戴帽子还是不戴帽子的痛苦之中，产生了戴还是不戴的心理冲突。戴帽子怕被人说成秃头，不戴帽子又怕显示不出自身气质，这对常人来讲是不成问题的，想戴就戴，不想戴拉倒，说明这个心理冲突缺少现实性。在现实生活中很少有人多次、特别地关注它。尽管常人偶尔也会考虑或犹豫一下，但不会受到这么反复、长期的困扰；同时，你不能说戴帽子和不戴帽子何者道德何者不道德。从这里可以看出该来访者的心理冲突是存在的，同时心理冲突的性质是变形的，因此该来访者的心理是异常的。再请看下面的案例：

来访者，男性，17岁。来访者为某重点中学高一学生，成绩中等。前几日，因在课下与同学玩闹时，直呼了班主任名字，恰被班主任听到，师生间发生了冲突。班主任令其写检查，并向自己赔礼道歉。来访者认为，班主任小题大做，自己直呼其名，也并无恶意，不想写检查。来访者总觉得班主任看其不顺眼，有事没事找自己茬儿，同其相处不来，但又没有更好的解决办法。来访者情绪低落，感到苦恼，上课时常走神，学不进去东西。

从上面的案例中可以看到,来访者在课下与同学玩闹时,直呼了班主任名字,师生间发生了冲突,这是常在学校发生的与班主任冲突的事件。此类事件在现实生活中发生,社会关注度较高,不是什么鸡毛蒜皮之事,因此来访者产生的心理冲突具有现实性。一方面,班主任可以根据来访者认不认错,从而把来访者看成道德或不道德的;另一方面,来访者也可以根据班主任承认自己小题大做与否,从而把班主任看成道德或不道德的。换言之,这个心理冲突可以进行道德性评价,来访者的心理冲突是常形的。根据这两个标准可以看出,来访者的心理问题是正常的,但处于心理不健康状态。

(二)心理正常和异常的常识性标准

根据心理诊断的三成分四水平理论来看,常识性的诊断和解释也是一种可以参考和借鉴的方法。对心理正常和异常的常识性区分,主要可以从以下几个方面进行:

1.离奇怪异的言谈、思想和行为

来访者如果出现了一些离奇怪异的言行举止,则可以判断来访者的心理出现了异常。例如,来访者讲"我是国际巡回大使,能够主管世界所有国家的军政大事。昨天我从纽约回来,明天飞往莫斯科,找俄国总统梅德韦杰夫,让他陪我检阅波罗的海舰队。"又如你见到在大街上一个人披头散发,满脸泥垢,满街乱跑。这时,根据其奇特的举止,可以判断来访者的心理是异常的。

2.过度的情绪体验和表现

正常的心理反应,其情绪体验必然会与现实处境相一致。如果表现出过度的情绪体验,这也可诊断为心理异常。例如,一个人终日低头少语,行动缓慢;与人交谈十分吃力,甚至想不出词汇,未开言,泪先流;流露出对生活的悲观失望,失去兴趣,觉得现实世界似乎笼罩在灰蒙蒙的雾中。或者,一个人彻夜不眠,时而跳舞,语言兴奋,时而说东,时而说西。这时,你可以依据自己的生活经验判定,他的行为已经偏离了常态。

3.社会功能不完整

社会功能主要表现在工作效率及人际交往上。例如,一个人怕与他人的目光相对,为此不敢见人。又如,一个人由于他的耳朵长得比别人大些,所以他不允许别人摸耳朵,他认为,别人摸耳朵就是讽刺他,为此常与别人吵架。同时,由于这个人害怕空间或广场,因此不敢出门或者与别人交流,也不与邻居、朋友、同事交流,如此等等。根据生活常识,其社会功能下降或者不完整,由此可以判断其心理出现异常。

4.影响他人的正常生活

当你接到骚扰电话时，当某个人的恶作剧危害了你的正常生活，你首先是气愤，尔后就会想“这是为什么？”。当你从自身找不到任何缘由时，你一定会判断“对方的心理肯定有毛病”。这同样是依据生活经验做出的正常与异常的判断。

（三）心理正常和异常的标准化区分

1.经验标准

事实上，所谓经验标准是指两个方面，其一是指病人自己的主观体验，他们自己感觉到焦虑、抑郁、害怕、恐惧，或诉说不清的不舒适感，或自己不能控制自己的行为，而需要寻求医生的帮助。这种判别标准在某些神经症性障碍的病人身上常可应用。对于缺乏自知力而行为异常的病人，由于他们坚决否认自己不正常，亦可作为行为异常的标准，这实际上也是应用了主观经验的标准。其二是从观察者的角度出发，是观察者根据自己的经验来判断被观察者心理正常还是异常。这种判断标准常常因人而异，有很大的主观性，即不同的观察者常有各自不同的评定标准。但对那些接受过专业知识训练和有较丰富的临床经验的观察者，对大多数心理障碍患者仍可得到一致的看法。

2.统计学标准

这一标准来源于对正常心理特征进行心理测量的结果。在普通人群中，心理测量的结果常常显示正态分布，居中的大多数人属于正常范围，而处于两端的少数人则被认为是异常。因此，判断一个人的心理正常或异常，是以其心理特征偏离均数值的程度来决定的，所以心理异常是一个连续的变量，是相对的。偏离平均值的程度越大，则越不正常。这是以统计学数据为依据的，目前许多心理测验的判定，就是使用这种统计学的标准进行判断的。统计学标准提供了心理特征的数量化资料，且比较客观，操作也较简便，因此，受到很多医学心理学家的欢迎。但这种标准也存在一些缺陷，例如，智力超常的人尽管在人群中是极少数，但很少被人认为是病态。另外，有些心理特征和行为也不一定呈正态分布，而且心理测量的内容同样受社会文化的影响。所以，统计学标准也不是普遍适用的。

3.医学标准

这种标准是将心理问题当躯体疾病一样看待。如果一个人身上表现的心理现象或行为是病理心理现象，并可以找到病理解剖或病理生理的证据，那就可以认为这人有心理问题或精神疾病。这一标准已为临床医师们广泛采用。医学标准认为，心理障碍病人的脑部应有病理过程存在。例如阿尔茨海默病的病人,临床上的主要表现是记忆障碍和智能障碍,磁共振检查可以发现皮质的萎缩、海马的缩小和脑室的扩大。这种病理变化的存在是阿尔茨海默病病人心理行为异常的可靠根据。医学标准使心理障碍被纳入了医学范畴,对变态心理学研究做出了重大贡献。这种标准化也比较客观,有可以测量的生物学指标。但是,医学标准也并不完全令人满意,特别是对于神经症和人格障碍仍缺少可测量的生物学指标。当然,心理障碍的成因并不是单一的,除了生物学原因外,还有心理和社会文化的原因。因此,区分心理正常与异常还需要有其他的标准。

4.社会适应标准

在正常情况下,人能按照社会生活的需要去适应环境和改造环境。因此,正常人的行为应符合社会准则,并能按照社会要求和道德规范行事,即其行为符合社会常模,是适应性行为。如果由于各种原因使个体受损,不能按照社会所要求的方式行事,致使其行为后果对个体或社会不适应时,则可以认为此人有心理问题。这里的异常行为是与行为的社会常模相比较而言的。

在实际工作中,要清晰地判别正常心理和异常心理,也不是一件容易的事情。首先,异常心理与正常心理之间的差别常常是相对的,两者在某些情况下可能有本质的差别,但在更多的情况下又可能只是程度的不同。其次,异常心理的表现受多种因素的影响,诸如生物因素、心理状态、社会环境等,所取的角度不一样,标准也就不一致了。最后,单纯的心理问题目前并没有什么仪器可以检查,全靠专业人员的临床经验进行主观判断。

四、一般心理问题的诊断

从心理诊断的严重程度体系来看,在心理正常的情况下,程度最轻的当属一般心理问题了。一般心理问题是心理正常情况下的心理不健康状态。

一般心理问题的诊断要点

对一般心理问题的心理诊断通常都描述为:由于现实生活、工作压力、处事失误等因素而产生内心冲突,因此体验到如厌烦、后悔、懊丧、自责等不良情绪;不良情绪不间断地持续满一个月,或不良情绪间断地持续两个月仍不能自行化解;不良情绪反应仍在相当程度的理智控制下,始终能保持行为不失常态,基本维持正常生活、学习、社会交往,但效率有所下降;自始至终,不良情绪的激发因素仅仅局限于最初事件;即便是与最初事件有联系的其他事件,也不引起此类不良情绪,即情绪尚未泛化。也就是说,一般心理问题是由现实因素激发,持续时间较短,情绪反应在理智控制之下,不严重破坏社会功能,情绪反应尚未泛化的心理不健康状态。通常因为学习、生活、恋爱、家庭出现的问题,进而引发的焦虑、痛苦、情绪低落这些心理反应,都属于一般心理问题。所以一般心理问题通常理解为近期发生的、情绪尚未泛化、反应强度不太强烈的情绪问题,常能找到相应的原因,思维合乎逻辑,人格也无明显异常。这类心理问题是心理咨询的主要工作对象,心理咨询一般能取得较好的效果。对一般心理问题,也有研究者提出了不同的看法。例如,傅安球(2001)的研究认为,一般心理问题具有三大特征,即情景性、偶发性与暂时性和心理状态无病理性变化。平时人们所说的“心理困扰”“心理困惑”等,通常指的就是一般心理问题。傅安球(2001),认为所谓一般心理问题的情景性,主要是指由特定的情景所诱发,与特定的情景紧密相关。例如个别学员考试时的过度紧张反应(看错题、看漏题、回忆不起复习过的知识内容等),是由考试情景诱发的,与考试气氛紧密相关。这种紧张反应在其他各种非考试情景中通常不会出现。情景性的心理反应失常,在正常的活动中虽然也时有所见,例如第一次登台讲话、第一次独自驾车外出等,都会出现程度不同的紧张反应,即正常心理活动中的紧张反应等心理反应失常,与某种情景也紧密相关,但这种性质的心理反应失常,通常可以通过不断适应某种情景而逐渐减少并最终消失。经常登台演讲,经常独自驾车外出,久而久之也就习以为常而不再出现紧张反应。同时,正常心理活动中的心理反应失常,在各种“第一次”或具有相当刺激性的情景中都会出现,其程度和表现也大同小异。然而一般心理问题的异常反应则不然,不仅是只对某种特定的情景做出异乎寻常的强烈心理反应,以至于往往不为常人所理解和认同,而在其他情景,即使是在“第一次”或具有相当刺激性的情景面前也不会产生如此强烈的反应,似乎只对某种特定情景(例如考试情景)“情有独钟”。而且某种特定情景反复出现,也难以通过不断适应而逐渐减少异常反应,甚至还会出现“越演越烈”的趋向,以至于最终演变成心理障碍和心理疾病。

偶发性与暂时性主要是说绝大多数一般心理问题并不经常或持续出现,而是偶发的、暂时的。这一方面是指脱离某种特定的情景,一般心理问题就不复存在,例如对考试情景会产生强烈紧张反应的学员,在大多数非考试情景下都表现正常。而某种特定情景并非经常或持续出现,因而一般心理问题只有在特定的条件下才会有所显现。同时,在某种特定情景下,有时也会不出现异常的心理反应,或者这种反应比较微弱。另一方面是指一般心理问题常常会自行缓解,或者是出现异常反应的频率逐渐减少,或者是强度逐渐减弱,或者是过一段时间自行痊愈。大多数的一般心理问题,常常显得“来亦匆匆,去亦匆匆”,“说来就来,说去就去”,偶然得说不出所以然,

"稍纵即逝"。

心理状态无病理性变化主要是指一般心理问题的心理状态没有病理性变化,即精神活动正常,不存在智力迟滞、情绪淡漠、病态自信等心理过程障碍以及由心理过程障碍引起的怪癖、对立、麻木等行为障碍;不存在朦胧、梦幻、嗜睡、昏睡、昏迷等各种层次、各种程度的意识水平降低和丧失现象;不存在对时间、地点、人物识别错误的"定向力缺损";不存在否认自己心理问题的"自知力缺乏"。具有一般心理问题的人,其心理活动和心理状态在通常情况下给人的感觉都是正常的。即使在特定情景下出现了一般心理问题的某些征象,通常也不认为是一种心理异常的表现。其原因就是不存在与常人比较有明显不同的病理性精神症状。

综合前人的研究,结合临床实践,可以看出一般心理问题的诊断要点主要集中在如下7个方面:

1.由现实刺激引起的

在这个诊断指标中,主要强调的是刺激的现实性,也就是在客观现实中真实存在的刺激。例如,当没有救护车经过时,来访者却坚持认为有救护车经过,同时导致了其心理反应,像这样的刺激是来访者产生的幻觉,在客观现实中没有发生,这样的刺激就缺乏现实性。在现实生活中,与领导吵架之后出现了心理和情绪反应,职务晋升后出现的工作压力,在家庭中两口子吵架以后出现的情绪反应等等,这些都是客观现实中真实发生了的事件,这就是由现实刺激引起的内涵。由现实刺激引起的内涵的第二个方面就是尽管有些事情在生活中已经发生了,但它们是大多数人不关注的事情,这样的事情也没有现实性。例如秋风使树叶掉下,某人由此而伤感人生苦短。尽管秋风吹落了树叶是现实中真实发生的,但是由于多数人都不关注,因此这样的刺激也不具有现实性。再如,一个来访者出门后考虑到底是先迈左脚还是先迈右脚,这样的事情对来访者而言可能真实存在着,但是由于很多人都不关心这样的琐碎之事,所以也不具备现实性的刺激。在进行诊断时,一定要注意充分理解现实性刺激的内涵。

2.近期发生的

所谓近期发生的,主要是从时间角度来提供诊断信息。来访者心理问题的持续时间一直在心理诊断中起着重要作用。例如,在神经症的诊断中,许又新认为要诊断为神经症,时间太短是不行的,最低标准一般应该不少于三个月。在一般心理问题的诊断中,时间也是很重要的诊断指标。一般心理问题的发生,通常的持续时间应该在一个月或两个月内,超过或达到三个月,诊断为一般心理问题时就要特别小心。当然在心理诊断中,时间不是诊断依据的绝对指标,而是一个相对或者参照指标。也有时间持续较长,但是由于其没有泛化,反应也不严重等,仍然要诊断为一般心理问题。

请看如下案例：

来访者，女性，26岁。大学时经历了人生最刻骨铭心的初恋，毕业后因两人分处异地而分手，求助者为此痛苦至今。半年前在一次旅途中，偶遇一名男士，二人聊得投机。随着交往的深入，该男士对来访者展开了追求，但来访者自觉仍未放下昔日感情，如果此时接受对方，对男方实则不公平。求助者不知该作何选择，感到苦恼。

从上面的案例可以看出，来访者尽管为前男友痛苦了很久，持续时间较长，但是由于没有产生泛化，反应也不严重，故仍可诊断为一般心理问题。可见，时间不是绝对指标，而是相对重要的指标。对时间指标一定要重视，一般而言，三个月是一个大家都很关注的时间点，要仔细分析和研究。

3.问题的内容未泛化

一般心理问题诊断的第三个要点是内容未泛化。泛化是新刺激引起一种以前通过相似的刺激而学会的反应的过程（Shaw & Costanzo，1982）。换言之，所谓的泛化是指对与原刺激相似和相近的刺激都产生了相同的反应。更简略地说就是相似的刺激引起相同的反应。内容未泛化主要指来访者的反应只局限于引发事件本身，而没有扩散到相似的刺激上。内容没有充分泛化说明心理的影响还没有扩散，而是被限制在一定的范围内，是问题不太严重的重要表现。心理诊断中，理解泛化时要注意两个方面：一是不要把情绪的表达或发泄误解为是泛化。例如，一个来访者在单位挨了领导的批评，受了气，很不舒服。回到家，看到家人就发脾气，这个现象显然不是来访者的情绪泛化，只说明了在家里来访者把自己的烦恼和不愉快的情绪表达了出来。但一些经验不足的诊断者在进行诊断时很容易将此误解为泛化。这是特别要注意的问题。二是在临床上，泛化通常不能直接获得，而是要诊断者通过有意识的询问来了解。常用的语言是："在其他相似的情景下，你有没有同样的反应呢？"

4.反应强度不甚强烈

一般心理问题诊断的第四个要点是反应强度不强烈。所谓的反应强度不强烈主要是指心理问题对情绪的影响不深，对行为的影响不显著，导致的冲突不激烈，对认知的影响不长久等。在理解反应强度不强烈时一定要注意：①反应强度是相当主观的指标。何为强烈，何为不强烈，缺少确定的标准，对之准确把握需要相当多的临床经验才行。②在反应强度上，除了情绪反应外，还包括一些生理反应，也包括心理冲突的强度等。③反应强度是一个区分性不强的指标，一些初期的临床工作者常把反应强度作为心理诊断的显著指标，这是一种误解，一定要注意。

5.无严重影响思维逻辑性

一般心理问题的诊断要点之一是无严重影响思维逻辑。所谓来访者没有表现出严重的思维逻辑问题,主要是来访者表现出思维正常、逻辑清楚,没有逻辑思维的混乱。一般而言,一般心理问题的来访者,其认知并不会表现出明显的扭曲、歪曲,也不会表现出以点概面、以偏概全等现象。来访者对自己的情绪表现、行为反应,甚至是生理反应与当前的事件或者心理问题之间存在较清楚的认识,也能正确看到两者的逻辑关系。当然没有严重影响思维逻辑的意思不是指一点儿也没有影响,可能会有轻微的影响。因此,诊断者必须从临床经验的角度综合把握。请看下面的案例:

王某,女性,18岁。高考因三分之差,无缘自己心仪的学校,最后被调剂到一所省属院校。理想与现实的差距之残酷,令来访者情绪极度低落。待一切平静下来后,来访者坚定地选择复读,来年圆梦。可自进复读班后的第一天起,来访者就感到压抑至极,发觉自己可能无法坚持。是选择复读追求梦想,还是选择就读调剂院校,屈从现实,来访者不知自己该如何抉择。

从案例明显可以看出,来访者高考失利后,同时既想选择复读,再圆自己的名校梦,但又觉得复读气氛压抑,自己可能无法坚持。这样的矛盾冲突在思维逻辑上是合理的,因此可以看出这是一般心理问题。

6.人格也无明显异常

人格也无明显异常主要是指一般心理问题一般无人格障碍基础,没有表现出相应的人格障碍和人格偏离。人格障碍(personality disorders)是指人格特征显著偏离正常,使患者形成了特有的行为模式,对环境适应不良,常影响其社会功能,给自己或社会造成恶果。人格障碍常开始于幼年,青年期定型,持续至成年期或者终生。人格障碍有时与精神疾病有相似之处或易于发生精神疾病,但其本身尚非病态。严重躯体疾病、伤残、脑器质性疾病、精神疾病或灾难性生活体验之后发生的人格特征偏离,都属于疾病的人格改变。儿童少年期的行为异常或成年后的人格特征偏离尚不影响其社会功能时,暂不诊断为人格障碍。关于人格障碍流行病学的研究较少,一般认为某些机构如监狱、福利部门中的发病率高;Langer和Michael认为最低社会经济阶层的发生率较最高层的发生率大三倍;Leightons则认为社会秩序混乱地区的发生率较安全地区的总发生率大三倍。如果来访者出现人格偏离,不能诊断为一般心理问题。

7.主要是心理咨询的对象

一般心理问题通常运用心理咨询的方式就可以获得良好的咨询效果。具有一般心理问题的来访者一般存在的都是诸如婚姻家庭问题、人际关系问题、社会适应问题,甚至职业选择等问题。面对这些问题,心理咨询师主要采用真诚、尊重、共情、热情和积极关注等方式建立起咨询关系，然后运用倾听、提问、鼓励、重复、情感反应、内容反应、释义、参与性概括等参与性技术，或者使用面质、解释、内容表达、情感表达、自我暴露和影响概括等影响性技术对来访者进行心理咨询，通常可以取得较好的效果。一般心理问题是心理咨询的常见问题。

第二节　一般心理问题的诊断程序及类别

一、一般心理问题的诊断程序

对一般心理问题进行诊断主要采用排除诊断法。采用排除诊断法对一般心理问题进行诊断时，遵循从重到轻的原则。先排除生理疾病，然后排除精神病，然后再排除神经症或人格障碍，然后排除是否是严重心理问题，最后诊断是否为一般心理问题。排除诊断法还要遵循由粗到细的原则，先进行心理问题的大类诊断，后进行小类诊断。在进行一般心理问题的诊断时，诊断程序如下：

第一，看来访者是否是躯体疾病引发的心理问题，即排除生理疾病。有的心理问题是由躯体疾病引起的，对此关键是治疗躯体疾病。一旦躯体疾病得到控制，心理障碍也就随之缓解、改变。

第二，判断是否患有精神病。若是，再进一步判断是什么精神病。如果能判断是精神病，则已不属于心理咨询和治疗的范围，应及时转介专科医院治疗或由精神科医生来处理，切不可耽误治疗。

第三，若排除精神病，则考虑是否有可能是神经症。神经症或称神经官能症或精神神经症，指一组病因、发病机理和临床表现不一致的精神障碍。神经症除癔症外，没有精神症性症状，主要表现为烦恼、紧张、焦虑、恐怖、强迫症状、疑病症状、抑郁症状、分离症状、转换症状等。除癔症表现为短暂的发作外，病程大多是持续迁延的。神经症有各种类型，既有共同的特点，又有不同的症状表现。神经症是心理咨询治疗中的一大类别，对其诊断和咨询治疗是心理咨询师的核心能力。

第四，若不是神经症，则考虑是否是生理心理障碍。生理心理障碍主要有神经性厌食症、神经性贪食症、神经性呕吐症、失眠症、嗜睡症、睡行症等等。

第五，若不是生理心理障碍，则考虑是否是人格障碍。

第六，若不是人格障碍，则要考虑是否是严重心理问题。

第七，若不是严重心理问题，则要考虑是否是一般性的心理问题。包括社会适应不良、人际交往障碍、学习障碍、情绪困扰、意志缺陷、性格弱点以及各种现实的矛盾和茫然等等。它们是心理诊断中最常见的问题,特别是在学校和社区的心理咨询机构中较为普遍。随着心理咨询的发展,这类求诊者的比例大幅度上升。

二、一般心理问题的类型

对一般心理问题的分类与表现,傅安球(2001)认为主要有分神、注意转移困难、记忆减退、选择性思维迟滞、忧郁、期待性焦虑、冷漠、暴躁、急躁、自卑、多疑、空虚、无端烦恼、消沉、偏执、狭隘、孤僻、孤独、敌对、攻击性、冲动、狂热、狂妄、怯场、怯懦、压抑、心理疲劳等共计27种表现与类别。显然这种分类具有一定的合理性,但是在实践上更倾向于使用更简洁的分类。从临床心理咨询的角度,一般心理问题主要有如下类别:

(一)婚姻家庭类

婚姻家庭问题一般主要涉及婚姻关系和家庭成员之间的关系。当面对婚姻、家庭的冲突时,来访者通常会增加许多压力,会深感不安,甚至存在一定程度的痛苦体验。同时,由于一些夫妻不善于处理婚后关系,因此很容易导致来访者一般心理问题的出现。请看下面的案例:

来访者,男性,30岁,结婚四年,公司职员。来访者最近受困于情感问题,不胜其烦。四年婚姻,来访者与妻子感情日趋平淡,日子波澜不惊。半个月前,在一次朋友聚会上偶遇昔日高中同学。来访者高中时曾暗恋对方,此次会面后,好感复萌。该女士目前单身,对来访者也素有好感,二人开始私下频繁会面。每次约见后,来访者总自觉做贼心虚,心存愧疚,不知该如何面对其妻,甚至感到妻子已觉察到蛛丝马迹。面对两个女人,一方情感,一方理智,来访者不知该作何选择,对其工作、生活产生诸多负面影响。来访者在妻子面前终日提心吊胆,生怕言语、行为上露出马脚,焦虑不安,遂前来咨询。

从上面的案例可以看到,来访者在对待婚姻、家庭甚至两性关系时处理不好,出现了矛盾冲突,导致了一般心理问题的出现。像这类一般心理问题是比较常见的,这就属于婚姻家庭类的一般心理问题。

(二)个人成长类

成长是每个来访者都会面临的主题。在这个漫长的成长过程中,一般都会遇到诸多事件和刺激。面对这些事件和刺激,一些人很轻松地应对了,但另一些人却产生了延续一定时间的心理和行为反应。面对这些心理和行为反应,心理咨询师有必要对来访者进行诊断,以便确定是否属于一般心理问题,为其后续的咨询和治疗提供对策与建议。以下就是一个成长类的一般心理问题。请看案例:

来访者,女性,19岁,大二学生。面对寝室同学获奖学金,自己有一些不好的想法、行为,感到烦恼和痛苦,前来寻求帮助。来访者平日学习努力,但因参加学校团体活动较少,评优时,社会活动分数拉了后腿,未能如愿。但来访者同寝室一名室友,因各方面表现较好,计算分数时,高过来访者一分,搭上了此次奖学金的末班车。这让来访者心理上无法平衡。来访者自觉,此后看室友各方面皆不顺眼,平日总是有意无意对其冷言讥讽,话中带刺。一日,趁所有人都不在寝室时,来访者用小刀将该女生的皮箱划了个口子,偷走了该女生新买的一支唇膏。事后,来访者也会为自身行为所不齿,但无法控制,想尽办法贬损对方,并安慰自己这些都是其室友自找的。

从上面的案例可以看出,来访者遇到了面对竞争不知如何处理的问题,面对同学的优秀不知如何应对等成长性问题。由于来访者的心理问题没有泛化,所以是一个成长类别的一般心理问题。

(三)恋爱类

人生到了谈恋爱的阶段总会遇到诸多问题、困扰和压力。在恋爱上的无从选择,在恋爱上喜欢对方,但对方却不喜欢你,如此林林总总,都容易导致心理问题的出现。我们把这方面的一般心理问题归类为恋爱类问题。请看下面的案例:

来访者,女性,19岁,大学在校学生。来访者身体瘦弱,性格内向、胆小,不善言谈,但文学功底较好,曾在校刊上发表过诸多文章,在系里有“小才女”之雅称。在一次系组织的活动上,来访者认识了外班一名同学——该校文学社社长,并被对方盛情邀请入社。此后因工作事务,两人的交流开始增多,来访者渐渐倾心于该同学。一日,来访者在同寝室朋友的鼓励下,大胆地向该同学表明了自己的心意,却被该同学婉言拒绝。这令来访者感到痛苦万分,自觉有失尊严,颜面丢尽。

从上面的案例可以看到,这是来访者喜欢别人,别人却不喜欢来访者从而导致的一般心理问题。

(四)生活事件类

生活是个大舞台,在这样的舞台上,很多人都会遇到诸多不如意的事情。一些来访者常常会由于生活中出现的事情而导致一般心理问题,对由此出现的心理问题,通常看作生活事件类心理问题。请看下面的案例:

来访者,女性,40岁,因单位效益不佳而提前下岗,现赋闲在家。来访者聪明能干,平日将各类家务包揽。一日前往小区菜市场买肉,因怀疑商贩缺斤少两,同对方争吵,话不相投,继而撕扯起来,双方在周围人的劝拉下,才最终得以分开。小商贩恶狠狠地抛下一句“你给我等着”,扬长而去。自当晚起,来访者开始噩梦不断,总能梦到该商贩一面提刀,一面叫嚣的画面。该商贩狰狞的面目令来访者反复从梦中惊醒,内心感到恐惧,已一月有余,因此前来求助。

从上面的案例可以看到,在来访者的生活中,由于与小商贩出现矛盾,导致来访者坠入噩梦深渊,无法自拔。虽然持续时间一个多月,但来访者的思维基本没有受到严重影响,属于一般心理问题。这主要是生活中发生的事件导致的,所以看作生活事件类一般心理问题。

(五)人际关系类

人与人之间都需要一定的交往,但是一些人在人际关系上经常出现困扰。例如,我很孤独,找不到可以交朋友的人;或者班上的同学都很幼稚,跟他们没什么可聊的。这些表现或抱怨都说明人际交往可能出现了问题。中学生的人际交往问题表现比较突出,例如一些研究发现,三成中学生存在不同程度的人际关系问题。一般而言,人际关系问题经常表现为:不会待人接物,不善言谈,缺乏共处能力,自私,从不知为别人着想,大多任性骄横,未能养成尊重他人和遵守纪律的自觉性,不懂得尊重别人,孤僻冷漠,缺乏交往,认知偏差等。对这样的问题表现,一般确定为人际关系类一般心理问题。请看下面的案例:

来访者自入学一年多来,发觉无法和周围同学,特别是男生进行交流,尤其是在打招呼方面。来访者每次路遇男生,特别是比较高大、结实的男生,自述有压迫和恐惧感,紧张,浑身不自在,面部肌肉抽搐,不知如何开口寒暄。偶尔的寒暄过后,自觉仪容举止造作、不自然。多数时,男生的淡漠反应,反过来都会加重其焦虑,从而胡思乱想,不知道到底什么地方出了问题,最后归结为自己女性魅力不足,不招男生喜欢。

从上面的案例可以看出,来访者的心理问题主要是以人际关系问题为主的一般心理问题。

(六)学习类一般心理问题

学习是学生的主要任务,也是长期任务。在学习过程中,会出现学习动机、学习方法、学习意志、学习管理等诸多一般心理问题。请看下面的案例:

来访者初中是在县城一所中学读的,各科成绩都很好,尤其是数学,曾代表学校参加过省数学奥林匹克竞赛,并获得二等奖,深受老师们宠爱。来访者以全校第一的成绩,考入了位于市里的省重点高中,全家都很为来访者骄傲。可一个学期念下来,来访者除了挫败,还是挫败。来访者在那里太渺小了,根本找不到自己的位置。来访者曾经最引以为豪的数学现在居然成了扯自己后腿的一门课,想想开学那会儿,来访者还去申请当数学课代表呢,真够丢人。来访者学得很累,可大小考试下来,却发觉连班里前十都进不了。想想家人的期许,来访者觉得自己没用,令父母失望,不知道往后该怎么办。

从上面的案例可以看到:来访者因自己初高中巨大的学业落差而感到苦恼,情绪受到影响,这就是学习类的一般心理问题。

(七)适应性一般心理问题

到新的环境,通常都有一个适应问题。例如,从幼儿园到小学有一个适应过程,从小学升学到初中也有一个适应问题,从初中升学到高中也有一个适应过程。对多数人来讲,从高中升学到大学的适应期会更长。同时,从一个单位到另一个新的单位也存在适应问题。在这些情形下出现的一般心理问题都是适应类心理问题。请看下面的案例:

来访者为家中独女,备受疼爱,独立性较差。进入大学,经过开学短暂的兴奋过后,开始出现诸多适应不良状况。每日学习紧张、劳累,加之来访者对自身要求较高,令其自感劳心,精力透支,思家心切,偶尔失眠。来访者因一日在学校食堂饭菜中发现菜虫,回来便呕吐不止,至此不再去食堂进餐。在同学关系上,因生活琐事与同寝室一名女生发生冲突,情急之下,摔了琴,一个人跑到音乐厅哭了整晚,整个人情绪受到严重影响。她的一名同乡见其终日郁郁寡欢,遂陪同其前来心理咨询。

从上面的案例可以看出:来访者来到大学后,开始独立生活。但是每日学习很紧张,疲惫不堪,感到不适应,非常想家。食堂饭菜不合口,同学关系不融洽,出现了适应问题。可以看出这是一例适应性一般心理问题。

(八)性格等心理特点所导致的心理问题

一些心理特点容易导致来访者出现一般心理问题。但要注意心理特点与人格障碍基础是不同的,人格障碍基础通常容易导致人格障碍问题。一些心理特点,例如偏执、狭隘、孤僻等都容易导致一般心理问题的出现。请看下面的案例:

来访者,女性。近两个月来感到胸闷,心慌气短,有时甚至呼吸困难,去医院检查并未发现任何器质性的异常。来访者平日说话声音较大。大学期间做事随性,往往想到哪儿做到哪儿,不去思考过多。做事情前,不会去考虑条件是否成熟,或者结果可能会怎样。常常好心办坏事,反遭他人责怪。这令来访者非常气恼,并坚持认为是对方“不识好人心”。工作后,频频跳槽,所列举理由也大都是因为同事“不可理喻”

"不知好歹",觉得无法相处。前后交往过2个男友,皆因无法忍受其偏执个性而以分手告终,事过境迁,反斥其前男友"有眼无珠""不识抬举"。自叹无稳定工作,且已是"剩斗士"一族,十分焦虑。有时极易激惹,说不上几句话,就开始砸摔东西,不知如何是好。

从上面的案例可以看出:来访者大学期间做事随性,往往想到哪儿做到哪儿,不去过多思考。常常好心办坏事,反遭他人责怪。并坚持认为是对方"不识好人心"。同时工作后频频跳槽,所列举理由也大都是同事"不可理喻""不知好歹",觉得无法相处等。这些现象表明来访者的心理反应属于具有跨越情景的一致性特点,具有稳定性,因此属于性格问题。这就是心理特点类的一般心理问题。

对一般心理问题的分类,仅是便于临床诊断和咨询治疗的需要。同时,分类也不是绝对的,甚至分类之间还存在交叉、重合和遗漏,因此对一般心理问题的分类还可以在实践中不断拓展和完善。

第三节 严重心理问题的诊断

严重心理问题从分类级别来看是比一般心理问题严重的一类心理问题。从等级层次来看,其比一般心理问题严重,但又比神经症轻。那么,如何对严重心理问题进行诊断呢?

一、严重心理问题的诊断要点

严重心理问题一般是较为强烈的、对个体威胁较大的现实刺激。不同原因引起的心理障碍,求助者分别体验着不同的痛苦情绪(如悔恨、冤屈、失落、恼怒、悲哀等);从产生痛苦情绪开始,痛苦情绪间断或不间断地持续在两个月以上,半年以下;来访者的反应越来越强烈,多数情况下会短暂地失去理性控制。在后来的持续时间里,痛苦可以逐渐减弱,但是,单纯地依靠自然发展或非专业性的干预,却难以解脱,并对生活、工作和社会交往有一定程度的影响。痛苦情绪不但能被最初的刺激引起,而且与最初刺激相类似、相关联的刺激,也可以引起此类痛苦,即反应泛化。可见,严重心理问题是由相对强烈的现实因素激发,初始情绪反应强烈、持续时间长久、充分泛化的心理不健康状态。这类心理问题是心理咨询和治疗的主要工作对象,效果较好。严重心理问题的诊断要点如下:

（一）由重大现实刺激引起的

严重心理问题的这个诊断指标与一般心理问题的诊断指标类似，都强调刺激的现实性，也就是在客观现实中真实存在的刺激。但与一般心理问题相区别的是，一般心理问题的现实刺激可能是在生活中发生的一般性事件，例如，与同事发生争执，与领导发生冲突，或者被小偷偷了钱包等等。而严重心理问题通常是由现实刺激中的重大生活事件导致的。尽管重大生活事件的判断标准也是相当主观的，但是，通常情况下，关系到个人发展前途的事件、丧亲、离婚等通常被认为对人非常重要的事件都可以看作重要的现实刺激。

（二）持续时间较长

持续时间较长是从时间指标的角度来提供严重心理问题的诊断信息。来访者心理问题的持续时间在严重心理问题的诊断中也扮演着重要作用。严重心理问题的持续时间诊断要求在两个月以上、半年以内，但很多严重心理问题的持续时间都在三个月以上、半年以内。因此当遇到来访者的心理问题持续时间在两个月以上、三个月以内时要特别小心，仔细斟酌是否是严重心理问题。严重心理问题的诊断，时间是很重要的诊断指标，但时间也不是诊断依据的绝对指标，只是一个相对指标或者参照指标。持续时间在严重心理问题诊断中的作用，请看如下案例：

来访者，男性，45 岁，已婚，高中学历，某企业部门主管。有半年时间，来访者持续感到愤怒、不平，意志消沉，情绪低落。半年前国企改制，与另一家同类企业合并重组。为了提高运作效率，企业对人员进行了精简。来访者因所在部门的整个革除而被裁员。来访者认为，依其对企业的了解，本部门并非必须被削减，相反，急需削减的另一部门，却因其主管背景复杂，却得以最终保留。来访者坚持认为这并不是基于企业利益的考虑，而是背后某种“官护”猫腻所致，相当气愤。到企业找上级领导评理，却以“要服从大局、以整体利益为重”为由，劝其服从安排，令来访者感到愤懑。自此以后，来访者终日闭门不出，变得易激惹，稍有不如意便对其家人横加指责，甚至大发雷霆。

从上面的案例可以看出，来访者出现心理问题已近半年，且一直处于情绪低落状态。来访者半年前因企业合并重组致其下岗而产生了心理问题，因此单单从时间持续了半年之久来看，来访者不可能是一般心理问题，而是程度更深的严重心理问题。在严重心理问题的诊断中一定要注意时间界限，一般而言，三个月是一个很关键的时间点，要仔细分析和研究。

(三)问题的内容已出现泛化

泛化在心理问题的诊断中具有重要的价值和功能,因此,严重心理问题诊断的第三个要点是内容已经泛化。在心理诊断中,是否泛化是区分严重心理问题和一般心理问题的关键指标。泛化主要指来访者的反应超越了引发事件本身,扩散到相似的刺激,是心理问题严重的表现。在严重心理问题的诊断中,与一般心理问题相似,在理解泛化时要注意两个方面:第一是不要把情绪的表达或发泄误解为泛化;第二在临床上,泛化特征或现象通常不能直接获得,而是要咨询师靠有意识的询问来了解。请看下面的案例:

来访者,女性,16岁,高中生。半年前,来访者在放学回家的路上,被一只白色的家犬咬伤。病愈后,现在凡是遇到白色的毛茸茸的东西,来访者都会莫名地紧张、害怕,唯恐避之不及。

从上面的案例可以看到,来访者"凡是遇到白色的毛茸茸的东西"都会出现严重的心理反应,说明出现了泛化反应。由于来访者的持续时间已经超过三个月,是由现实刺激引起同时产生了泛化,因此可以诊断为严重心理问题。

(四)反应强度较强烈

严重心理问题诊断的第四个要点是反应强度较强烈。反应强烈主要是指心理问题对情绪的影响很深,对行为的影响显著,导致激烈的冲突,对认知的影响长久等。首先,在理解反应强烈时要注意,反应强度是相当主观的指标,对强烈程度的判断需要长久的临床经验的积累。其次,反应强度的范围涉及情绪反应,也涉及生理反应,因此要综合考虑。最后,反应强度在心理诊断中的权重是相当低的,但一些临床工作者常把反应强度作为心理诊断的显著指标,对此一定要引起高度注意。

(五)思维逻辑性可能受到一定的影响

严重心理问题的诊断要点之一是思维逻辑性可能受到影响。这是指来访者的思维出现一些偏差,例如固执、过度推论、以点带面、出现轻度的认知歪曲等等。

(六)可能有一定的人格障碍基础

严重心理问题可能伴有一定的人格障碍基础,主要是来访者心理问题的出现有跨越情景的一致性,表现出人格基础的特征。如,来访者表现出的过分感情化,以夸张言行吸引他人注意力及人格不成熟等主要特征。

二、严重心理问题的诊断程序

（一）分析来访者是否经历过较强的现实刺激

对严重心理问题，首要的是分析来访者是否经历过较强的现实刺激。现实刺激是决定来访者心理问题性质的重要依据。刺激的现实性表明导致来访者心理问题的事件是在生活中真实发生的。另一方面，刺激的强度也是很重要的因素。刺激强度轻微，不足以引起心理问题或者只能引起一般心理问题。较强的现实刺激通常来自生活中发生的重要事件。尽管重要事件是一个主观的判断，但还是有迹可循。例如生活中升职的压力、婚姻问题、家庭关系等等。对来访者所经历的现实刺激的分析是进行严重心理问题诊断的第一步。

（二）分析来访者的内心冲突的性质

来访者在刺激事件面前都会产生心理冲突。心理冲突的性质是决定来访者心理问题性质的重要因素。心理冲突的性质可以从来访者内心冲突的道德性质来判断。对生活中发生的事件是否能够进行道德性质的判断，是对来访者内心冲突性质判断的主要手段。对婚姻问题，发生矛盾冲突时，任何一方都可以把另一方看作道德的或不道德的。这里理解道德或不道德并不意味着从客观上看，某一方是道德的或不道德的，而是任何一方都可以主观地认为对方是道德的或不道德的。在日常生活中，一些事情是不能进行道德性质的判断的，例如出大门是先迈左脚还是先迈右脚，对这样的事情你不能认为先迈左脚的人是道德的，或者先迈右脚的人是道德的，这样显得很荒唐。又如，削苹果时，皮厚一点儿还是薄一点儿，对这样的问题也不能认为皮厚一点儿就道德，皮薄一点儿就不道德，这样也没有道理。所以，分析来访者心理冲突的性质实际上也是区分神经症和严重心理问题的重要方式。

（三）生理、心理、社会功能受到一定程度的影响

对来访者社会功能的判断和分析，可以为诊断来访者心理问题的严重程度提供依据。社会功能判断主要是从来访者的工作效率及人际关系变化来考察。工作效率的变化通常在完全胜任工作到不能工作，再到在家休息这样的范围内变化。在这种连续变化中，工作效率分为三种情况：第一种是工作效率受到轻微影响，这样可以对其评1分；第二种情况是工作效率受到中等程度的影响，此时来访者已经不能胜任以前的工作，必须调整工作，但来访者还具有一定的工作能力，可以评2分；第三种是工作效率受到严重影响，来访者已经不能胜任工作，在家休息，可以评为3分。从人际

交往来看,也可以有三个层次的考虑:第一层次是来访者的人际交往基本正常,与以前相比几乎没有什么变化,此时的社会功能受损程度可以评为1分;第二层次是来访者的人际交往受到中度影响,人际交往与以前相比明显减少,例如,减少和同学及同事的聚会,与邻居减少交往,等等,此时的社会功能受损程度可以评定为2分;第三层次是来访者的人际交往受到严重影响,人际交往基本消失,躲在家里,既不与邻居交往,也不与同事和朋友交往,不参加朋友们的聚会等,此时社会功能的受损程度可以评为3分。对严重心理问题,来访者的社会功能可能受到一定程度的影响,但一般不会达到严重受损的程度。

(四)无明显器质性病变

器质性病变是指在疾病过程中出现的脏器或组织的病理形态学变化。包括肉眼可观察到的病理形态学改变、光学显微镜下见到的组织学病变以及电子显微镜下所见到的亚细胞病变等。器质性病变多伴有组织或器官的功能改变,如肝硬化常伴有肝功能障碍。但有一些器质性病变因种种原因(如早期、机体代偿等)而无明显的功能障碍,如血管瘤、皮肤脂肪瘤等。在临床中心理问题的躯体的表现形式实际上很多。无论是成人还是孩子,都有这样的情况。国内的调查表明:在综合医院里,来就诊的病人中,比如内科疾病中大概有三分之一是有躯体疾病的,少于三分之一的可能完全是心理问题,还有大概三分之一属于身心障碍。在内科门诊中,当然是器质性疾病为主,比如发烧、咳嗽、肺炎,也有一部分病人是躯体的表现形式,实质是心理问题引起的。这些表现形式多种多样,比如说最明显的就是疼痛,像头疼,反复地头疼,反复地腹疼,查无实据,做了很多检查,但检查不出任何问题。还有呼吸系统,可以引起气促、喘息,诱发哮喘的发作,有过度换气的情况。心血管系统有胸闷、憋气、心慌、心悸。消化系统也很常见,恶心、呕吐、腹泻、厌食。神经系统有睡眠障碍、肢体运动障碍、感觉障碍等。无明显器质性病变,主要表明来访者的心理问题不是由生理疾病引起的,而是单纯的心理问题。

(五)排除精神病、神经症、一般心理问题

对严重心理问题的诊断,还要排除精神病。精神病患者的认识、情感、意志、动作行为等心理活动均可出现持久的明显的异常;不能正常地学习、工作、生活;动作行为难以被一般人理解,显得古怪、与众不同;在病态心理的支配下,出现自杀或攻击、伤害他人的动作行为;有程度不等的自知力缺陷,患者往往对自己的精神症状丧失判断力,认为自己的心理与行为是正常的,拒绝治疗。我们通常通过来访者的自知力、痛苦感和主动求医行为来判断其是否是精神病。神经症是由心理因素引起的,基本上

都是主观感觉方面的不良，没有相应的器质性损害，表现为当事人一般社会适应能力保持正常或影响不大；有良好的自知力，对自己的不适有充分的感受，一般能主动求治。在诊断为严重心理问题时，首先就要排除精神病和神经症，同时根据一般心理问题的诊断要点排除一般心理问题。

三、严重心理问题的类型

（一）婚姻家庭类

当面对婚姻、家庭的冲突时，来访者通常会增加许多压力，导致来访者在这些复杂、重要现实问题的刺激下产生长久的不安和痛苦感，甚至产生泛化现象，这样容易导致来访者出现严重心理问题。请看下面的案例：

来访者，女性，30岁，某公司职员。半年前，来访者接到派出所电话，被告知其丈夫因在外聚众赌博而被拘，需交纳保释金2000元。事后，来访者觉得颜面丢尽，又恼又恨，搬回娘家住了。后来其丈夫在来访者面前赌咒发誓，说绝不会再赌，才将她接了回来。但来访者自此以后开始疑神疑鬼，只要丈夫回来晚了点儿，或是自觉其行为举止表现有所异常，便一口认定丈夫又去赌了，且不容其丈夫申辩，劈头怒斥其“不要脸”“狗改不了吃屎”，心里面觉得憋闷。脾气越来越大，变得极易激惹。工作时，常走神，不能听到同事聊婚姻话题，不停悔恨自己这般“有眼无珠”，嫁了个“赌鬼”；在家里，经常摔打东西，不依不饶，“逼夫认罪”。来访者的日常工作、生活受到严重的负面影响，害怕自己的状态最终无法自控，因此前来求助。

从上面的案例可以看到，来访者在处理婚姻和家庭关系时，对丈夫赌博被抓一事，产生了剧烈的心理冲突。这是来访者经历的重大现实刺激，而且在办公室只要听到同事聊婚姻话题就会难受，说明已经产生了泛化反应，主要是涉及婚姻、家庭关系，持续时间也已达半年之久，因此诊断为婚姻家庭类的严重心理问题。

（二）个人成长类

成长是丰富多彩的，但是在这个漫长的成长过程中，不同的来访者所遭遇的情结和事件有所不同。在一些重要的成长事件下，来访者可能受到强烈影响，而导致严重的心理问题。以下就是一个成长类的严重心理问题。请看案例：

来访者，男性，16岁，高一学生。半年前，来访者迷恋上某位性感女星，沉迷于收集其各类海报、画报、写真、正版CD等，实时追踪其各类信息。该女星独特的嗓音，入时的装束以及所散发出的性感气息，令来访者痴迷不已。得知其一场演唱会将在本市举行,来访者前一夜心情激动,无法入眠,脑海里全是该女星性感热辣、曼妙舞动的画面,突觉体内躁动不安,无法自制。而后,拧开台灯,鬼使神差地从床边拿起该女星的一本性感写真,开始自慰。事后,来访者觉得自己下流、充满罪恶感,也因自己的这种"流氓行径"有辱于该女星,因而打消了隔天去看演唱会的计划。此后,来访者凡接触到与该女星相关的信息,甚至看到一些自己心仪的女生,都会诱发出当日强烈的罪恶感,自觉下流、无耻,道德败坏。来访者担心终有一日会无法控制自己,对周围的女同学出现类似冲动,彻底无可救药,上课注意力无法集中,学习成绩下滑,终日惴惴不安、焦虑紧张,苦恼异常。

从上面的案例可以看出,在人生成长过程中,来访者碰到了疯狂追星、迷恋青春偶像这样的问题。这是在成长道路上经常会遇到的,而且来访者的问题出现时间已长达半年之久,并出现了泛化,这可以看作严重心理问题。

(三)恋爱类

在恋爱问题上,人们也容易遇到矛盾和冲突,面对这些冲突,处理不当,也会形成严重心理问题。请看下面的案例:

来访者,男性,22岁,恋爱困扰已达半年之久。来访者在大三期间,通过一次集体活动,与同系一名女生相识,很快两人坠入爱河。来访者允诺对方,一定会给她一个美好的未来。两人都很珍惜这段感情,视对方为生命中的唯一。到了大四上学期,女生处于考研复习的关键阶段,来访者则常往外跑,到处找工作。在这期间,来访者认识了另一个女生,该女生性格外向、活泼开朗,来访者不自觉地被其吸引。很快,两人有了亲密的关系。来访者不想在两个女生中摇摆,毅然决然地同女友分了手。但好景不长,两人在一起没多久,最初的激情便不在了,来访者开始嫌现任女友"花钱太大手大脚",二人分道扬镳。恢复单身后的来访者常想念起初恋女友的种种好,却得知该女生在半年前已订婚的消息,懊恼不已。来访者曾主动找到该女生,希望复合,但该女生却以"我们之间已经过去了"拒绝了他。来访者越发感到痛苦,经常头痛、失眠。有时走在路上,看见他人出双入对便会百感交集,内心觉得痛苦,认定他们肯定长不了,甚至对其恶意诅咒。

从上面的案例可以看到,随着时间的延续和泛化的出现,可对该案例诊断为严重心理问题。这类严重心理问题在来访者中也是比较常见的。

(四)生活事件类

生活是个大舞台,在这样的舞台上,很多人都会遇到诸多不如意的事情。一些不如意的事情会像一阵风一样,对来访者没有产生什么影响,但一些事情可能受到来访者的重点关注，同时对其心理产生重要的影响。由于一直没有得到疏导，最后转化成了严重心理问题。对这样出现的心理问题，我们通常看作生活事件类严重心理问题。

（五）人际关系类

人与人之间都需要一定的交往，但是人际关系交往也具有一定的复杂性，认识不清、处理不当就会出现困扰，这些困扰可能随着时间的延续变成严重的心理问题。

（六）学习类严重心理问题

学习是学生的主要任务，也是长期任务。在学习过程中，会出现多种矛盾冲突。例如，学习动机、学习方法、学习意志、学习管理问题，也有学习者和相应的监护人在学习决策和取向上存在差异的问题，这些问题也会导致来访者产生严重心理问题。请看下面的案例：

来访者，男性，23岁，研究生一年级学生。来访者曾在一所普通本科院校学习中文，研究生备考期间，出于兴趣，选择了心理学来攻读，并最终考上了一所985重点大学，全家人都很高兴。读研一学期后，萌生退学念头。来访者自述，他发现自己对心理学的了解与实际的心理学学习存在天壤之别，且研究生的学习模式对其既有的学习方式是一次巨大的冲击和解构，学习感到吃力，很少体验到成功的乐趣，总觉得自身素质与所学专业要求不相匹配甚至相去甚远。导师的一次批评，进一步加深了来访者的这种自我认知。面对余下的两年多学习生活，来访者感到茫然，不知应何去何从。第二学期开始后，来访者的情况愈加不尽如人意：学习动力严重不足，每日得过且过，精神萎靡。坐在电脑前，经常发呆，不知该做什么。不再进行任何的专业钻研，学术讨论课也不再参加。对生活中的其他事情也打不起精神。来访者的内心冲突严重：读下去，兴趣不再，学得吃力，自觉是浪费时间；想退学，考虑到家人的期待，还有自己备考期间的艰辛，又觉不值，痛苦万分。来访者是家中独子，对自身要求较高，内心敏感，较自卑，不善言辞。

从上面的案例可以看到：来访者的学习兴趣和学习任务存在矛盾，加之自身的高要求，以及家人的期待，导致来访者出现了"学习动力严重不足，每日得过且过，精神萎靡。坐在电脑前，经常发呆，不知该做什么。不再进行任何的专业钻研，学术讨论课也不再参加。对生活中的其他事情也打不起精神"等多种复杂的反应，最后演化为了严重心理问题。这是属于学习类的严重心理问题。

(七)适应性严重心理问题

到新的工作岗位或环境,通常都有一个适应问题。在这个适应过程中,由于认知原因,可能导致简单的适应表现出较复杂的适应问题。如果这些问题被延续、持续泛化,则很可能由一般的适应问题演化为严重的心理问题。如果由于适应时间较长,已经产生了泛化,则可诊断为严重心理问题的适应类心理问题。请看下面的案例:

来访者,女性,25岁,大学学历。来访者自小喜欢随意装束,不爱受约束,平日也常常一身休闲打扮。但因工作要求,上班时必须穿高跟鞋,这令来访者感到苦恼不已。自述穿高跟鞋如同上刑,双脚像被铁链束缚,走路都很困难。一天下来,脚伤必现。红肿、起泡自不必说,有时背部还会疼痛,整个人被折腾得疲惫不堪。曾开玩笑说,自己最无法理解的职业是模特儿。近半年来工作压力加大,时刻担心自己会摔倒,精神高度紧张,背部疼痛加重,自觉已无法忍受。到医院检查,也未查出任何异常情况。意志力降低,自述懒,什么事都不想做,以致食欲缺乏、睡眠不深,黑眼圈明显,面容憔悴。

从上面的案例可以看出:来访者到新的工作岗位后,穿高跟鞋的问题一直困扰着她,觉得"双脚像被铁链束缚",身心疲累。近半年来工作压力越来越大,这种折磨也就越来越深,觉得不堪重负。现在感到很苦闷,也打不起精神。对事情不感兴趣,不愿参加活动。该案例的时间达到了半年之久,又是由现实事件引起,已经出现了泛化,可以诊断为适应性严重心理问题。

对严重心理问题的分类,也是出于便于临床诊断和咨询治疗的需要来确定的。同时,分类也不是绝对的,因此对严重心理问题的分类也需要在实践中不断拓展和完善。

第九章

神经症的诊断

神经症是心理异常情况下进行心理咨询和治疗最多的一类心理问题。心理异常至少包括三个类别，分别为神经症、人格障碍和精神病。在这三类心理异常的表现中，发作期的精神病不能进行心理咨询和治疗，而是以药物治疗为主，在康复后期或非发作期可以进行心理咨询和治疗。其直接效用是减少精神病的复发次数和延长每次复发的间隔时间。人格障碍的咨询和治疗的效果也不是很明显。人格障碍由于受到异常偏离的认知、情绪或行为等的影响，咨询和治疗的难度也非常大。因此，在实际的临床工作中，咨询师重点关注的是神经症。如何对神经症进行诊断，这是本章所关注的内容。

第一节 强迫性、抑郁性和焦虑性神经症的诊断

一、神经症概述

神经症以前称神经官能症,也称精神神经症,是一组精神障碍的总称,主要表现为持久的心理冲突,病人觉察到或体验到这种冲突并因之而深感痛苦且妨碍心理功能和社会功能,但没有任何可证实的器质性病理基础(许又新,1992)。神经症是心理治疗的对象。除癔症外,它们没有精神症性症状。它们的症状主要表现为烦恼、紧张、焦虑、恐怖、强迫、疑病、抑郁症状、分离、转换或神经衰弱症状等。病前多有一定的素质和人格基础,常由于社会因素导致发病。其症状无肯定的病变基础。除癔症表现为短暂的发作外,病程大多是持续迁延的。病程迁延是医学专用术语,主要指这种病人的病情容易时好时坏拖拖拉拉,很久都不能痊愈,也就是所谓的"迁延不愈"。

神经症的特点主要体现在七个方面:

(1)意识到的心理冲突

典型的体验是,患者感到不能控制自认为应该加以控制的心理活动。病人对症状的事实方面有自知力。常述说的感觉是"想控制但又控制不住"。

(2)心理痛苦感强烈

神经症是一种痛苦的异常心理。没有心理痛苦,根本就不是神经症。心理痛苦主要表现为两个现象:一是病人主动不断求医或求助于心理咨询师;二是喜欢诉苦,这是神经症病人普遍的表现。

(3)持久性

病人感到痛苦的持续时间较长。要明确诊断,有些类别的神经症持续时间至少在一年以上。最保守的时间,从临床经验来看,也不低于三个月。

(4)无器质性病变基础

患者的精神活动能力降低,常有焦虑和烦恼或伴有各种躯体不适,但无可证实的器质性病变基础。

(5)良好的自知力

患者对自己所患疾病有相当的自知力,无持久的精神病性症状。

(6)社会功能有一定程度的损害

神经症患者一般人格保持完整,对现实的检验能力未损,行为可保持在社会规范

允许的范围内,但出现明显的社会不适应现象,有一定程度的损害。

(7)有主动求治行为

不断求医是神经症的突出和显眼的表现。

人格因素和心理社会因素是神经症的主要致病因素,神经症不是应激障碍。神经症的障碍是功能性非器质性的。神经症具有心理和躯体两个方面的症状,具有一定的人格特质基础但非人格障碍,各亚型有其特征性的临床相。神经症是可逆的,外因压力加大时加重,反之症状减轻或消失。一般而言,患者的社会功能相对良好,自知力充分。通常而言,神经症主要包括强迫性神经症、抑郁性神经症、焦虑性神经症、疑病性神经症、恐怖性神经症、神经衰弱、癔症、急性惊恐障碍、人格解体神经症九种类别。

对神经症进行诊断,通常方法是首先考虑心理冲突的性质,即心理冲突是常形还是变形。同时,采用典型的神经症的症状进行对照,最后可以参考许又新教授的三维评定方式进行评定,由此综合来诊断来访者心理问题的性质。

二、强迫性神经症的诊断

(一)强迫症的内涵

强迫性神经症又称强迫症,是一种以反复出现强迫观念和强迫动作为特征的神经症。患者常为这些反复出现的强迫现象所困扰,虽竭力克制,但无法摆脱。强迫症状的特点是有意识的自我强迫和自我反强迫同时存在,二者的尖锐冲突使患者焦虑和痛苦,患者体验到,观念或冲动来源于自我,若违反他的意愿,极力抵抗和排斥,但无法控制;患者认识到强迫症状是异常的,但无法摆脱。病程迁延的强迫可表现为以仪式化动作为主而精神痛苦显著减轻,但此时社会功能严重受损。强迫性神经症主要的表现是出现强迫观念或强迫行为,或者二者同时存在。

(二)强迫症的表现

强迫症主要表现为强迫观念和强迫行为,而强迫观念和强迫行为各自又表现出多种形式。

1.强迫观念

第一,强迫怀疑。患者对自己言行的正确性反复产生怀疑,继而产生强迫性检查行为。如出门后怀疑是否关好门窗、写信是否写错地址等,为此而反复检查。

第二,强迫性穷思竭虑。患者对日常生活中的一些事情或自然现象反复思索,追根溯源,明知毫无意义,但无法控制,其思维经常纠缠在一些缺乏实际意义的问题上而不能摆脱,这一症状在青少年中常可以看到,如想“为什么把桌子叫桌子而不叫椅子”,“为什么一加一等于二却不等于三”。

第三,强迫联想。患者听到或看到某一观念或某一句话,脑中便不由自主地联想起另一个观念或词句。

第四,强迫回忆。患者对经历过的事件,不由自主地在意识中反复出现,虽自知无此必要,但无法自控。有时强迫回忆和强迫怀疑可同时出现,患者在强迫回忆时怀疑自己回忆有错又不得不从头想起,加重其不安和痛苦;有时患者表现为发呆,实际上是在想,若被打断或认为“想得不对”时,就得从头再想起,因怕人打扰而表现出烦躁、躲避人等退缩性表现。

第五,强迫计数。病人对一定形状的物品进行强迫性数数,虽自知无此必要但不能自控。

第六,强迫表象。指头脑中反复呈现形象性的内容,如生殖器、色情等形象。

第七,强迫意向。又名强迫冲动,患者反复体验到,想要做某种违背自己意愿的动作或行为的强烈内心冲动。这类冲动常常是伤害性的,如杀妻灭子、捣毁物品、跳跃飞驶的汽车,或产生十分不合时宜的冲动,如在大庭广众之下脱掉自己的裤子之类,此时常伴有强烈的恐惧和不安。尽管病人明知这是荒谬的想法,自己也不会如此做,但是无法摆脱这种内心冲动。

2.强迫行为

强迫行为往往是为减轻强迫观念而引起的焦虑,患者不由自主地采取的一些顺从性行为。主要有:

第一,强迫检查。为减轻强迫怀疑所引起的焦虑而采取的行为。

第二,强迫询问。强迫症患者往往不信任自己,为了消除疑虑或穷思竭虑所带来焦虑,往往对他人进行询问或要求他人反复地、不厌其烦地予以解释或保证。

第三,强迫性清洗。为了消除受到细菌或脏物污染的担心而反复地洗手、洗澡或洗衣服。有的病人反复用肥皂洗手,以致手背皮肤皲裂或破损,但仍如此反复洗手,否则会出现十分严重的焦虑或担心。

第四,强迫性仪式动作。指病人完成一系列的复杂动作或重复出现某些动作,以消除或减轻由强迫观念引起的焦虑或不安。如患者出门前必须先前进两步,然后再向后退一步,如此反复做数次才可以出门。有人把强迫性计数也归入此类。有些患者因强迫性仪式动作而导致行动迟缓,例如早晨起床时,反复穿脱衣服多次,直至病人自己感到满意为止,这样就耽搁了时间,以致误工或迟到。

要注意的是,某些慢性病程的强迫症患者,他们往往通过某些意识性的动作来消除焦虑，久而久之则成为习惯性动作，而反强迫的表现却逐渐消失，这时，病人不再感到苦恼。

另外，强迫症患者的智力水平正常、一般或较好，平时比较安静，好思考，儿时家庭严厉管束较多，他们可能在某些突然事件下急性发病，有的在长期过分紧张疲劳下缓慢起病。但大约2/3起病缓慢，病程相对较长，病状时轻时重。

（三）强迫性神经症的诊断要点

为了在临床上理解简洁一些，根据CCMD-3的标准诊断结合ICD-10中强迫性障碍的诊断要点，综合起来，强迫性神经症的诊断要点如下：

（1）符合神经症的诊断标准。

（2）以强迫症为主要临床相，表现为下述形式之一种或混合：

①以强迫观念为主要临床相，包括强迫表象、强迫性对立观念、强迫性穷思竭虑等；

②以强迫动作为主要临床相，表现为反复洗涤、反复核对检查、反复询问或其他反复的仪式化动作等。

（3）必须在连续三个月中的大多数日子存在强迫症状或强迫动作，或两者并存，这些症状引起痛苦或妨碍活动。

（4）强迫症状必须被看作患者自己的思维或冲动，而不是外界强加的。

（5）必须至少有一种思想动作仍在被患者徒劳地加以抵制，即使患者不再对其他症状加以抵制。

（6）实施动作的想法本身应是令人不愉快的(单纯为缓解紧张或焦虑不视为这种意义上的愉快)。

（7）想法、表象或冲动必须是令人不快地一再出现。

（8）排除其他精神障碍的继发性强迫症状，如抑郁症和精神分裂症等。

在对强迫观念进行诊断时，不一定所有类型的强迫观念同时出现，有可能只出现其中的一种。尽管患者出现了强迫观念，但是自知力是完整的。第一，在对强迫症进行诊断时，要注意强迫症可发生于一定的社会心理因素之后；第二，强迫症以典型的强迫观念或动作为主要症状，症状的内容不荒谬离奇；第三，强迫症可伴有明显的焦虑不安和抑郁情绪；第四，强迫症患者知道强迫症状是不正常的，并能竭力克制，自知力完整，积极主动求治，无人格改变，社会适应能力保持正常。

（四）强迫性神经症的诊断案例分析

某男，31岁，高中语文教师，已婚。从小懂事，对自己要求严格。最近喜得一子，长得惹人喜爱,经常帮助妻子照顾儿子。三个月前,在单独与儿子待在一起时,忽然冒出掐死儿子的想法,顿时感到紧张焦虑,不敢和别人说起。后来在下厨炒菜时,又突然冒出把儿子放在锅里煮的念头。后来发展到不敢带儿子,避免与其接触,并且把所有刀具都藏了起来,生怕自己会失控。家人发现其异常行为后,他仍然隐藏自己奇怪的想法。他不能理解为什么明明自己很喜欢儿子,却有那些危险的、罪恶的念头和冲动。其工作状态因此受到一定影响,感到痛苦不堪。

求助者外貌阳光,衣着朴素,彬彬有礼;表达顺畅,思维清晰。经详细询问、调查,父母无人格障碍和其他神经症性障碍,家族无精神疾病历史。

对以上案例进行分析,可以发现该病例有如下特点:

(1)在一定精神紧张等诱因下起病,病情持续存在。主要表现为头脑中出现的伤害婴儿的想法和冲动,紧张焦虑。

(2)来访者对自己要求严格,无精神病家族史。

(3)无重大躯体疾病史,无任何器质性病变。

(4)无头部外伤、昏迷抽搐、中毒与长期服药史。

(5)有突出的强迫意向和回避行为,未发现其他幻觉妄想,有焦虑情绪,但都发生于病后且不是主要临床相。积极求治,社会功能已受到影响。

综合以上五点,结合强迫性神经症的诊断要点,该案例符合强迫性神经症的诊断标准,因此初步诊断为强迫性神经症。

(五)强迫性神经症的鉴别诊断

强迫性神经症的临床诊断一般困难不大,但有时需要与以下情况相鉴别:

(1)精神分裂症

强迫状态可能是精神分裂症早期阶段的主要表现形式,但其强迫观念的内容时常是荒谬不可理解的,渐渐伴随出现明显的退缩离群,情感淡漠的特点。随着病情的进一步发展,会出现思维联想障碍和妄想、幻觉,这些都比较容易鉴别。

(2)抽动-秽语综合征

部分抽动-秽语综合征的患者存在不自主的、重复刻板的动作和行为或者仪式动作和行为,有的还出现强迫计数、重复语言而酷似强迫症,但抽动症极少同时具有强迫观念,并且他们都有抽动-秽语综合征的病史或同时存在抽动,鉴别一般不困难。

(3)疑病症

疑病症患者异常关注健康问题,存在强迫就医行为,并存在强烈的对阴性检查结果的怀疑。但是疑病症患者通常局限于关注健康问题,而且疑病症患者的怀疑较强迫症患者更为坚定，对强迫就医等行为更加坚定。

(4)广泛性焦虑症

广泛性焦虑症患者的焦虑是“漂浮”的、不具体的，而强迫症患者的焦虑比较具体，如污染，是否关好门等。而且强迫症患者常存在强迫行为，广泛性焦虑症患者则不然。

(六)强迫性神经症的双冲突模型

双冲突模型理论的强迫思维子环路认为，强迫症患者的强迫思维产生于心理创伤后充满冲突的信息整合过程。如图9—1中所示A部分。刺激(例如一件被污染的外套，或一个伤害他人的冲动)来自内、外在世界，个体对其意义进行评估。如果被评为对预设信念具有威胁性，就会诱发焦虑情绪，并且新信息(例如这个世界是危险的，或者自己是道德败坏的)将从情绪记忆中被提取出来，这些新信息会冲击个体的基本预设信念，信息冲突由此产生。尖锐的信息冲突使得新信息与预设信念的整合进入一个振荡的状态。在此状态中，整合不能顺利完成，不能形成足够的信念灵活性，刺激对预设信念的威胁没有消除。完成倾向使刺激不时地以闯入性思维的形式进入意识，并且继续被评估。最终，闯入性思维在这个恶性循环(强迫思维环路)中变成强迫思维。

双冲突模型理论的强迫行为子环路认为，强迫行为产生于安全防卫行为的选择与实施过程中的动机冲突。如图9—1中所示B部分。当刺激被评估为对威胁的警示时，激发的焦虑会为安全防卫行为做准备，就如恐惧情绪会为战斗/逃跑反应做准备一样。然而强迫症患者同时有强烈的社会动机，例如按照社会所接受的行为模式去行动的需要。这时有些安全防卫行为虽然有效，但是如果太激进，以至于与社会动机相冲突，即形成了动机冲突，那么它们将被抑制。例如，为防止感染病菌，直接丢弃一件认为被污染过的新外套是有效的措施，但是太激进。我们很少听到有“强迫丢弃”症状一说，可见强迫症患者很少这样做。张仲明(2010)等认为安全防卫行为的选择(种类)和实施(持续的时间)会受动机冲突的影响，最后形成折中的安全防卫行为。例如，选择清洗而不是丢弃那件外套，并且每次清洗的用时及停止标准，也是随具体遇到的动机冲突情况而变的。折中的安全防卫行为在消除潜在威胁上效果较差，不能产生足够的安全信号，这使得对刺激进行评估后，焦虑依然存在。最终，折中的安全防卫行为在这个恶性循环(强迫行为环路)中演变为强迫行为。

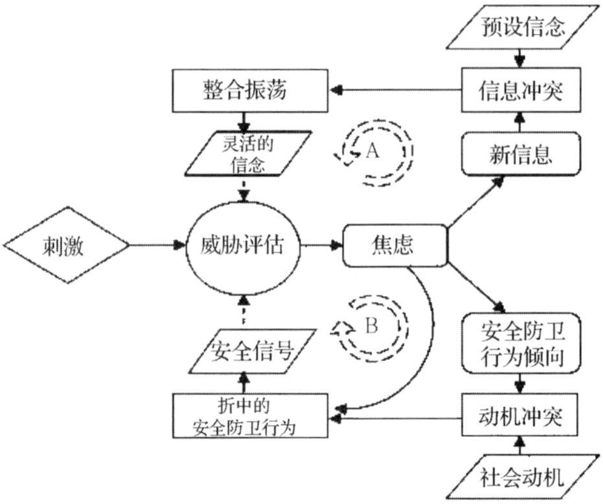

图9-1 双冲突模型图

总之,信息冲突和动机冲突在两个环路中起核心作用,故此模型取名为"双冲突模型",并把这两个冲突命名为"核心冲突"。值得注意的是,强迫思维子环路和强迫行为子环路两个子环路不是截然分开的,二者共有"评估"和"焦虑"两个过程。通过此处的连接,其中一个子环路的增强会激化另一个子环路,同样,其中一个子环路的衰减会弱化另一个子环路。

(七)强迫性神经症的焦虑认同疗法

焦虑认同疗法认为患者的焦虑及安全动机是合理的,不应该被压抑。真实的创伤经历对原有基本预设信念的冲击是不可逆的,因此治疗强迫症的关键与主线是对基本预设信念进行修正,尝试建立新的、更加灵活的、更具适应性的预设信念,而不是恢复或固着在原有的预设信念上。该疗法鼓励个体对经验的开放、鼓励对情绪的接纳、鼓励对基本预设信念的调整,这样可以促进强迫症的心理成熟,从而从内在解决心理冲突给强迫症带来的困扰,可以利用强迫症患者的自生力量消解症状。因此除了强迫症的治愈外,患者的众多方面都可能发生积极的改变,例如人格中完美主义的减少。焦虑认同疗法的操作步骤包括建立咨询关系、识别焦虑情绪、接纳焦虑情绪、找到系统基本预设信念、找到信念冲突、修正预设信念、全面接纳情绪和新的灵活的信念等七个步骤。主要的技术步骤及每个步骤常用的技术如下:

(1)建立咨询关系

焦虑认同疗法开展咨询治疗的第一步是建立咨询关系。咨询师采用焦虑认同法对强迫症个体进行个体咨询治疗,首要的步骤就是咨询师要与来访者建立良好的咨询关系。在建立与来访者的咨询治疗同盟关系中,需要运用多种技术,主要有:

①信任技术

良好的信任关系可从多方面进行建立:知识力量达成的信任;人格魅力形成的信任;工作能力及资质达成的信任;处理类似个案的丰富的咨询治疗经验形成的信任。

②心理安全技术

咨询师为来访者营造一种追求平稳、不受威胁的咨询环境,使来访者消除戒备心,产生安全、自由的感觉。

③温暖技术

来访者通过与咨询师的交谈、互动、待人细节等感受到真切的温暖,有利于促进和谐关系的建立。

④运用尊重、热情、真诚、共情以及无条件积极关注等

在咨询过程中,咨询师在价值、尊严、人格等方面与来访者保持平等,做到尊重来访者;做好热情与尊重结合才能情理交融;同时,咨询师的态度要足够真诚,以“真实的我”出现。建立良好的咨访关系,尤为重要的是,要选择恰当的时机运用共情,正确地表达出对来访者内心世界的理解;在整个咨询过程中,咨询师对来访者积极的、正性的方面予以关注,可以促使来访者激发自己内心的动力。

⑤构建和谐气氛技术

营造和谐气氛,就是让来访者放松下来,感到安全并对咨询师产生一定程度的信任。

(2)识别焦虑情绪

焦虑认同疗法的第二步是识别焦虑情绪。焦虑作为一种身心应激症状,是指在客观原因并不充足的时候,患者产生了紧张、不安或者恐惧的内心体验交织而成的复杂的情绪反应,并表现出相应的自主神经功能紊乱的症状,即此时患者常合并伴有心悸、出汗等躯体症状。焦虑认同疗法如何识别焦虑情绪呢?就是要让来访者感受到、捕捉到、体验到即将出现或已出现的焦虑情绪。只有当我们认识到这是焦虑,才能发现焦虑背后的原因,也就是信息冲突。只有明确了信息冲突才能使用新信息来修正原有的预设信念,原有的预设信念也才能成为灵活的、更具有包容性的新的预设信念。对焦虑的认同其实也是对信息冲突的接纳和认同。当冲突,也就是信息冲突被缓解了,焦虑情绪也就自然得到缓解。之所以说识别焦虑是首要任务,就是因为大多数时候我们常常在情绪中迷失,不知道自己的负面情绪来自何处,甚至不知道这种情绪是什么。连是什么情绪都不知道,自然就更不知道怎么去应对了。所以,认识到焦虑情绪来自哪里,就显得至关重要了。识别焦虑情绪的技术主要有:

①自我提问技术

识别焦虑情绪的时候可以采取自我提问技术,那么,自我提问是问什么?咨询师

可以帮助来访者学会自我提问:我现在的感受是什么,情绪是什么?便于来访者更加深入地了解自己的内心世界,从而识别焦虑情绪。

②自我检查

来访者可以通过对身体内部状态的自我检查来识别焦虑情绪,比如:检查当前的心跳速度是否过快,是否感觉到心慌、呼吸急促,是否可以集中注意力等。

③自我停留

当来访者在焦虑的时候,往往是盲目不安地想要寻求解脱,在这个时候告诉来访者:“放下手里的事情,让时间停留一会儿,深呼吸,感受此刻自己的内心状态。”让来访者处于自我停留的时刻有助于其识别当下的情绪。

④抽离技术

让来访者在脑中幻想自己有多个身份,在思想上把自己从现场抽离,在一旁注视现场。采取这种技术,既能让来访者保持对现场情况的完全接触和掌握,同时又能摆脱现场情况引起的情绪困扰。

(3)接纳焦虑情绪

强迫症患者在面对问题的时候,大多数都是以对立的方式来处理。焦虑认同疗法不同于以往那些方式的否认或者对抗,而是承认其存在,关注但是不抗拒。因此,在识别出焦虑情绪后,要让患者对焦虑情绪进行初步的接纳。患者只有初步认可和接纳自己的焦虑情绪,才能用开放的心态,利用新信息形成的冲击,来化解新信息和预设信念的冲突,从而缓解焦虑。想要实现这一目标,我们要让强迫症患者意识到我们不能做别人的情绪保姆,也不能指望别人做自己的情绪保姆,而是要自己做自己的情绪保姆。我们要认可焦虑的积极作用,意识到焦虑本身是一种提醒危险存在的信号,是我们生活的一部分,没有焦虑的生活就像没有恐惧的生活一样,并不是我们真正所需要的。为此在该阶段,咨询师可以采用的技术有:

①自己做自己的情绪保姆

咨询师需要让来访者认识到,只有自己才能管理自己的情绪,不能因为别人而左右自己的情绪,也不能把自己的情绪发泄到别人身上。

②焦虑本身没有错,只是告诉我们需要改变

要让来访者了解到焦虑只是情绪的一种,每个人都会有焦虑情绪。面对焦虑情绪已经产生的事实,来访者需要意识到焦虑的产生是自己的身体在暗示自己是时候改变了。

③要接纳,不要抗拒

焦虑产生后,个体往往会采取逃避、抗拒的方式加以应对,但这种不合理的应对策略反而会使个体的焦虑感增加。所以在焦虑产生后,来访者要学会接纳这种情绪,切忌不合理的抗拒策略。

④没有焦虑的生活就像没有恐惧的生活一样，并不是我们真正所需要的

教授来访者接纳焦虑，就是让来访者领悟焦虑是伴随个体生活的一种情绪，如果个体从来没有产生过焦虑情绪，或许该个体在情绪体验方面与常人不同。

(4)找到系统基本预设信念

预设信念是一些能帮助个体应付日常生活并能为其带来良好情绪体验的信念。结合生活经验，正常个体往往会建立起积极偏向的预设信念系统（如"世界是相对安全的""人们是相对友善的""我是比较有价值的"等）。这些信念支撑着个体的日常生活并且为其带来了积极的情绪体验。但强迫症个体的原有预设信念往往存在一定的不合理性、不灵活性、古板等特征（如"这个世界是绝对安全的"等），这就使得强迫症个体更容易遭受创伤事件。因此，我们需要找出自己关于创伤事件的原有的不灵活的预设信念。

主要的咨询技术有：

①找来访者语言中的信号词

咨询师在咨询过程中要善于抓取来访者谈话信息的关键词，如"一定""必须""所有""都""完蛋了"，这些信号词的背后蕴藏了来访者的不合理信念。

②焦虑时，你想起了什么

咨询师采用提问的方式，对来访者循循善诱，一步一步走向来访者的内心世界，找到来访者的预设信念。

③用常见的不合理信念进行比对

咨询师通过举例的形式，列举出常见的不合理信念，让来访者与自己的预设信念一一进行对比，观察来访者的反应，从而找到来访者背后的信念。

(5)找到信念冲突

强迫症个体在经历创伤事件后，会产生新的信念（如"这个世界原来是危险的"），新信念与基本预设信念（如"这个世界永远都是安全的"）会产生冲突。常见的冲突形式包括理想和现实的冲突，当下和过去的冲突，个人与普通大众的看法冲突，安全动机与社会动机冲突，两难困境冲突，执行和想法之间的冲突，自我设阻冲突等。信念冲突会通过心理防御机制否认新信念的正确性，在对新信念的接纳过程中或多或少会表现出一些阻抗，从而导致个体无法形成更加灵活的新的预设信念。因此，想要消除个体存在的信念冲突，就需要先找出个体的预设信念和经历创伤事件后产生的新信念、新观点、新看法，找到两者之间存在的不协调，并承认新信念的正确性和现实性以及自身原有的基本预设信念的不灵活性、惰性、狭隘性、缺乏包容性。咨询师可以采用的技术有：

①理想和现实的冲突

如果来访者的预设信念与新信念之间遭遇冲突,原因是理想中的信息与现实中的信息差距太远,互不匹配而产生,那么这种冲突属于理想与现实的冲突。

②当下和过去的冲突

如果来访者的预设信念与新信念之间产生冲突,其中一个来自当下的信念,一个是过去顽固的信念,那么这种冲突属于当下与过去的冲突。

③个人与普通大众的看法冲突

如果来访者的预设信念和新信念中,一个属于个人的看法,一个属于普遍大众的看法,那么二者产生的冲突属于个人与普遍大众的看法冲突。

④安全动机与社会动机冲突

如果来访者的一个信念是由于安全动机出现,另一个信念由于社会动机出现,那么这两个动机间出现冲突属于安全动机与社会动机冲突。

⑤两难困境冲突

如果来访者陷入了两难困境,那么这种冲突属于两难困境冲突。

⑥执行和想法之间的冲突

如果来访者的一个观念目的是为了执行一项任务,而另一个观念只是出于思考规划当中,那么这两者产生的冲突属于执行和想法之间的冲突。

⑦自我设阻冲突

如果来访者的状况一直是在为自己设立各种阻碍,那么这种冲突叫作自我设阻冲突。

(6)修正预设信念

当来访者承认新信息的正确性与自身原有的预设信念的不灵活性时,信息冲突的消除就为期不远了。消除信息冲突是一个循序渐进的过程,需要来访者不断地修正基本预设信念,分析是否能够与新信念顺利整合。如果没有,则需继续修正基本预设信念。消除信息冲突的标志即为足以容纳新信息的新的预设信念出现,形成更加灵活的基本预设信念。在该阶段,咨询师可以采用的咨询技术有:

①现实性检验

咨询师通过引导来访者对自己的信念进行现实性检验,使来访者意识到自己不合理的信念需要改变。

②意义换框法

同一件事情里面总有不止一种意义包含其中。咨询师帮助来访者找出其中最能给自己帮助的意义,便可以把事情的价值改变,使事情由绊脚石变为踏脚石。

③苏格拉底辩论术

来访者首先表明自己的观点,咨询师依照此观点做进一步的推理,最后引出谬误,从而使来访者意识到自己的不合理信念。

④朋友的问题(即假设事情发生在朋友身上,你会怎么看)

咨询师引导来访者:"如果这件事情发生在你朋友身上,而不是你自己身上,说说你的看法。"让来访者从另外一个角度思考自己的不合理信念。

⑤寻找另外的解释

来访者的不合理信念往往不只是一个含义,咨询师可以找出另外代表的含义,使来访者认识到自己顽固的不合理信念需要改变。

⑥寻找例外技术

来访者的不合理信念往往是绝对化的、死板的,咨询师可以找出来访者的信念中可能发生的另外一种情况,使来访者辨别自己的顽固的不合理信念。

⑦上堆技术

咨询师引导来访者从自己观念的上层观念认识此刻的想法,促使来访者修正自己的不合理信念。

(7)全面接纳情绪和新的灵活的信念

咨询师可以采用的技术有:

①情绪和价值的分离

来访者学会分离情绪和价值之间的联系,从而能够全面地接纳自己的情绪。

②像风一样飘过

来访者需要认识到,焦虑就像风一样,过会儿就会飘过去,试着接纳它。

③不以物喜,不以己悲

"不以物喜,不以己悲",如此简单的一句话凝聚了古人的智慧,这就告诫来访者要习得古人的智慧和心态,全面接纳自己的情绪,以及产生的新信念。

④轻轻地,焦虑走了,正如它悄悄地来

在产生焦虑情绪时,来访者可记住这句话来接纳自己的情绪。

强迫性神经症的焦虑认同疗法为强迫性神经症的咨询治疗提供了更多的选择。

三、抑郁性神经症的诊断

(一)抑郁性神经症的内涵

抑郁性神经症在西方国家中比较多见,主要是因为西方国家的居民发现心情抑郁时就会找心理医生或精神科医生寻求诊治。在诊断标准上,许多西方学者认为神经症主要伴有抑郁情绪就可下抑郁性神经症的诊断,因此使得西方国家抑郁性神经症的比例较高。抑郁性神经症又称神经症性抑郁，是由社会心理因素引起的一种以持久的心境低落状态为特征的神经症，常伴有焦虑、躯体不适感和睡眠障碍，患者有治疗要求，但无明显的精神运动性抑制或精神病性症状，生活能力不受严重影响，病程可迁延，治疗效果良好。据全国12个地区神经症流行病学调查发现，抑郁性神经症的患病率为0.31%。据华西医科大学精神科报告，抑郁性神经症患者占精神科门诊患者的21.2%，占神经症的70.6%。这些数据表明，抑郁性神经症患病率较高，多见于女性。

(二)抑郁性神经症的主要表现

1.呈情绪低落状态

抑郁性神经症在外表上不一定有明显的异常表现，也无抑郁症那样悲痛欲绝、消极忧愁的症状。多数患者不经细致检查，无法看出有什么问题。但是患者绝大多数皆有持久性情绪低落和不愉快的内心体验。多数来访者诉说自己大部分时间的情绪是低落的，高兴不起来。自觉心情压抑、沮丧、忧愁、苦闷、悲痛、无精打采。对日常活动缺乏兴趣和活力。对周围环境冷淡，缺乏积极参与社交活动的兴趣。来访者并非整天处于情绪低落状态，在日常生活中可以表露出正常人喜怒哀乐的情绪变化，但是总的心理倾向是孤独、空虚、忧郁和悲伤。多数来访者用“郁郁寡欢”“沉闷空虚”“凄凉失望”“孤独无生活乐趣”等词汇描述自己的内心体验。不少人表现出“内苦外乐”的矛盾情绪状态，使他人看不到其真实的心理状态，所以也称微笑型抑郁症。哭泣是抑郁性神经症常见的症状表现，一般来说，暗泣多于痛哭流涕。

2.抑郁性认识三联征

情感是人心理活动的染色剂，人的一切心理行为无不打上情感色彩的烙印。因此，情绪低落经常导致认识功能的障碍。具体表现为“忧郁性认识三联征”——对自身、现在和未来曲解等认识障碍。其特点是自我评价过低，自责自罪，消沉悲观，优柔寡断，思维迟钝，自惭形秽，言行消极，对人生和前途充满消极情绪，感到生活毫无意义。

3.意志行为能力低下

自觉懒散无力，精神不振，反应缓慢，对学习、工作缺乏信心，效率低下。意志行为退缩，缺乏动力和活力。对日常事务感到厌倦和无意义，尽量回避社交应酬和担负责任，甚至日常家务、吃饭等最简单的任务都难以完成。不愿主动与他人交往，但是被动接触良好。

4.躯体症状

躯体症状表现为全身疲乏，缺乏体力和精力，常有胸闷、心悸、腹部不适、食欲缺乏、便秘、月经不调、阳痿、性欲减退等。睡眠障碍较为突出，失眠、难以入睡、早醒、多梦等是常见症状。

5.自杀

虽然不如抑郁症严重，但是大多数抑郁性神经症患者有消极观念，声称“活着不如死去”。少数重症患者有自杀的倾向，必须高度警惕。

总的来看，抑郁性神经症具有一般神经症的特点。抑郁性神经症表现的抑郁程度较轻，很少发展到严重程序，但患者的描述却生动具体。如患者常诉心情不畅，消沉，沮丧，看事物犹如戴着一副墨镜一样，周围一片暗淡之感；对工作无兴趣，无热情，缺少信心，对未来悲观失望，常感精神不振、疲乏。有些患者有轻生的念头。这种抑郁情绪随着时间、地点的不同会有所改变，波动性大，但大部分时间是抑郁。尽管如此，患者的工作、学习和生活无明显异常，故往往与环境保持良好接触。

（三）抑郁性神经症的病因

第一，从抑郁性神经症的病因和发病机理来看，遗传起较重要作用。家族史中患情感性障碍者比例较高，而且有其他心理疾病或不良心理卫生问题的人也较多，约占30%。第二，不良心理社会问题也是一个重要方面。绝大多数患者可在起病时查到此类诱因，可视为诱发因素。如夫妻争吵、离异、亲人分别、意外的伤残、工作困难、人际关系紧张以及严重的躯体疾病等因素。使患者担心、焦虑，以致产生抑郁、苦闷、沮丧等不良情绪。正常人经过疏导，压抑的情绪历时短暂即消失。但抑郁性神经症患者的抑郁情绪维持时间较久，尤其抑郁人格障碍者更是如此。故抑郁性神经症患者病程缓慢迁延。第三，心理缺陷导致的致病基础。抑郁性神经症患者通常存在人格缺陷问题。有性格障碍者，主要表现出的特征为情绪低落，寡言少语，喜欢沉思，精力不足，凡事均看得悲观，回忆过去谴责自己，展望未来缺乏信心，面对现实困难重重。这些人明显缺乏自信，有自卑感。自我评价低，遇到挫折困难容易悲观失望，采取听天由命、退避三舍的应付策略。有依赖性、被动性、胆小怕事、软弱、敏感等特征。许多病人经过治疗，虽然抑郁症状有所缓解，但是缺陷的人格特征依然存在，说明它们并非疾病症状或其后果。第四，缺乏亲密朋友和适当的社会支持，对抑郁性神经症的发生和发展亦有一定关系。尽管抑郁性神经症很少证明有生物化学的改变，如脑内去甲肾上腺素或5–羟色胺水平下降等，但抑郁性神经症可用抗抑郁药物治疗而改善。故抗抑郁剂治疗抑郁性神经症的机理还需要深入研究。

总的来看,抑郁性神经症发病缓慢,80%以上的病人持续两年以上仍未痊愈,且至少有三分之二的时间处于抑郁状态中,有明显环境应激、压力影响。病前有抑郁性人格,例如缺乏自信或自尊,强求完美,对人过分依赖,对逆境易产生心境低落倾向。主要表现出:自知力完好,生活自理能力好;兴趣减退,但未丧失积极性和动机;失望但不绝望;自我评价低,但接受鼓励与赞扬;被动人际交往良好;有想死的念头,但顾虑重重,如留恋亲人;无精神运动性迟缓;睡眠障碍同神经衰弱相似;抑郁症状无晨重夜轻现象;性欲减退不明显;食欲轻微变化;认知、注意力、思维力、联想力、记忆力轻度下降。

(四)抑郁性神经症的诊断要点

(1)最突出的症状是持久的情绪的低落。患者常感心情压抑、消沉或沮丧,面部表情阴郁,面色苍白,整日无精打采,对生活失去信心,遇事总往坏处想,对日常生活、娱乐活动甚至在发病以前的业余爱好等都缺乏兴趣或乐趣,对工作失去热情,对前途悲观失望,在相当长的一段时间内,患者的情绪是低落的,虽然期间有几天或一二个星期情绪会好一些。(2)有自知力。患者能认识到自己的情绪变化是不正常的,也非常愿意就此开展讨论,但往往将原因归咎于他人或环境。(3)有部分患者可能有轻生念头,甚至出现自杀企图。患者的情绪低落且无昼夜节律变化。(4)在持久的情绪低落的同时,患者可能伴有焦虑或易激惹症状,伴有头痛、四肢痛、背痛、耳鸣、眼花、胃部不适及失眠等症状。(5)病程在2年以上。

在对抑郁性神经症进行诊断时,要注意持久的情绪的低落是其主导症状,而不是伴随症状,也不是其他症状的副产物。部分患者出现轻生念头,易激惹并且病程持续时间达2年之久是在进行诊断时要特别引起注意的诊断要点。简而言之,诊断要点如下:

(1)符合神经症的诊断标准。

(2)以持久的轻度至中度的抑郁为主要临床相,伴有以下症状中至少三项。

①兴趣减退,但未丧失;

②对前途悲观失望,但不绝望;

③自觉疲乏无力,或精神不振;

④自我评价下降但愿接受鼓励和赞扬;

⑤不愿主动与人交往,但被动接触良好,愿接受同情与支持;

⑥有想死的念头,但又顾虑重重;

⑦自觉病情严重难治,但又主动求治,希望能治好。

(3)无下列各项症状的任何一项。

①明显的精神运动性抑制；

②早醒和症状昼重夜轻；

③严重的内疚或自责；

④持续食欲减退和明显体重减轻（并非躯体疾病所致）；

⑤不止一次的自杀未遂；

⑥生活不能自理；

⑦幻觉或妄想；

⑧自知力严重缺损。

（4）病程至少2年，全部病程中大部分时间心情低落，如有正常歇期，每次最长不超过两个月。

（五）抑郁性神经症的诊断案例分析

案例：某女，41岁，家住农村，家庭主妇，已婚。三年前，要求初中毕业女儿继续读高中，女儿不答应，大吵了一场，之后女儿外出打工。从此一想到女儿，就感觉自己没有教育好，恨自己不是合格的母亲。长期闷闷不乐，没有精神，心慌失眠，胃口不好，记忆力也下降了。感觉背部疼痛，经过医院的系统检查没发现明显病变。做家务时感觉没力气，易疲劳，因此丈夫常抱怨。平时家里遇到什么不顺心的事就觉得是自己没用，认为自己没有价值，成为家里的负担。有时也想让自己高兴点，但是不久糟糕的情绪又会出现。曾尝试一死了之，但是又存在心理冲突，觉得自己还年轻，不舍得放弃自己和家人。

分析：该案例的特点是：（1）有较明显的生活事件发生；（2）持续的精神不振、自我评价下降、有想死的念头，但是都不是非常严重；（3）病程长达3年，社会功能中度受损；（4）没有精神病性的症状表现。综合以上特点符合抑郁性神经症的诊断标准，故可诊断为抑郁性神经症。

（六）抑郁性神经症的鉴别诊断

由于抑郁症状可在许多疾病中出现，故应与下列疾病相鉴别。

（1）情感性精神障碍抑郁发作又称内源性抑郁症。内源性抑郁无明显心理社会因素而起病，病情较重，常为精神运动迟滞；抑郁症状时可伴有精神病性症状，如妄想、幻觉、自罪自责；尚有生物学方面改变，如抑郁情绪常有昼重夜轻的节律改变，早醒性失眠，非躯体因素所致明显体重下降；严重的自杀企图或自杀未遂的历史及家庭史，既往的双相发作史，或3次的单相抑郁发作史，应与抑郁性神经症相鉴别。

（2）神经衰弱。有时有抑郁症状，但神经衰弱临床表现为主要以兴奋与易疲乏为特征,抑郁症状不是首发症状,而是继发性症状,很少有兴趣减退、轻生观念、自我评价过低等,抑郁不是持久的情绪低落,易于识别。

(3)精神分裂症。常有特殊的思维障碍和常见症状如幻觉和妄想,尽管伴有抑郁症状,也不难与抑郁性神经症状相鉴别。

(4)焦虑症。常伴抑郁症状,鉴别困难,有人甚至称为焦虑抑郁综合征。但首先分清谁是原发症状颇为重要。焦虑症以焦虑症状为主。如果有时有急性焦虑发作,或参考焦虑、抑郁量表的测试结果,则更易与抑郁性神经症鉴别。

四、焦虑性神经症的诊断

(一)焦虑性神经症的缘起

焦虑性神经症最初来自弗洛伊德。1894年,弗洛伊德发表了一篇论文,主张从神经衰弱里分出一个特殊的综合征:焦虑神经症。1949年,弗洛伊德将焦虑分为客体性焦虑(恐惧)、神经症性焦虑、道德性焦虑等三类。所谓的客体性焦虑主要包括原发的客体性焦虑和继发的客体性焦虑。继发的客体性焦虑不是客体的出现或者再现所引起,而是由它出现的可能性引起的焦虑。例如,可能有老虎出现导致的焦虑就是一种继发性的客体性焦虑。神经症性焦虑主要是意识不到的焦虑,是阻抑(repressed)于无意识里的焦虑,造成焦虑的威胁来自本能冲动。道德性焦虑是感到危险来自超我,体验为羞耻和罪感。

(二)焦虑性神经症的表现

在心理诊断中,焦虑性神经症又称焦虑症,主要表现为发作或持续地出现焦虑、紧张、恐惧,伴有头晕、心悸、胸闷、呼吸急促、出汗、口干等自主神经系统症状和运动性不安。焦虑是一种内心紧张不安,预感到似乎将要发生某种不利情况而又难于应付的不愉快情绪。焦虑性神经症主要包括以广泛和持续性焦虑或反复发作的惊恐不安为主要特征的神经症性障碍,来访者的焦虑与惊恐并非由实际威胁或危险所引起,或由其紧张不安与惊恐程度与现实处境不相称所引起。焦虑性神经症的焦虑症状包括三方面:第一,与处境不相称的痛苦情绪体验,典型形式为没有确定客观对象和具体而固定的观念内容引起的提心吊胆和恐惧情绪,称为漂浮焦虑(free-floating anxiety)或无名焦虑。病人基本的内心体验是害怕,如提心吊胆,忐忑不安,甚至极端惊恐或恐惧;这种情绪是不快的和痛苦的,可以有一种死在眉睫或马上就要虚脱昏倒的感觉;这种情绪指向未来,它意味着某种威胁或危险,即将到来或马上就要发生,实际上并没有任何威胁和危险,或者用合理的标准来衡量,诱发焦虑的事件与焦虑的严重程度不相称。第二是精神运动性不安。如坐立不安,来回走动,甚至奔跑喊叫,也可表现为不自主的震颤或发抖。第三是伴有身体不适感的自主神经功能障碍。如出汗、口干、嗓子发堵、胸闷气短、呼吸困难、竖毛、心悸、脸上发红发白、恶心呕吐、尿急、尿频、头晕、全身尤其是两腿无力感等。焦虑的体验同时,有躯体不适感、精神运动性不安和自主神经功能紊乱。

需要特别注意的是只有焦虑情绪体验而没有运动和自主神经功能障碍的任何表现,不能武断地视为病理症状。反之,没有不安和恐惧的内心体验,单纯身体表现也不能视为焦虑。精神分析学说认为,心理的东西本身可以变成身体症状,这一过程称为躯体化。没有精神症状就不能诊断为任何一种精神障碍,不论有多少躯体症状也不能构成精神障碍的诊断根据。

(三)焦虑性神经症的类别

焦虑性神经症是一种普遍的心理障碍,在女性中的发病率比男性要高。流行病学研究表明城市人口中大约有4.1%~6.6%的人在他们的一生中会得焦虑性神经症。焦虑性神经症有两种主要的临床形式,一是广泛性焦虑,二是急性焦虑,也称为惊恐障碍。但二者之间并无截然的分界线,互相过渡和重叠的情况并不少见。精神科常见的是缓慢或亚急性疾病的广泛性焦虑,病程迁延,但症状轻重常有波动。

广泛性焦虑,也称一般性焦虑,是焦虑性神经症的典型。其焦虑特点是漂浮焦虑或无名焦虑。这种类型缓慢或亚急性疾病,病程迁延,症状轻重常有波动。焦虑的严重程度和持久性跟日常生活中的琐碎事件很不相称。焦虑的内容完全取决于日常生活环境中的变动,没有中心主题,也没有明确的社会倾向性。实际上,明确地把自己的心情描述为没有对象和内容的恐惧,这种病人很少见。这是由于人们不能容忍他们的心情或痛苦没有对象和内容,他们必须给自己提供某种内容。这样一来,焦虑便附着在各种偶然事件上,似乎有了现实的内容。显然,病人焦虑的严重程度和持久性跟日常生活中的琐碎事件是很不相称的。追究起来,病人自己也想不通他整天到底在怕什么。这种完全被环境牵着鼻子走的焦虑与烦恼是不同的。烦恼与焦虑的不同还在于烦恼主要是对过去的事后悔和对现状不满,而焦虑几乎完全是对未来的可能性的恐惧。病人时刻在等待着不幸的到来,不论什么事,总害怕会出现最坏的结局。这也可以称为预知性焦虑(anticipatory anxiety),似乎在预知未来岁月中全部可能发生的危害和灾难。例如皮肤划破一个浅表的小口子,病人马上想到破伤风和败血症,想到死亡,十分恐怖。孩子跟人家打架,便想到重伤致残或因人命而被法院处决。病人害怕自己会忘记最重要而简单的事实,以致于张口结舌下不了台。怕自己由于注意力不集中和笨拙而铸成大错。排队买菜总担心轮到自己菜就卖完了,或者害怕给错了钱而受指责。实际上,由于焦虑妨碍了效率和准确性,反过来使病人的焦虑愈甚,甚至害怕自己会完全失控而发疯。焦虑情绪也容易使病人集中注意于他们的身体症状,这种病人见了医生便诉苦,诉述各式各样的身体不适感,尤其是交感神经功能亢进的各种症状。

焦虑性神经症的第二种形式是急性焦虑或惊恐障碍。急性焦虑或惊恐障碍是发作性的,发作的间歇期可以没有任何症状。发作不限于任何特殊的处境,也没有特殊的诱因,所以是不可预测的。发作来得很突然,出现严重的植物功能障碍:如剧烈心跳,胸痛,咽喉部有阻塞感和窒息感,头晕,全身发麻和针刺感,呼吸快而浅等。与此同时,病人有强烈的恐怖,可有短暂的人格解体体验,常有死亡迫在眉睫的恐怖,或者害怕自己会发疯。有些病人软瘫在沙发里,有些病人一发作就惊呼求救。每次发作时长一般持续10~20分钟。有些病人惊恐发作后卧床不起,衰弱无力,尤其一身冷汗最为典型。间歇期请病人叙述上次发作的经过,可以出现一幅清晰的临床相。由于急性惊恐障碍的特有的临床相,因此通常在介绍焦虑性神经症时主要指广泛性焦虑性神经症或一般性焦虑神经症。急性惊恐障碍后面单独介绍。

(四)焦虑性神经症的成因

焦虑性神经症的成分是很复杂的。研究表明,主要的成因有:

第一,躯体疾病或者生物功能障碍虽然不会是引起焦虑症的唯一原因,但是在某些罕见的情况下,病人的焦虑症状可以由躯体因素而引发。比如,甲状腺亢进、肾上腺肿瘤等。许多研究者试图发现,是否是焦虑症患者的中枢神经系统,特别是某些神经递质,是引发焦虑症的罪魁祸首。很多研究集中在两个神经递质上:去甲肾上腺素和血清素。很多研究发现病人处于焦虑状态时,他们大脑内的去甲肾上腺素和血清素的水平急剧变化,但是,我们并不很清楚这些变化是焦虑症状的原因还是结果。

第二,认知过程或者思维在焦虑症状的形成中起着极其重要的作用。研究发现,焦虑性神经症的来访者比一般人更倾向于把模棱两可的,甚至是良性的事件解释成危机的先兆。他们更倾向于认为坏事情会落到他们头上;更倾向于认为失败在等待着他们;更倾向于低估自己对消极事件的控制能力。

第三,在有应激事件发生的情况下,更有可能出现焦虑性神经症。

对焦虑性神经症的起因,不同学派的研究者有不同的意见,这些意见并不一定是相互冲突的,也有的是互补的。

总的来说,对焦虑性神经症而言,焦虑是一种情绪状态。来访者基本的内心体验是害怕,如提心吊胆,忐忑不安,甚至极端惊恐或恐怖,这种情绪是不快的和痛苦的,也可以有一种迫在眉睫或马上就要虚脱昏倒的感觉，这种情绪指向未来，它意味着某种威胁或危险即将到来或马上就要发生，实际上并没有任何威胁和危险，用合理的标准来衡量，诱发焦虑的事件与焦虑的严重程度不相称；有焦虑的体验同时，有躯体不适感、精神运动性不安和自主神经功能紊乱。

(五)广泛性焦虑症的诊断要点

(1)符合神经症的诊断标准。

(2)来访者的主要表现以持续的或经常无固定内容或明确对象的紧张不安，无对象性。

(3)担忧过度。患者对现实中的某些问题或现象过分担忧或烦恼为特征。

(4)症状持续，发作缓慢，以持续的焦虑为原发的和主要的临床表现，且伴有明显的自主神经系统的症状和运动不安。持续时间超过半年，或至少达到三个月，时间太短是不能确诊的。

(5)常见的症状有烦躁不安、心悸、疲乏无力、胸闷、气急和神经过敏等。临床上，可见到患者对事实上并不存在的某种危险或威胁总是担心害怕，终日坐卧不宁，心烦意乱，忧心忡忡。

(6)因交感神经功能亢进，而出现呼吸急促、胸紧、口干、上腹不适、心跳过速、胀气、尿频尿急、阳痿、早泄和性欲缺乏等症状。

(7)因过分警觉，患者可出现入睡难或入睡后易醒，夜惊及多梦，注意力难集中，记忆力下降等。

在对广泛性焦虑进行诊断时要注意病程缓慢，持续时间长，无明显的对象性，出现各种交织的生理症状，持续时间半年以上才能做出明确的诊断。

(六)广泛性焦虑症的诊断案例

案例：女，49岁，大学教授，已婚。主述有二十多年的慢性焦虑史，年轻时一遇到重要的考试就紧张不已，后来在找工作时总担心自己在应聘时表现不好，不能把握住机会。找对象时害怕举止不恰当，给对方留下不良印象。后来在大学任教授，总怕自己上的课学生不喜欢听，又怕自己带不好自己的研究生。还担心经济问题，害怕经济危机会影响到自己。怕坐车经过湿滑的乡村道路时发生事故。看到邻居家的小孩追逐打闹时，感觉心慌，出冷汗，害怕他们跌倒。感觉自己的这些担心有一定道理，但是难以控制，痛苦不已。

上面案例具有以下四个特点：(1)有焦虑的情绪体验，内容是对未来的威胁的担心。(2) 担心的内容广泛，并属于“漂浮式”的焦虑。(3)有自主神经系统功能紊乱的表现。(4)这些症状持续的时间已超过半年。综合起来看,此案例诊断为广泛性焦虑症。

(七)广泛性焦虑症的鉴别诊断

(1)与神经衰弱相区别。神经衰弱患者可能有焦虑症状,但焦虑症的焦虑紧张情绪较一般神经衰弱的症状更为突出。

(2)与疑病症相区别。疑病症患者的紧张恐惧情绪多继发于疑病症状,而疑病症状又与自身内部特殊不适感受和以往生活经历、及产生的联想或暗示等有关,因而应与焦虑症相鉴别。

(3)精神分裂症在早期也可能有严重的焦虑或焦虑疑病,若发现精神分裂症的基本症状时,鉴别并不困难。有一些器质性脑病的患者,当临床上尚无明显的痴呆症状时,可能有焦虑体验。

另外,也有许多药物中毒或戒断症状是以焦虑体验开始的,应根据病史及检查进行鉴别。

(八)急性惊恐障碍的诊断要点

(1)患者的焦虑情绪没有对象性。主要表现为濒死感和窒息感。

(2)发作速度快,发作程度较剧烈。患者突然出现无原因的极度惊恐。

(3)患者出现明显的症状,如呼吸困难、心悸、喉部梗塞、震颤、头昏、无力,似乎即将面临死亡。此时,检查患者可发现心跳加速、呼吸急促、多汗、面部潮红等自主神经功能活动全面亢进的表现以及运动性不安。

(4)每次发作持续数分钟至数十分钟,但很少超过1小时。在发作间歇期,完全正常。

(5)惊恐发作的患者常有对再次发作的担心。

(6)发作频繁的患者可能卧床不起,部分患者也可发作1~2次后即自行缓解而不再复发。发作时进行静脉点滴可缓解症状。

(7)在1个月内至少有3次惊恐发作。

(九)惊恐障碍的诊断案例

案例:某男,大学二年级学生,因一种濒死感和明显的生理反应来求助。

求助者暑假期间留在了学校里,由于天气炎热,而宿舍的条件较差,晚上难以入睡。如此几天过后感觉精力下降,心慌。一次入睡时,突然感到要窒息了,感到快要死了,感觉心脏乱跳,就像要爆炸一样。呼吸浅而急促,全身大汗淋漓。到急诊中心检查,除了心动过速和血压偏高外,无器质性病变。发作时间为半小时左右,然后恢复正常,整个过程意识清醒。此后的1个月内还发作了3次,很担心再次发作。

上面的案例,具有以下特点:(1)发作时明显的濒死感和生理反应,感到痛苦不堪。(2) 1个月内有3次惊恐发作,发作时间短暂,发作间期相对正常。(3)经检查无心脏的器质性病变。(4)急性发作。综合诊断为惊恐障碍。

(十)惊恐障碍的鉴别诊断

(1)与恐惧症相区别。在进行诊断时,要特别注意其与恐惧症的不同之处,惊恐发作也可能产生恐惧,但恐惧症有具体的对象而惊恐发作无具体对象。恐惧是处于危险之中时发生的,而惊恐发作是在危险来临前发生的。

(2)与抑郁性神经症相区别。情绪低落和自杀倾向不是惊恐发作的主要症状而是伴随症状。

(3)排除躯体疾病如癫痫、心脏病发作、嗜铬细胞瘤、甲亢或自发性低血糖等继发的惊恐发作。

如果焦虑和担心的内容是关于被细菌感染(强迫症)、惊恐发作(惊恐症)、当众出丑(社交恐惧症)、长胖(神经性厌食症)、严重疾病(疑病症),则应该适用对应的心理障碍,但也可以用治疗焦虑的某些措施缓和情绪,消除紧张。

第二节　疑病性、恐怖性神经症及神经衰弱的诊断

一、疑病性神经症

(一)疑病性神经症的内涵

疑病症(Hypochondriasis)又称疑病性神经症(Hypochondriacal neurosis)也称臆想症,指对自身感觉或征象做出患有不切实际的病态解释,致使整个身心被由此产生的疑虑、烦恼和恐惧所占据的一种神经症。以对自身健康的过分关心和持难以消除的成见为特点,患者怀疑自己患了某种事实上并不存在的疾病,医生的解释和客观检查均不足以消除其看法。主要表现为对自身健康状况过多关切,有各种主观症状,但各种检查均不足以肯定其有任何器质性疾病的证据,也未发现这些主观症状的躯体原因,患者深信自己患了一种或多种躯体疾病,但与实际情况不符,同时伴有焦虑不

安的功能性疾病。患者四处求治,反复检查,但检查结果及医师的解释并不能消除患者固有的成见。

天津地区报告其患病率为0.001%,一般认为男多于女,文化落后的地区较多见。本病较少见,根据全国12个地区神经症流行病学的调查,其总的患病率仅为0.015%,在某县医院门诊的调查中发现其占神经症的9%,而在精神科门诊连续500例分析中,在神经症中仅见1例,且差异很大。国外统计本病占住院病人总数的1%,两性间无差异,发病年龄男性多为40多岁,女性多为50岁左右,老年人亦非罕见。

(二)疑病性神经症的主要表现

疑病症主要指本病患者担心或相信患有一种或多种严重躯体疾病的持久的先占观念,病人诉躯体症状,反复就医,虽然经反复医学检查为阴性和医生解释以及没有相应疾病的证据都不能打消病人的顾虑,病人还常伴有焦虑或抑郁。对身体畸形的疑虑或先占观念也属于本症。最初往往表现为过分关心自身健康和身体任何轻微变化,做出与实际健康状况不相符的疑病性解释,伴有相应的疑病性不适,逐渐出现日趋系统化的疑病症状。疑病症状可为全身不适、某一部位的疼痛或功能障碍,甚至是具体的疾病。症状以骨骼肌肉和胃肠系统多见;就部位而言,以头、颈、腹部居多。常伴有焦虑、忧虑、恐惧和自主神经功能障碍症状。这种疑病性烦恼是指对身体健康或所怀疑疾病本身的纠缠,而不是指对疾病的后果或继发性社会效应的苦恼。患者也知道烦恼于健康不利,苦于无法解脱、不能自拔。四处求医、陈述病情始末,又不相信检查结果和医生的解释或保证。有的患者仅表现为特殊嗅觉异常或自身形态奇异等单一症状的疑病症。

第一,疑病症状。其有两种表现,一为疑病感觉,感觉身体某部或对某部位的敏感增加,进而疑病,或过分地关注。患者的描述较含糊不清,部位不恒定。二为疑病观念,患者的描述形象逼真,生活具体,认为患有某种疾病,患者本人自己也确信,但实际上并不存在,却要求各种检查,要求医生同情,尽管检查正常,医生的解释与保证并不足以消除其疑病信念,仍认为检查可能有误。于是患者担心忧虑、惶惶不安、焦虑、苦恼。疑病观念是一类超价观念并带有强烈的情感色彩。

第二,疼痛。疼痛是本病最常见症状,约有2/3的患者有疾病症状,常见部位为头部、下腰部或右髂窝。这种疼痛描述不清,有时甚至诉诸全身疼痛,但查无实据,患者常四处求医辗转于内外各科,但毫无结果,最后才到精神科,患者常伴有失眠、焦虑和抑郁症状。

第三,躯体症状。躯体症状表现多样而广泛,涉及身体许多不同区域,如体内有一种特殊味道、恶心、吞咽困难、反酸、胀气、腹痛、心悸、左侧胸痛、呼吸困难,担心患有高血压或心脏病等症状。有些患者疑有五官不正，特别是鼻子、患者耳朵以及乳房形状异样，还有体臭或出汗等症状。

病程一般长短不一，长者可迁延数月或数年，预后较差。起病急、有明显诱因但得到及时治疗者，预后较好。如抑郁症和焦虑症伴有疑病症状，或在其他疾病的基础上发病，则预后好。一般病程在2年以上者，多演变为慢性迁延。有明显精神因素，患者满怀信心，努力求治者，预后好。具有疑病性格者，易为慢性，患者信心不足，则预后不佳。

（三）疑病性神经症的病因

疑病症患者病前常有过分关注自身健康，要求十全十美或固执、吝啬、谨慎等性格特征，男患者常有强迫性特点，女患者中具有癔症性格者较多。约1/3患者是由躯体疾病所诱发，多数患者可能是医源性导致。心理社会因素的强化作用在疾病持久方面也会起一定作用。

心理社会因素是疑病症产生的主要诱因，如婚姻的改变，子女的离别，朋友交往减少，内心孤独，生活的稳定性受到影响，缺乏安全感等。

医源性影响指错误的诊断，反复检查和长期未能确诊产生的影响；如错误的治疗以及医生以不恰当的语言、表情、态度和行为对病人所起的不良影响。医生对病情的不恰当解释，反复拉网式的躯体检查，更新换代的药物治疗等，可强化病人的疑病观，使他们认为自己的疾病很重且难治。

社会文化对病人的影响也会导致该症。每个人对疾病和健康的态度都存在较大差异，这一方面来自社会文化对病人的强有力影响，另一方面来自个体对疾病威胁的认识阈值。任何社会中，一个人一旦进入病人的角色，不仅会避免一定的社会责任，而且由于生病也会缓和社会对自己违反道德规范的谴责，同时能赢得更多的谅解和同情。由于对疾病威胁的认识阈值低，当生活中发生什么不快或遭遇重大挫折时，便很容易产生病感体验，表现出疾病行为，特别是一个人难免于羞耻或内疚的痛苦时，疑病症的出现可能是自我防卫的一种表现形式。

素质因素也是发病的重要基础。易感素质是发病的重要基础，如已发现本病在同一家庭成员有类似发作。此类病人人格特征为敏感、多疑、主观、固执、谨小慎微，对身体过分地关注，要求十分十美，男性患者病前常具有强迫人格，女性则与癔症性格有关。

（四）疑病性神经症的诊断要点

（1）符合神经症的诊断标准。

(2)以疑病症状为主要临床象,表现为下述的至少一项:①对身体健康或疾病过分担心,其严重程序与实际健康情况很不相称。②对通常出现的生理现象和异常感觉做出疑病性解释。③牢固的疑病观念,缺乏充分根据,但不是妄想。

(3)反复就医或反复要求医学检查,但检查结果阴性或医生的合理解释不能打消顾虑。

(4)排除强迫症、抑郁症、偏执性精神病等诊断,疑病症状不只限于惊恐发作。

(5)以疑病症状为主要临床表现,并过分关注自身健康状况。

(6)工作、学习和家务能力下降。

(7)病程在6个月以上。

(8)排除精神分裂症、内源性抑郁症及所怀疑的躯体疾病。

(9)疑病症的诊断必须十分慎重,不应乱下结论。原因有三:其一,疑病症是一种功能性神经症,必须对患者进行认真细致的客观检查,在排除器质性疾病的基础上,才能下本病诊断。轻率下诊断,将器质性疾病误诊为功能性疾病,会延误病情,危害病人健康。其二,不少患者对疑病症诊断有反感,常将疑病症与装病等同起来,导致对医生不信任,这样不利于心理治疗。对可疑病例,继续观察,或者边诊治,边观察,最后确立准确诊断,这样做有利于患者的身心健康。

(10)对疑病性神经症进行诊断时,要注意患者对自身健康的过分担心是典型症状,与癔症的重要区别主要体现在无情感爆发和意识障碍等症状。

(五)疑病性神经症的案例分析

案例:丁先生,44岁,某公司经理。已婚,有一女。经济情况较好。大学毕业,在某外资公司工作,由于工作能力强,几年后被逐级提拔为部门经理。在工作中态度严谨,但对下属疑心较重,经常担心他们不认真。但是由于工作需要,几乎每天都有应酬,需大量饮酒。长期如此,肝脏一直不好。一次体检中发现有脂肪肝,听说这只是小问题,因此一直没有在意。一年前一位朋友谈及一位熟人由于长期饮酒导致肝癌的消息,丁先生突然联想到自己的情况,害怕自己也会发展成肝癌,甚至对原来的诊断都不相信。此后把酒戒了,并频繁出入大医院,想确认自己是否真的有肝癌的迹象。尽管每次都是阴性,但由于不相信,而且自己文化水平较高,有时拿着化验单自己研究,上网查资料。对于他的这种行为,妻子和女儿都劝他相信医学,不要老怀疑。甚至女儿认为其父是“希望得病”。丁先生自己也觉得自己太谨慎了,但是始终放心不下,他觉得医学虽然是科学的,但是也会有误诊,万一自己的病情被疏忽了,那就糟糕了。据其妻说,几年来他都快成为专业医生了。然而丁先生的痛苦没有减少过,惶惶不能终日,经理的职位也丢掉了。体重下降了十公斤。主动前来求助。

以上案例有如下特点:(1)在一定精神紧张诱因下起病,病情持续存在。主要表现为对身体状况过分关注,且反复就医和医学检查的结果均不能打消其疑虑。胃口较差,体重下降;睡眠质量下降,易醒,焦虑。(2)病前敏感多疑,无精神病家族史。(3)体查未发现异常,无重大躯体疾病史。(4)无头部外伤、昏迷抽搐、中毒与长期服药史。(5)有突出的疑病观念,未发现其他幻觉妄想,有焦虑抑郁情绪,但都发生于病后且不是主要临床相。积极求治,不愿因病而影响工作与前途,社会功能已受到影响。(6)躯体不适感一直存在,治疗后不适程度有所减轻,疑病观念无明显变化。综合诊断为疑病性神经症。

(六)疑病性神经症的鉴别诊断

疑病症状可见于其他精神病,故应与下列疾病鉴别:

1.抑郁症

最常伴有疑病症状,如重性抑郁症状,尚有一些生物学方面的症状,如早醒性失眠,昼重夜轻的昼夜节律的改变,体重减轻,及精神运动迟滞,自罪自责等症状可资鉴别。隐匿性抑郁症应特别注意与疑病症相鉴别,隐匿性抑郁症以躯体症状掩盖了抑郁症的本质,但往往经过抗抑郁治疗常能获得显著的疗效,而疑病症则较困难。

2.精神分裂症

早期有疑病症状,但其内容多为离奇,不固定,有思维障碍和常见的幻觉和妄想,病人并不积极求治,可以鉴别。

3.其他神经症

如焦虑症、神经衰弱、抑郁性神经症和强迫症均可有疑病症状,但这些疑病症状均系继发性的,而疑病性神经症其疑病症状为原发或首发症状。注意症状发生的顺序,结合临床的特点,不难鉴别。

对确诊为疑病症的患者,以心理治疗为主,结合其他综合措施,才能有效地促使其恢复健康,消除疑病观念。其中提高患者的认知水平、掌握对抗疑病症四大原则,是至关重要的心理治疗措施:

(1)不要看有关医学卫生的书刊和其他宣教资料。这是疑病症心理治疗的重要原则。

(2)改变四处投医问病的习惯,除非确实有某种疾病,才接受必要的医学诊治。

(3)杜绝经常自我注意、自我检查、自我暗示的不良生活习惯。无根据的担心疑虑,本身就是一种不良的心理因素,是诱发多种身心疾病的导火线。

(4)只要不是器质性疾病,对自己身体上一切功能性症状和不适要抱着“听之任之”的态度。

二、恐怖性神经症

(一)恐怖性神经症的内涵

恐怖性神经症又称恐怖症,是以恐怖症状为主要临床表现的神经症,是一种以过分和不合理地惧怕外界客体或处境为主的神经症,表现出对某一特定事物或处境产生强烈的害怕情绪,患者采取回避行为,并伴有焦虑症状和自主神经功能障碍。所害怕的客观事物或处境是外在的,尽管当时并无危险。患者知道他的害怕是过分的、不应该的或不合理的,但这种认知并不能防止恐怖发作。恐怖发作时往往伴有显著的自主神经症状。患者极力回避所害怕的客观或处境,是特征性的表现。

(二)恐怖性神经症的共同特征

恐怖症状的共同特征是:①某种客体或情境常引起强烈的恐惧;②恐惧时常伴有明显的自主神经症状,如头晕、晕倒、心悸、心慌、战栗、出汗等;③对恐惧的客体和情境极力回避;④患者知道这种恐惧是过分的或不必要的,但不能控制。正常人中都有过这种恐怖心态。正常的恐怖与以往的经历有关,如“一朝被蛇咬,十年怕井绳”说的就是这个道理。正常情况下人们可清楚地认识到当时处境是否危险或危及生命,如对动物园里关在笼子里的虎、豹是不怕的,但一旦老虎上街,必然惊恐万分,这就是害怕心理。故恐怖对正常人来说是种有益的防御反应。恐怖心态还和陌生的事物有关,由于陌生产生对前景的不确定性,使人缺乏安全感,或者过于注重得失,就会害怕。但是人都有自我控制能力,这些害怕一般不影响我们的正常生活。只有当害怕和现实危险不成比例,而且对生活工作造成严重影响时,我们才诊断为“恐怖症”。恐怖性障碍者对某些情景、场合产生不必要的十分恐惧的心情,不能尽量地自控回避,不但别人认为难于理解,有时本人也知道不切实际、不合情理,却又无法摆脱而感到苦恼,这就是病态的恐怖。

(三)恐怖症的类别

第一,场所恐怖症。在恐怖症中最为常见。主要表现为害怕离家外出,害怕独处,害怕离家以后处于无能为力或无助状况下,不能立即离开该场所。常见的情况是患者害怕使用公共交通工具,如乘坐汽车、火车、地铁、飞机等;害怕到人多拥挤的场所，如剧院、餐馆、菜市场、百货公司等；害怕排队等候；害怕出远门等。严重的病例，如长年在家，不敢出门，甚至在家中也要人陪伴。在有人陪伴时，上述恐惧可显著减轻。

在咨询心理疾病的人群中，“广场恐惧症”已经成为一种常见病，在30～35岁的女性中最为多见。临床工作中发现，男性广场恐惧症患者中，十有八九沉湎网络。

第二，社交恐怖症。主要表现为在社交场合中出现恐怖。患者在大庭广众面前害怕被别人注视，害怕会当众出丑，因此当着他人的面不敢讲话、不敢写字、不敢进食，甚至不敢如厕，严重者可出现面红耳赤、出汗、心跳、心慌、震颤、呕吐、眩晕等。如果病情严重，患者可因恐怖而回避朋友，与社会隔绝而仅与家人保持接触，甚至失去工作能力。如果患者害怕与他人对视，则称为对视恐怖。如果患者害怕在与人相处时会面红或坚信自己有面红，则称为赤面恐怖。

第三，特定的恐怖症。患者主要表现为对某些特定的物体产生恐怖。患者可表现为对动物的恐怖，如害怕猫、老鼠、狗、鸟类或昆虫等小动物，也可以表现为对自然现象的恐怖，如害怕打雷、闪电、波浪等。在青春期前，对动物恐怖的男女患者比例相近，成人后则以女性为多。有些患者表现为对尖锐物体的恐怖，而不敢接触尖锐物体，害怕自己或别人会受到这些物体的伤害，也有的患者可表现为害怕见到血液等。

恐怖症和生活方式、生活节奏有关。和焦虑症、抑郁症等心理疾病一样，在现代化社会中恐怖症发生率有明显的增加势头。知识和信息的大量增加有时会伴生空虚和精神脆弱。专家研究显示：60～70年代出生，拥有高学历，已经踏入工作岗位，并且事业小成，在办公室从事管理工作，工作认真、勤奋、有前途的人最容易得心理疾病。这个调查结果和一些发达国家的研究结果相似。因为诱发它们的原因是社会现代化进程中出现的新问题，因此，治疗时也就需要一些新的方式。

以上各种恐怖症可单独出现，也可合并存在。动物恐怖症常起病于童年；社交恐怖症多起病于童年后期或少年早期；广场恐怖症则多在20～40岁起病。各类恐怖症都有向慢性发展的趋势。儿童期动物恐怖症，大多可以不经治疗而缓解。病程越长，治疗效果越差。

（四）恐怖症的病因

成人单纯性恐怖症来源于儿童时期曾有过的体验，如儿童对动物的恐惧，害怕黑夜“鬼怪”、暴风雨或雷鸣闪电等。随着年龄的增长，一般青春期消失，但当人体受到疾病的折磨而变得软弱或被新的精神刺激所影响，过去经历过的恐惧就可能再现出来。有些儿童的害怕是受父母亲或其他儿童的影响。恐怖症的遗传学认为，场所恐怖有明显的遗传倾向,同情感性障碍有密切的关系。有报道广场恐怖症患者的家属中有19%的人患有类似疾病。恐怖症患者具有一定人格特征,如害羞、被动、信赖、焦虑等。调查发现广场恐怖症患者的近亲中,广场恐怖症的危险率(11.6%)较对照组的近亲(4.2%)为高,并发现广场恐怖症患者的亲属中惊恐障碍的患病率增高,且女性亲属的患病率较男性亲属高2~3倍。研究结果表示广场恐怖症可能与遗传有关,且与惊恐障碍存在一定联系。恐惧症的发生原因,一般者是由于某种令人恐怖的刺激情境的强烈刺激或长期作用造成的。除了客观因素之外,个人的认识水平和个体的神经系统的强弱、个人的生活经验、意志品质方面的偏差和缺陷也是造成恐惧症的原因。我国精神疾病流行学调查,在15~59岁居民中恐怖症的患病率为0.059%,占全部神经症病例的2.7%;城乡患病率相近。

弗洛伊德把恐怖症看作是起源于童年期的性心理冲突。通过置换这种防御机制,以某种无关重要的物体或情境象征地取代了引起心理冲突的人,从而避免了性心理冲突和分离焦虑。根据Watson(1920)观察到一个小男孩在实验条件下,由于令人害怕的声音与大鼠和白兔同时出现,形成了害怕大鼠和白兔的条件反射,因此条件反射理论认为恐怖症是由于某些无害的事物或情境与令人害怕的刺激多次重叠出现,形成条件反射,因而获得了引起焦虑的性质,成为患者恐怖的对象。这种焦虑是一种不愉快的情感体验,促使患者采取某种行为去回避它。如果回避行为使患者的焦虑得到减轻或消除,便合成为一种强化因素,通过操作性条件反射,使这种行为本身固定下来,持续下去。从生化的观点看,约50%的社交恐怖症患者,在出现恐怖的同时有血浆肾上腺素含量的升高;惊恐发作则无这种现象。乳酸盐静脉滴注可引起惊恐障碍患者的惊恐发作,但却不能引起恐怖症患者出现惊恐现象。从而表明这两种疾病有不同的生化背景。

(五)恐怖症的诊断要点

1.场所恐怖症诊断的要点

(1)恐怖的程度与实际危险不相称。

(2)知道恐怖过分、不合理、不必要,但无法控制。

(3)恐怖的对象是公共场所,因而害怕到各种公共场所中去,这些地方包括商店、百货店、剧院、餐馆或乘坐的飞机、公共汽车、地铁等。

(4)患者在看到周围那些人时会产生剧烈的恐怖,担心自己无法自控或担心自己会晕倒,出现濒死感或焦虑不安。

(5)部分患者对高空、黑暗等产生恐怖,而不愿立足高处,甚至不敢在高楼上居住，或不敢独自一人处于黑暗之中。在有人陪伴时，患者的恐怖症状有所减轻。在实施诊断时，对场所恐怖症要注意恐怖的程度与实际危险不相称，对象是公共场所，担心自己无法自控或担心自己会晕倒。

2.社交恐怖症诊断的要点

(1)恐怖的对象是社会交往，例如患者在大庭广众面前害怕被别人注视，或害怕会当众出丑，当着他人的面不敢讲话、不敢写字、不敢进食，甚至不敢进厕所。

(2)患者可能出现面红耳赤、出汗、心跳、心慌、震颤、呕吐、眩晕等表现。

(3)患者可能回避朋友，与社会隔绝而仅与家人保持接触，甚至失去工作能力。

(4)如患者害怕与他人对视，称为对视恐怖。如患者害怕在与人相处时会面红或坚信自己有面红，称为赤面恐怖。

在实施诊断时，社交恐怖主要的关键点发生在社会交往中，而不是公共场所中，交往功能受到损害，并伴随一些生理症状。

3.特定的恐怖症诊断的关键点

特定的恐怖症诊断的关键点是：害怕的对象是场所恐怖和社交恐怖未包括的特定物体或情境，如动物（如昆虫、鼠、蛇等）、高处、黑暗、雷电、鲜血、外伤、打针、手术，或尖锐锋利物品等。

(六)案例分析

案例：某女，32岁，已婚，某医院化验师。主诉多年以来在人多的场合感到非常紧张，尤其当在场的都是陌生人时更为严重。已无法回忆起症状最早是什么时候出现，但是记得在中学时代非常害羞，当家里来了陌生客人时，常会躲在自己的卧室里不出来，还会为了逃避一些社交活动而装病。没有亲密知心的朋友，不愿意接触别人，除非是自己喜欢的类型的人，大学毕业之前没有谈过男友。在某些必要的社交场合，会通过事先饮酒或在社交时饮酒来消除不适感。跟人谈话时，常会口吃，例如向领导或病人介绍自己时，口吃严重到难以说出自己的名字。而且通常会面红耳赤，大汗淋漓。因此避免与领导打招呼、搭讪。许多同事觉得她很鲁莽。

该案例的特征是：(1)害怕参加社会交往，有回避行为，症状持续多年；(2)伴随着出汗等生理现象；(3)社会生活受到较大程度的影响。故本案例可诊断为社交恐怖症。

三、神经衰弱

(一)神经衰弱的内涵

神经衰弱是一类以精神容易兴奋和脑力容易疲乏,体现出易兴奋相联系的精神易疲劳,患者精神疲乏,注意力难集中,效率减低等衰弱症状,回忆及联想增多且控制不住,对声、光敏感的兴奋,情绪表现为易烦恼、易激惹,出现紧张性疼痛,有入睡困难、多梦、易醒等睡眠障碍。患者的症状时轻时重,病程迁延,病情的波动常与社会心理因素有关。

(二)神经衰弱的表现

1.与精神易兴奋相联系的精神易疲惫

(1)精神易兴奋主要表现是联想和回忆增多且杂乱。神经衰弱思想倾向于兜圈子和重复,杂乱无章而使病人苦恼,而躁狂病人的思想内容具有新颖性甚至创造性,不断推陈出新,引人入胜,精神兴奋可以没有明显的诱因,如独自静坐或卧躺休息时立刻出现很多杂乱无章的联想和回忆,没完没了,使病人感到无法控制。神经衰弱病人明知胡思乱想无补于实际,却陷在里面出不来,自认控制不住却又极力想控制它,这是一种心理冲突,也是神经症性心理冲突最简朴的形式。

(2)神经衰弱的注意力不集中有两个方面的表现。一个方面是病人轻易因外在环境的偶尔无关刺激或变动而被动地转移了注意,另一方面是思索不能专注于某一个主题,联想和回忆不断地把思想引进歧途,甚至远离当前的思想中心。对于后一种状况,病人往往把它描述为“脑子乱”。

(3)感觉过敏。不少病人畏光,喜欢留在比较阴暗的地方,出门戴有色眼镜,在家里白天也喜欢放下窗帘,甚至连鲜艳的色彩也可以使病人感到不快。对声音过敏也很常见。皮肤感觉过敏也不少见。有些神经衰弱病人不愿意穿浆洗过的硬衣服,因为感到难受。健康人完全无所谓的普通刺激,病人却感到难受甚至疼痛。

(4)精神易疲惫。作为神经衰弱的症状,不仅会轻易疲劳,而且疲劳使病人特别难受,休息和睡眠也不能消除它。神经衰弱的疲惫是一种情绪性疲劳。这种疲劳是跟各种不痛快的情绪或心情密切相联系的。休息不能消除这种疲劳。这是长期心情紧张、烦恼、苦闷压抑感等引起的。神经衰弱的疲劳具有弥散性,神经衰弱的疲劳也带有明显的情绪性。如病人常诉说“累极了,脑筋开不动了”。神经衰弱的疲劳不伴有欲看和动机的减退。病人苦于力不从心或心有余而力不足,即使他们有抱负有追求,不甘于混日子。病人在感到疲劳的同时心里想得到却很多,欲念十分强烈。精神疲劳不一定伴有体力疲劳。

2.情绪症状

迫切求治的神经衰弱病人几乎无例外地都有情绪障碍。神经衰弱的情绪障碍本身是痛苦的,它们同时又使其他症状加重,病人更加难受。

神经衰弱的情绪具备三个特点:(1)病人感到痛苦,倾向于见人就诉苦或求助求治;(2)病人感到控制不住或挣脱不了;(3)情绪的强烈程度和持续时间之久与生活事件和处境不相当,例如一点儿小事就大为生气或心情很紧张,或者整天为一些鸡毛蒜皮的事而烦恼,长期如此。

神经衰弱的情绪症状主要有三:烦恼、易激惹和心情紧张。

(1)烦恼。精神科门诊的神经衰弱病人。至少有一半有明显而持久的烦恼。他们几乎一年四季一天到晚都在烦恼中过日子。神经衰弱的烦恼,要害并不在于烦恼本身,而在于未能将“我不要烦恼”的愿望变成“我要快乐”的实际有效行为。病人的情欲受着过分的压抑或控制是症结所在。病人的控制不住实际上是过分控制的结果。压抑并不能消灭情欲,相反,它势必造成情欲抵抗的加强。这就使心理冲突尖锐化。健康人的烦恼自有一套挣脱它的行动办法,是健康人的共同特点。

(2)易激惹。易激惹指容易生气和发怒,容易暴躁,一点小事就急得不得了,抑制不住。神经衰弱病人的易激惹的典型形式是反复发作的三部曲:暴躁发怒—后悔—加强压抑和控制,而经过不等的时间后这三部曲又重演一遍。病人在后悔和加强控制时还经常感到委屈。易激惹很容易损害人际关系,而人际关系不融洽又使易激惹趋于恶化。神经衰弱的易激惹可以发生变形,常见的有容易伤感、好打抱不平和弥散性敌意。

(3)心情紧张。神经衰弱持续的心情紧张而不能使自己松弛,是很难受的,往往伴有头痛、全身酸痛、疲劳感、失眠和脑力劳动效率下降等痛苦的症状。一部分神经衰弱病人以心情紧张而无法松弛为主诉。这种病人照例以为得病的原因是工作学习过度紧张这是一种误解。神经衰弱的过度紧张有紧迫感、负担感、自控感、精神过敏和效率下降等特点。

3.心理生理症状

神经衰弱的心理生理障碍实际上是指生理功能障碍。常见的有睡眠障碍、头部不适感和个别内脏功能的轻度或中度障碍。睡眠障碍的主要形式是失眠、难以入睡、多梦和醒后不解乏,睡眠感丧失。

神经衰弱的失眠最常见的情况是睡眠和醒觉的节律紊乱。头部不适感主要是紧张性头痛头皮下和后颈部的肌肉紧张。病人典型诉述是持续的头痛和头昏,头顶有重压感,头上像箍了一个铁箍似的紧束感,后颈部发僵发硬地难受,脑袋发胀等。

(三)神经衰弱的诊断要点

神经衰弱是一种常见的神经病症,患者常感脑力和体力不足,容易疲劳,工作效率低下,常有头痛等躯体不适感和睡眠障碍,但无器质性病变存在。因此,神经衰弱的诊断要点是:

(1)符合神经症的诊断。

(2)脑力不足、精神倦怠、容易疲劳。

(3)对内外刺激的敏感、容易兴奋。

(4)情绪波动、易烦易怒、缺乏忍耐性、易烦多忧、易喜善怒。

(5)紧张性疼痛 。

(6)失眠、多梦、睡眠障碍。

(四)神经衰弱的鉴别诊断

神经衰弱主要表现为头昏、头痛、失眠、健忘、注意力不易集中、焦虑、紧张、烦躁、疲乏、工作效率降低、怕声、耳鸣、全身不适和精神萎靡等。可伴有自主神经及性机能障碍。因此对神经衰弱的鉴别诊断主要考虑如下:

(1)躯体感染所致的精神障碍。在急性感染疾病的末期或恢复期,患者表现注意力不集中、记忆力减退、全身不适、酸痛、易紧张、情绪不稳、精神萎靡、睡眠浅而多梦。这些症状随全身一般情况的好转而逐渐恢复,这是与神经衰弱病人的不同之处。

(2)颅脑外伤。患者在颅脑外伤后可有头痛、头晕、软弱无力、疲乏感、焦虑不安、心悸、注意力不集中、记忆力差、耳鸣、失眠等症状。这时可诊为脑外伤后神经症。

(3)脑血管疾病。脑血管病时患者可出现类似神经衰弱的症状,表现情绪易激惹、心悸、睡眠障碍、眩晕、耳鸣、易疲乏、注意力不集中、记忆差等。这些症状常有波动。

(4)中毒性精神障碍。在中毒较轻或早期患者表现脑衰弱综合征,表现顽固性头痛、头沉、头紧、疲乏无力、失眠、记忆力减退、注意力不集中、心悸等。根据其中毒史可诊断。

(5)内分泌疾病。患者在内分泌功能障碍时常出现情绪不稳、注意力不集中、记忆力差、反应迟钝、睡眠障碍等症状。这些症状会随原发病的好转而消失。

(6)抑郁症。轻型抑郁症时可有头昏、失眠、焦虑、疲劳无力及躯体不适等,并有情绪低落、消极悲观,对自己的工作能力和健康状态缺乏自信,有消极观念。有晨重晚轻规律。

(7)精神分裂症。早期可表现为失眠、头痛、易疲劳、注意力不集中、情绪不稳、工作缺乏热情。学习和工作能力下降,随着时间的延长,即出现了精神分裂症的特征性症状,此时便可诊断。

鉴别诊断应重视等级制的诊断原则。按照等级制原则,临床上如见到神经衰弱症状,应先考虑躯体疾病、脑器质性疾病或精神病,如脑动脉硬化神经衰弱综合征并存,则应诊断脑动脉硬化症。如若神经衰弱症状和其他神经症同时存在,也按等级原则,等级高者作为主要诊断,神经衰弱的等级最低。因此,应首先考虑其他类别的神经症诊断。

(五)神经衰弱的诊断案例分析

案例:某女,18岁,高三学生。一个学期以来,白天上课注意力难以集中,易疲倦。看书坚持不了多久就看不进去,记忆力下降。模拟考试觉得有些是复习到了的,就是回忆不起来。高考临近,感觉压力很大,怕复习不好,影响发挥。睡眠不好,虽然总是睡得很早,但是入睡很困难,对微小的刺激都敏感,尤其是寝室灯光和室友聊天的声音,因此常与室友在关灯和聊天的事上发生争吵。即便睡着也很容易醒,多梦,出虚汗。其母带她去医院检查,未发现任何异常。

该案例的特点是:(1)求助者处于高考的压力之下,以易疲倦、健忘、注意力及睡眠问题为主要症状。(2)持续时间在3个月以上,严重影响了社会功能。(3)出现了精神易兴奋相联系的精神易疲劳。(4)感觉过敏。综合诊断为神经衰弱。

总的来说,神经衰弱起病较慢,病期迁延。少数病例是急性起病的,起病与重大生活事件相联系,如高考落榜、失恋、亲人死亡等。假如病前人格相对健全,这种急性起病的病例预后良好,症状往往持续不太长便逐渐走向恢复。一部分病人病情轻重有明显的波动,令人烦恼和不如意的事情多时病情便加重,反之则病情较轻。还有少数病人在病程中两种不同的临床相交替出现,一种状态以精神易兴奋为主,另一种状态以精神易疲劳为主,但都伴有不适感和不快体验。恰当的心理治疗可以促进神经衰弱的康复。

第三节　其他神经症的诊断

一、癔症

(一)癔症的缘起和内涵

早期的医学界认为,歇斯底里症是因为子宫异常引起的肢体异常收缩,被认为是妇科疾病。往往用切除这种野蛮的方法来医治。后来,弗洛伊德证明了歇斯底里症的真实性及合理性,他指出了歇斯底里症也常常发生在男性身上,并以催眠暗示等方法引发歇斯底里性的麻痹和收缩。实际上,歇斯底里症这个名称本身就是医学史上耻辱的痕迹。歇斯底里(Hysteria)一词的词根Hystero就是子宫,用这个名词来命名精神系统疾病,表明早期医学的无能。弗洛伊德从巴黎留学归来后不久,向医学会报告自己在巴黎的学习成果,但当时医学界权威竟然宣称弗洛伊德的报告是无法令人置信的。当弗洛伊德谈到一位男性歇斯底里症时,一位老外科医生跳起来大叫:"老天!亲爱的弗洛伊德先生,你怎么会讲这些无聊的话呢?Hystero的意思是子宫,一个大男人怎么会患歇斯底里症呢?"弗洛伊德在报告结束后与布洛伊尔合著《歇斯底里研究》,开启了精神分析学的大门。

癔症又称歇斯底里,是一组由精神刺激或暗示或自我暗示等引起的疾病,一种以解离症状和转换症状为主的精神障碍,这些症状没有可证实的器质性病变基础。癔症的起病常受心理社会环境因素影响,常见于青年期和更年期,女性较多。主要症状为各种各样的躯体症状,包括感觉、运动和自主神经功能紊乱,急起的短暂的精神障碍。患者的症状可因暗示而产生,也可因暗示而改变或消除。

癔症的解离症状是指部分或完全丧失对自我身份识别和对过去的记忆。转换症状是指在遭遇无法解决的问题和冲突时产生的不快心情,以转化成躯体症状的方式出现。癔症是一种较常见的神经症。目前认为癔症患者多具有易受暗示性,喜夸张,感情用事和高度自我中心等性格特点。癔症可呈现各种不同的临床症状,如感觉和运动功能有障碍,内脏器官和自主神经功能失调以及精神异常。癔症近年来发病数量有所减少。在综合医院的心理咨询门诊中,本病也较少见,仅占全部咨询病例的0.3%。本病的发病年龄多数在16～30岁之间。

癔症的表现可谓多种多样,既可有运动、感觉等障碍的类似神经系统疾病的症状,又可有各种内脏病变的类似各科疾病的症状,也可有短期发作的精神症状。可以说癔症的表现可以模仿临床各科的任何疾病的表现,因此极易误诊。已有许多最初诊断是癔症,而实际上是躯体疾病,因而拖延了治疗的教训。所以癔症在临床上要做出正确的判断，难度是较大的，特别对于临床经验缺乏者来讲，不要轻易下癔症的诊断。

但癔症的第一次发作，绝大多数是在一定的精神刺激下发病的，以后遇见类似的刺激，或在病人回想起这种刺激的情况下，也可以促使癔症再发。此外，癔症所出现的各种表现，不论是感觉障碍、运动障碍、内脏病变等，其临床症状常是多变的，而且这些病变表现常不符合人的解剖生理上的特点或疾病的固有规律，而这些对于正确判断癔症是很有帮助的。

癔症的症状也呈现出尽情发泄和表演的特点，使人印象很深，有的亦可出现许多幼稚性动作、行为，甚或离家出走，到处游荡等。

（二）癔症的病因

精神因素和暗示的作用，是癔症发病的主要原因。但是，当人们受到精神因素的影响以及暗示的作用以后，为什么有的人保持健康，有的人就患了癔症呢？这与他们的性格不同有关。癔症患者的病前个性，是属于有强烈情感、缺少坚定理智、意志不稳定、幻想多、争强好胜、虚荣、情感不稳定、易冲动。这类性格的人有以下几个特点：

第一，情感代替理智。癔症性格的人有高度的情感性，情绪反应强烈而不稳定，容易从一种情感转移为另一种情感。他们对人处事往往感情用事，整个精神活动均易受情感的影响而趋向极端。如对某人有好感时，觉得他十全十美，是世界上少有的好人，但当遇到一点小事时就立刻认为这人一无是处，是最大的恶棍。这就是癔症者的情感逻辑。其判断推理完全从当时的情感出发，情感有了变化，其判断推理也随之改变。

第二，暗示性强。他们的情感和行为极易受别人的言语和行为的暗示影响，尤其是当他对某人印象良好时，则该人的意见都会被不加分析地盲目接受下来。他们的自我暗示也很强烈，以致身体各种不适感可作为自我暗示的基础。

第三，自我中心和好幻想。他们好夸耀自己，显示自己，乐于成为大家注意的中心，喜欢得到别人的赞扬。他们富于生动的幻想，特别是当情感反应强烈时，想象和现实常易混淆一起，以致有时连他们自己也弄不清楚到底是想象还是事实，因而给人造成他在说谎的印象。

第四，有些患者可因躯体因素，如疼痛、发热、不适、劳累等，引起精神紧张和恐惧或精神不愉快而发病。暗示有致病作用，具有特殊意义的谈话、表情和传说，以及看见其他患者发病均可成为病因，即通过自身体验和联想产生疑虑，深信自己会发病而发病，这是自我暗示的作用。患者易受暗示，是癔症性格所致。

(三)癔症的类别

癔症的临床表现极为复杂多样,可类似多种疾病的症状,几乎占据了医学临床各科的所有疾病的症状表现。有人说癔症的症状包括整个医学的内容。法国的夏克称本病患者为“伟大的模仿者”,也有人称患者是“不好的演员,各种角色都可扮演”“调皮孩子,恶作剧”等,这都说明癔症的表现千奇百怪,无奇不有,哪一位医生也无法完全地描述癔症的全部症状。

《中国精神疾病分类第三版》将癔症的临床表现分为两个类型:①解离症状:表现以精神症状为主;②转换症状:主要表现为躯体的功能障碍。在同一患者身上往往仅有一两种症状出现,且每次发作多为同样症状的重复。

(1)癔症性精神障碍,又称分离型障碍。主要的子类别有:

①情感爆发:患者在受精神刺激后突然出现以尽情发泄为特征的临床症状。号啕痛哭,又吵又闹,以极其夸张的姿态向人诉说所受的委屈和不快,甚至捶胸顿足,以头撞墙,或在地上打滚,但意识障碍不明显。发作持续时间的长短与周围环境有关。情感爆发是癔症患者最常见的精神障碍。

②意识障碍:表现为意识蒙胧状态或昏睡,病人突然昏倒,呼之不应,推之不动;癔症性朦胧状态,兴奋激动,情感丰富或有幻觉、错觉;癔症性神游症,患者表现离家出走,到处游荡;癔症性梦行症,睡中起床,开门外出或做一些动作之后又复入睡;癔症性假性痴呆,表情幼稚,答非所问,或答案近似但不正确。

③癔症性精神病:患者表现情绪激昂,言语零乱,短暂幻觉、妄想,盲目奔跑或伤人毁物,一般历时3~5日即愈。

④癔症性神鬼附体:常见于农村妇女,发作时意识范围狭窄,以死去多年的亲人或邻居的口气说话,或自称是某某神仙的化身,或称进入阴曹地府,说一些阴间的事情,与迷信、宗教或文化落后有关。

(2)癔症性躯体障碍,又称转换型癔症。主要有感觉障碍、运动障碍、躯体化障碍等。

①感觉障碍。主要有感觉缺失、感觉过敏、感觉异常、视觉障碍、听觉障碍、心因性疼痛。感觉缺失主要指患者对强烈的刺激只能轻微感觉,甚至完全没有感知。感觉过敏,患者对局部的触摸特别敏感,非常轻微的触摸即感到疼痛异常;感觉异常,患者感到咽喉部有异物或梗阻,好似球形物体在上下移动,但咽喉部检查却无异常发现;视觉障碍,常见者为突然失明,也有弱视、视野向心性缩小,但眼底检查正常,双瞳孔对光反射良好,患者什么也看不见,但行走时可避开障碍物;听觉障碍,在强烈的精神因素影响下,突然双耳失去听力,但来自背后的声音可引起瞬目反应,睡眠中可被叫醒,客观检查无阳性发现;心因性疼痛,在受到精神刺激后出现的剧烈头痛、背痛或

躯体其他部位的疼痛，但客观检查未发现相应的器质性病变。

②运动障碍。主要有抽搐发作、瘫痪、失声等。抽搐发作常因心理因素引起。发作时常突然倒地，全身僵直，呈角弓反张，有时呈不规则抽动、呼吸急促，呼之不应。有时扯头发、撕衣服等，表情痛苦。一次发作可达数十分钟或数小时，随周围人的暗示而变化，发作可一日多次。瘫痪，以单瘫或截瘫多见，有时可四肢瘫，起病较急，瘫痪程度可轻可重。轻者可活动但无力，重者完全不能活动。客观检查不符合神经损害特点，瘫痪肢体一般无肌肉萎缩，反射正常，无病理反射。少数治疗不当，瘫痪时间过久可见失用性萎缩；失声，患者保持不语，常用手势或书写表达自己的意见。客观检查，大脑、唇、舌、腭或声带均无器质性损害。

③躯体化障碍。以胃肠道症状为主，也可表现为泌尿系统或心血管系统症状。患者可出现腹部不适、反胃、腹胀、厌食、呕吐等症状，也可表现为尿频、尿急等症状，或表现为心动过速、气急等症状。

鬼神附体是一种较为常见的癔症发作形式，偶尔也见于精神分裂及其他精神障碍。此种情况多见于好感情用事、富于幻想或具有迷信思想的人，农村妇女尤为多见。首先，病人有相信鬼神存在的思想基础，有易于接受暗示性的性格特点，在强烈的精神刺激后，在自我意识障碍的情况下，经过自我暗示如疑心鬼神会附体，或环境或他人的言语暗示，患者自称某某神仙，已死者灵魂的化身，此时病人常以这些附体者的口吻、身份讲话，声调也变得特殊，讲话内容与患者当时的内心体验有关。历时可数分钟或数小时，经暗示治疗后，病人可迅速恢复其自身身份，发作过后可部分回忆发作经过。

老牛大憋气是癔症的一种表现形式，占农村中癔症患者的半数，占住院癔症患者的1/5。多见于易激动、感情用事、自以为是的女青年。一旦违背了自己的愿望，达不到自己的目的或争吵失利时感到委屈而发病。表现为在有人注意的地点和场合突然倒在地上、沙发上或有依靠处，以求得同情，同时四肢无规律地乱动或呈四肢僵直不动，嘴里喊叫、骂人或做怪样，并伴屏气或深叹气、吸气。虽问之不答，但并无意识障碍和呼吸停止，患者听得见，看得到周围人的反应和举动，其发作也随之波动。发作中无大小便失禁及咬破舌头，身体极少有外伤。发作时间至少半小时或数小时，多在白天、安全及人多的地方发病，不会因发病而致伤或致命。发作后行为正常，对病中情况可完全或片段回忆，过后病人常说："当时脑子是清楚的，就是自己控制不住自己。"

(四)癔症性病态人格

癔症性病态人格指癔症病人的情绪与性格表现，这种病态人格特征于病后显得

更加突出:

第一,高度情感性。平时性格偏向幼稚、易波动、任性、急躁易怒、敏感多疑,常因微小琐事而发脾气或哭泣。情感反应过分强烈,易从一个极端转向另一个极端,往往带有夸张和戏剧性色彩,对人对事也易感情用事。

第二,高度暗示性。患者很轻易地接受周围人的言语、行动、态度等影响,并产生相应的联想和反应时称暗示;当时自身的某些感觉不适产生某种相应的联想和反应时称自我暗示。暗示性取决于病人的情感倾向,如对某件事或某个人具有情感倾向性,则易受暗示。

第三,高度自我显示性。具有自我中心倾向,往往过分夸耀和显示自己,喜欢成为大家注意的中心。病后主要表现为夸大症状,祈求同情。

第四,丰富幻想性。富于幻想,其幻想内容生动,在强烈情感影响下易把现实与幻想相互混淆,给人以说谎的印象。

(五)癔症的诊断要点

(1)发病者多为16~40岁的青壮年,多见于年轻女性。

(2)起病急,常有强烈的精神因素或痛苦情感体验等诱因。

(3)可有精神症状、运动障碍、感觉障碍及自主神经功能障碍等临床症状多,体征少特征。

(4)发病者大多受精神因素或暗示起病或使症状消失。

(5)体格检查和化验检查常无异常发现。

(6)有癔症特有性格,如高度情感性、暗示性,丰富的幻想,以自我为中心等。

(六)癔症的鉴别诊断

(1)癫痫大发作。一般无精神因素,意识完全丧失,大小便失禁,病理反射阳性,暗示治疗无效等,可资鉴别。

(2)反应性精神病。病程较久,常有强烈精神创伤史,症状不呈阵发性,动作杂乱而无目的,暗示治疗一般无效。

(七)癔症的诊断案例分析

案例:孙某,女,21岁,电子厂质检员,中专文化,未婚。因突发双上肢瘫痪1个月,伴头颈痛、胸痛,多方治疗无效。

1个月前,因公事与同事有不同意见,冲突时被同事用力将双手反扭至背后,经同事劝解后，争吵平息，当时很想找一个地方大哭一场，但工作耽误很多，只好赶紧做事，但心情极为愤懑，下班回家，正好表姐及其丈夫来做客，父母殷勤招待客人，孙某便埋头吃饭，由于孙某平时也不多话，大家也没留意。孙某想到白天对方的粗鲁野蛮及自己的委屈，突然感到“一股气从双手经胸部往上冲，直达头顶部”，头痛，双颈活动受限，双上肢发麻无力，筷子跌落地上，不能自己进食。当时病人及家属认为可能是脑充血，很着急，即前往市里某区级医院内科就诊，体格检查与心电图、胸透、胸片均未发现异常。回家后怀疑是中风或癌症，再次前往市级医院就诊。在病人反复要求下作钡餐透视、脑电图、脑超声波检查，均无异常发现。几天后前述表现一直存在，双上肢瘫痪、头颈痛、胸痛加重，酸胀、闷痛程度中等，昼夜无明显变化。且在人多、别人询问、关心时更加严重。患者自认为病重，已无法救治，表现情绪低落，话语明显减少，终日卧床或呆坐，家人多次送其到各大医院应诊、检查，均未发现有器质性病变，更加焦虑紧张。（引自：沟通网，http://51gt.com/news/show.aspxcid=296&id=7157）

此病例有四个特点：(1)青年女性，以一定强度的社会事件刺激为诱因，起病急骤，出现双上肢瘫痪、头颈、胸部酸胀、头痛，伴不安、紧张等各类障碍；(2)存在癔症特有性格。如个性内向、任性、以自我为中心、容易受暗示等；(3)体查与实验室检查未发现异常，无重大躯体疾病史；(4)无头部外伤、昏迷抽搐、中毒与长期服药史、无过敏史。故诊断为癔症。

二、人格解体神经症

（一）人格解体神经症的内涵

人格解体神经症是以持续或反复出现对自身或环境感到疏远或陌生的不愉快体验为特征的神经症。这种异常体验可出现于正常人疲乏时、吸毒和酗酒者，但历时短暂，也可见于脑器质性损害，精神分裂症、抑郁症、焦虑症等疾病，作为其临床表现的一部分。只有这类异常体验单独出现，持久存在，引起患者苦恼，或主动要求治疗时，才属于神经症。

人格解体可由多种原因引起。人格解体作为一种原发性精神障碍，其原因尚不清楚。一般认为与心理应激因素有关，如战争、集中营等可导致心理紧张，较易出现这类症状。有人认为这类症状是由于心理整合功能削弱之后，患者对自身和环境中的客体感觉模糊和不实在所致。

大多数人格解体神经症患者是突然患上人格解体神经症的。发病年龄大多在15至30岁之间，一半以上的病人会将表现出慢性症状。有趣的是，在诸多宗教神秘体验中，人格解体症状还被视为一种高境界的标志。气功的高级状态也颇具人格解体的特征。

人格解体神经症患者可以有视、听、嗅、触、味等多种感觉,但这些感觉似乎与自己无关。他同样能够回忆过去,但回忆的内容却奇怪而陌生,没有一丝熟悉感。他还能进行思考、行动以及感受各种情绪,但他会感到这不是自己的所作所为。尽管他的生活依旧如常,但是与生活有关的所有事物都似乎被改变了,他不再知道自己,他会对自己还活着感到惊奇,他生活在他的经验之外。这是对人格解体神经症的描述。

实际上,人格解体在许多情况下都可以见到,在正常人群中也有许多人有过这种经历,尤其是那些爱幻想的诗人、小说家,更是常常"如堕五里雾中"。有许多人还将这种经历记录下来,成为传世佳作。正常人群中,有许多人有这种人格解体的体验,但一般不会到医院去就诊,只有当事人觉得这种"似真若梦"的感觉妨碍了自己的生活时,才会求助于医生。

(二)人格解体神经症的表现

1.对现实知觉的改变

对现实知觉的改变是人格解体神经症的中心症状。主要是对身体的自我及心理的自我,还有周围的世界的知觉发生了变化。让内的一位病人报告了他对周围世界的陌生感,他说:"事物变得与往常不一样,甚至连我房内的装饰,我也感到陌生起来。我似乎是第一次见到这些东西。走到街上,街道也变得陌生了,我觉得自己似乎是到了一个陌生的城市。忽然,周围的一切变得古怪起来,现实似乎被扭曲了。"这种扭曲有时表现为周围事物变大、变小,有时则表现为摇晃,犹如晕船时的感觉。患者在此过程中会体验到焦虑感与茫然感。

2.人格解体的焦虑感

如果一个人忽然来到一个陌生的环境中,就像成了天外来客,必然会产生一种不适应感以及疑虑感。由于对现实的知觉发生了改变,人格解体神经症患者对他周围的世界产生了陌生感,所以大多数患者除了对症状的直接焦虑外,还会产生对病症急性发作的恐惧感,这种恐惧感伴随着严重的焦虑情绪。种种的焦虑感导致患者采取多种自救措施,有些患者到处求医,有些患者干些粗野的事,想通过以此带来的剧烈的身体感觉来打破人格解体的牢笼。例如,克利夏伯的一个病人说:"我似乎是在做梦,这种做梦的感觉令我十分恐惧。我要用手几百次地抚摸周围的物体,以证明自己并未与熟悉的事物分离。我还大声向自己呼喊,要把自己从梦中喊醒,可我越是努力,事情就越糟。我甚至觉得连自己的呼喊声也变得陌生了,抚摸周围事物对我毫无助益。"

3.保护性洞见

人格解体表面上令人十分震惊,但患者不论是否在发病期,他都能保持对自我意识状态的洞见,即患者始终有自知力,不像精神病患者那样拒绝承认自己有病。患者在与医生的交谈之中,思路是清晰的,尽管患者有严重焦虑感,但是这些感觉也没有引起情绪与思维上的障碍。

(三)人格解体神经症的诊断要点

(1)符合神经症的诊断。

(2)人格解体神经症可表现为人格解体,或现实解体,或二者兼而有之。

(3)从人格解体来看,患者诉说他的情感或内心体验变得疏远、陌生,不是他自己的,或已经丧失了;有的患者觉得他的情感和动作好像是别人的,或觉得他像在演戏;有的患者体验到他的感觉已脱离了他的精神活动或躯体,好像是一位旁观者;有的患者体验到自己像一个机器人,像处于梦境之中;还有的患者诉说体验不到自己的情感,或感到丧失了对自己精神或躯体的支配。患者知道这类体验是异常的,但持续或反复出现,无法消除,因而感到十分痛苦。

(4)从现实解体来看,患者诉说周围环境或特定物体看起来很陌生、变了形、很平淡、毫无生气、枯燥无味,或者觉得周围像一个舞台,每个人都在这个舞台上演戏。由此可见,该症可伴有时间或空间知觉的改变。患者的上述体验如果呈发作性,可伴有头昏、焦虑和恐惧,担心自己会失去理智,或害怕这种现象再次出现。

(四)人格解体神经症的案例分析

案例:某女,19岁,大学生。来访者大约4个月前,忽然有一天,她觉得除了自己的大脑,其他部位不再属于自己了,而且精神好像可以离开躯体,以旁观者的视角看自己,还出现了一种对身体的失控感,似乎不听使唤了。同时,她发现教室里、宿舍里的桌椅也忽然失去了立体感和真实感。平常很熟悉的日常生活用品,如毛巾、脸盆等,都变得陌生起来,她为此感到很恐怖。这种感觉是间歇性出现的,每次持续时间约十几分钟,然后又如同从梦中回到现实中一般,真真切切地感觉到身体和外界物体的存在。

本案例中存在明显的人格解体和现实解体,而且持续了4个月的时间,可以初步诊断为人格解体神经症。

(五)人格解体神经症的鉴别诊断

常突然起病,病程大多持续,迁延难愈,各种治疗均见效甚微。部分病例为间歇性发作病程。因此在鉴别诊断上,主要考虑如下:

人格解体和现实解体为两种异常的内心体验,有多种表现形式。熟悉各种典型或不典型的临床表现,对认识本病颇为重要。由于这类症状常伴有知觉改变,患者诉说往往不具体,或用词较为含糊,易引起误诊。这类患者现实检验能力并未受损,自知力存在,常感到痛苦,且迫切要求治疗。

需要鉴别的是可出现人格解体或现实解体症状的其他躯体或精神疾病。

(1)脑器质性疾病。癫痫、脑肿瘤等脑病均可出现本病的症状。可发现脑器质性疾病作为其原发疾病。

(2)精神分裂症和抑郁症。这症状也可出现人格解体和现实解体症状,但都有原发性精神疾病的症状,可以鉴别。

(3)其他神经症。包括焦虑症、抑郁性神经症、疑病症、强迫症、恐怖症等。人格解体只不过是其中一个症状,且往往不占突出位置,诊断应根据神经症的各项诊断标准做出。

神经症究竟包括哪些类别,尽管还存在不同观点,但多数观点表现出相对的一致性。神经症一词有专家建议不再使用,而是统一使用精神病性一词,但对临床心理咨询师而言,使用神经症一词的确比较方便。因为许多咨询师对神经症的分类体系较为熟悉,在工作中使用也得心应手。其次神经症在来访者中的确存在明确而具体的个案,具有现实和应用的基础。第三,神经症与人格障碍和精神病相比,尽管严重的神经症也可能完全无法工作,但多数神经症的社会功能的损害是有限的。由此,对神经症的诊断一定要小心谨慎。

第十章

心理问题的病因诊断

由于心理活动的复杂性，所以心理问题的表现也错综复杂，一时难见“庐山真面目”，这就要在诊断过程中通过病因诊断逐渐弄清心理问题的本质。病因诊断是心理诊断中的重要任务之一。病因诊断有助于进一步对来访者的心理行为问题做出正确判断，对心理咨询和治疗的顺利进行和达到预定的咨询和治疗目标都至关重要。一些心理问题之所以难以获得满意的咨询和治疗效果，一个主要原因就是病因诊断不明。病因不明，是指在咨询和治疗方向上不能做到有的放矢，甚至发生南辕北辙，使来访者的问题迟迟不能解决，不但耗费了时间和精力，而且会使心理问题更加恶化。可见病因诊断对后续的心理咨询和治疗有着重要的意义。病因诊断不能局限于某种理论，而是要熟练地把各种不同的理论融会贯通，甚至在不同阶段重点贯彻某些不同的理论或将其变通使用，最终达到明确诊断的目的。病因诊断要求不但要熟知心理学各流派有关心理诊断的知识，而且还要了解生理学特别是神经内分泌和神经心理学、社会学、历史、宗教等方面关于心理诊断学的知识。

人至少具有三种属性,精神属性、社会属性和生物属性。作为被精神属性和社会属性制约的生物属性,它体现在人作为生物体与外界进行的物质交换的过程中,以生物属性为前提,社会属性为内容的精神属性。它体现在生存发展对外界进行的探究反射,是与外界进行信息交换的过程。以生物为基础,以精神属性为表现形式的社会属性,它是个体对群体的依附本能,体现为个体与群体之间的利益交换。在病因诊断中,要充分理解人的社会属性、心理属性、生物属性三者之间的辩证关系。一方面承认三者互为影响,另一方面又要承认三者之间存在主次不同,通常是以某一方面为主,与其他两方面相互作用,形成了互为影响的错综复杂关系。因此就某一心理问题而言,只有探索其中为主的始动原因,由此切入,抓住重点,掌握详尽的资料并加以深入分析,才能对心理问题的产生做出合理诊断并找出解决问题的有效途径。由此,进行病因诊断时,心理咨询师可以从社会性原因、生物学原因和认知原因三个方面入手。

第一节　心理问题的社会性原因诊断

现代社会竞争激烈而残酷,处于这样生存环境中的人必然感受到各种生活压力。这些生活压力按照强度划分可以是一般性生活事件,也可能是叠加性生活压力,还可能是破坏性生活压力,但无论强度如何,生活事件、生存环境、跨文化的影响、社会支持系统的变化、舆论、风俗和习惯等等都会极大地影响心理问题。因此这是导致心理问题产生的一大原因,需要具体进行分析。

一、社会性原因诊断的原则

一些心理问题的产生是由于社会生活中的刺激事件引起的。因此,在病因探索中,寻求心理与行为问题的社会原因,就是社会原因诊断的目的所在。在该目的的指引下,进行社会原因的探索,应该遵循人是社会中的人的原则。社会事件可能是过去发生的重要生活事件,或者是近几年发生的重要事件,或者是当前正在发生的生活事件。寻找来访者的心理行为问题的社会原因,就是要确定相关生活事件、人际关系及所处的生存环境。分析所获得的资料,确定来访者的临床表现与社会生活事件的关系,确定社会文化如道德、风俗、习惯等因素与心理问题发生的关系。

二、社会原因的诊断

（一）分离出来访者的生活遭遇及反应

1.采用历史分析法分析社会的应激源

在分离来访者的生活遭遇及当时的行为反应时，要采用历史分析法。通过对来访者成长过程中事件的回顾与分析，找出心理与行为问题的始动原因。采用历史分析法分析社会的应激源时可请来访者回忆自己幼年开始的生活历程，可按幼儿园、小学、初中、高中、大学、婚前婚后、工作前后的重大事件，或事情不大但给自己留下深刻印象的事件顺序进行分析。

2.回忆感受体验

在对成长过程的重大生活事件进行回忆时，一定要让来访者回忆并写出对当时发生的事件的感受。这些感受更能帮助来访者和咨询师确认哪些生活事件对来访者的心理问题产生了影响以及影响如何，这样可以深入分析社会应激源的作用。

3.家庭作业式的回忆

在采用历史分析法分析社会的应激源的过程中，由于要回忆的成长历程较长，并且由于这些经历可能跨越的时间比较长，所发生的事件繁多，为了确保回忆不产生混淆，也避免有的一时想不起来，可布置为家庭作业，请来访者回到家里，慢想慢写，使其能够仔细地、较全面地回忆以前的事情。请来访者在第二次诊断时带来。在家里慢慢回忆，可以使回忆不受干扰，这样的回忆更容易提供真实、可靠而有效的信息资料。

（二）重点分析社会支持系统，并分析其与心理问题的因果关系

社会支持系统主要指以来访者为核心的，包括朋友和亲属在内的各种社会关系构成的一个网络系统。在这个网络系统中，他者表现出对来访者在心理、精神上等各方面的支持和帮助。在这个社会支持系统中，主要有重要他人、单位领导、来访者的朋友等等。来访者的社会支持系统发生改变，使来访者在这个变化中失去了熟悉的社会支持系统的支援，产生了心理问题。由此，分析心理问题产生的社会原因时，也应当重点分析社会支持系统的情况，并分析其与来访者的因果关系。请看下面的案例：

赵小明，男性，30岁，某机关单位的职员。独自一人在另一个城市工作，经过三四年的工作，现在在单位上有许多的同事，也有了朋友。但是由于思念故乡及惦念年

迈的双亲,故萌生了想调回故乡小县城的想法。将该想法告诉给单位领导之后,领导劝其慎重考虑。因为求助者在单位一直都受到单位领导的重视,给他的待遇一直都不错,而家乡固然好,但是在关乎个人前途与发展机遇上,是比不上大城市的。但是,在求助者的执意要求下,单位领导还是同意了,将其调回了故乡小县城的一个机关单位。刚开始,求助者还觉得各方面都不错,但是随着时间一长,他逐渐发现生活单调乏味,工作也是太过于休闲散漫,逐渐产生了后悔之意。于是,想要调回原单位,但是原单位的空缺已经由新引进的人才填补。同时,县城机关也开始竞争上岗,由于他一直想要回原单位,所以也没有好好准备,最后求助者在县城机关的工作也被其他人抢去了。由此便感到人生无趣,世态炎凉。自述各种绝望与痛苦交织在一起,终于扛不住了。总是会萌发"一死了之"的想法,但是又狠不下心,生活开始毫无节制,自暴自弃。

从本例可以看出,来访者的心理问题与社会支持系统之间存在明显的因果关系。其绝望情绪反应与来访者遭遇的社会支持系统的变化有关。来访者失去了那些熟悉的单位同事,失去了一直重视他的领导,社会支持系统发生了巨大变化,使来访者压抑,绝望,因而产生了心理问题。在该案例中社会支持系统的改变对来访者的心理问题起到了决定作用。

(三)分析心理应激

应激概念是由塞里(H.Sely)在1936年发表的《各种伤害作用引起的综合征》中提出的。应激是在出现意外事件和遇到危险情景的情况下所出现的高度紧张的情绪状态。应激状态可通过机体生理机能的变化和调节来进行适应性的防御,以应对外界突如其来的刺激和高度紧张的环境。如果应激状态长期持续,机体的适应能力将会受到损害,会导致生理或心理疾病的产生。

现代科学已经证明,人在各种紧张刺激的影响下会导致一系列激素分泌的增加,引起人体全身性反应。这种反应持续一定时间就会产生全身性适应综合征。实验证明,由生物学因素造成的疾病(如癌症)对在应激环境中的动物有更大的威胁。这是因为应激状态降低了有机体内自动免疫系统的工作效率,削弱了该系统识别和排除成长着的癌细胞的能力(Ader,1981;Keehn 1986)。

对人来说,紧张源是很多的。霍姆斯和瑞(Holmes & Rahe,1967)编制了一个应激评定量表。这个量表指出大量的应激由43种不同的经历造成,有不愉快的经历,如丧偶、离婚等,也有愉快的经历,如结婚或杰出的个人成就。所有这些事件包含着个人生活的种种变化,要求人适应这些变化。这些事件产生不同水平的应激。根据疾病的发生与各种生活应激事件的相关研究,霍姆斯和瑞把一年中个人所受应激事件的总和150或更高的值定为生活转折点。如果这年的生活事件变化值在150～199之间,那么下一年有37%的概率可能患病;若分值在200～299之间,则患病的可能性为51%;若分值在300以上,则患病的可能性为79%。这就是说,应激程度越大,患病的可能性也越大。

在应激状态下,人会产生一系列的生理反应变化、情绪体验和心理反应。其生理反应大致如下:当紧张刺激作用于人脑时,下丘脑发生兴奋。肾上腺髓质释放肾上腺素和去甲肾上腺素,从而增加通向脑、心脏、骨骼肌等的血流量,提高机体对紧张刺激的警戒能力和感受能力,增强能量,做出适应性反应。在这些生理变化的同时往往还伴有如焦虑、烦躁、恐惧、情绪波动、好激动、发脾气,也有自卑、自罪、害羞等情绪体验。由于精神紧张,一些人常表现出注意力不集中、思维中断、记忆不佳,对外界事物过于敏感和难以做出决策等。应激对心理问题产生的影响已受到学者们的高度重视,同时也得到了心理诊断者的特别关注。

在分析应激对心理问题的影响时,特别要注意除了负性社会生活事件产生消极作用外,也要注意某些看起来是正性的社会事件如喜庆之事,也会成为应激源,也可能让我们产生心理问题。

(四)分析个人生活方式

不良的个人生活方式也是许多心理问题产生的原因。所谓不良的个人生活方式主要表现为作息时间混乱,日常活动方式偏离常态,例如晨昏颠倒、生活黑白颠倒、夜里睡不着、白天无精神等。有的人一日仅吃两餐,一些人成天沉迷于赌博、成天沉迷于上网,一些人成天喝酒等等。这些不良的生活方式中,很容易产生例如赌博成瘾、网络成瘾等心理问题。

对个人生活方式问题,古典精神分析学家阿德勒曾做过系统论述。阿德勒把个人追求优越目标的方式称为生活风格。这是一种标志个体存在的独特方式,是作为一个统一整体的自我在社会生活中寻求表现的独特方式。阿德勒认为每个人追求优越的目标是不同的,个体所处的环境条件也千差万别,从而导致每个人试图获得优越的方法也迥然不同。

阿德勒认为,由于每个人生存的具体环境各异,便形成了每个人各自不同的生活风格,形成了各具特色的人。儿童在四五岁时就已形成了生活风格,尽管儿童自己还意识不到。儿童的生活风格以原型的方式无意识地表现出来。儿童形成的生活风格类型取决于他的生活条件和家庭及社会环境。例如,儿童体验到自卑感,对自卑感的补偿就是他的生活风格。出生顺序对形成不同生活风格有重要影响。阿德勒认为长子经常遭受失败的命运,害怕竞争;次子则喜欢竞争,具有强烈的反抗性。最后出生的儿童常受到娇惯,长大后可能会出现问题,可能发展为异乎寻常的性格。

阿德勒认为每个人都具有不同的社会兴趣。这些社会兴趣主要表现出有与别人和谐相处的先天需要,而个体心理发展的品质和这种需要是密切相关的。阿德勒把有社会兴趣看成是一个人心理健康与否的标准。每个人都有发展社会兴趣的潜能,否则就会成为精神病患者或者更糟糕的人。阿德勒认为,每个人在一生中必须树立牢固的社会兴趣,才能解决人生所面临的职业活动、社会任务和爱情婚姻三个重大问题。神经症、精神病、罪犯、酗酒者、堕落者之所以失败,就是因为他们缺乏从属感和社会兴趣。因此,要想使失败者恢复有意义的生活,就要发展他们的社会兴趣。

缺乏社会兴趣的人会产生优越情结或自卑情结两种错误的生活风格。优越情结就是完全追求个人优越而不顾及他人和社会的需要。自卑情结就是一个人由于过分自卑而感到万念俱灰,甚至陷入神经症之中。根据人们所具有的社会兴趣的程度,存在四种类型的人:社会利益型,这种人能正视问题,试图以某种有益于社会的方式来解决问题;索取—依赖型,这种人喜欢依赖别人的劳动,向别人索取自己所需的一切;统治—支配型,这种人喜欢支配和统治别人;回避型,这种人总是回避生活中的各种问题,企图通过碌碌无为而避免失败。阿德勒认为,索取—依赖型、回避型、统治—支配型三种类型都是错误的生活风格,只有社会利益型的人才具有正确的社会兴趣,有希望过上充实而有意义的生活。

阿德勒分析了产生错误生活风格的原因。阿德勒认为童年期的溺爱娇纵或器官缺陷或忽视遗弃三种状态引起了错误的生活风格。溺爱娇纵,儿童成为家庭的中心,他的每一个需要都必须得到满足,长大后则容易成为缺乏社会兴趣、自私自利的人;器官缺陷,它会引起儿童的生理自卑,有可能导致不健康的自卑情结;忽视或遭受遗弃的儿童感到自己毫无价值,变得对社会和他人冷漠、仇恨,对所有的人都不相信。阿德勒对个人生活方式的系统分析为在心理诊断中探索心理问题的社会性原因提供参考框架。请看下面的案例:

来访者,女,17岁,高中一年级之后就辍学在家,现无业。来访者整天闲逛,要不就通宵达旦地在家上网,或者整天在家睡觉,无所事事。刚开始觉得这样的日子挺逍遥自在的,但持续过了两个月之后,觉得无聊、苦闷、痛苦、失眠、食欲下降。

从上面的例子可以看出,来访者由于不健康的生活方式导致出现了心理问题,很明显不健康的生活方式是来访者产生心理问题的主要原因。

(五)分析跨文化的心理影响

对于文化概念,不同的研究者提出了不同的理解。戴维·波普诺认为文化是一个社会或一些人共同承认的价值观和意义体系,包括使这些价值观和意义具体化的物质实体。沙莲香(1988)认为文化是凝聚在一个民族的世世代代的人身上和全部财富中的生活方式之总体,因而是形成民族性格的东西。主要包括三个方面:第一是生活方式,包括行为方式和思考方式。行为方式既有对衣食住行制作方式,又有待人接物、举止言谈等交际方式,主要通过创造物质财富的活动和人与人之间的关系表现出来;思考方式是以哲学方法论为核心的认识世界的方法,通过哲学、宗教、文学艺术、科学等精神财富表现出来。第二,文化是各种行为方式和思考方式的整体,由各种不同的具体的生活方式中共有部分构成的有机体,其结构和功能比较恒常,代代相传。第三,作为文化的生活方式,代表着民族特点。可以看出,前一种定义内容广泛,既能容纳民族文化,也能容纳一个社会中的各种亚文化,并指出了构成文化的诸因素。后一种定义强调了文化的恒常性,主要是从民族文化与民族性格的关系来加以解释的。文化内容极其丰富,一般认为,文化包括三种类型:物质文化、精神文化和行为文化。

在不同的文化背景下人们的行为方式存在一些差异。在这些差异下就会产生一种跨文化的冲突。对现实能力的不同评价模式在人际关系和跨文化交往中的相遇,要求人们理解那些导致冲突的观念。从文化的或一定群体特有的价值体系的背景来看,片面地或过分地强调个别的现实能力而轻视其他的现实能力就会导致冲突。例如,一个具有高度组织性的工业社会依赖每个社会成员的准时性,因此非常重视"准时"这一能力。农业社会则相反,更重视"耐心",而不是"准时"。不同的文化背景下,人们在风俗习惯、人际交往等诸多方面也存在冲突。例如,一位经常生活在西方的人士,可能对大街上当众亲吻和拥抱不存在什么心理冲突,但是如果长期生活在东方文化背景下的人则可能对此存在巨大心理压力。除了东西方文化的差异外,还存在不同民族文化差异,也存在地区文化的差异。

文化对人心理和行为的影响主要体现在人类文化与人性、民族文化与民族心理、阶层地位和阶层心理等几个主要方面。从人类文化与人性来看,人类创造了自己的文化,又把自己置身于一定类型的文化环境中。人类文化是指全人类创造的文化,它是人类心理产生的决定性条件。一个身体健全的人类儿童,虽然有继承人类文化财产的可能性,但是,如果出生后由于某种原因,不与人类文化环境接触,就不可能形成人的心理。狼孩事例就充分说明,人类文化是形成人的心理和行为即人性的决定性条件。人类文化使人类的心理和行为具有共通性。从民族文化与民族心理来看,民族文化是一个民族经过世世代代积累起来的文化。民族文化是民族心理形成的原因。米德(Mead,1935)曾对新几内亚三个未开化部族做过现场调查,探讨一个民族的文化特质和其成员心理特征之间的关系。结果发现,在相同的环境中受相同文化影响的成员之间,有某种共同的心理特征。如果地理条件大致相近而文化类型不同,则形成不同的心理特征。从阶层地位和阶层心理来看,现代社会有突出的阶层特征。

不同阶层的人在认知、情感、态度、价值观和需要等方面往往都带有一定阶层的烙印。

现代社会中文化是多元化的。当社会的某一群体形成一种既包括民族的一些主文化特征,也包括某些独特的文化特征的生活方式时,这种群体文化称为亚文化。亚文化有多种分类方法,罗伯逊(Robertson,T.S.)将亚文化分为人种亚文化、年龄亚文化、生态学亚文化。亚文化对亚群体的影响是形成了亚文化群的心理特征。

在心理诊断的病因探索中,分析求诊者由于文化背景的变化而造成的心理与行为问题是探索病因中尤其值得重视的方面。请看下面的案例:

王某,女性,26岁,未婚。大学本科毕业,性格外向活泼,兴趣广泛,工作能力较强,上进谦虚,事业心很强,独生女,父母宠爱,单位领导也很重视她。由于求助者人长得很漂亮,工作能力也很强,大学毕业后很顺利地进入了当地效益最好的公司从事公关销售,与销售部的小李一起开拓市场。因工作关系,两人经常一起出差,私下里也经常在一起逛街,两人互称"姐妹"。随着关系的深入,求助者与小李的男朋友之间的接触也逐渐增多。随着时间的推移,小李突然对求助者冷语相向,在公司里到处散布谣言说求助者勾引了她的男朋友,才会导致他们分手。还向单位领导告状、进行人格侮辱等。单位领导为了息事宁人,调她到其他部门工作,但是在新部门大家在背后也对她议论纷纷,不断地给她难堪。在这样的环境下,求助者出现了头昏、头痛、失眠、胸闷、记忆减退,随后出现不自主的痛哭。

对该案例进行分析就可以看出,文化因素在其中扮演着重要作用。在中国的传统习俗中,一个未婚女子,这种关于婚姻、性和所谓"第三者"这种不光彩的身份对心理问题的产生有着致命的作用。社会的舆论以及周围人对她的态度导致求助者的心理问题的产生,这就是文化背景变化造成的影响。

(六)分析生活事件的叠加影响

在日常生活中,不可避免地会遭遇到各类生活事件。这些事件,是人们在生存和发展过程中无法回避的。如:入学考试、完成困难的任务、遭遇从未经历的事情、恋爱、婚姻、就业、失业、亲人亡故、迁居、旅游等。以往有许多研究证实,经历过各种压力而未被击垮的人,可以积累许多适应压力的经验,从而使他有利于应对未来的压力,这就是"吃一堑,长一智"。一项调查结果很有趣,当受调查者在体重、基因组成、地理位置等条件都受到严格控制的情况下,将自幼受到压力的成人与自幼处处受到保护的成人相比较,其结果显示:前者的身高比后者平均高出2.6英寸,认知的发展也获得了更多的强化。根据人们的日常经验自幼处境困难的人,成人之后,更能吃苦耐劳,应对各种压力的能力相对较高。

第一类是一般单一生活压力。在生活的某一时间阶段内,经历着某一种事件并努力去适应它,而且其强度不足以使我们崩溃,那么我们这时候体验到的压力为一般单一生活压力,这是第一类压力。经历一般单一性生活压力,对于承受人来说,其后效不完全是负面的。在适应这类压力的过程中,虽然付出了许多生理和心理的资源,但是只要在衰竭阶段没有崩溃,并且没有再发生压力事件,那么,承受人在经历过一次压力之后,会提高和改善自身适应能力。

第二类是叠加性压力。叠加性压力有两类:(1)同时性叠加压力。在同一时间里,有若干构成压力的事件发生,这时,当事者所体验到的压力称为同时性叠加压力,俗称“四面楚歌”。(2)继时性叠加压力。两个以上能构成压力的事件相继发生,后继的压力恰恰发生在第一个压力的第二阶段或第三阶段,这时,当事者体验到的压力称为继时性叠加压力,俗称“祸不单行”。叠加压力,是极为严重和难以应对的压力,它给人造成的危害很大。有的人会在“四面楚歌”中倒下,有的人在衰竭阶段会被第二组压力冲垮。

第三类是破坏性压力。破坏性压力又称极端压力,包括战争、大地震、空难、遭受攻击、被绑架、被强暴等等。在人类实际生活中,此类压力并不罕见。在第一次世界大战期间,心理学家就发现了“战场疲劳症”。患有这类疲劳症的人,出现心理麻痹,对外界反应减少,情绪沮丧或过度敏感,失眠,焦虑等等。越南战争之后,人们将战场疲劳症纳入创伤后压力失调(Post-traumatic Stress Disorder,简称PTSD)。

经历极端压力之后,心理症状是多方面的。情绪方面以沮丧为主,常因战友战死而自己获救产生罪恶感,易激惹,暴怒,同时伴有攻击行为,与亲人变得疏远,丧失当时的记忆,长期注意力难以集中等等。

除战争而外,其他强烈的破坏性压力也能造成PTSD。如女性被强暴后变得呆痴、记忆丧失、回避社会活动,失去安全感等等。

强大自然灾害后的心理反应,称为灾难症候群(Disaster Syndrome)。灾难症候群的产生有三个阶段:

(1)惊吓期。这一阶段里,受害者对创伤和灾难丧失知觉,就像通常所说的“失魂落魄”的状态,事情过后,往往对事件不能回忆。

(2)恢复期。在恢复期中,受害者才出现焦虑、紧张、失眠、注意力下降等,这与通常所说的“后怕”相仿。在此期间,受害者常常逢人便诉说自己的遭遇,正像电影《祝福》中祥林嫂的表现。

(3)康复期。在康复之后,心理重新达到平衡。

对破坏性压力造成的后果,心理学干预是必需的。早期的心理学干预主要是通过催眠暗示来解除心理障碍,到后来,发现让受害者在社会中与健康人一起工作,或者让PTSD患者与其他类型的受害者共处,对缓解症状比较有利。请看下面的案例:

李某,男性,40岁,某公司的保安,妻子在饭馆当洗碗工,有一个刚刚读小学的儿子,夫妻感情很好。自认为自己的性格是内向,没有城府的。最近公司有一次机会,是要选拔公司的保安队长,这样工资可以比现在高一倍,这个机会可以通过内部招工考试获得,前三名都有可能获得这个机会。参加考试后,该男子考了第二名,并且面试也拿了第三名,在所有考试结束之后,结果却没有录用他,而是将其他比他还差的人纳入了保安队长的候选人范围之内。于是他认为是领导不公正,打电话威胁领导,结果领导当即报警,警察要带走来访者时,来访者掏出随身携带的刀具,在乱挥舞的过程中弄伤了前来夺刀的警察,后被警察抓住并送去劳改。后来家中的妻子知道情况后,一时想不通,在来访者服刑期间带着儿子一起离家出走。远在外地的父亲得知求助者的行为以及妻子与孙子的离家出走,当即晕倒中风,无法开口说话,不久便去世。在来访者刑满释放之后,得知这些情况后,出现了头痛、头昏、失眠、食欲不振、烦躁不安等反应,对社会感到失望,总是有报复这个社会的想法。

从上面的案例可以看出,来访者身上发生了一连串的事情,先是竞争失利,其次是在威胁领导的过程中弄伤警察而被抓并判劳教,后妻子与儿子一起离家出走,至今毫无消息,接着是父亲去世。来访者出现了失眠、食欲不振、抑郁、烦躁不安等反应,很明显,生活事件的叠加导致了来访者出现了心理问题。

三、社会原因诊断的注意事项

(1)注意生活事件的质、量及发作的频率。在进行社会性原因的诊断时,要注意生活事件的性质,以及事件或类似事件在求诊者身上发生的次数,并且一定注意,不能单纯认为负性事件才能导致心理问题的产生,同样喜庆之事也可导致心理问题的产生。

(2)注意社会支持系统的作用。在探索求诊者心理问题产生的社会性原因时,要分析求诊者的社会性支持系统。分解社会性支持系统,找出社会性支持系统的主次,以及各自所起到的作用,才能比较准确地判断社会生活事件对心理问题的影响。

(3)诊断者要根据当时的历史背景、年龄特点等社会心理因素分析求诊者早年生活事件而可能引起的反应以及与现在心理行为障碍的关系。

(4)注意一个人对社会生活事件的认知评价方式及风俗习惯等因素。

(5)注意所有事件都要经过认知中介系统发挥作用。因此,在分析导致心理问题的社会原因时,不要把事件的作用和认知中介系统混淆,从而把事件作用误解为认知作用。

第二节　心理问题的认知原因诊断

认知心理学认为人的心理行为受人的认知所支配，某些人的心理问题主要是由于在错误前提下对现实曲解的结果。认知疗法认为心理问题是源自一般过程的，如错误思维，在信息不足或错误信息的基础上进行的不正确推理，以及不能区分现实和想象。贝克指出了主观推断、选择性概括、过度概括、夸大和缩小、个性化、贴标签和错贴标签、极端思维等多种错误的思维形式。探讨心理问题的认知原因，对心理问题进行认知原因分析是提高心理问题诊断质量的关键。分析来访者的认知结构，了解来访者歪曲的想法，探索来访者不合理的信念，从而更深入地把握求诊者心理问题的认知原因。

认知过程是行为和情感的中介，不良行为和情感与不恰当的认知方式有关，诊断者的工作就是与求诊者共同找出这些不恰当的认知，并提供学习或训练的机会改正他们，或用新的认知方式取代使求诊者的认知更接近现实或实际。随着不良或错误认知的改变，求诊者的情绪或行为亦随之改变。

一、认知原因诊断的原则

在探索来访者的认知原因时，可以分析来访者的认知转变和认知重建的机制，也可以分析来访者信念的缘由，分析来访者概念重建的过程，还可以分析来访者看问题的角度以及来访者对特定问题的解释，也可分析来访者的领悟力，分析来访者的现实性能力，以此来帮助来访者澄清问题，这样可以提高心理诊断的准确性。因此认知原因诊断遵循的原则就是以常见的错误信念为参照点进行对照分析。

二、认知原因诊断

1.分析求诊者的暗示性或医源性的错误认知

在摄入性谈话中，求诊者容易产生两种错误认知。一是求诊者因受暗示而形成的错误认知。二是医源性误导而造成的错误认知。在受暗示而产生错误认知方面，既有求诊者易受暗示和不易受暗示的区别，也有诊断者习惯于暗示求诊者和不习惯于暗示求诊者的区别。这种情况下在诊断者和求诊者之间的暗示发挥了作用而产生了错误的认知。在医源性误导而形成的错误认知方面，由于求诊者缺乏医学知识而对于自身的健康状况不了解，不能区分正常的生理反应与疾病的界限，容易受到医生的误导,产生了自己有病的错误认知,进而出现一系列心理行为障碍的症状。同时,一些医生因为经济原因,利用求诊者缺乏相关专业知识进行欺骗,把正常的生理变化错误地认定为疾病。特别是后者,这种行为是违反职业道德的。

2. 分析成长发育史,查看其错误观念

从个人心理发育史资料入手,查看认知能力和成长中有无错误观念产生。个体从出生到衰老,在心理和生理方面都要经历一个漫长的发展变化过程。在这个漫长的发展变化过程中,在个体身上发生了许多事。一些事犹如昙花一现,很快就在个体的成长发育过程中烟消云散了,但是一些事却深深地印刻在个体的脑海中。这一连串的有影响的事记录了个体的成长发育史。在这个成长发育史中,儿童无数的认知观念产生了。在这些认知观念中,有些是正确的认知观念,符合对事物认知的规律,有些是错误的认知观念,但是很快消失了,或者在经验的积累下,得到了修正。但也有一些错误认知观念根深蒂固地留在了求诊者心灵深处。这些错误观念在个体稍后的生活、工作或学习中表现出来了,使求诊者产生了心理问题。所以分析求诊者的成长发育史,查看其错误观念,有助于深入挖掘个体心理问题产生的认知原因。在临床实践中,个体的心理问题也有可能是成长过程中形成的错误观念所致。请看下面的案例:

王某,男性,25岁,高中学历。父亲经营一家中型企业,现为某公司职员。自述从小就受到父母的溺爱,他要什么父母就会给他什么,并且父亲还会给他灌输“有钱就有一切”的观念,因此从小就不努力读书,特别喜欢和一大帮哥们儿一起到处炫耀自己多么有钱。同时,认为只要自己有钱就可以了,管他读书成绩好不好,因而曾退学。初中二年级的时候,一次去酒吧为朋友庆生,在他人的怂恿下,觉得读书没什么意思,就自己退学了。从此以后学业也荒废了,父母这才觉得后悔,当时不应该这般溺爱,于是又在父母的强制下复读。后来,尽管高中勉强毕业了,但整个人特别自卑。父亲有时也会说他一点儿也不争气,是败家子。求助者感觉周围人的眼光都不友善,经常闷闷不乐,有抑郁倾向。其母觉得不对劲,带着他一起前来咨询。

本案例中,求助者心理问题产生原因是在成长的过程中形成了错误的观念。认为“有钱就有一切”,认为男人只要有钱,什么都可以解决。

3. 分析求诊者对现实问题的误解

对现实问题的理解是求诊者认知能力发展的一个重要方面。人的认知应该与现实紧密结合起来,人的认知应该与现实保持一致。有的求诊者沉湎于过去或者想象的世界里。这种与现实相脱离的认知使求诊者在社会适应方面出现许多障碍。人在药物作用、疲劳、意识清晰度下降或过分警觉的状态下会出现认知歪曲,从而影响现实评价，如“草木皆兵”。在异常认知方式的影响下，同样可以出现现实检验的错误。如某些固执病人把别人的一言一行、一笑一颦都看作与自己有关；抑郁病人总觉得事事不如人，犹如行尸走肉；疑病症病人把躯体的任何不适都认为是严重疾病的象征等。那些沉湎于虚拟世界的人，那些把现实看成一片黑的人，那些把现实看成人人皆善的人，对实现问题的理解都存在片面性，因而存在误区。对现实问题的正确理解应是一分为二的辩证观点。正常人能够区分主观与客观、假设与现实，在接受假设以前，知道先对假设进行检验。如果二者混为一谈，如焦虑病人把任何风吹草动都视为危险信号或有些病人虽然进行了检验，但只接受与自己观点一致的证据，则不能正确反映现实，从而出现心理问题。对现实的认识好中有坏，坏中有好，使自己既不脱离现实，又使自己不拘泥于现实，这就是良好的现实感。良好的现实感是心理健康的重要表现。对现实的误解与片面也是心理问题产生的一个重要的认知原因。请看下面的案例：

赵某，女性，16岁，某高中一年级学生。赵某从小就乖巧听话，性格内向，不爱与人交谈，但还是深得父母的喜爱。在父亲的教育下，一直觉得所有的人都是善良的，都是可信任的。一次，赵某到另一个大城市的姑姑家去玩。在火车站遇到一个年轻女孩，年轻女孩说自己是某大学的大学生，在火车站把学费弄掉了，希望赵某能借一笔钱给她，她回到学校就把钱给她寄来。赵某认为该女孩说的是真的，就把自己卡上的5000元钱全都给了那个女孩。回到家，等了一个星期也不见那个女孩把钱汇来，知道上当了。赵某觉得很迷乱，特别气愤，不知道该相信谁了。最近经常出现头痛、失眠等症状。

从该案例可以看出，求助者对社会、对他人有完美看法，即认为所有人都是善良的、都是可信任的，这与现实出现了矛盾，而且使求助者遭遇挫折，导致求助者出现了心理问题。

4.分析求诊者新旧观念的冲突

求诊者内在世界中存在一些旧观念。如果进入的新观念与旧观念在性质上基本一致，那么冲突就不剧烈，新观念与旧观念就容易融合，心理也容易顺利实现过渡与发展。相反，如果新观念与原有的旧观念之间格格不入，甚至直接对立冲突，那么求诊者就会陷入这种矛盾冲突之中。冲突的结果，可能是某种新观念取代了旧观念，求诊者产生了认知领悟，获得了成长；也可能是新观念不能动摇旧观念的地位，那么新观念随时可能再次与旧观念发生更激烈的交锋。也可能新旧观念始终处于对立冲突之中，谁也没有战胜谁，这样长久的对立冲突使求诊者产生心理问题。请看下面的案例：

小张,男性,34岁,公司总经理助理。求诊者自述:近一年来总是觉得浑身无力,失眠,头晕头痛更是常见,而且脾气暴躁,总是很容易生气,注意力不能集中,做事丢三落四。求诊者30岁才结婚,妻子是自己的大学同学,长得十分漂亮,而且也很能干,两个人的生活过得是有滋有味的。一年半前,妻子要求想要孩子了,求助者也答应了。但是,却一直都没有怀上。两人到医院去检查,发现求助者有问题,不能生育,求助者相当痛苦。但是,妻子却表现得很大度。一年前,求助者偶然发现妻子的手机上的一条短信内容暧昧肉麻,后跟踪发现,妻子有了外遇。从这以后,他看到妻子就觉得她不要脸,不干净。但是,转念一想,自己无法给她一个孩子倒不如和她离婚,让她去追求幸福,但是又觉得不能这么便宜了她,会破坏自己在公司、在上司心里的形象。这样一来,求助者经常心不在焉,在矛盾冲突下,精神日渐萎靡,渐渐觉得生活没有意思。

从该案例可以看出,求助者想让妻子去追求自己的幸福与不能便宜了她,和在公司里抬不起头这一对新旧观念的冲突,使得求助者矛盾挣扎,长期处于这样的新旧观念的冲突之下,不能得到排解是求诊者产生心理问题的原因。

5.分析求诊者记忆中持久的负性情绪记忆

在现代社会中,生活节奏越来越快。在越来越大的压力下,人们的负性情绪也就积累得越来越多。负性情绪带有能量,而且可以累积,一旦达到一定的程度,就可能对人的身心造成极坏的影响,甚至把人击垮。负性情绪的积累是在一个人的成长与发展过程中在成长和发展过程中的负性情绪很可能成为记忆的部分,在后来成长中展现出来,成为心理问题的主要原因。在人的成长过程中诸多事件都可成为负性情绪记忆。例如,小时候受到同学的一次侮辱,或小时候一次恐怖情绪,或家庭教育中的不当事件,或高考失败,或学校中老师对自己不公正对待等。这些负性情绪记忆很可能在求诊者身上潜伏着,遇到类似情景就会诱发。因此分析求诊者记忆中的负性情绪记忆,可以探索求诊者心理问题产生的历史原因,这比单纯地分析当前原因更容易把握求诊者心理问题的本质。可见,有些心理问题是由负性情绪记忆引起的。请看下面的案例:

黄某,男性,27岁,某中学数学教师兼班主任。从小生活在城市,父母都做生意,一直都忙于生意,无暇照顾到他。自小便性格内向,有什么都不愿意向他人诉说。小学五年级的时候,有一次和男同学们嬉戏,打赌谁玩游戏输了,就要完成一个任务。当时,有个同学玩输了,却跑过来二话不说就脱掉了他的裤子。当时,他震惊极了,全班同学都哈哈大笑,女同学说他是“小流氓”。从这以后,他每晚都难以入睡,总觉得有无数多双手来脱他的裤子,许多人都笑他不害臊。这种状况持续了一年,后来读初中离开了原有的环境而逐渐淡忘掉了。但是最近,又出现这种情况,原因是班上有两个孩子打架，一个脱了对方的裤子，他当时不知道是怎么了，一下子就扇了脱人家裤子的孩子，心里还十分气愤。后来孩子家长向校领导告了状，校领导也要求他道歉反思。最近几日，他又开始失眠，头痛，心烦，心情沉重，并且开始担心自己的未来。

从该案例分析可以看出，求诊者在小学时被人脱裤子所产生的这种负性情绪记忆在求诊者面临同样的一个情景时被激活出来，无法自控地扇了孩子一个耳光。求诊者不堪回首的负性情绪记忆与当前的负性情绪联系起来了，使求诊者出现了心理问题。

6.分析求诊者的错误的自动思维

自动思维是在生活事件刺激下快速进入一个人头脑中的似乎有效或真实的想法。有些自动思维很可能是不现实的或功能失调的。但人们很少静下心来思考一下自己想法的真实性或有效性，故帮助来访者识别自动思维，对确立诊断和进行心理咨询都很重要。

错误的自动思维主要指自动的、放大的、不经逻辑推理出现于脑内，不具有批判性检验，自我推理的结果总是最坏的思维。错误的自动思维内容消极，常和不良情绪相联系。来访者往往把他们觉察到的情绪看成是思维的结果而不是思维本身；错误的自动思维随时间、地点变化，能为意识察觉；它貌似真实，由潜在功能失调性假设或图式派生出来。它有时相对意义上是准确的但绝对意义上是错误的。它存在时经常不能由自己意愿选择或排除，它蕴含认知曲解，而来访者信以为真，不认识它正是情绪痛苦的原因。错误的自动思维具有先占固定性，这一信念长期被来访者确认，使来访者可以进行预测。

由于来访者常常不了解他们的想法怎么会影响自己的情绪和行为，故要注意帮助来访者识别自动思维，可以从以下几个方面进行：(1)来访者描述在看到别人的情绪或行为发生改变时自己所产生的想法。询问时要特别强调“在你头脑中，那种一闪而过的想法是什么？”(2)请来访者描述那些最近使其心烦意乱的情境。如果来访者感到有困难，也可用想象使来访者进入那种情境状态。例如：可问“当你回忆起这种情况时，你脑子中还会浮现出什么想法？”(3)与来访者进行角色扮演，观察其何时产生情绪反应，并请其描述当时有什么想法。例如，咨询师扮演来访者的朋友，与其进行交谈，其内容就是日常生活或交往的情况。(4)可以问来访者：“在那种情况下你喜欢什么？你不喜欢什么？如果你能改变这种状况，你喜欢发生什么样的变化？”(5)明确一下目前的处境是否会引发来访者过去所经历的体验而使其感到心烦意乱。可以询问来访者“这种状况是否会使你又感到身临当年之境，从而有不堪回首话往事之感”等问题。(6)布置家庭作业。设计“自动思维记录表”。在每天的日常工作生活中记录下那些使自己感到心烦意乱的情境。在后续的咨询与治疗性会谈中，让来访者详细描述其感受并解释自己何以会有这种感受。

在一些来访者的身上,可以看到明显是由于错误的自动思维导致心理问题的出现,请看下面的案例:

一般资料:男性,49岁,已婚,大学本科毕业,机关公务员。求助者自述:他给老婆打电话,结果老婆没有接电话。从此以后,来访者十分生气,半个月来情绪一直不好,郁闷,头痛,不知该怎么办。

从上面的案例看到,来访者存在着“老婆必须接听我的电话”的这种错误的自动思维,这是来访者产生心理问题的原因。在该案例中,咨询师运用苏格拉底式辩论术,让来访者了解到了错误的自动思维是其产生心理问题的原因,从而让来访者产生了领悟,使来访者获得了成长。

7.分析求诊者的价值观方面的问题

价值观作为个性心理结构的核心因素,是推动并指引一个人采取决定和行动的原则、信念和标准。价值观是人们用来区分好坏标准并指导行为的心理倾向系统。价值观为人自认为正当的行为提供充分的理由,是浸透于整个个性之中支配着人的行为、态度、观点、信念、理想的一种内心尺度。分析求诊者的认知原因,可以把分析求诊者的价值观作为其中的一个有效方式。人不仅能认识世界是什么、怎么样和为什么,而且他知道应该做什么、要什么和选择什么,发现事物对自己的意义,确定并实现奋斗目标,这些都是由每个人的价值观所支配的。价值观是一个多维度、多层次的观念系统。价值观既有时代性,也具有历史继承性。价值观具有一些特征:首先是主观性。人们区分好与坏的标准是根据自己内心的尺度来进行评价的。其次是选择性。个人的价值观是人出生后在社会生活实践中逐渐萌发和形成的。儿童时期的价值观是模仿和吸取父母和亲近的人的言行而形成的。这时的价值观是照搬成人的价值观,具有明显的感性形式。儿童期的价值观称为价值感,只有到了青年期随着自我意识的成熟,人才开始主观地、有意识地选择符合自己的评价标准,形成个人特有的价值观。再次是稳定性,个人的价值观形成之后具有相当的稳定性,往往不易改变,并在人的兴趣、愿望、目标、理想、信念和行为上表现出来。最后是社会历史性,处于不同历史时代、不同的社会生活环境里的人们的价值观是不同的。

价值观是一种多维度多层次的心理倾向系统。可以根据各种不同的标准对价值观进行分类。施普兰格(E.Spranger,1882～1963)根据社会文化生活方式把人的价值观区分为经济价值观、理论价值观、审美价值观、社会价值观、政治价值观和宗教价值观。分析求诊者心目中的价值观,分析求诊者一些价值观取向,明确求诊者深层次的价值观是心理问题产生的根源。请看下面的案例:

来访者，女性，27岁，某单位会计。近一周来出现失眠、心慌、烦躁、食欲缺乏等症状。

求助者自述：求助者大专毕业后，靠关系，分入了当地很吃香的地税部门做会计，深知其中的“潜规则”。行事一贯低调，工作能力不断提高，从没有出过差错，但是很害怕人家问她靠谁进来的。哪知，近半年来，那位很硬的后台突然遭到纪委的调查，她开始担心自己的工作会不会保不住了，终日惶惶不安，认为自己是凭关系进来的，要是他人知道自己这点，会不会就看不起自己了。于是，工作中开始出现失误，生活也终日萎靡，很想向领导主动坦白，但又怕坦白之后工作会丢掉，陷入了这种矛盾之中。

从上面的案例可以看出，来访者认为工作要靠关系，认为关系最重要，这就是她的价值取向，就是这种价值取向导致了来访者出现了心理问题。

8.分析求诊者是否有心理发育停滞

心理发育迟滞系指心理发育受阻或不完善，尤其智力发育落后于正常水平为特征的一种临床状态，它不是独立的疾病单元，而是由于许多不同的先天或后天的、生物学的或有害环境等因素所造成大脑发育受损的后果。根据病情轻重可分为轻度、中度和重度。

根据心理发育的停滞程度，对求诊者的心理问题的原因进行分析，也是分析求诊者认知原因的一个方面。

9.分析求诊者的过度的自我中心

在求诊者思考问题的过程中，其中涉及自我问题时，观察求诊者是否在看问题时总是从自我的角度来评价问题。如果求诊者在认知过程中，过度以自我为中心，那么在认知上就会存在严重的偏颇，从而导致心理问题的产生。请看下面的案例：

钱某，女性，25岁，公务员。近日情绪烦躁、易怒、睡眠不好、长吁短叹、饮食不好。求诊者自述：从小家庭殷实，父母对她极其疼爱。从小学一直到大学，学业也顺利。毕业后，和大学时的男朋友结了婚。小两口过年的时候，钱某要求老公和她一起回自己家过年，老公同意了。但是要求明年就要回自己家了，钱某同意了。但是，第二年，钱某又要回自己家过年，老公不同意了。说我爸妈都两年没看见我了，他们也想我回家过一次年啊，我们不是说好了，一年回一次么，怎么现在反悔了。这席话一下把钱某惹急了，当时便叫嚣着要回他家，那今后就各走各的。谁知，老公也在气头上，一口气就答应了各走各的。过后，钱某越想越觉得气愤，总觉得不是滋味，便出现了各种症状。

从该案例的分析可以看到，求助者的症状表现是由于过度的“自我为中心”的认知方式产生的。

10.分析求诊者的幼稚的情绪反应模式

求诊者心理问题的产生与求诊者情绪反应模式的成熟性有关。如果求诊者采用幼稚的情绪反应模式，在个人遭遇挫折时，以较幼稚的情绪反应应付困难，借以减轻自己的焦虑，长期如此就可能导致心理问题的产生。

勒温等人关于退行的研究也可以说明幼稚情绪反应模式在心理问题产生过程中的影响。勒温等人认为2~5岁儿童遭遇挫折时表现出这种行为，平均要比实际倒退1~1.5年。这种倒退，有时也见于成人。如有时大叫一声“妈呀”，或遇挫折向父母哭诉等。偶然的幼稚的情绪反应模式，如做父亲的在地上扮马给孩子骑，做妻子的偶然向丈夫撒娇等，反而会给生活增添不少情趣与色彩。但如常常这样，使用较原始而幼稚的情绪反应模式来应付困难，并利用幼稚的情绪反应模式来争取别人的同情与照料以避免面对现实的问题与痛苦，就容易产生心理问题。请看下面的案例：

谢某，女性，35岁，某单位主任。在一次偶然与姐妹逛街时发现，自己的老公与一年轻女子在一起。当时就气上心头，不管三七二十一，跑过去就抓住那个女子的头发，边扯边骂道“狐狸精”。后来，待大家都平静之后才了解到，这个女子只是一个同事，两人之间并没有什么关系。当下，谢某就觉得很没有面子，但还是不愿意承认自己错了。回到家后，老公也不愿意理她。在单位，这件事也被大家当作笑话来谈。每当听到有人谈论这件事，她便会大骂员工。谢某本人最近出现了焦躁不安、头痛、头晕、胸闷、失眠等一系列生理功能紊乱的症状。

从该案例可以看出，求诊者对现实问题采用幼稚的情绪反应模式，导致了心理问题的产生。求诊者所出现的一系列心理生理功能紊乱的主导症状，是由于她对造成自己的问题的原因及解决问题的方式不满意而采用了幼稚的情绪反应模式所导致的。

11.分析求诊者评价的片面、僵化倾向

在形成心理问题的认知原因中，求诊者评价的片面性和僵化倾向也是产生心理问题的重要原因。求诊者缺乏自知之明，看问题片面、短浅与僵化也容易产生心理问题。请看下面的案例：

高某，女性，28岁，大学金融专业毕业。最近感到心情烦闷，无聊，工作上提不起劲，觉得与周围的人不能很好相处，感到前途无望。求诊者自述：来自上海大都市，从小就因为自己是上海人而有优越感。大学时考到外地，每当说起自己是上海人，都会引来大家的羡慕。在这种氛围下，她觉得自己天生就是大城市的人，以后也应该回到像上海这样的大城市。大学毕业之后，工作找得并不理想，最后在西部的一家公司签了约,一下子感到自己再也回不去大城市了。自认为西部不是自己这样的大城市来的人呆的,是穷人呆的城市,自己待在这里大材小用。心理极不平衡,工作逐渐消极,出现诸多错误。想通过考研改换环境,结果因没有充分准备而失利,更感到前途无望,心情更为沮丧抑郁。

从该案例可以看出,求诊者自小养成了优越感,在同伴之间也经常因为大城市的身份而受到追捧,缺乏自知之明,看问题片面、志大才疏,眼高手低,出现了对环境的不适应,造成心理不平衡。求诊者片面僵化的认知是来访者出现心理问题的重要原因。

三、认知原因诊断注意事项

在对来访者的心理问题的认知原因进行分析时要注意以下几个方面:

1.注意咨询师不能把自己对某一问题的认知强加于来访者

心理诊断是一个主观的过程,不同的诊断者对同一问题的认知不同,因此有可能咨询师对问题的认识与求诊者之间存在分歧。此时,诊断者不能以自己是专家自居,强行要求诊者接受自己关于病因的结论,而是通过不断的商讨分析,使求诊者逐步认识接受自己的观点。

2.咨询师要有意识地从所获资料中分离出来访者的人生态度和思维方式

来访者的资料给心理诊断提供许多信息,从资料中分析出来访者的人生态度和思维方式,显然对来访者的病因诊断是极有帮助的。

3.注意确定来访者对社会群体和社会环境的一般看法和满意度

在病因诊断中,来访者对社会群体和社会环境的一般看法和满意度可以折射出心理问题产生的认知原因。因此,咨询师不要忽略对来访者的社会群体和环境的看法和满意度的分析。

4.注意确定来访者对自身健康状况的态度

来访者对自身健康状况的态度,在某种程度上反映出来访者的认知特点,这是考察来访者认知特点的简便可行的一种方式。

5.确定来访者的各种态度与心理行为问题之间的直接或间接关系

进一步梳理来访者态度与行为之间的关系,确定它们之间是直接关系还是间接关系,如果能够形成一个几者之间的关系图,对诊断的作用会更大。

6.确定认知因素对心理行为问题的产生所起的作用

进一步分析哪些认知因素,在哪些方面,怎样在心理行为障碍产生中起到什么样的作用。

7.注意影响认知评价的某些因素

注意影响认知评价因素在病因诊断中的作用,如固定信念、认知失真和认知曲解等,也要注意来自以往生活中的挫折和痛苦经验,这些负面内容在认知评价中往往起着关键作用。强调对过去记忆中负面情绪记忆的分析也是这个道理。

第三节　心理问题的生物学原因诊断

心理问题的生物学原因是心理问题产生的三大原因之一。心理问题的生物学原因在病因诊断中具有一定的优先性。通常,在心理问题产生的原因分析中,遵循先排除生物学原因,后进行社会性原因和认知原因分析的原则。遵循这样的原则通常可以在心理问题的病因诊断上减少误区,提高病因诊断效率。

诊断心理问题的生物学原因主要是分析来访者心理问题的产生与生理改变有无关系,分析心理问题与生理改变之间谁是因谁是果的关系,或者两者之间能不能建立因果关系,或者两者之间是否能分离出因果关系,也要分析哪些生理变化导致出现什么心理问题,这些心理问题表现出什么特点等等。

一、生物学原因的诊断原则

在进行生物学原因诊断时,要遵循证据性原则。这个原则主要从几个方面来理解:

首先,应该具备相应的神经心理学的基础知识,提高诊断者在生物学原因诊断上的自我效能感与力度。

其次,需要一些医学的临床经验与知识,有条件者可以到医院见习。了解在生理改变后,心理问题的表现形式与特点,并与纯粹的心理问题的表现形式和特点进行区别与联系。

最后,生物学原因诊断具有证据性和专业性。即在诊断为生物学原因时,就要去找到相关的生理检查报告或指标来支持这种病因诊断,而不是仅建立在推测的基础上。

二、生物学原因的诊断

1.心理发生突变，就要注意查询来访者的生物学原因

心理突变是心理问题产生的信号。心理突变在心理问题原因诊断中是需要特别注意的现象。通常针对突然出现的人格改变，咨询师要注意对其生物学原因进行检查；情绪状态发生了极端的改变咨询师也要引起高度重视，注意生物学原因的探索；有突发性意识改变的来访者也要注意进行生物学原因分析。生物学原因分析，主要查看是否因为器质性病变或躯体疾病导致了心理问题的出现。请看下面的案例：

李某，女性，41岁，家庭主妇。最近情绪出现反常现象，逐渐变得生活懒散、沉闷不语、性格孤僻、做事无目的性、对邻居反应冷淡、对儿子的病也不再那么关心。大家认为，她是不堪重负导致的情绪障碍。对她进行开导、劝解，效果不大。

诊断者建议求诊者做过生理检查，结果发现其脑前额部有鸽蛋大小的肿瘤。后经过医院手术，摘除肿瘤，求诊者情绪恢复正常。

从此案例可以看出，对患者突然产生的情绪变化，提高对其生物学原因的探查的警惕性，对及早确定心理问题的产生原因以及正确实施治疗是非常有用的。同样对突然发生的人格改变，突然出现的意识障碍都要注意对生物学原因的探察。

2.对身体症状和心理行为症状同时并存者，要注意生物学原因的检查

来访者身上同时存在生理症状和心理症状时，首先要根据身体症状进行检查，看这样的生理疾病是否能导致这样的心理行为症状。还要从心理行为症状出发去分析这样的心理行为症状很可能是由什么疾病引起。两相对照，看它们是否吻合。这种双向检查推理更容易把心理行为症状与身体症状之间的关系梳理清楚。例如，一些来访者的主导症状为抑郁，那么既可以用强烈的生活事件刺激导致了情绪抑郁来解释，也可能是来访者大脑某些部位病变导致类似的情绪反应。因此，先进行神经检查，看是否是生理病变导致的抑郁。如果排除这种情况则从心理症状角度去考察。如果是生理病变导致抑郁，这样的诊断处理能够及早发现生理原因，从而促进生理治疗的实施。请看下面的案例：

王某，女性，20岁，大学一年级。在15岁时，因上课时突然昏迷，送医院抢救醒后，经常独唱、狂吼，大小便失禁，双下肢瘫痪，后检查为脑动脉瘤破裂，引起蛛网膜下腔出血，治疗后恢复正常。大学入学半年来，求诊者开始出现一些异常行为，主要是“外出”行为。开始一个月一次，近来次数逐渐增多，求诊者外出前没有征兆，有时是去倒垃圾、买东西等。求诊者常穿着内衣，漫无目的地闲逛，晚上经常在学校篮球场、食堂等的长凳上休息，实在饿得受不了了，才想到回宿舍。事后室友询问她，整个过

程自己都知道,也能回忆。

由于该求诊者出现了身体症状和心理行为障碍并存的现象,诊断者也建议先做身体检查,结果颅脑CT显示有额叶软化灶和脑室扩大现象。像这样尽管主导症状为“自行外出”的异常行为,但是病史中有脑动脉瘤破裂的证据,因此及早请神经科会诊就容易形成对求诊者的正确诊断,而不至于耽搁求诊者的治疗。

3.心理问题的产生与一定时间存在关联时,查看营养或神经内分泌紊乱问题

在诊断中,有许多情形下心理问题会与特定时间发生联系。如,由于不吃早餐而导致固定时间段血糖低时,加上其他因素的影响如情绪因素的诱发,会影响大脑功能,进而导致心理行为异常。大脑是心理活动的器官,心理活动也是需要能量的。糖是供养大脑的能源,而糖的主要来源是谷类含淀粉的食物。因此,在一些早餐营养不能保证的来访者身上可能会出现在特定时间段才出现的心理问题。孕妇在产后由于怀孕和生产过程导致孕妇的内分泌和中枢神经的某些递质的含量出现变化,也可能在特定时间出现心理问题。一些妇女在月经来潮前所表现出的性情烦躁、易激怒以及一些人甲状腺功能亢进和甲状腺机能减退时所表现的心理行为症状都与神经内分泌的变化或者某些神经递质的含量改变有关,这可能在特定时间内也会表现出心理与行为问题。因此,来访者心理问题的产生与一定时间存在关联时,一定要注意查看其营养或神经内分泌紊乱问题。请看下面的案例:

王某,女性,15岁,初中三年级学生。最近王某在课堂上经常坐不住,烦躁不安,注意力不集中,脑袋记不住东西,这种状况总是发生几天。老师把这个情况多次给家长反映,家长以为是学习倦怠。考虑到求诊者的情况总是只发生几天,具有特定的时间性。因此诊断者着重考察王某的月经周期的问题。原来王某刚刚来月经,上课的时候总是怕裤子上会遗漏,所以才会坐立不安。

在求诊者的建议下,母亲认真地给她讲解了月经的一些卫生护理。从该案例可以看到,以时间为特征,考察内分泌和营养等相关问题,对寻找心理问题的生物学原因是很有帮助的。

4.分析来访者心理问题的产生是否是药物所致

服用某些药物必然会带来一定程度的副作用。一些副作用以生理形式表现出来,如表现出恶心、反胃呕吐等等。一些副作用以心理症状形式表现出来。例如,出现心慌、头晕、烦躁、郁闷、失眠,觉得生活没有意思等等。当出现这些或类似现象时,就要注意是否是药物的反应。如果是药物反应,那么就要建议医生对药物进行调整,调整以后心理症状就会消失。特别注意,不要把这些由药物的副作用带来的心理变化与其他原因导致的心理变化混淆在一起,这样会导致误诊。关于药物引起的心理

变化,可以从下面的例子中看到。

某男,48岁,待业在家,近一个月来情绪郁闷、失眠、早醒、烦躁,感觉爱人对自己不关心。求诊者自述:由于检查出自己患有神经衰弱,因此开始服用治疗神经衰弱的药物,已经服用了二个月。在检查出神经衰弱之前,不存在这些现象。

考虑到求诊者服用治疗神经衰弱的药物,一般神经衰弱的药物副作用较大,故推测为服用药物所致。求诊者停药三天后,症状大大减轻。可见在探索心理问题的生物学病因中,药物服用的历史不可忽略。

5.分析来访者是否有躯体疾病

当来访者存在心理问题时,一定要考虑来访者心理问题是否存在生物学因素。通常的方法就是体检。但是,有时生理与心理因素混合在一起,不容易分离和区分,此时就可以请临床专家会诊,以确定为何种生物因素。生理功能与心理功能之间存在相互影响,相互制约的复杂关系。心理功能的改变很可能导致生理功能的改变。另一方面,生理功能的改变,也会引起心理功能的改变。来访者对自己生理功能的改变未加陈述或只是轻描淡写,其原因或是由于来访者没有这方面的知识而无意忽略,或是由于涉及某些隐私而有意回避。为此,在诊断过程中,在进行病因诊断时不要忽略询问或检查来访者是否患有躯体疾病。请看下面的案例:

王某,女性,18岁,母亲发现近一年来女儿心情不好,有时长吁短叹,哭泣,沉闷,学习成绩下降,怀疑是抑郁症,来求诊。

在诊断会谈中,该女生表示不可能有男孩子喜欢她,其原因是一次与同学一起洗澡时,有位同学说她的胸部像"飞机场",平平的。当时未在意,但后来发现自己穿衣服之后,果然没有什么曲线。再加上发现有的男同学在背后窃笑,认为可能是那位女同学"告密",说了自己胸部的隐私。男孩子不会喜欢不性感的女孩子,感到伤心。因害羞和害怕又不敢向家长说,只觉得心理症状日渐加重,心理压力日渐增加。

案例中,该女孩子的心理问题是胸部发育出现异常而引起的,只要医学专家为她讲解胸部发育的正确知识,就容易消除心理问题。

6.确定疾病与心理问题之间有无因果关系

生物学因素导致的心理问题,在生物因素消除以后,心理症状应渐渐消除。如果有后继性的心理症状再次出现,那就不是生物学因素,身体疾病与心理之间也不存在因果关系了。这一点,在病因诊断中要特别引起注意。请看下面的例子:

张某,女性,43岁,在家待业。因丈夫生活不检点染上性病,后又传染给了她,已经去进行过几次系统治疗了,化验结果均显示正常。但张某总是担心会不会以后复发,或者以后会不会转成艾滋病,但是专家经过检查后排除了艾滋病。但张某还是终日惶惶,出门都必戴手套和塑料袋,绝不坐人家坐过的凳子,害怕人家会传染给她,现在只能待在家里,哪里也不敢去了。

从案例可以看到,最开始求诊者所出现的心理问题是其躯体疾病性病所导致的,是生物学原因。但是,在躯体疾病治愈后,继续出现的担心、害怕等心理行为问题已经与躯体疾病之间不存在因果关系了,而是性病后的恐惧所致,这已经不是生物学的原因了。

7.分析生理年龄对心理问题的影响

在分析心理问题的生物学因素时,年龄是一个重要的因素。因为同样的外部条件对不同年龄的个体具有不同的意义,心理效应的估价也不同。例如吃手指头不会成为儿童的心理负担,但对成人来说就会引起高度的焦虑。从发展心理学的角度看,人从出生到死亡是一个精神活动的连续体,在这个连续体的不同发展阶段上,心理活动有其各自的特征。心理活动、心理问题和心理症状也体现出各自的特征。在不同的年龄阶段,心理问题的性质或表现方式存在差异。对年龄较小的儿童,一个恐怖电影镜头可能导致心理问题,但在小朋友之间打架可能不容易导致心理问题。儿童由于大脑皮层功能尚未完善,内抑制力较差,认知水平低,不易分化,蒙受刺激之后,很易泛化,从而导致心理问题,而成人则不然。

从情绪发展变化看,儿童的情绪结构比较简单,情绪的内容多为与个体保存有关的安全感和是否满足有关生物需要。很多复杂的人际关系和社会要求对儿童构不成直接威胁,即便是家庭不和或其他成人之间的矛盾,也是当威胁到儿童安全感时才能形成心理压力。为此,年龄较小的儿童,其心理问题的内容与形式并不十分复杂,由于儿童情感表达没有成人那样高度语言化和具有成人的内心压抑,所以心理问题更多以行为问题为主,如多动、缄默、多余动作或退缩行为等等。

儿童长到少年时期时,他们的心理问题除受学前期不良教养的影响外,更主要的是入学以后成人的错误对待给少年个性造成的不良影响。特别是我国教育观念上的“一好百好”和“一不好百不好”对教育青少年影响很深。在这样观点的影响下,放松了对孩子的生活自立训练,孩子通常会自信心缺乏、意志力薄弱等。这种观点对自我认知能力尚未发育成熟的学童来说是一种可怕的打击和压抑,他们为此而丧失信心、自卑、焦虑,最后破罐破摔。

少年厌学情绪在我国越来越严重。其原因虽然是多方面的,但是就临床来看,小学教育的宗旨,即培养孩子学习兴趣的工作尚不够深入,这恐怕是主要原因。把学习当作惩罚也是教育上的一种有害偏向。由于学习兴趣低落,学习信心不足,对成人世界由不理解而产生探究意向,再加上对不公平对待的不理解和反抗,往往造成离家出走,这是少年中存在的较严重的问题。

老年人的心理习惯之一是倾向回忆往事,不愿展望未来,因为未来对他们来说不甚乐观。为此,曾经幸福的老年人情绪方面多数比较平稳;曾经坎坷的老年人情绪方面多愁闷和低沉。老年人的心理需要多数比较现实,要求眼下有事可做,特别是刚刚离开工作岗位的离退休人员。由于老年人的社会交往减少,孤独感是造成老年人心理问题的主要原因之一。

老年人由于记忆力减退,在描述事实时,有时会出现张冠李戴的错构,甚至虚构,在诊断时也不要轻易地认为是老年痴呆。

因此,在探索心理问题的生物学原因时,要注意年龄问题。请看下面的案例:

来访者,女性,学前班儿童。据患儿母亲陈述,患儿自幼胆小、敏感,一人不敢在家。晚上必须妈妈陪在身边才可入睡。患儿家里养有一只白色毛绒小狗,由于有一次该小狗冲着患儿大叫了几声,顿时患儿被吓哭,从此以后,患儿看见白色的毛绒东西就会惊恐,害怕。5岁时,为了将来入学有基础,患儿被送进学前班幼儿园。开始阶段还好,老师教的课程内容都能学会,也有兴趣。一月前,因另一个小朋友带了一个白色毛绒玩具来玩,当即因害怕而失声大哭。回家后,发现不由自主地挤眼、歪头,大人制止时可以控制,但过后仍然改不掉,最近不单挤眼、歪头,而且喉咙里还同时发出一种怪声音。

从上面的例子可以看到:患儿的行为问题是在皮层功能发育尚不完善的基础上由泛化产生的惊吓引起的,成人的制止非但无效,反而是一种强化信号。这是由于年龄因素在其中起到非常重要的作用。

8.分析性别因素对心理问题的影响

性别不同,生理上也存在差异。这些差异也使不同性别的来访者对相同的事情具有不同反应。同一件事情有可能男性不认为是什么大事,但女性有可能认为是一件大事,而形成心理问题。例如一对青年男女未婚同居,后因感情不睦,关系破裂,男方对性行为的经历可能并不在意,但女方可能因"失贞"而引起较大的焦虑并导致较重的心灵创伤。男女都有更年期,男性的性激素改变的幅度比女性的性激素改变较小,因此,对男女心理行为的影响不同,男性的更年期综合征比女性的更年期综合征轻微得多。请看下面的案例:

王某,女性,50岁,已婚。主要症状是睡眠差。两个月前,不知怎么出现头痛、头晕、睡眠差、没力气、手酸、胃口不好,去医院看,做了很多检查,也没发现什么问题。最近总是感觉到心里很紧张、提心吊胆、坐立不安。感觉肚子里不舒服,具体哪里讲不清楚,经常恶心,打嗝,嘴巴干,脸色发红,手心出汗,肌肉紧张,发冷,手抖,晚上睡不着,早上又醒得很早,每天只能睡两到三个小时,有时躺在床上觉得胸口发闷,气喘不过来,手脚感到没力气,走路都要靠家人扶着。身体不舒服的位置经常变,有时候又是胸闷心慌,王某怕自己的病厉害了,担心病好不起来,心情也不好。

从上面的案例可以看出:来访者主要是女性,年龄也在50岁左右,性别是出现“头痛、头晕、睡眠差、没力气、手酸、胃口不好”等症状的主要原因。可能性别与年龄的交互作用导致来访者出现更年期的反应。

三、生物学原因的诊断注意事项

(1)在社会、认知和生物学原因中,生物学原因应该是三者中处于最优先的原因。

在进行心理病因探索时,要注意有整体的观念,始终从认知、社会和生物学因素来综合考虑。不能钻牛角尖,一条道走到底,应该时时注意这三种之间关系的考虑。特别要注意,在心理问题的三类原因中,一定首先考虑生物学方面的原因。

(2)咨询师要注意,从神经心理学方面的知识来看,某些神经系统疾病,特别是中枢神经系统疾病可能会有心理行为症状方面的表现。

(3)确定心理行为症状是否有时间性,这种时间性是否与生物节律有关。

(4)虽然咨询师要熟练掌握临床或实验室检查的内容和技术有些困难,但应当具备这方面的基本知识并提出自己的看法,供临床医学家参考。

(5)有些实验检查手段更新很快,对检查结果的判断要尊重临床医学家的意见,不可擅自下结论。

(6)家长、教师由于没有发展心理学的知识,可能对少年儿童正常的行为给予夸大的描述和歪曲的解释,甚至误用诊断名词给少年儿童带来伤害,诊断时要注意这些方面的问题。

(7)注意某些躯体疾病病人可能以生理行为症状为第一症状来访,一定注意其生物因素的蛛丝马迹,及早请有关临床科室会诊,以免贻误病情。

在进行心理诊断时,病因探索已经成为心理诊断的主要任务之一。在进行病因探索时,既要综合考虑认知、社会和生物学因素,也要根据这三大类原因进行自上而下的系统分析。在诊断时,充分分析各方面的信息资料,确保病因诊断的科学性和准确性。

第十一章

心理问题的定性和定量诊断

心理问题的诊断必须考虑两个方面，一是定性诊断，二是定量诊断。所谓定性诊断主要是咨询师对来访者心理问题的类别及性质的确定。所谓的定量诊断主要是心理咨询师对来访者心理问题严重程度的确定。在心理诊断中，要充分运用各种技巧，综合分析来访者多方面的信息，探索心理问题的病因。除此之外，判定心理问题的性质，确定心理问题的严重程度，也是心理诊断的重要任务。

第一节 心理问题的定性诊断

对心理问题进行定性诊断主要表现在确定来访者心理问题的类型上。例如对一般心理问题、严重心理问题及神经症的诊断等等。同时定性诊断还表现在诊断应该遵循的程序和定性诊断的几个主要依据上。

一、定性诊断的程序

在对心理问题进行定性诊断时,一般遵循从重到轻的原则,即先考虑严重度最高的心理问题,然后再考虑中度心理问题,最后再考虑轻度心理问题。同时也遵循由粗到细的原则,即先进行心理问题的大类诊断,后进行心理问题的小类诊断。定性诊断一般遵循如下程序:

第一,考虑是否是躯体疾病引起的心理症状。若是则需要转介到相关的医疗机构治疗躯体疾病。一旦疾病好转,心理症状也就随之缓解、改变。

第二,判断是否患有精神病。若是,再进一步判断是什么精神病。如果能判断是精神病,则已不属于心理咨询的范围,应及时转介专科医院治疗或由精神科医生来处理,切不可耽误治疗。

第三,若排除精神病,则考虑是否有可能是神经症。神经症除癔症外,没有精神症性症状。主要表现为烦恼、紧张、焦虑、恐怖、强迫症状、疑病症状、抑郁症状、分离症状、转换症状等。除癔症表现为短暂的发作外,病程大多是持续迁延的。

第四,若不是神经症,则考虑是否是严重心理问题。严重心理问题主要表现为由重要的生活刺激事件导致,发生泛化,持续时间超过2个月,又在半年左右,情绪和行为反映比较严重的心理问题。

第五,若不是严重心理问题,则考虑是否是一般心理问题。一般心理问题主要是由一般生活事件导致,没有泛化,持续时间在3个月内,同时情绪和行为反映不太严重的心理问题。

第六,若不是一般心理问题,则考虑是否是"非心理问题的生活事件"。例如,钱掉了以后,希望能够找回来,则需要请警察帮忙。不知道买何种股票好,则需要股票专业人士提供信息指导如此等等都不是心理问题,而是非心理问题的生活事件。

二、定性诊断的依据

(一)利用典型行为进行定性诊断

在诸多心理问题中,都存在一些典型行为,或者标志性行为。这些典型行为或标志性行为对心理问题的定性诊断都具有重要的价值。咨询师可以按照来访者具有典型意义的某些特异行为表现进行定性诊断。有些异常心理行为很典型,因而具有诊断和鉴别诊断意义。如周期性发作的抑郁或抑郁与躁狂的交替发作,有助于躁郁症的诊断。如明知不该但反复进行的行为,但又不能控制而产生痛苦是强迫性神经症的典型症状;反复出现的评论性幻听或有被控制的妄想,有思维鸣响、思维插入或思维被撤走以及思维广播等症状,是精神分裂症的典型行为。根据典型症状进行诊断体现了典型症状的诊断价值。请看下面的案例:

李某,女性,20岁。自小家庭管教严格,做事谨小慎微。在学习、生活方面对自己要求比较刻板。比如,书桌上各类物品必须分门别类有序摆放。每次学校考试自定目标必须进前三,否则视为失败。路上见到男孩打赤膊,就认为其轻佻,耍流氓。今年年初,开始出现各类明显的强迫观念及强迫行为,影响了正常生活。如,开始出门后要反复回来检查门是否锁好,每次要反复洗手数十遍。早起时,要反复多次穿脱衣服。自知没有必要,但仍无法控制。

从该案例可以看出,来访者出现了“出门后要反复回来检查门是否锁好,每次要反复洗手数十遍,早起时,要反复多次穿脱衣服。自知没有必要,但仍无法控制”的典型行为,根据这一典型行为可以定性诊断为强迫性神经症。

(二)据“求医行为”进行定性诊断

在定性诊断中,求医行为也具有重要的诊断价值。求医行为在重性精神病和神经症之间具有重要的区别价值。根据是否具有求医行为可以判断来访者是神经症还是重性精神病。

患有神经症的来访者常常表现为强烈的求治愿望而主动求医,而患有重性精神病的来访者则很少主动求医。不过在求医行为上,不同年龄的来访者在具体表现上也有差异。

患有神经症的少年儿童,他们不直接表现出求医行为,他们反复地向家长诉说自己的难受,希望家长带他们去求医。同时,对家长要带儿童去医院看病常表现得十分顺从和合作。

患有重性精神病的少年儿童,他们没有求医的愿望和行为表现。由于他们不认为自己是异常的,因而也不会向家长诉说自己的难受,拒绝家长带自己去医院看病。

对成年人而言,如果是神经症患者,他本人会十分痛苦、烦恼,度日如年,因此有强烈的求治动机,渴望有能力的心理学专家能够解决他的痛苦。这些来访者为了治疗神经症遍访心理专家。其中大部分先在综合医院里经过了一段时间的治疗、反复的检查,最后确认没有器质性的病变,被诊断为神经症;有的可能下了神经症或神经症分类下的焦虑性神经症等更为具体的诊断,但由于沿用生物医学模式的治疗,疗效不佳,因此这些来访者的求医愿望明确,求医行为明显,求医行为的表现也很主动直接。

对成年人而言,如果是重性精神病的患者则很少主动表现出求医行为,因此,在定性诊断时要注意分析来访者的求医行为的实质,明确来访者是真求医行为还是假求医行为。然后根据来访者的求医行为,进行诊断。重性精神病的患者多数由家属强行陪同而来。重性精神病患者由家属强行陪同而来的求医行为的原因是多方面的,有的是精神重创后的反应性精神病的表现;有的是精神分裂症的早期、症状不典型的表现;有的是在其他机构求治过的,但诊断意见不一致,希望再次诊断一下;有的是病人家属讳疾忌医或不相信精神分裂症诊断,希望它只是一般的心理问题;有的虽承认精神分裂症的诊断,但希望能够不用抗精神病的药物,因为药物的副作用会留后遗症;有的希望心理专家通过咨询方式劝说病人改变那些荒诞不经的妄想,回到社会现实中来;也有的考虑到来访者的升学、就业、婚姻等方面,认为找心理医生治疗可以缩小社会的影响面,因为心理问题总比精神病容易接受些。

重性精神病的患者家属在求医时常会表现出一定程度的讳疾忌医,精神分裂症患者本人则常表现为拒医否病。尽管精神分裂患者的心理行为症状表现得非常明显,应当立即进行治疗,但他们却常以各种理由拒绝治疗,坚决不去与心理或精神有关的机构,有时这种拒绝求医的行为会以一种变相的方式加以表示。辨识求医行为,对诊断非常重要。

(三)从自知力程度来定性诊断

所谓对症状的自知力是指来访者能否认识到自己的心理行为异常,以及对这些异常做怎样的解释。自知力程度是进行定性诊断的重要依据。患有不同类型的心理问题的来访者对自己症状具有不同的自知力,因此,可以通过自知力程度对来访者的心理问题进行定性诊断。而且甄别来访者的自知力程度是定性诊断的重要内容之一。神经症患者的来访者对自己的症状是有自知力的。具有一般心理问题的人会出现失眠、不安、不思茶饭等现象,但自己能认识到这些问题的存在,也能分析其产生的原因。患有神经症的求助者,对自己的症状也很了解,能非常详尽地诉说自己的痛苦和不幸,有时能找出问题发生的原因并推论其与症状之间的逻辑关系,甚至夸大其症状的严重程度,特别害怕会不会转为精神病,承认自己有病。

重性精神病患者对自己的症状没有自知力。重性精神病患者常顽固地坚持自己的妄想是真实的,坚持那些对自己有明显伤害的行为但自己不感到痛苦,当别人说自己精神有问题时特别敏感而且坚决予以否认,对症状毫无自知力。

某些重性精神病的早期症状可能不典型,而有些神经症也会出现某些思维和行为的异常,所以全面综合地分析所获得的各项资料,透过现象看本质,力求做出早期诊断。如有困难应及时请求会诊或转诊。

利用自知力对来访者进行心理诊断时,要注意全面考虑问题。咨询师需要按照神经症症状学和精神病症状学的知识对来访者的心理或行为异常症状反复地进行比对。当咨询师倾向于把来访者的症状归属于神经症时,要再进一步按重性精神病的症状进行核实,尤其注意有些重性精神病的早期症状并不典型。反之,当咨询师倾向于把来访者的症状归属于重性精神病时,也要注意到有些神经症的病人也会出现某些思维障碍和行为异常。请看下面的案例:

郭某,女性,30岁,公务员。1年前,因暖瓶意外爆裂,轻微烫伤。丈夫回家后反先问房屋、财产有无损失,令来访者相当心寒,认为他应当最先关心妻子有没有受伤才对。后来,出现了一个有趣的现象,只要丈夫在家,来访者自己绝不会去冲暖瓶。不在家时,其实都是来访者自己在冲,也没出现什么大的问题。来访者自己也知道没必要如此,但就是控制不了,自认是患上强迫症,但求治意愿并不强烈。反而觉得,没什么。

该案例中,来访者“自认是患上强迫症,但求治意愿并不强烈。”说明来访者对自己的问题是有自知力的。从其有自知力程度来看,可以排除精神病诊断。

在定性诊断中,有些来访者在很长的时间里都很难给出一个明确的诊断。在这种情况下,根据典型症状、自知力及求医行为等方面进行综合分析,先给出一个或两个带有倾向性的初步诊断,然后不断收集资料进行印证或比对,随着咨询的不断深入,诊断就会越来越清晰。

三、定性诊断的注意问题

(一)精神病性障碍与神经症性障碍临床表现的主要区别

精神病性障碍是一类严重的心理障碍。大多数患者在患病期间对自己的异常心理表现完全丧失自我辨认能力,不承认自己有病,也不会主动求治。有些精神病是由躯体疾病引起的,如患传染病、中毒、外伤及其他严重躯体疾病时出现的精神异常。

在这种情况下,心理症状是整个躯体疾病临床表现的一部分,躯体疾病治好了,心理症状也会随之减轻或消失。这类障碍需要精神科和相应的内、外科医生共同处理,不会求助于心理咨询医生。另外一些精神病如精神分裂症、心境障碍,其真正病因至今还不清楚,他们没有躯体疾病基础,需要精神科专科医生来研究和诊治,不是心理咨询的服务对象。

神经症是一组表现为烦恼、紧张、焦虑、恐惧、强迫症状、疑病症状,或神经衰弱症状等的精神障碍的总称,其症状无肯定的器质性病史基础,病人自知力完整,但对存在的症状感到痛苦和无能为力,有一定的素质和人格基础,起病常与心理社会因素有关。神经症有共同的特征,主要表现为焦虑情绪、防御行为、躯体不适感、人际关系不良等症状。

在定性诊断时注意区分精神病症状及神经症症状具有重要价值和意义。

(二)注意自知力和求医行为的关系

在进行定性诊断时,要注意自知力与求医行为的关系。一方面,有求医行为并不一定表现出有自知力。有些来访者想向咨询师证实自己观点的正确性而来求医,有些来访者是来批判咨询师的错误而表现出求医行为,这些来访者都是不具有自知力的。另一方面,有自知力的来访者不一定会表现出求医行为。例如,有些来访者认为问题没有必要改变,忍一忍就过了。因此这种情况下,尽管来访者有自知力,但是却没有表现出求医行为。在定性诊断时,自知力和求医行为之间不一定存在一一对应的关系,根据具体情况还会发生变化。

第二节　心理问题的定量诊断

定量诊断是对心理问题的严重程度量化。定量诊断的关键是量表选择。量表选择得好,量化出的数据才有价值。量表选择不好,不管数字如何精确,这样的量化都毫无价值可言。在进行定量诊断时,要注意量化的数字具有相对意义,不能唯分数而分数,唯等级而等级。量的考察必须根据具体情景做出灵活的考虑,这样的量化才能体现量化的价值和意义。

一、定量诊断的目的

在进行心理诊断时，仅判明心理问题的性质还远远不够。因为，同类心理问题，其严重程度差异很大，对后续的咨询与治疗过程的影响也很大。

一般在进行诊断时，判断心理问题的严重程度是通过多种渠道获取资料来进行的。判断心理问题的严重程度，既要听来访者的主诉，还要仔细观察实际的情绪反应和社会适应表现，要多听取家人、同事、朋友的反映，还要参考心理测验等检测工具的评估结果。

在对心理问题的严重程度进行定量诊断时，还可以根据一些因素来分析。通常包括导致心理问题的挫折源大小、持续时间的长短、心理健康水平的高低、外界支持的多少、自身调节能力的强弱等等。这些因素有助于咨询师判明心理问题的严重程度。

如果来访者心理问题发生的时间早，比如早在儿童时期就有过心理创伤或者根源，以致来访者已经遗忘，或者问题已经泛化到生活的其他方面，或者与性格结合在一起，特别是偏内向、易忧郁、焦虑和过分敏感等性格，这说明心理问题在量化程度上要严重得多。如果来访者的心理问题具有以上一个或多个特点，那么心理问题就变得更加严重。

二、定量诊断

定量诊断的关键是选择适合的量表，而量表选择的依据是主导症状。根据来访者的主导症状，选择相应的心理测量工具是定量诊断的主要工作。

（一）运用症状自评量表（SCL-90）进行定量诊断

1.项目和评定标准

本量表共有90个项目，包含有较广泛的精神症症状学内容，从感觉、情感、思维、意识、行为直至生活习惯、人际关系、饮食睡眠等，均有涉及。它的每一个项目均采取5级评分制：

（1）没有：自觉无该项症状（问题）。

（2）很轻：自觉有该项症状，但对受检者并无实际影响，或影响轻微。

（3）中度：自觉有该项症状，对受检者有一定影响。

（4）偏重：自觉常有该项症状，对受检者有相当程度的影响。

(5)严重:自觉该症状的频度和强度都十分严重,对受检者的影响严重。

这里所指的“影响”,包括症状所致的痛苦和烦恼,也包括症状造成的心理社会功能损害。“轻”“中”“重”的具体定义,则应由自评者自己去体会。

2.统计指标

SCL-90的统计指标主要为两项,即总分和因子分。

(1)总分:90个项目单项分相加之和,能反映其病情的严重程度。

总均分:总分/90,表示从总体情况看,该受检者的自我感觉位于1~5级间的哪一个分值程度上。

阳性项目数:单项分≥2的项目数,表示受检者在多少项目上呈现有“症状”。

阴性项目数:单项分=1的项目数,表示受检者“无症状”的项目有多少。

阳性症状均分:(总分-阴性项目数)/阳性项目数,表示受检者在“有症状”项目中的平均得分。反映该受检者自我感觉不佳的项目,其严重程度究竟处于哪个范围。

(2)因子分:共包括10个因子,即所有项目分为10大类。每一因子反映受检者某一方面的情况,因而通过因子分可以了解受检者的症状分布特点,并可做廓图分析。

各因子名称、所包含项目及简要解释:

① 躯体化:包括1、4、12、27、40、42、48、49、52、53、56和58,共12项。该因子主要反映主观的躯体不适感,包括心血管、胃肠道、呼吸等系统的主述不适,以及头疼、背痛、肌肉酸痛和焦虑等其他躯体表现。

②强迫症状:包括3、9、10、28、38、45、46、51、55和65,共10项。它主要指那种明知没有必要,但又无法摆脱的无意义的思想、冲动、行为等表现;还有一些比较一般的感知障碍,也在这一因子中反映出来。

③人际关系敏感:包括6、21、34、36、37、41、61、69和73,共9项。它主要指某些个人的不自在感和自卑感,尤其是在与他人相比较时更突出。自卑、懊丧,以及在人际关系中明显相处不好的人,往往是这一因子获高分的对象。

④抑郁:包括5、14、15、20、22、26、29、30、31、32、54、71和79,共13项。抑郁苦闷的感情和心境是代表性症状,还以对生活的兴趣减退、缺乏活动愿望、丧失活动力等为特征,并包括失望、悲观,与抑郁相联系的其他感知及躯体方面的问题。

⑤焦虑:包括2、17、23、33、39、57、72、78、80和86,共10个项目。它包括一些通常在临床上明显与焦虑症状相联系的精神症状及体验,一般指那些无法静息、神经过敏、紧张以及由此而产生的躯体症状,那种游离不定的焦虑及惊恐发作是本因子的主要内容,还包括一个反映解体的项目。

⑥敌对:包括11、24、63、67、74和81,共6项。主要从思维、情感及行为三方面来反映受检者的敌对表现。其项目包括从厌烦、争论、摔物,直至争斗和不可抑制的冲

动爆发等各个方面。

⑦恐怖：包括13、25、47、50、70、75和82，共7项。它与广场恐怖所反映的内容基本一致。引起恐怖的因素包括出门旅行、空旷场地、人群、公共场合及交通工具等。还有反映社交恐怖的项目。

⑧偏执：包括8、18、43、68、76和83，共6项。偏执因子指思维方面，如投射性思维、敌对、猜疑、关系妄想、被动体验与夸大等。

⑨精神病性：包括7、16、35、62、77、84、85、87、88和90，共10项。其中有幻听、思维播散、被控制感、思维被插入等反映精神分裂性症状的项目。

⑩其他：包括19、44、59、60、64、66及89，共7个项目，主要反映睡眠及饮食情况。

SCL-90的原设计者规定，该量表适用于精神科或非精神科门诊的成年病人。根据国内学者的研究，它对于神经症及综合医院住院病人或心理咨询门诊的受检者，都有较好的自评效果，是能很快了解病人自觉症状的有力工具。

按全国常模结果，对照1～5级评分方式，总分超过160分，或阳性项目数超过43项，或任一因子分超过2分，可考虑筛选阳性，需进一步检查。

请看下面一个来访者的SCL-90心理测量数据：总分240，阳性项目数69。各因子得分如下：

因子名	躯体化	强迫症状	人际关系敏感	抑郁	焦虑	敌对	恐怖	偏执	精神病性	其他
因子分	1.6	4.0	3.6	3.8	2.7	2.1	1.8	2.6	1.9	2.5

从上面SCL-90测验结果可以看到，来访者具有阳性症状，因为阳性因子总数超过43项，同时具有非常典型的强迫症状、人际关系敏感症状、抑郁症状、中度的焦虑症状、轻度的敌对症状和偏执症状，因为它们的因子分都达到或超过了2分。从测验结果，咨询师较清楚地确定了来访者的心理问题的严重程度。

运用症状自评量表SCL-90进行定量诊断时，要注意在开始评定前，先由工作人员把总的评分方法和要求向受检者交代清楚，然后让其独立地、不受任何影响地进行自我评定。对文化程度低的人，可由工作人员逐项念给他听，并以中性的、不带任何暗示和偏向的方式把问题本身的意思告诉他。评定的时间范围是现在或者是最近一个星期的实际感觉。评定结束时，由本人或临床医生逐一查校，凡有漏评或者重复评定的，自评者考虑再评定，以免影响分析的准确性。特别注意，根据SCL-90测验结果，只能说为咨询师诊断来访者是什么心理问题提供了量上的重要依据，不能根据单一的测验就确诊来访者的心理问题，这是在诊断时，一些咨询师常忽略的问题。

（二）用焦虑自评量表（SAS）进行定量诊断

焦虑自评量表（SAS）由Zung于1971年编制。从量表结构的形式到具体评定方法,都与抑郁自评量表十分相似,用于评定焦虑病人的主观感受。

1.项目和评定标准

SAS共20个项目,采用4级评分。主要评定项目为所定义的症状出现的频度。其评分标准为:

1表示没有或很少时间有;

2是小部分时间有;

3是相当多时间有;

4是绝大部分或全部时间都有。

SAS的条文及所希望引出的症状如下:

(1)我觉得比平常容易紧张和着急(焦虑)。

(2)我无缘无故地感到害怕(害怕)。

(3)我容易心理烦乱或觉得惊恐(惊恐)。

(4)我觉得我可能将要发疯(发疯感)。

(5)我觉得一切都很好,也不会发生什么不幸(不幸预感)。

(6)我手脚发抖打战(手足颤抖)。

(7)我因为头疼、头颈痛和背痛而苦恼(头疼)。

(8)我感到容易衰弱和疲乏(乏力)。

(9)我觉得心平气和,并且容易安静坐着(静坐不能)。

(10)我觉得心跳得很快(心悸)。

(11)我因为一阵阵头晕而苦恼(头晕)。

(12)我有晕倒发作或觉得要晕倒似的(晕厥感)。

(13)我呼气、吸气都感到很困难(呼吸困难)。

(14)我手脚麻木和刺痛(手足刺痛)。

(15)我因为胃痛和消化不良而苦恼(胃痛和消化不良)。

(16)我常常要小便(尿意频数)。

(17)我的手脚常常是干燥温暖的(多汗)。

(18)我脸红发热(面部潮红)。

(19)我容易入睡,并且一夜睡得很好(睡眠障碍)。

(20)我做噩梦(噩梦)。

2.结果分析方法

SAS主要统计指标是总分。20个项目得分相加,即粗分(X),再用粗分乘以1.25以后取整数部分,就得到标准分(Y)。按照中国常模结果,总粗分的正常上限为40

分，标准分为50分。标准分50～59为轻度焦虑，60～69为中度焦虑，70～79为重度焦虑。请看下面的案例：

孙某，女性，25岁，研究生。自行前来求助。自我陈述：前几天去一个招聘单位面试。面试前，跟平常相比，没什么异常。面试官叫到我时，突然就觉得手软腿瘫。自我介绍时，第一句话“我叫×××，毕业于××高校”说完后，突然卡壳了，大脑一片空白。我都能感觉到那时自己的额头在滴汗，心慌得厉害。出去后，心还是在猛烈地扑通扑通跳，感受特别强烈。大大小小的面试，也经历不少了，从未这么糗过。我突然想起来，以前也是这种情况，只要是遇到比我年长，或是某一方面权威的男性，我都会无法自制地紧张起来，不知道怎么说话，有个词真是好，真是手足无措。只是不如这次感觉那么强烈。非常困扰。心理测验：SAS标准分55。

从上面的案例可以看到，来访者“突然觉得手软腿瘫，大脑一片空白，心慌得厉害，出去后，心还是在扑通扑通跳”，主要表现出紧张、焦虑的主导症状，因此对来访者进行SAS测量，标准分为55分，介于50～59轻度焦虑的范围内，属于轻度焦虑。

（三）运用抑郁自评量表（SDS）进行定量诊断

1.项目和评定标准

SDS共包含20个项目，按症状出现的频度分4级评分：

1表示没有或很少时间有；

2是小部分时间有；

3是相当多时间有；

4是绝大部分或全部时间都有。

若为正向评分题，依次评为粗分1、2、3、4分；若为反向评分题（下文中有▲号者）则评为4、3、2、1分。

SDS每条文字及所希望引出的症状如下：

（1）我觉得闷闷不乐，情绪低沉（忧郁）。

▲（2）我觉得一天中早晨最好（晨重夜轻）。

（3）我一阵阵哭出来或觉得想哭（易哭）。

（4）我晚上睡眠不好（睡眠障碍）。

▲（5）我吃得跟平常一样多（食欲减退）。

▲（6）我与异性密切接触时和以往一样感到愉快（性兴趣减退）。

（7）我发觉我的体重在下降（体重减轻）。

（8）我有便秘的苦恼（便秘）。

(9)心跳比平常快(心悸)。

(10)我无缘无故地感到疲乏(易倦)。

▲(11)我的头脑和平常一样清楚(思考困难)。

▲(12)我觉得经常做的事情并没有困难(能力减退)。

(13)我觉得不安而平静不下来(不安)。

▲(14)我对未来抱有希望(绝望)。

(15)我比平常容易生气激动(易激惹)。

▲(16)我觉得做出决定是容易的(决断困难)。

▲(17)我觉得自己是个有用的人,有人需要我(无用感)。

▲(18)我的生活过得很有意思(生活空虚感)。

(19)我认为如果我死了,别人会生活得更好(无价值感)。

▲(20)平常感兴趣的事我仍然感兴趣(兴趣丧失)。

2.结果分析

SDS分析方法简单,主要统计指标是总分,但要经过一次转换。评定结束以后,把20个项目中的各项分数相加,即得到总粗分,然后将粗分乘以1.25以后取整数部分,就得到标准分。按照中国常模结果,SDS总粗分的分界值为41分,标准分为53分。通常标准分为53~62为轻度抑郁,63~72为中度抑郁,73分以上为重度抑郁。对SDS量表在心理诊断中的作用,请看下面的案例:

来访者,范某,男性,32岁,某公司部门职员,本科学历,未婚。很郁闷的是,我对女主管有了好感,可她已经结婚了,孩子也都3岁了。我对自己说,不要去想她,你们是不可能有结果的。但我想每天都见到她,你知道吗?她的脸庞,她的笑声,晚上睡觉脑袋里全是她,失眠自然常有了。我觉得自己快疯了。我现在整个人真是彻底一行尸走肉,上班注意力集中不了,坐在办公桌前,能发半晌的呆,不想理人。这么活着真不如死了。

来访者主要表现出抑郁症状,为了确定来访者抑郁程度,对其进行了SDS测量。结果SDS总粗分49,标准分58,为轻度抑郁。

从这个案例可以看到,SDS抑郁测量从量化角度为咨询师确定来访者抑郁症状的程度提供了清晰的证据。

3.注意事项

评定表格由评定对象自行填写,在自评者评定以前,一定要让他把整个量表的填写方法及每条问题的含义都弄明白,然后做出独立的、不受任何人影响的自我评定;评定的时间范围是自评者过去一周的实际感觉;如果评定者的文化程度太低,不能理解或看不懂SDS问题的内容，可由工作人员念给他听，逐条念，让评定者独自做出评定；评定时，应让自评者理解反向评分的各题，SDS有10项反向项目，如不能理解会直接影响统计结果。评定结束时，工作人员应仔细检查一下评定结果，应提醒自评者不要漏评某一项，也不要在相同一个项目上打两个钩（重复评定）；SDS主要适用于具有抑郁症状的成年人，它对心理咨询门诊及精神科门诊或住院精神病人均可使用。对严重阻滞症状的抑郁病人，评定有困难。

（四）采用16PF量表进行定量诊断

1.16PF的相关知识

16PF主要用于团体测量，也可以个别进行测量。测验时，每个被试者一本试题、一份答卷纸，没有时间限制，但被试者应以直觉性的反应，依次作答，无须迟疑不决，拖延时间。凡是有相当于初中以上文化程度的青、壮年和老年人都可以适用。

16PF测验中的每一测题有三个可供选择的答案（A、B、C），答卷纸上相应地附有三个方格，请被试者将所选择的答案以“x”为符号，填到相应的方格内，如果选择“a”答案，就在第一个方格内划一“x”；选择“b”答案，就在第二个方格内划一“x”；选择“c”答案，就在第三个方格内划一“x”。按此规则，对答卷纸上方的四个“例题”进行练习。

第一，每一测题只能选择一个答案；

第二，不可漏掉任何测题；

第三，尽量不选择中性答案；

第四，有些题目被试者可能从未思考过，或者感到不大容易回答，对这样的题目，同样要求被试者做出一种倾向性的选择。

测验的记分也有相应的规定。每一测题有A、B、C三个答案，可得0、1或2分。聪慧性（因素B）量表的题目有正确答案，每题答对得1分，答错得0分。测验一般用模板记分，模板有两张，每张可为8个量表记分。未记分前，应先检查答案有无明显错误及遗漏，若遗漏太多或有明显错误，则必须重测以求真实可信。

使用记分模板只能得到各个量表的原始分数，尚需要通过查常模表将其换算成标准分数（标准10分），然后按各量表标准10分在剖析图上找到相应圆点，将各点连接成曲线，即可得到被试者的人格剖析图。

2.次元人格因素的计算

16PF有些次元人格因素可以进行计算，通常包括以下一些计算。

(1)适应与焦虑性

适应与焦虑性=（38+2L+3O+4Q4−2C−2H−2Q3）÷10

低分者生活适应顺利,通常感觉心满意足,但极端低分者可能缺乏毅力,事事知难而退,不肯奋斗努力。高分者通常易于激动、焦虑,对于自己的境遇常常感觉不满意,高度的焦虑不但降低工作的效率,而且也会影响身体的健康。

(2)内向与外向性

内向与外向性=(2A+3E+4F+5H−2Q2−11)÷10

低分者内向,通常羞怯而审慎,与人相处多拘谨不自然。高分者外向,通常善于交际,不拘小节,不受拘束。

(3)感情用事与安详机警性

感情用事与安详机警性=(77+2C+2E+2F+2N−4A−6I−2M)÷10

低分者情绪多困扰不安,通常感觉挫折气馁,遇到问题亦经反复考虑才能决定,但平时较为含蓄敏感,温文尔雅,讲究生活艺术。高分者安详机警,果断刚毅,有进取精神,但常常过分现实,忽视了许多生活的情趣。遇到困难,有时不经考虑,不计后果,便贸然行事。

(4)怯懦与果断性

怯懦与果断性=(4E+3M+4Q1+4Q2−3A−2G)÷10

低分者常常人云亦云,优柔寡断,受人驱使而不能独立,依赖性强,因而事事迁就,以获得别人的欢心。高分者独立、果断、锋芒毕露、有魄力,常常主动寻找可施展所长的环境或机会,以充分表现自己的独创精神。

(5)心理健康者的人格因素

心理健康者的人格因素=C+F+(11—O)+(11—Q4)

心理健康标准分通常介于0~40分之间,均值为22分。一般不及12分者情绪颇不稳定,仅占人数的10%。担任艰巨工作的人都应有较高的心理健康标准分。

(6)从事专业而有成就者的人格因素

从事专业而有成就者的人格因素=2Q3+2G+2C+E+N+Q2+Q1

总分可介于1~100之间,平均为55分,67分以上应有其成就。

(7)创造力强者的人格因素

创造力强者的人格因素=2(11−A)+2B+E+2(11−F)+H+2I+M+(11−N)+Q1+2Q2

总分可介于15~150之间,分数在88分以上者属于创造力强者范围,应有其成就。

(8)在新的环境中有成长能力者的人格因素

在新的环境中有成长能力者的人格因素=B+G+Q3+(11−F)

总分可介于4~40分之间,均值为22分,不足17分者仅占人数的10%左右,从事专业或训练成功的可能性极小。27分以上者，则有成功的希望。

3.16个因素的名称和高分、低分人格特征

因素A——乐群性：高分者外向、热情、乐群，术语称环性情感或高情感；低分者缄默、孤独、冷淡，术语称分裂情感。

因素B——聪慧性：高分者聪明、富有才识、善于抽象思维，术语称高8；低分者思想迟钝、学识浅薄、抽象思维能力弱，术语称低3。

因素C——稳定性：高分者热情、稳定、成熟，能面对现实，术语称高自我力量；低分者情绪激动，易生烦恼，术语称低自我力量。

因素E——持强性：高分者好强、固执、独立、积极，术语称支配性；低分者谦逊、顺从、通融、恭顺，术语称顺从性。

因素F——兴奋性：高分者轻松兴奋、随遇而安，术语称澎湃激荡；低分者严肃、审慎、冷静、寡言，术语称平静。

因素G——有恒性：高分者有恒负责、做事尽职，术语称高超我；低分者苟且敷衍，缺乏奉公守法精神，术语称低超我。

因素H——敢为性：高分者冒险敢为、少有顾虑，术语称交感免疫性；低分者畏怯退缩，缺乏自信，术语称威胁反应性。

因素I——敏感性：高分者敏感、感情用事，术语称娇养性情绪过敏；低分者理智、着重现实、自食其力，术语称积极度现实感。

因素L——怀疑性：高分者怀疑、刚愎、固执己见，术语称投射紧张；低分者信赖随和、易与人相处，术语称放松。

因素M——幻想性：高分者幻想、狂放任性，术语称我向性或自向性；低分者现实、合乎成规、力求完善合理，术语称实际性。

因素N——世故性：高分者精明能干、世故，术语称机灵性；低分者坦白、直率、天真，术语称朴实性。

因素O——忧虑性：高分者忧虑抑郁、烦恼自扰，术语称易于内疚；低分者安详、沉着，通常有自信心，术语称信念把握。

因素Q_1——实验性：高分者自由、激进，不拘泥于现实，术语称激进性；低分者保守，尊重传统观念与道德准则，术语称保守性。

因素Q_2——独立性：高分者自立自强、当机立断，术语称自给自足；低分者依赖、随群、附和，术语称团体依附。

因素Q_3——自律性：高分者知己知彼、自律严谨，术语称高自我概念；低分者矛盾冲突、不顾大体，术语称低整合性。

因素Q_4——紧张性:高分者紧张困扰、激动挣扎,术语称高能量紧张,低分者心平气和、闲散宁静,术语称低能量紧张。

在运用16PF进行定量诊断时,也要注意一些问题,如测试过程中必须使用经协作组修订过的卡氏16种人格因素问题和答卷纸,改变任一测题所规定的语句,或者超出允许的范围给予被试者帮助,都是不允许的,要按手册规定的程序和方式实施。确保被试者每一测题只选择一个答案,没有遗漏任何测题,尽量不选择中性答案,并使用统一的指导语和严格遵守时间的限制等等。

(五)运用艾森克人格问卷进行定量诊断

EPQ最早是由艾森克(Eysenck)于1952年在伦敦编制,目前在国际上的应用也十分广泛。EPQ的成人和幼年问卷包括P、E、N、L四个量表,各量表又分别包括不同数目的项目。每一个项目只要求被试者回答一个"是"或"不是"。一定要作回答,而且只能回答是或否。发卷后向被试说明方法,然后由被试逐条回答,这是纸笔测验的一种。可以个别进行,也可以团体施测。每一项目都规定了答"是"或"不是"。如果规定答"是",某人在此划了钩便计1分,如果划了"不是"便不记分;同理,如果规定答"不是",在划了"不是"处计1分,划了"是"则不计分。最后根据被试者在各量表上获得的总粗分,按年龄和性别常模换算成标准T分,根据T分就可分析被试的个性特点。在四个方面,得分不同其解释也不同:

E(内向—外向):分数高表示人格外向,可能是好交际,渴望刺激和冒险,情感冲动。分数低表示人格内向,可能是好静,富于内省,除了亲密的朋友之外,对一般人缄默冷淡,不喜欢刺激,喜欢有秩序的生活方式,情绪比较稳定。

N(神经质):反映的是正常行为,并非指神经症。分数高者常常焦虑、担忧、郁郁不乐、忧心忡忡,遇到刺激有强烈的情绪反应,以至出现不够理智的行为。分数低者反应缓慢且轻微,很容易恢复平静,他们通常是稳重、性情温和、善于自我控制。

P(精神质):并非暗指精神病,它在所有人身上都存在,只是程度不同。高分者是孤独、不关心他人,难以适应外部环境,不近人情,感觉迟钝,与他人不友好,喜欢寻衅滋扰,喜欢干奇特的事情,并且不顾危险。低分者能与人相处,能较好地适应环境,态度温和、不粗暴、善从人意。

L(掩饰性):高分者掩饰性强,低分者掩饰性弱。

请看以下运用EPQ测验对来访者的人格特点进行评定的案例。

求助者,女性,26岁,未婚,本科,公务员。求助者是一名公务员,平时做事谨小慎微,缺乏安全感,疑心较重。

对求助者进行EPQ测验,结果T分:P 41,E 33,N 66,L 40。

根据常模标准，T分高于61.5或低于38都属于典型型；T分在38.5~43.3或者56.7~61.5为倾向型；T分在43.3~56.7之间为中间型。

从上面的案例可以看到，来访者N属于典型型，E属于典型型，而P和L两者都属于倾向型。结合E和N的得分关系，可以知道来访者属于黏液质气质。针对每个分量表而言，来访者E(内向—外向)分数低表示人格内向，可能好静，富于内省，不喜欢刺激，喜欢有秩序的生活方式，情绪比较稳定。同时，来访者N(神经质)分数高，表示常常焦虑、担忧、郁郁不乐、忧心忡忡，遇到刺激有强烈的情绪反应，以至出现不够理智的行为。来访者P(精神质)分数较低，表明能与人相处，能较好地适应环境，态度温和、不粗暴、善从人意。来访者L(掩饰性)分数较低，表明掩饰性较弱。从这个案例可以看到，EPQ测量为咨询师的诊断提供了丰富的信息和有力的证据。

在运用EPQ在进行定量诊断时，每一项目只要求被试者回答一个"是"或"否"。一定要作一回答，而且只能回答是或否，不要遗漏对任何一题的回答，并且也要注意在问卷上印有指导语，在实施时必须让被试者读懂指导语。

(六)运用MMPI进行定量诊断

1.明尼苏达多相人格调查表的相关知识

明尼苏达多相人格调查表(简称MMPI)中含有550个题目，临床常用其中399个题。测验分为14个分量表，其中4个校正量表，10个临床量表。

施测MMPI有两种主要形式：第一种为卡片式，即将测验题目分别印在小卡片上，让被试者根据自己的情况，将卡片分别投入贴有"是""否"及"无法回答"标签的盒内；第二种为手册式，通常都是分题目手册和回答纸，让被试者根据题目手册按自己的情况在答案纸上逐条回答。如果被试者比较慌乱，不能按指导语要求去做，可以由固定一个人将题目读给被试者听，并由主试者记录反应，这样结果会更有效。

卡片式适用于个别施测，手册式既可个别施测，也可团体施测。

在进行测验前，主试者必须熟悉测验的全部材料，了解被试者的情况。进行测验的房间在亮度与温度方面要适当，并且尽可能地安静。在开始测验时，首先要把问卷封面的指导语读给被试者听，并说明做完全部测验大约需要多少时间。测验开始后，主试者要看一下每个被试者是否在答案纸上把姓名、性别、住址等项填写好，所答题目号数与答卷上的题号是否符合等等。

明尼苏达多相人格调查表的记分方法有两种：一种是微电脑记分，将特制的回答纸放入光电阅读器内，结果便计算出来；另一种是模版记分，需借助14张模版，每张模版上均有一定数量的相应的记分圆洞。具体步骤如下：

第一，将回答纸上被试在同一题目上划上两种答案的题号用颜色笔划去，与无法回答的题数相加,作为Q量表的原始分数。如果566题版本原始分数超过30分,或399题版本原始分超过22分,则答卷无效。

第二,将每个量表的模版依次覆盖在回答纸上,数好模版上有多少个圆洞里画上了记号,这个数目就是此量表的原始分数,然后登记在答卷纸上此量表的原始分数栏内。

第三,在下列5个量表的原始分数上分别加上一定比例的K分:Hs+0.5K、Pd+0.4K,Pt+1.0K、Sc+1.0K、Ma+0.2K。

第四,由于每个量表的题目数量不同,各量表的原始分数无法比较,因此需要换算成T分数。转换分数的方法采用如下公式:

$$T=50+10(X-\bar{x})/SD$$

式中X表示某一被试者在某一量表上所得的原始分数,$\bar{x}$表示被试者所在样本组原始分数的平均数,SD表示该样本组原始分数的标准差。在测验说明书中附有换算表,可通过查表将原始分数直接换算成T分数。

第五,根据公式计算的结果,如果T分在60分以上,便是心理有病理性异常或者某种心理偏离现象。

第六,将各量表的T分数登记在剖析图上,形成人格特征的剖析图。

2.各分量表的解释

(1)疑病(Hs):共33个题目,它反映被试者对身体功能的不正常关心。得分高者即使身体无病,也总是觉得身体欠佳,表现疑病倾向。量表Hs得分高的精神科患者,往往有疑病、神经衰弱、抑郁等临床诊断。

(2)抑郁(D):共60个题目。它与忧郁、淡漠、悲观、思想与行动缓慢有关,分数太高可能会自杀。得分高者常被诊断为抑郁性神经症和抑郁症。

(3)癔症(Hy):共60个题目,评估用转换反应来对待压力或解决矛盾。得分高者多表现为依赖、天真、外露、幼稚及自我陶醉,并缺乏自知力。若是精神科患者,往往被诊断为癔症(转换性癔症)。

(4)病态人格(Pd):共50个题目,可反映被试者性格的偏离。高分数的人脱离一般的社会道德规范,蔑视社会习俗,常有复仇攻击观念,并不能从惩罚中吸取教训。在精神科的患者中,多诊断为人格异常,包括反社会人格和被动攻击性人格。

(5)男子气—女子气(Mf):共60个题目,主要反映性别色彩。高分数的男人表现敏感、爱美、被动、女性化,他们缺乏对异性的追求。高得分的妇女被看作男性化、粗鲁、好攻击、自信、缺乏情感、不敏感。在极端的高分情况下,则应考虑有同性恋倾向和同性恋行为。

(6)偏执(Pa):共40个题目,高分提示具有多疑、孤独、烦恼及过分敏感等性格特征。如T超过70分则可能存在偏执妄想，尤其是合并F、Sc量表后分数升高者。极端的高分者被诊断为精神分裂症偏执型和偏执性精神病。

(7)精神衰弱(Pt)：共48个题目，高分数者表现紧张、焦虑、反复思考、强迫思维、恐怖以及内疚感，他们经常自责、自罪，感到不如人和不安。Pt量表与D和Hs量表同时升高则是一个神经症测图。

(8)精神分裂症(Sc)：78个题目，高分者常表现异乎寻常的或分裂的生活方式，如不恰当的情感反应、少语、特殊姿势、怪异行为、行为退缩与情感脆弱。极高的分数(T>80)者可表现妄想、幻觉、人格解体等精神症状及行为异常。几乎所有的精神分裂症患者的T得分都有80～90，如只有Sc量表分高而无F量表T分升高，常提示为类分裂性人格。

(9)轻躁狂(Ma)：46个题目，高得分者常为联想过多过快、活动过多、观念飘忽、夸大而情绪高昂、情感多变。极高的分数者，可能表现情绪紊乱、反复无常、行为冲动，也可能有妄想。量表Ma得分极高(T>90)可考虑为躁郁症的躁狂相。

(10)社会内向(Si)：70个题目，高分数者表现内向、胆小、退缩、不善交际、屈服、过分自我控制、紧张、固执及自罪。低分数者表现外向、爱交际、富于表情、好攻击、健谈、冲动、不受拘束、任性、做作，在社会关系中不真诚。

(11)疑问(Q)：对问题毫无反应及对“是”和“否”都进行反应的项目总数，或称“无回答”的得分。高得分者表示逃避现实，若在前399题中原始分超过22分，则提示临床量表不可信。

(12)说谎(L)：共15个题目，是追求过分尽善尽美的回答。高得分者总想让别人把他看得要比实际情况更好，他们连每个人都具有的细小短处也不承认。L量表原始分超过10分时，就不能信任MMPI的结果。

(13)诈病(F)：共64个题目，多为一些比较古怪或荒唐的内容。分数高表示受试者不认真、理解错误，表现出一组互相无关的症状，或在伪装疾病。如果测验有效，F量表是精神病程度的良好指标，其得分越高暗示精神病程度越重。

(14)校正(K)：共30个题目，是对测验态度的一种衡量，其目的有两个：一是为了判别被试者接受测验的态度是不是隐瞒或是防卫的；二是根据这个量表修正临床量表的得分，即在几个临床量表上分别加上一定比例的K分。

对明尼苏达多相人格调查表的运用，请看下面的案例：

对求助者进行了MMPI测验，结果如下：

量表	Q	L	F	K	Hs	D	Hy	Pd	Mf	Pa	Pt	Sc	Ma	Si
原始分	11	5	21	10	15	35	26	24	26	18	24	31	18	43
K校正分					?			?			?	?	?	
T分	50	47	60	43	59	68	57	58	46	63	55	56	47	62

从上面MMPI测验结果可以看到:来访者的Q(11)原始分数低于22分,说明测验有效。同时F诈病量表的T分数达到了60分,说明来访者的精神症状严重。进一步具体分析发现来访者的抑郁量表D的T分数超过60分,Pa的T分数也超过60分,Si的T分数也超过60分,说明来访者在这些分量表上具有明显的症状。通过MMPI测验结果,咨询师就可以从量上进一步把握来访者的心理问题及反应。

用该量表进行定量诊断时要注意若干问题。第一,测验之前,一定要让被试者知道这个测验的重要性以及对他的好处,以便得到他的合作。第二,应该向被试者讲清楚,如果他遇到什么问题不能回答,可以空下来,但应尽量回答,不要让空着的问题太多。第三,要告诉被试者不要对每个问题做过多的考虑,个性各有不同,对每个问题的回答无所谓正确与不正确,好与不好,完全不必有任何顾虑。第四,如果被试问道,有些想法以前有过,而现在没有了,该如何回答,可以告诉他以目前情况为准。第五,填答此调查表是个需要长时间而又枯燥的任务,如果一个人焦虑或情绪不稳定,经常表现出对完成这个任务的不耐烦,这时,可将测验分成几次完成。

(七)运用韦氏智力测验进行定量诊断

1.韦氏测验的相关知识

求诊者有智力问题和记忆障碍可采用韦氏测验进行定量诊断。

进行成人测验时,一般按先言语测验后操作测验的顺序进行,但在特殊情况下可适当改变,如遇言语障碍或情绪紧张、怕失面子的被试者,不妨先做一两个操作测验,或从比较容易做好的项目开始。测验通常都是一次做完,对于容易疲劳或动作缓慢的被试者也可分次完成。

在每个分测验中,题目都是按难度顺序排列的。算术、图片排列、木块图案、物体拼凑,数字符号有时间限制,另一些测验不限制时间,应让被试者有适当时间来回答。

对有时间限制的项目,以反应的速度和正确性作为评分的依据,超过规定时间即使通过也记0分,提前完成的按提前时间的长短记奖励分。不限时间的项目,则按反应的质量给予不同的分数,有的项目通过时记1分,未通过记0分;有的项目按回答的质量,如概括的深度记0、1或2分。

一个分测验中的各项目得分相加,为测验的粗分。粗分按手册上相应用表可转化为平均数为10,标准差为3的量表分。

2.韦氏测验的主要内容与功能

(1)知识:主要测量人的知识广度、一般学习能力和接受能力、对材料的记忆及对日常事物的认识能力。

(2)领悟:主要测量判断能力、运用实际知识解决新问题的能力以及一般知识。

(3)算术:主要测量数学计算的推理能力及主动注意的能力。

(4)相似性:主要测验逻辑思维能力、抽象思维能力与概括能力。

(5)数字广度:主要测验人的注意能力和短时记忆能力。

(6)词汇:包括40个词汇,按难度排列,要求被试者解释。言语能力较差的被试从第1题开始做,一般被试者从第4题开始。被试者若连续5个词解释不出则不再继续进行。根据被试者回答的正确程度分别记0、1或2分。本测验主要测量人的言语理解能力,同时了解其知识范围和文化背景。

(7)数字符号:1~9诸数各有一规定符号,要求被试者按照这种对应的方式,迅速在每个数字下的空格内填上相应的符号。被试者从练习项目开始,正式测验限时90秒。填对时记1分,总分为90分。该测验主要测量一般的学习能力、知觉辨别能力和灵活性,以及动机强度等。

(8)图画填充:由21张卡片组成,每张卡片上的图画有一处缺笔,要求被试者能指出这个部位及名称。主要测量人的视觉辨认能力,以及视觉记忆与视觉理解能力。

(9)木块图:主试者呈现10张几何图案卡片,令被试者用4块或9块红白两色的正方体积木照样摆出来。主要测量辨认空间关系的能力、视觉结构的分析和综合能力,以及视觉—运动协调能力等。

(10)图片排列:测验材料为8组随机排列的图片,每组图片的内容有内在联系,要求被试者在规定的时间内排列成一个有意义的故事。主要测量被试的综合分析能力、观察因果关系的能力、社会计划性、预期力和幽默感等。

(11)图形拼凑:共有4套切割成若干块的图形板,主试者将零乱的拼板呈现给被试者,要求他们拼出一个完整的图形。主要测量处理局部与整体关系的能力、概括思维能力、知觉组织能力以及辨别能力。对韦氏智力量表在诊断工作中的运用,可以看下面的案例:

对求助者进行了WAIS-RC测验,结果如下:

	言语测验							操作测验							言语	操作	总分
	知识	领悟	算术	相似	数广	词汇	合计	数符	填图	积木	图排	拼图	合计				
原始分	23	17	9	17	8	55		66	13	40	24	31		量表分	58	62	120
量表分	13	10	7	11	6	11	58	15	10	13	11	13	62	智商	95	115	104

从上面案例可以看到,咨询师对来访者进行智力测验,发现来访者的算术(7)和数广(6)两个分测验比较低,而知识(13)、数符(15)、积木(13)、拼图(13)比较高。从总智商(104)来看,来访者智力处于平常水平,操作总智商较好(115),而言语总智商较弱(95)。通过这些分析,咨询师对来访者智力的状况有了比较清楚的了解,为进一

步诊断提供了重要的量化证据。

在运用韦氏量表进行定量诊断时,也要注意若干事项。首先,在操作量表时,必须要按标准程序进行。其次,主试者必须受过个别和团体测验的训练,掌握了本量表的测验技术、提问技术、鼓励回答的技巧、书写回答格式、记分方法、记分标准、原始分换算标准的方法、计算智商的方法、对结果做解释等。再次,测验时间要选择恰当,这是与被试者建立良好协调关系所必需的。被试者应处于精力充沛,身体舒适,没有急事的时候来接受测验。然后,主试者应努力取得被试者的合作,尽量使他们保持对测验的兴趣,用如下一些鼓励之词往往是有效的,如:“好”“这不花你许多时间吧!”“这里还有另一些不同方式的”“我想你一定会感兴趣”,但不说“对”“不错”或“再来试试看”等。最后,有些项目无时限,但不是让被试者任意延长。如果肯定被试者已经无回答了,再延长时间也没有意义,这时便进行下一项目。一般来说可以有10秒或15秒钟考虑回答的时间。另外,运用智力量表进行定量诊断时,一定要注意,通常情况下不选用智力量表。除非来访者有异样表现,可能与智力障碍有关时,才考虑智力量表的使用。

三、定量诊断的注意事项

(1)掌握各种常用心理测验的特点,有针对性地选择使用,避免拉网式地测查。熟知各种测验的使用程序、使用条件、使用对象是咨询师进行定量诊断的必备条件,同时咨询师还要能够处理在测验中发生的例外情况,有针对性地选择使用心理测验。

(2)对心理测量结果的解释要慎重地做出,并密切结合来访者的实际情况合理地进行解释。由此在对心理问题进行定量诊断时,既要重视测量分数,但又不能以分数为定量诊断的唯一依据,还要结合来访者各方面的具体情况进行诊断。

第十二章

精神病及人格障碍的诊断

人格障碍由于咨询和治疗的效果不明显，所以常被看成心理异常中的一个比较独立的类别。精神病通常缺乏自知力、痛苦感和主动求医行为，也不纳入心理咨询和治疗的范畴。对这两大类心理问题的了解，主要是为了在临床工作中排除诊断。因此，在本章中把这两方面的知识综合起来讨论。

第一节　人格障碍的诊断

人格障碍是指人格特征显著偏离正常,使患者形成了特有的行为模式,对环境适应不良,明显影响其社会和职业功能,或者患者自己感到精神痛苦。人格障碍通常开始于童年或青年,并一直持续到成年或终生。人格障碍又称变态人格、人格异常、病态人格。在严重躯体疾病与伤残、脑器质性疾病、精神疾病或严重精神刺激之后发生人格特征的偏离,不单独诊断为人格障碍。某种精神疾病的人格改变,如人格特征的偏离不影响患者的社交或职业功能,或患者自己不感到痛苦,也不诊断为人格障碍。

人格障碍的特征多种多样,但它应该有以下共同点:①一般从青少年时期开始;②人格严重偏离正常,不协调,性格的某些方面过分发展,不符合社会规范;③人格障碍一旦形成后很难纠正,不易改变,药物治疗无效,常持续终身,部分到晚年可渐趋缓和;④对社会适应不良,常贻害周围或自己受苦;⑤对人格障碍缺乏自知力,因此不能从过去经验中吸取教训,认识不到自己的缺陷,不能自我纠正。人格障碍的患者往往将自己遇到的困难或不良处境均归咎于他人的过错或命运,常以自己的利益压倒一切,而丝毫不顾他人的利益。把猜疑、仇视和顽固的看法带到所到之处,对带给他人和社会的伤害丝毫没有内疚感和罪恶感,对自己的异常行为不但毫无认识或无悔改之意,而且往往还自以为是地辩解。

一、人格障碍产生的主要原因

人格障碍形成的原因比较复杂,生物、心理、社会环境等方面因素都会对人格的形成产生影响。目前一般认为,人格障碍是在大脑先天性缺陷的基础上,遭受环境有害因素的影响,特别是心理-社会因素的影响形成的。

(一)遗传因素与脑发育因素的影响

已有的遗传研究表明,人格障碍在家庭成员中的发生率与血缘关系成正比。血缘关系越近,发生率越高。有学者研究发现,人格障碍者的父母亲脑电图中的异常率较高。在孪生子和寄养子的研究中也证实,人格障碍有明显的遗传倾向。根据对人格障碍者的家谱调查、双生子调查以及染色体调查认为遗传与人格障碍有关,而神经系统疾病如脑炎、颞叶癫痫及脑外伤等可为促发因素。有学者发现,性染色体的异常者往往伴有人格障碍。人格障碍的发生与中枢神经系统发育障碍所致的智力低下和情绪控制不良有关。怀孕期母亲营养不良、中毒或感染等因素均可影响胎儿的中枢神经系统。胎儿在分娩时脑部损伤,低体重及出生后1年内营养缺乏,感染等,均会对大脑的正常发育带来明显影响。这些因素均可使患者的智力发育受阻,影响患者的智力,并影响正常人格的形成。有研究者发现,人格障碍患者的脑电图有成熟延迟现象,这些均提示生物因素是形成人格障碍的原因之一,但可能不是主要的。

(二)童年期精神创伤和不合理教养因素的影响

人格障碍所表现出来的异常行为和异常的情绪反应均是在成长过程中通过观察和模仿学得的。童年期的精神创伤(如双亲离异、被遗弃、虐待、家庭不和睦、双亲中有人犯罪)和不合理的家庭教育等,在人格障碍的形成上有非常重要的作用。人格障碍的形成与诸多因素有关,这些因素可能综合地起作用。婴幼儿时期母爱剥夺、父母离婚、家庭感情破裂、长辈过分溺爱、不合理的教育常是人格障碍形成的重要原因。有些家长酗酒、违法乱纪、道德败坏,常给孩子的幼小心灵以严重的影响,对孩子的个性发展带来巨大危害。儿童时期的不合理教养也可导致人格的病态发展。儿童大脑有很大的可塑性,一些不良倾向经过正常的教育可以消除,如果家长听之任之不加管教,发展下去就可出现行为障碍。父母对孩子的教育方式和态度直接对孩子产生影响。比如,曾发现有的母亲无意识地放任孩子说谎、做坏事导致孩子后来人格的不稳定和混乱。

(三)社会环境因素的影响

人格障碍可能与社会环境的诸多因素有关。如社会环境中家庭结构不稳定,离婚率高,弃婴私生子多,犯罪案件上升,社会风气恶劣,黄色书刊及色情影视泛滥都对人格发展有着直接的影响。可见,社会环境对人格发展的影响具有举足轻重的作用。

总之,人格障碍的形成有多方面的原因,它们可能综合地起着作用。个体人格一旦形成,往往具有一定的稳定性,要改变并非易事。尽管人格障碍的治疗很困难,但是通过加强自我调节和进行各种治疗,人格障碍可以在一定程度上得到纠正。

二、人格障碍的主要类型

(一)反社会型人格障碍

1.反社会型人格障碍形成的主要原因

早年丧父丧母或双亲离异、养子、先天体质异常、恶劣的社会环境、家庭环境和不合理的社会制度以及中枢神经系统发育不成熟等因素都可能导致反社会型人格。一般认为,家庭破裂、儿童被父母抛弃和受到忽视、从小缺乏父母亲在生活上和情感上的照顾和爱护,是反社会型人格形成和发展的主要社会因素。儿童被父母抛弃和受到忽视包括两种含义:其一,父母对孩子冷淡,情感上疏远,这使儿童发展人与人之间的温顺、热情和亲密无间的关系受到阻碍。儿童虽然形式上学习到了社会生活的某些要求,但对他人的共情得不到应有的发展。共情是理解他人以及分担他人心情的能力,或从思想情感上把自己纳入他人心境的能力。其二,是指父母的行为或父母对孩子的要求缺乏一致性。父母表现得朝三暮四,喜恶、赏罚无定规,使得孩子无所适从。由于经常缺乏可效仿的榜样,儿童就不可能发展出明确的自我同一性。反社会型人格障碍患者对坏人和对同伙的引诱缺乏抵抗力、对过错缺乏内疚感,这都是由于他人赏罚的不一致性、本人善恶价值的判断自相矛盾所造成的。他们的冲动性和无法自制某些意愿及欲望的特点都是由于家庭成员对自己的行为无原则、不道德、缺乏自制等恶劣榜样造成的。可见,反社会型人格的情绪不稳定、不负责任、撒谎欺骗但又无动于衷的行为都与家庭、社会环境有重要关系。

2.反社会型人格障碍的表现

Cleckley列出了反社会人格的16项特点,这些特点主要是:(1)肤浅的乐趣和良好的智力;(2)缺乏妄想和其他不合理思维的证据;(3)没有神经质和神经症表现;(4)不可信赖;(5)不真诚和不坦率;(6)缺乏羞耻心与真正的后悔;(7)动机不纯的违法行为;(8)无道德心,对善恶缺乏正确的判断力;(9)病态的利己主义和冷淡无情;(10)情感反应普遍贫乏;(11)特殊的内省力缺乏;(12)不通人情,对人际关系不负责任;(13)爱幻想但不切合现实;(14)很少真正有自杀行为;(15)性生活反常或紊乱;(16)不能按计划办事。反社会人格患者人格畸形发展,最终成为典型的反社会型人格。反社会人格障碍主要表现出反社会倾向,因此在看守所、教养所、工读学校、监狱或劳教所等犯罪违法者中反社会型人格障碍者占有较高的比例。由于患者对自己不正常的人格缺乏自知力,因此不能从过去的社会生活经验中吸取教训。有的患者虽存有部分自知力,但因其自尊心强,知、情、意三者不协调,虽已认识到自己的行为不正常且知道应如何去做,但仍不能以正确的认识来指导行动;患者由于学习效率和工作效率低下,在碰到困难或处于逆境时往往强词夺理或推诿于客观,故有精神刺激时易发生癔症或反应状态。

反社会型人格障碍形成后不易缓解,往往在少年后期或青年前期达到高峰,随年龄增长反社会行为逐渐减少。这类人在幼年往往有学习成绩不良,逃学,被开除,漫游,反复饮酒,性放荡,说谎,破坏公物,偷窃,违纪,对抗长者,攻击人等表现。成长后情感肤浅而冷酷,脾气暴躁,自我控制不良,对人不坦率,缺乏责任感,与他人格格不入;法纪观念较差,行为受本能欲望、偶然动机和情感冲动所驱使,具有高度的冲动性和攻击性。自私自利,自我评价高,狂热行为;对挫折的耐受力差,常提出一些似是而非的理由为自己的犯错开脱,或引起反应状态;缺乏计划性和目的性,缺乏良知,对自己的人格缺陷缺乏知觉,缺乏悔恨感与羞惭,不能吸取经验教训;易进行多种形式的犯罪,趋向酒精滥用。此类人一般不情愿寻求医生帮助,因此门诊极为少见。他们往往因违反社会法纪而被监禁或投入劳教。有时他们被迫来就诊,大多表现紧张、抑郁,认为周围对他歧视,遭人憎恨。这种认识和情绪状态可迁延下去,甚至到年长违纪行为减少时亦如此。他们与家庭、朋友、配偶不能保持长久、亲密而忠实的关系。两性关系混乱,经常更换婚姻关系,对子女不闻不问。

3. 反社会型人格障碍的诊断

反社会型人格障碍与癔症型人格障碍有较多重叠,它们均具有情理肤浅、情结不稳定、高度利己主义等特点(Lion,1980)。近年来反社会人格、癔症人格和癔症三者间的关系引起精神病学家和人类学家的关注。Robins(1966)发现行为指导所咨询的反社会人格女孩到成年时诊断为癔症。Guze等(1971)报告相当多的癔症患者个人史中有反社会行为,其家族中也有较高的反社会行为或违纪行为。Guze(1920)注意到妇女癔症和社会病态之间高度相关。Careth –ers(1975)提出精神病态和癔症假说,他认为在同样基础上,男性发展为精神病态,妇女则以癔症为主。UlonfieN(1986)推断,癔症人格是基础并起媒介作用,男性发展为反社会人格,妇女则发展为癔症(Briquet综合征)。

反社会型人格障碍的诊断不难。受人称赞的几种诊断标准(Cleckley, 1964; Rimmer, 1980; Hare, 1980; DSM—III—R, 1980)项目太多,不易掌握。Mccord等(1956)的概括比较简洁,他指出这类人的特点是法纪观念较差,行动受原始欲望所驱使,具有高度的冲动性和攻击性,甚少感到羞惭,并且情感是歪曲的。Ziskind(1982)对社会病态提出五条诊断标准和五条排除指标。其中三项必需的标准是冲动性、不负责任、情感肤浅;排除指标包括五种疾病即精神发育迟滞、器质性脑综合征或脑损伤、精神分裂症、情感性精神病和神经症。这一诊断易于掌握,但有待进一步检验。

反社会型人格障碍的诊断要点可以归纳为六个方面:(1)情绪的暴发性,行为的冲动性;(2)对社会、对他人冷酷、仇视、缺乏好感和同情心;(3)缺乏责任感,缺乏羞愧悔改之心;(4)不顾社会道德法律准则和一般公认的行为规范,经常发生反社会言行;(5)不能从挫折与惩罚中吸取教训,缺乏焦虑感和罪恶感;(6)患者缺乏自知力或部分自知力。为加深对反社会型人格障碍的认识和理解,请看下面的案例:

某男,30岁,高中文化。9岁时父母离婚,母亲改嫁,由母亲抚养。小学时经常逃学,喜欢打架,欺负小同学。初中时经常和"哥们儿"在一起。在学校、街上勒索学生,得手之后就泡在游戏厅里。还经常向家人要钱,如果拿不到就会发脾气,甚至冲动乱砸东西,家人都拿他没办法。高中时由于勒索、群殴等严重违纪行为曾被留校察看。毕业后家里给他找过好几家工作单位,有些条件还很好,但是工作都没有超过三个月,就因为种种问题被解雇。对解雇他的人怀恨在心,曾几次扬言要打死他们。一天晚上在大街上用钢筋把一位经理刘某打成脑震荡,手臂骨折,并对负伤在地的刘某吐口水,撒尿,之后扬长而去。此后还多次因违法行为被拘留,每次都能很快承认错误,但会再犯。

从上面案例可以看到,该男子具有情绪的暴发性,行为的冲动性;对社会对他人冷酷、仇视、缺乏好感和同情心;缺乏责任感,缺乏羞愧悔改之心;不顾社会道德法律准则和一般公认的行为规范,经常发生反社会言行;不能从挫折与惩罚中吸取教训,缺乏焦虑感和罪恶感,具有部分自知力等症状,而且从小就开始表现出这些症状。所以该案例属于反社会型人格障碍类型。

(二)冲动型人格障碍

冲动型人格障碍又称暴发型或攻击型人格障碍。是一类具有进行某种行为的强烈欲望并付诸实施的精神障碍。由于发作过程有突发型,类似癫痫,故它又叫癫痫型人格。这种人往往在童年时就有所表现,往往因微小的事和精神刺激,就会突然爆发强烈的暴力行为,自己控制不住自己,从而造成破坏和伤害他人。这类障碍有多种形式,包括间歇性爆发障碍、纵火癖、偷窃癖、拔毛癖和病理性赌博等。纵火狂的患者有不能抑制放火的冲动,纵火时感到无比的满足和愉快,并在附近观看。偷窃狂的患者有不能抑制的、反复出现的偷窃冲动,偷窃的物品不一定价格昂贵,也非目前需要。患者往往将偷窃物品藏起来,或扔掉,或偷偷送还。病理性赌博以男性为多见,可能有阳性家族史。患者在童年时期可能有父母离异或双亡,或被遗弃等痛苦经历。单次暴发冲动指患者单次个别发作的,不能控制的冲动,其结果为有指向性的暴力行为而给他人带来灾难。冲动型人格障碍的症状具有间歇发作的特点,大多数患者在中年时症状逐渐缓解。

1.冲动型人格障碍的形成原因

(1)生理原因。大量动物实验与临床资料表明,攻击行为有其生理基础。一些生理学家提出,小脑成熟延迟,传递快感的神经道路发育受阻,因而难于感受和体验愉快与安全,可能是攻击行为发生的因素。有人报告,暴力犯罪者中脑电波异常多见,在普通人群中为2%,在攻击型人格患者中则为14%。另外,攻击行为还与人体内分泌腺和雄性激素分泌过多有关。(2)心理原因。心理原因体现在多个方面,第一,角色的认同与攻击性。进入青春期的男孩,自以为已经长大成人了,特别热衷于对男子汉角色的认同和片面理解,强调男子汉的刚毅、果敢、义气、力量、善攻击等特征。因此,他们会在同龄人面前,特别是有异性在场时表现出较强的攻击性,以证明自己是一个男子汉。第二,自卑与补偿。每个人都可因自己身体状况、家庭出身、生活条件、工作性质等产生自卑心理。有自卑心理的人常寻求自卑的补偿方式。当以冲动、好斗来作为补偿的方式时,其行为就表现出较强的攻击性。第三,自尊心受挫。青年男子的自尊心特别强,如果经受挫折,往往反应特别敏感、强烈。挫折是导致攻击行为的一个重要原因,挫折攻击理论告诉我们:生活中每个人或多或少都会有挫折,因而每个人都有攻击性;挫折越大,越可能出现攻击行为,甚至使用暴力。(3)家庭原因。一般说来,攻击性与家庭教育有较大关系。被父母溺爱的孩子往往个人意识太强,受到限制就容易采取还击;专制型的家庭,儿童常遭打骂,心理受到压抑,长期郁结于内心的不满情绪一旦爆发出来,往往会选择较为激烈的行为来发泄积怨。而且,“种瓜得瓜,种豆得豆”,孩子还会模仿家长的攻击行为。(4)社会原因。武打、凶杀的小说和电影使缺乏分析的青少年容易产生模仿和认同。社会上流行的“老实人吃亏”的观念也易使青年人产生攻击行为。

2.冲动型人格障碍临床症状及表现

冲动型人格障碍表现主要为:(1)行为的目的在于获得心理上的满足,而不在于其他;(2)情绪急躁易怒,存在无法自控的冲动和驱动力;(3)性格上常表现出向外攻击、鲁莽和盲动性;(4)冲动的动机形成可以是有意识的,亦可以是无意识的;(5)行动反复无常,可以是有计划的,亦可以是无计划的;(6)行动之前有强烈的紧张感,行动之后体验到愉快、满足或放松感,无真正的悔恨、自责或罪恶感;(7)心理发育不健全和不成熟,经常导致心理不平衡;(8)容易产生不良行为和犯罪的倾向;(9)患者能够认识到其行为的危害性,但难以自控,往往多次努力均以失败告终;(10)冲动行为本身往往是损人又不利己的;(11)有些人外表表现得被动和服从、百依百顺,内心却充满敌意和攻击性。例如,故意晚到,故意不回电话或不回信,故意拆台使工作无法进行,顽固执拗,不听调动,拖延时间,暗地破坏或阻挠。他们的仇视情感与攻击倾向十分强烈,但又不敢直接表露于外,他们虽然牢骚满腹,但是心里又很依赖权威。

攻击型人格障碍和反社会型人格障碍是有区别的。一般来说,攻击型人格呈现较为持久的攻击言行,缺乏自控能力,易对他人冲动攻击。反社会型人格主要表现对他人和社会的反抗言行,屡教难改,明知故犯,常以损人不利己的失败结局告终,不能吸取经验教训。简言之,攻击型人格的行为以自控能力低下为特点,而反社会型人格则以行为不符合社会规范为特征。

3.冲动型人格障碍诊断要点

诊断人格障碍者是冲动型,必须符合下述项目中的其中三项:

①有肯定的不可预测和不考虑后果的行为倾向;

②行为暴发不能控制;

③不能控制或不适当地发怒,易与他人发生争吵或冲突,特别是行为受阻或受批评时;

④情绪变化反复无常,不可预测,尤其易暴发愤怒和暴力行为;

⑤生活无目的,尤其不能事先计划或不能预见将会发生的事件或情况,或做事缺乏坚持性;

⑥强烈而不稳定的人际关系,要么与人关系极好,要么极坏,几乎没有持久的朋友;

⑦有自伤行为。

冲动型人格障碍,请看下面的案例:

某男,22岁,初中文化,待业。自幼跟外地的奶奶生活,6岁回京上学时方回到父母身边。小学学习成绩好。平素寡言少语,与同学关系好。父母对患者学习要求较高,初中二年级时因父亲劝其学习与父争吵,此后经常言语顶撞父亲。待业时常因小事骂父母废物、老不死的。19岁时一次父子吵架后患者动手打父亲,此后经常动辄打父亲。开始是争吵后再打,渐发展为稍不如意就动手打人。几乎每天要打父母一次。平常对父母讲话不是命令指责便是谩骂。此种情形在入院前半年尤重。父母(主要是父亲)被打后只能忍气吞声,从不敢追究患者,更不敢对其批评、指责。入院前两个月患者父亲一直住在自己单位不敢归家。患者虽在家里很凶,但在外从不与人打架,甚至很少与人争吵,当临时工时与工友能保持较好的人际关系,患者被骗住院后精神检查未见精神病性症状。对医务人员有礼貌。对父母骗其住院愤愤不平。对打父母毫不反悔。认为自己没病,该住院的是他父亲!认为为什么两个人打架把他一人关在精神病院里?

从以上案例可以看出,患者属于冲动型人格障碍,表现出行为自控能力低下的显著特点。

冲动型人格障碍者在生活中还是较多的，且男性多于女性，但在心理咨询中也发现了女冲动型人格障碍者。冲动型人格障碍患者起病早，而且与人的生理因素或童年创伤体验有关，因此，一般的普通治疗没多大效果。在企业里，思想教育工作对这种人的效果更是微乎其微。一旦确知这种人是患有冲动型人格障碍，企业应与其家属取得联系，让其去接受专门的治疗。很多精神病学专家认为用药物治疗冲动型人格障碍有效果，且比心理治疗效果好得多。

（三）偏执型人格障碍

偏执型人格又叫妄想型人格，指以极其顽固、固执己见为典型特征的一类变态人格。表现为对自己过分关心，自我评价过高，常把挫折的原因归咎于他人或推诿客观。据1988年上海市青少年心理卫生调查资料表明，这种人格障碍的人数占心理障碍总人数的5.8%，实际情况可能要超过这个比例。偏执型人格障碍患者中以男性较多见，且以胆汁质或外向型性格的人居多。偏执型人格被精神病学家称之为“用一只眼睛窥视世界的人”。

1.偏执型人格障碍的产生原因

第一，早期失爱。幼年生活在不被信任、常被拒绝的家庭环境之中。缺乏母爱，经常被指责和否定。

第二，后天受挫。成长中连续地遭受生活打击，经常遇到挫折和失败。如经常受侮辱或冤屈。

第三，自我苛求。自我要求标准极高，并与自身存在某些缺陷之间构成尖锐的矛盾。但是从不公开承认自身的某些缺陷。如个子不高、长相不出众、才能不突出等，其实，意识深层正为此自卑。

第四，处境异常。某些异常的处境也使人偏执。如没有学历的人，厌恶别人谈论学历；经济状况不好的人，回避谈论经济收入问题；单亲家庭的孩子，怕别人知道自己的家庭情况。

2.偏执型人格障碍的主要特点

偏执型人格障碍多见于男性，包括诡辩型人格障碍及狂信型人格障碍，临床上主要表现为猜疑与敏感，极度的感觉过敏。患者心胸狭窄，对侮辱和伤害耿耿于怀，固执己见，敏感多疑。爱嫉妒，对别人获得成就或荣誉感到紧张不安，妒火中烧，不是寻衅争吵，就是在背后说风凉话或公开抱怨和指责别人。常将他人无意的非恶意的甚至友好的言行误解为敌意，或无任何事实根据，怀疑被他人利用或被伤害，或总是提防别人对他耍阴谋和怀疑别人对他的忠诚；自我评价过高，过分自负，自以为是，自命不凡,对自己的能力估计过高,惯于把失败和责任归咎于他人,在工作和学习上往往言过其实;总认为只有自己才是正确的,有的因自我评价过高而形成超价观念,若遇挫折或遭受失败则归咎于他人,或整天提防别人会超过自己;同时又很自卑,总是过多过高地要求别人,但从来不信任别人的动机和愿望,认为别人居心不良;不切实际地好争辩,顽固地追求不合理的权利或利益,有的则成年累月地沉湎于诉讼。不能正确、客观地分析形势,有问题易从个人感情出发,主观片面性大;如果建立家庭,常怀疑自己的配偶不忠等等。持这种人格的人在家不能和睦,在外不能与朋友、同事相处融洽,别人只好对他敬而远之。

3.偏执型人格障碍的诊断要点

(1)患者是否存在广泛猜疑,常将他人无意的、非恶意的甚至友好的行为误解为敌意或歧视,或无足够根据,怀疑会被人利用或伤害,因此过分警惕与防卫。

(2)患者是否将周围事物解释为不符合实际情况的“阴谋”,并可成为超价观念。

(3)患者是否易产生病态嫉妒。

(4)患者是否过分自负,若有挫折或失败则归咎于人,总认为自己正确。

(5)患者是否好嫉恨别人,对他人的错不能宽容。

(6)患者是否脱离实际地好争辩与敌对,固执地追求个人不够合理的“权利”或利益。

(7)患者是否忽视或不相信与患者想法不相符合的客观证据。因而很难以说理或事实来改变患者的想法。

患者的症状至少要符合上述项目中的三项,方可诊断为偏执型人格障碍。请看下面的案例:

王某,男性,50岁,某市公交司机。王某开车撞人拖行5公里,自称不是有意杀人。被其他见义勇为的司机逼停后,肇事司机坦然承认是故意杀人。事发前,王某被乘客投诉,说是王某在驾驶公交车的途中关车门,不幸夹到了乘客的头。他对领导的批评不满,认为领导是有意和自己过不去。为了泄私愤,所以才驾车肇事。根据王某的领导及同事介绍说,王某的明显变化,源于和同事杨某在工作上的矛盾。一次,杨某为了多拉快跑,竟然超越了在同一线路上行驶的王某的车子。午餐时,王某就和杨某发生了冲突。据说,王某是突然发怒,将手中的碗和碗中的面条一起扣到了杨某的脸上。杨某被砸伤了脸部,缝了10针。公司的领导也经常调解这个事情,王某总觉得领导亏欠他一样,死活不承认领导帮他。他认为领导是压抑他、是搞他。许多同事反应:“这个事情以后他已经垮了。”(引自:西祠胡同,http://www.xici.net/b202208/d88581335.htm)

该例患者极度的感觉过敏，对侮辱和伤害耿耿于怀；惯于把失败和责任归咎于他人，不信任别人的动机和愿望，认为别人存心不良。可诊断为偏执型人格障碍。

（四）分裂型人格障碍

分裂型人格障碍是日常生活中和心理咨询门诊中比较常见的人格障碍。据上海市青少年心理健康调查资料显示，其中分裂型人格障碍占人格障碍总数的29%左右，接近1/3。1975年著名的精神病学家罗逊特指出这种类型的人约占正常人群的7.5%，且男性多于女性。分裂型人格障碍有类似分裂症的思维和情感异常及行为怪异，但没有典型的分裂症性紊乱和确切的起病，其演进和病程通常呈人格障碍特性。分裂型人格障碍是一种以观念、外貌和行为奇特以及人际关系有明显缺陷，且情感冷淡为主要特点的人格障碍。这类人一般较孤独、沉默、隐匿、不爱人际交往、不合群。既无什么朋友，也很少参加社会活动，显得与世隔绝。常做白日梦，沉溺于幻想之中。这类人对人少的工作环境尚可适应，但人多的单位和环境及需要交际往来的工作就很难适应了。

1.分裂型人格障碍的形成原因

分裂型人格障碍的形成一般与人的早期心理发展有很大关系。个体出生以后，有很长一段时间内不能独立，需要父母亲的照顾。在这个过程中，儿童与父母的关系占重要地位，儿童就是在与父母的关系中建立自己的早期人格的。在成长过程中，尽管每个儿童不免要受到一些指责，但是只要他感觉到周围有人爱他，就不会产生心理上的偏差。但如果终日不断被骂、被批评，得不到父母的爱，儿童就会觉得自己毫无价值。更进一步，如果父母对子女不公正，就会使儿童的是非观念不稳定，产生心理上的焦虑和敌对情绪。有些儿童因此而分离、独立、逃避与父母身体和情感的接触，进而逃避与其他人和事的接触，这样就极易形成分裂型人格障碍。

分裂型人格障碍的形成也与生物遗传因素有关。人们常说："龙生龙，凤生凤，老鼠生儿会打洞。"这说明某些行为可能是受遗传因素影响的。科学家们对人格障碍的遗传影响进行了有趣的研究。例如，有人曾对家谱进行研究，发现人格障碍患者亲属中此症的发生率与血缘关系成正比，即血缘关系越近，发生率越高。

2.分裂型人格障碍的特点

分裂型人格障碍有纯粹冷酷型、疑心型和纯粹过敏型三个亚型，以男性为多见。分裂型人格障碍患者主要表现出缺乏温情，难以与别人建立深切的情感联系。患者表现为过分的内倾、孤僻、喜好幻想，言行古怪；整日沉溺在白日梦之中；也表现为情感冷漠，缺乏生动的或主动的情感体验，不通人情，对亲属也不例外，缺乏表达细腻情感的能力;有奇异的信念,整天想入非非;有反常或古怪的服饰、不修边幅;这类人生活平淡、呆板,缺乏创造性和独立性,难以适应多变的现代社会生活。也可有不寻常的知觉体验,患者往往喜欢智力性思考,其业余爱好也往往都是智力性的。

分裂型人格障碍患者的人际关系一般很差。他们似乎超脱凡尘,不能享受人间的种种乐趣,如夫妻间的交融、家人团聚的天伦之乐等。大多数分裂型人格障碍患者喜欢独身。即使结了婚,也多以离婚告终。一般说来,这类人对别人的意见也漠不关心,无论是赞扬还是批评,均无动于衷,过着一种孤独寂寞的生活。其中有些人,可能有些业余爱好,但多是阅读、欣赏音乐、思考之类安静、被动的活动,部分人还可能一生沉醉于某种专业,做出较高的成就。但从总体来说,这类人生活平淡、呆板,缺乏创造性和独立性,难以适应多变的现代社会生活。这类人的性欲淡漠也颇为突出,他们可称作"不近女色"的模范。他们内心世界极其广阔,常常想入非非,但常常缺乏相应的情感内容,缺乏进取心。他们总是以冷漠无情来应付环境,以"眼不见为净"的方式来逃避现实,但他们这种与世无争的外表不能压抑内心的焦虑和痛苦。分裂型人格障碍的人可以适应人少的工作,如图书馆、书库、山地、农场、林地等,他们更容易从事宗教工作和过隐居生活,但很难适应人员众多的场合和需要交际的工作。

3.分裂型人格障碍的诊断要点

分裂型人格障碍患者在社交关系中常感到孤独和不适,与亲友在一起也会感到很不舒服。他们很少动感情,而且还有知觉或者认知歪曲以及古怪的行为。分裂型人格障碍起自成年早期,前后过程表现多种多样,一般符合以下选项中的五项以上。

(1)牵连观念(未达关系妄想程度)。

(2)与其文化背景不相一致却影响其行为的古怪想法或魔术思想(如:迷信,特异功能,心灵传感或者第六感受,对于儿童或者青少年,表现为怪异的幻想或者整日沉湎的想法)。

(3)不同寻常的知觉或者身体幻觉。

(4)古怪的(比如:含糊的,琐碎的,隐喻的,过分推敲的或者刻板的)言语。

(5)猜疑或者偏执观念。

(6)感情不适合或者受限制。

(7)古怪的行为或者表现。

(8)除一级亲属以外,没有亲密的或者知心的朋友。

(9)过分的社会焦虑,往往伴有偏执性的害怕感,但没有对自己错误的判断。

分裂型人格障碍的患病率可能高于精神分裂症和其他人格障碍。分裂型人格障碍与重性抑郁症的共病率为9%,与强迫症的共病率为19%。不同研究对其他人格障碍与分裂型人格障碍伴发的百分率有所不同,其中与其共病的有回避型、分裂型和偏执型人格障碍。病人的特点是:与社会隔绝、行为古怪、多疑,这正是分裂型人格障碍的特征性表现,病人虽然因此而痛苦,但并不能意识到自身的问题。

总之分裂型人格障碍的基本特点是:非社交性、异常安静、谨慎保守、严肃、不懂幽默、古怪等等,也可以说是封闭自尊。在此基础上,一端表现为臆症、过分害羞、过度敏感、小肚鸡肠、神经质、容易冲动、靠欣赏自然与书籍等消磨时光、孤僻、难以接近,表现上虽有细微差别但都以过分敏感为特点;另一端表现为柔顺、人品好、正直、感觉迟钝、唠叨等精神活动低下,即以自发性功能减退为特点。对分裂型人格障碍的诊断,请看下面的案例:

患者,男性,25岁,某服务单位统计员,本科。患者从小不爱说话,性格孤僻内向。但是,在学校一直成绩优秀。业余爱好文学,除了爱看各种各样的名著外,平常还写一点儿散文诗歌,经常往杂志、报社投点稿。逢年过节,常创作一副对联贴在宿舍的门上。毕业后参加工作,工作很努力,可是几乎不与领导和同事交流,更不用说去交朋友,终日沉默寡言。下班后,把自己关在宿舍里,看书学习、写作。在生活上兴趣索然,独来独往。慢慢发展到后来,经常在下班后自己一个人跑到办公室把地板拖了一遍又一遍,把桌子抹了一遍又一遍,将桌上的各种文件整理了一遍又一遍。除了办公室、宿舍和食堂三点一线外,他再无别的活动场所。办公室的女同事看他年龄不小了,就四处张罗帮他介绍女朋友,可他见面后,也不知道开口说些什么。一连介绍好几个都没有成功。后来,他自己对此也缺乏兴趣了。他对外界反应不敏捷,社会适应性极差。(引自:太原心理咨询,http://www.hlzxw.com/index.asp)

从以上案例可以看出,来访者主要表现出过度社交焦虑,没有一个知心朋友,甚至没有社交圈,对异性淡漠,有古怪的行为或者表现等特征。因此可以诊断为分裂型人格障碍。

(五)表演型人格障碍

表演型人格障碍也称癔症型人格障碍,表演型人格障碍以女性多见,各种年龄层次都有,尤以中青年女性常见,一般年龄都在25岁以上。

1.表演型人格障碍的产生原因

表演型人格障碍一般认为与早期家庭教育有关,父母溺爱孩子,使孩子受到过分的保护,造成生理年龄与心理年龄不符,心理发展严重滞后,停留在少儿期的某个水平,因而表现出癔症型人格特征。患者的心理常有暗示性和依赖性,也可能是这类型人格产生的原因之一。

表演型人格障碍的形成与基因和家庭环境相关。研究显示,成长在缺乏关爱与期望、性滥交家庭背景的孩子更易发展成表演型人格障碍。

表演型人格障碍与反社会型人格障碍存在着紧密的关系。美国的统计研究表明2/3的表演型人格障碍的患者达到了反社会型人格障碍的标准。这两种心理障碍的潜在人格特质有相似的一面,只是男女的表达形式不同罢了。女性更多以表现型的人格反映出来,而男性更多以反社会型的暴力人格表达出这种潜在人格特质。

2.表演型人格障碍的特征

表演型人格障碍的典型特征表现为心理发育的不成熟性,特别是情感过程的不成熟性。具有这种人格的人的最大特点是做作,情绪表露过分,爱引人注意,情绪带有戏剧化色彩。这类人常好表现自己,而且有较好的艺术表现才能,唱说哭笑,演技逼真,有一定的感染力。有人称她们为“伟大的模仿者”“表演家”。她们常常表现出过分做作和夸张的行为,甚至装腔作势,以引人注意。患者的人格欠成熟,情绪也不稳定,情感体验极其肤浅,表情夸张似演戏。女性患者往往卖弄风情,但却没有深刻的或真正的爱情;情感易变化。这类人情感丰富,热情有余,而稳定不足;情绪炽热,但不深,因此他们情感变化无常,容易激情失衡。对于轻微的刺激,可有情绪激动的反应,“大惊小怪”,缺乏固有的心情,情感活动几乎都是反应性的。由于情绪反应过分,往往给人一种肤浅,没有真情实感和装腔作势甚至无病呻吟的印象。患者高度的自我中心。这类人喜欢别人注意和夸奖自己,只有投其所好和取悦自己的一切时才合自己的心意。表现出欣喜若狂,否则会攻击他人,不遗余力。自私、处世幼稚或娇气,只关心自己的享受和兴趣,不体贴别人,常处处指手画脚,一切均要他人服从,稍不遂意,以自杀作为要挟是司空见惯之事。患者暗示性和依赖性特别强,这类人不仅有很强的自我暗示性,还带有较强的易受他人暗示性。他们常好幻想,把想象当成现实,当缺乏足够的现实刺激时便利用幻想激发内心的情绪体验。为引起他人的关心或注意,往往哗众取宠,危言耸听,甚而出现“病态说谎”。容易受他人的影响。视玩弄别人为达到自我目的的手段。玩弄多种花招使人就范,如任性、强求、说谎欺骗、献殷勤、谄媚,有时甚至使用操纵性的自杀威胁。他们的人际关系肤浅,表面上温暖、聪明、令人心动,实际上完全不顾他人的需要和利益。此类患者还有性心理发育的不成熟,表现为性冷淡或性过分敏感,女性患者往往天真地展示性感,用过分娇羞样的诱惑勾引他人而不自觉。

3.表演型人格障碍的诊断要点

(1)是否存在表情夸张像演戏一样,装腔作势,情感体验肤浅的现象;

(2)患者是否存在暗示性高,很容易受他人影响的现象;

(3)患者是否存在自我中心,强求别人符合他的需要或意志,不如意就给别人难堪或表现出强烈不满的现象；

(4)是否存在经常渴望表扬和同情，感情易波动的现象；

(5)是否存在寻求刺激，过多地参加各种社交活动的现象；

(6)是否存在需要别人经常注意自己的现象，为了引起注意，不惜哗众取宠，危言耸听，或者在外貌和行为方面表现得过分吸引他人；

(7)是否存在情感反应强烈易变，完全按个人的情感判断好坏的现象；

(8)是否存在说话夸大其词，掺杂幻想情节，缺乏具体的真实细节，难以核对的现象。一般来讲，此类型的人格障碍会随着年龄的增长、心理的逐渐成熟而症状减轻。但这不能保证可以不治而愈，而且在应激状态下还有可能发生癔症症状。

在进行诊断时，以上症状至少要符合三项才能诊断为表演型人格障碍。对表演型人格障碍的诊断，请看下面的例子：

某女，很新潮、很时髦，无论走到哪里都是众人瞩目的焦点。公司的同事赞美一下，她会特别高兴，神采飞扬，精神饱满。一旦大家因为工作忙碌疏忽对她的赞美，她的情绪会马上低落。遇到业绩好的情况，她会开豪华包厢，要求员工尽量参加。她在包厢里动情地唱歌，气氛能感染整个房间，她投入的时候便忘记周围的一切。遇到伤心的歌曲，立刻像刚刚失恋，可她男友分明在美国，她在热闹中独自沉默，然后恍然醒来，看到众人的喝彩，心情又立刻兴奋。她时常在角落里看着大家笑，表情丰富夸张，喜欢被别人重视，喜欢被表扬。否则，她马上萎靡不振，非常难过。可是一会又会成为焦点。(引自：幸福杂志社，http://www.happy-2000.com.cn)

该案例中，患者用夸张的言行吸引注意，感情多变，积极参加各种人多的活动，存在自我中心，强求别人符合他的需要或意志，不如意就给别人难堪或表现出强烈不满的现象。因此可以诊断为表演型人格障碍。

(六)强迫型人格障碍

强迫型人格障碍是一种较常见的人格障碍，据1988年上海市青少年心理卫生调查，这类型人格的人数占心理障碍总人数的5%。

1.强迫型人格障碍的成因

强迫型人格障碍的形成一般在幼年时期，与家庭教育和生活经历直接有关。父母管教过分严厉、苛刻，要求子女严格遵守规范，决不准自行其是。造成孩子做事过分拘谨和小心翼翼，生怕做错事而遭到父母的惩罚，做任何事都思虑甚多，优柔寡断，并慢慢形成经常性紧张、焦虑的情绪反应。一些家庭成员的生活习惯，也可能对孩子产生影响，如医生家庭，由于过分爱清洁，对孩子的卫生特别注意，容易使孩子形成洁癖,产生强迫性洗手等行为。另外,幼年时期受到较强的挫折和刺激,也可能产生强迫型人格。有研究还表明,强迫型人格与遗传也有关系,家庭成员中有患强迫型人格障碍的,其亲属患强迫型人格障碍的概率比普通正常家庭要高。

一般来说,强迫型人格障碍受强烈刺激或持续的精神压力影响,容易导致强迫型神经症。

2.强迫型人格障碍的特征

强迫型人格的最主要特征就是要求严格和完美,容易把冲突理智化,具有强烈的自制心理和自控行为。患者性格固执,不合理地要求他人严格地按照他的方式、计划去做事,而且以十全十美的标准要求自己。要求严格和完美,一切均要完美无缺。一旦他所熟悉的常规被变更,就会十分恼火。由于过分地追求完美主义,患者的工作、学习、家庭生活及社会交往等将受到一定影响。由于总是犹豫不决,患者对新的问题或新的情况常无法做出判断或决定,不是拖延,就是反复询问。故常穷思竭虑,反复考虑所做决定是否妥当,或反复核对检查,唯恐有任何差错或遗漏。责任感特别强,同时又墨守成规。平时,患者对批评极为敏感,对他人所提的意见也像对待自己一样吹毛求疵。这类人在平时有不安全感,对自我过分克制,过分注意自己的行为是否正确、举止是否适当,因此表现得特别死板、缺乏灵活性。在处事方面,过于谨小慎微,常常由于过分认真而重视细节、忽视全局。怕犯错误,遇事优柔寡断,难以做出决定。他们的情感以焦虑、紧张、悔恨时多,轻松愉快满意时少。不能平易近人,难于热情待人,缺乏幽默感。由于对人对己都感到不满,而易招怨恨。

强迫型人格障碍的患者可在工作上取得成就且可获得稳定的婚姻,但无业余爱好,拘谨吝啬,甚少挚友。强迫型人格障碍的具体行为表现有三个方面:

(1)心里总笼罩着一种不安全感,常处于莫名其妙的紧张和焦虑状态。如门锁上后还要反复检查,担心门是否锁好,写完信后反复检查邮票是否已贴好,地址是否写对了等等。

(2)思虑过多,对自己做的事总没把握。总以为没达到要求,别人一怀疑,就感到不安。

(3)行为循规蹈矩,不知变通。自己爱好不多,清规戒律倒不少。处理事情有秩序、整洁,严守时刻,但对节奏明快,突然来的事情显得不知所措,很难适应,对新事物接受慢。总之,强迫型人格总是给人以刻板、僵死、缺乏生命活力的印象。

3.强迫型人格障碍的诊断要点

(1)考虑患者是否做任何事情都要求完美无缺、按部就班、有条不紊,因而有时反会影响工作的效率。

(2)考虑患者是否不合理地坚持别人也要严格地按照他的方式做事,否则心里很不痛快,对别人做事很不放心。

(3)考虑患者是否犹豫不决,常推迟或避免做出决定。

(4)考虑患者是否常有不安全感,穷思竭虑,反复考虑计划是否恰当,反复核对检查,唯恐疏忽和出现差错。

(5)考虑患者是否拘泥细节,甚至生活小节也要"程序化",不遵照一定的规矩就感到不安或要重做。

(6)考虑患者是否完成一项工作之后常缺乏愉快和满足的体验,相反容易悔恨和内疚。

(7)考虑患者是否对自己要求严格,过分沉溺于职责义务与道德规范,无业余爱好,拘谨吝啬,缺少友谊往来。

对强迫型人格障碍进行诊断时,要特别注意至少符合上述项目中的三项,方可诊断为强迫型人格障碍。请看下面的案例:

某女,25岁,某医科大学研究生。有一次她的手被水果刀划伤,破了点皮,贴上了创可贴。第二天到实验室做病菌的实验,她觉得病毒有可能从伤口进入体内,危害自己。可是她又不能彻底否定自己的想法,犹豫不决,弄得她非常苦恼。她只能一遍遍地用碘酒擦洗伤口。还有一次晚上洗衣服,同学把脏鞋子放在水龙头下冲洗,一些水花溅到她刚刚洗好的衣服上。她又忽然想到,水花里是否带有鞋子上的脏东西呢?而室友曾经穿着这只鞋子到实验室,最后她选择再洗一次。此后洗衣服时,她都一定要避免和别人一起洗。她明知她的这些想法不对,但又不能彻底摆脱。

从该案例可以看出,患者对病菌存在着强迫性恐惧念头,拘泥于细节,犹豫不决。可诊断为强迫型人格障碍。

(七)依赖型人格障碍

依赖型人格障碍又称为无力型人格障碍、被动型人格障碍或业务不足型人格障碍。心理学家霍妮在分析依赖型人格时认为,依赖型人格深感自己软弱无助,有一种"我多渺小可怜"的感觉。理所当然地认为别人比自己优秀,比自己有吸引力,比自己更聪明。无意识地倾向于以别人的看法来评价自己。

1.依赖型人格障碍的形成原因

依赖型人格源于个体发展的早期。幼年时期儿童离开父母就不能生存,在儿童印象中保护他、养育他、满足他一切需要的父母是万能的,他必须依赖他们,总怕失去了这个保护神。这时如果父母过分溺爱,鼓励子女依赖父母,不让他们有长大和自立的机会,久而久之,在子女的心目中就会逐渐产生对父母或权威的依赖心理,成年以后依然不能自主。缺乏自信心,总是依靠他人来做决定,终身不能负担起选择采纳各项任务、工作的责任,形成依赖型人格。

2.依赖型人格障碍的特征

依赖型人格障碍以缺乏主动性、精力不足、自觉能力差而依赖他人为特征。依赖型人格对亲近与归属有过分的渴求,这种渴求是强迫的、盲目的、非理性的,与真实的感情无关。依赖型人格的人宁愿放弃自己的个人趣味、人生观,只要他能找到一座靠山,时刻得到别人对他的温情就心满意足了。依赖型人格的这种处世方式使得他越来越懒惰、脆弱,缺乏自主性和创造性。由于处处委曲求全,依赖型人格障碍患者会产生越来越多的压抑感。这种压抑感阻止着自己干点什么或有什么个人爱好。患者意志软弱,容易疲劳,缺乏生活乐趣,也不会玩耍享乐,对精神刺激和身体不适极为敏感,缺乏自信与自尊,常因小事而感慨万千或伤感。患者常见于过度保护家庭。

依赖型人格障碍患者不能对日常生活中的事情独自做决定,需要被人反复指导和做保证;有时他们甚至听任别人为他们选择职业、住所、朋友或做出重大决定。这种过分依赖导致他们难以独自开始做一件事;他们竭力避免独处,如不得已独处时也会感到不舒服、孤独和无助。他们一心害怕被别人抛弃,当亲密关系终结时,会感到异乎寻常的绝望。

由于将自己依附于他人,这类患者也容易遭到因受批评和不被理会的伤害。有时他们明知道别人是错误的,也要迎合别人的意思;为讨别人的喜欢,他们情愿做令人不愉快或降低自己身份的事情。这种情形导致他们的社会关系局限于他们依赖的少数人,如果从事高度独立的工作,对他们而言就非常困难。

3.依赖型人格障碍的诊断要点

(1)患者是否在没有从他人处得到大量的建议和保证之前,对日常事务不能做出决策。

(2)患者是否有无助感。让别人为自己做大多数的重要决定,如在何处生活,该选择什么职业等。

(3)患者是否存在被遗弃感。因害怕被别人遗弃,明知他人错了,也随声附和。

(4)患者是否存在独立性差的特点,很难单独展开计划或做事。

(5)患者是否存在过度容忍。为讨好他人甘愿做低下的或自己不愿做的事。

(6)患者是否存在独处时有不适和无助感,或竭尽全力以逃避孤独。当亲密的关系中止时感到无助或崩溃。经常被遭人遗弃的念头所折磨。很容易因未得到赞许或遭到批评而受到伤害。

在对依赖型人格障碍进行诊断时，只要满足上述特征中的五项，即可诊断为依赖型人格。请看下面的案例：

某女，27岁，某重点大学毕业生。从事会计工作。父母经商，很能干。上有一个哥哥，已婚。自小较受父母宠爱，在家什么小事都由父母帮忙做。上小学时，因怕过马路危险，都由母亲陪伴。这种习惯一直延续到初中。高考报志愿时，怕远离父母自己无法自理，选了本地的一所大学，一到周末就回家，衣物带回家让母亲洗。大学期间谈过恋爱，感觉男友不体贴，而且因为很多小事都做不好，经常被男友指责“没脑子”“糊涂虫”，但她从不还口，哀求男友原谅。找工作时，不知道该怎么办，完全由父母负责联系单位。进了一家公司，在单位上和一位女同事相处得不错，但是该同事喜欢占小便宜，常把重活难活交给她完成，为了不破坏二人的关系，她会忍气吞声地做完。

从以上案例可以看出，该患者表现出了独立性差、无法作重大决定、无助感、过度容忍及害怕被遗弃等特征，说明她的人格是一种依赖型人格。

（八）自恋型人格障碍

自恋型人格在许多方面与癔症型人格的表现相似，如情感戏剧化，有时还喜欢性挑逗等。二者的不同之处在于，癔症型人格的人性格外向、热情，而自恋型人格的人性格内向、冷漠。自恋型人格障碍的基本特征是对自我价值感的夸大和缺乏对他人的共感性。这类人无根据地夸大自己的成就和才干，认为自己应当被视作特殊人才，认为自己的想法是独特的，只有特殊人物才能理解。

在实际生活中，他们稍不如意，就会体会到自我无价值感。他们幻想自己很有成就，自己拥有权利、聪明和美貌，遇到比他们更成功的人就产生强烈嫉妒心。他们的自尊很脆弱，过分关心别人的评价，要求别人持续的注意和赞美；对批评则感到内心的愤怒和羞辱，但外表以冷淡和无动于衷的反应来掩饰。他们不能理解别人的细微感情，缺乏将心比心的共感性，因此人际关系常出现问题。这种人常有特权感，期望自己能够得到特殊的待遇，其友谊多是从利益角度出发的。

自恋型人格障碍患者常有普遍性的人际关系；他们的抑郁情绪、人际困难或不切实际的目标可能影响工作。但另一方面，他们对功利的追逐也可能使他们获得较高的工作成就。

1.自恋型人格障碍的成因

弗洛伊德（Freud）认为，自恋是继自慰阶段之后的正常发展阶段，最终形成恋物行为。自恋者无法把力比多投注到客体身上而转向对自我的投注，没有能力去爱别人或是无法与别人建立关系,无法与分析师建立联系,因而自恋者是不能被分析的。

克恩贝格(Kernberg)视自恋为某种适应性和病理性的内在精神结构发展的结果。他认为自恋是一种性格缺陷,源于患者早年父母关爱不足。在婴儿15~24月阶段,称之为依附阶段,如果照料人意见不一,不尽心或自我中心,孩子在此期间就得不到充分的支持。情感脆弱的孩子就会因自我的外在表现而受伤,即自恋性损伤。为了弥补这种损伤,孩子就以自大、虚假的自我来满足照料人的需要。愤怒、权力感从意识层面分化出来,并致力于通过虚假的自我来获得别人永久的赞赏。自恋者存在情感上的痛苦,感到无价值感、能力不足、无意义和不愉快,他们以虚假的自我来加强脆弱的自尊。

自体心理学的代表人物科胡特(Kohut)为人们理解和治疗自恋型人格障碍打开了一条新思路。他相信一种并不严重的自恋形式可能代表一种健康的发展。所有的成年人继续怀有希望获得自恋满足的需要,终其一生都需要来自客体的镜像作用。他主张没有一个人能够完全独立于自体客体(自体客体是一个人对另一个人的主观体验,这个另一个人在关系中向自体提供持续的功能,通过他的存在和行动唤醒并维持自体及自体的感受),而是终其一生都需要一种能够提供移情性反应自体客体的社会背景。个体内心出现的冲突源于生活早期自我感的缺乏而不是本能的冲突。

2. 自恋型人格障碍的特点

自恋型人格障碍以壮大了自我的重要性为特征。自我中心特点大多表现为自我重视、夸大、缺乏同情心、对别人的评价过分敏感等等。患者的头脑中充满了无限权力、成功与智慧的幻想,他们一听到别人的赞美之辞,就沾沾自喜,反之,则会暴跳如雷。他们感到自己是独一无二或举世无双的,对渴望得到他人的关注或赞美的想法毫不掩饰。在处理人与人之间的关系时表现得唯利是图或极端化。自恋型人格对别人的才智十分嫉妒,有一种"我不好,也不让你好"的心理。这种人情感冷漠,在遇挫折时往往会有羞愧或震怒。具有自恋型人格的人在和别人相处时,很少能设身处地理解别人的情感和需要。由于缺乏同情心,所以人际关系很糟,容易产生孤独抑郁的心情,加之他们有不切实际的高目标,往往易在各方面遭受失败。

3. 自恋型人格障碍的诊断要点

(1)患者是否存在对批评的反应是愤怒、羞愧或感到耻辱的情绪,尽管不一定当即表露出来。

(2)患者是否喜欢指使他人,要他人为自己服务。

(3)患者是否存在过分自高自大、对自己的才能夸大其词的现象,希望受人特别关注。

(4)患者是否存在坚信他关注的问题是世上独有的,不能被某些特殊的人物了解。

(5)患者是否存在对无限的成功、权力、荣誉、美丽或理想爱情有非分的幻想。

(6)患者是否存在认为自己应享有他人没有的特权。

(7)患者是否存在渴望持久的关注与赞美。

(8)患者是否存在缺乏同情心。

(9)患者是否存在有很强的嫉妒心。

对自恋型人格障碍进行诊断时,要特别注意只要出现其中的五项,即可诊断为自恋型人格。请看下面的例子:

某女,30岁,某大学年轻副教授。她性情豪爽,自信,给人一种女强人的感觉。但是脾气不好,经常批评别人,却难以接受批评。她是名牌大学毕业的博士,事业很成功,不到30岁就评上了副教授,而且受到很多人的好评,人气很旺。但是和她亲密相处的朋友都对她有意见,因为不论在工作上还是生活上,她总喜欢以高人一等的姿态对人。一次叫朋友到邮局帮她搬包裹,朋友说有事可能去不了,她立即生气,后来朋友还是赶来帮她了,在搬运时还崴了脚,事后她却一句关心的话和谢谢都没说,还愤愤地说:“这种事我本来可以叫学生来干的,看得起你才喊你帮忙。”弄得朋友有口难开。跟其他老教授探讨学术问题时,喜欢固执己见,听不得反对性意见。私底下说那些老教授食古不化,而认为自己的天赋他们不能理解。平时爱打扮,总是给人一种鹤立鸡群之感,向往过一种别人享受不到的生活。

该案例中患者表现出了难以接受批评、喜欢指使他人为自己服务、缺乏同情心、自高自大以及幻想高档的生活的特征。可诊断为自恋型人格障碍。

(九)情感型人格障碍

情感型人格障碍是一种不受环境因素影响的某种突出的不良情绪状态在人的一生中占有优势的人格障碍。情感型人格障碍多见于女性,分为抑郁型人格障碍、情感高涨型人格障碍及双相的循环型人格障碍。

1.情感型人格障碍的特征

抑郁型人格障碍的患者情绪抑郁、萎靡不振、整日愁眉不展、寡言少语。对生活充满悲观、杞人忧天、过分担心。自认为精力不足或负担沉重,情绪低沉,悲观,愁眉不展。自感精力不足,信心不强,寡言少语,遇事感到困难重重。在生活中不会尽情享乐,总是怨天尤人,有时也可能易激惹。

情绪高涨型人格障碍的患者内心充满喜悦和乐观,对生活充满了信心和希望,整日谈笑风生,喜欢开玩笑,热情而好交往,雄心勃勃。也可能草率从事或未深思熟虑就对事情做出判断,在受挫折时可有短暂的激惹性增加。雄心勃勃,精神振奋,热情好交往,情绪乐观,较急躁,做事有始有终,常做出大量的计划和设想,但并非都是经过深思熟虑的。

循环型人格障碍的突出表现为情感波动,以心境良好和悲伤相交替为特征,这种转换并非外部因素引起。此型人格障碍一般发生于青少年阶段,心境高涨或低落的程度、持续时间及其周期频度是不一样的。但随年龄增长,往往症状加重,这是不同于其他类型人格障碍之处。中年后期出现心境被动,应注意有无器质性疾病的可能。

2.情感型人格障的诊断要点

(1)抑郁型人格障碍的诊断要点

①患者是否存在情绪抑郁现象;②患者是否存在对生活悲观的现象;③患者是否存在易激惹现象。见下面的案例:

某男,22岁,大学文化,家境一般。小时候个子很小,受邻居家小孩的欺负。家境不是很好,上小学时到家里来玩的同学常说他家很破,没什么好玩的。父亲是个修鞋匠,常被同学取笑,而且母亲特别凶,经常说父亲是个窝囊废。因此他情绪很坏,提不起精神,难以自拔。经常会想"自己存在的意义是什么?""如果世界没有我会怎么样"等问题,大量负面情绪缠绕着他,上学时找不到动力,没有兴趣,听课静不下心,作业懒得完成,厌学情绪较严重。同学们参加的班级聚会、体育运动他都毫无兴趣,很少参加,就算参加也只是一个旁观者。这种状态使他成绩一直不好,心理乱糟糟的,受不了同学和他开玩笑,感觉他们很烦。也烦恼毕业后的前途,觉得自己的未来是灰色的。

该案例中患者长期以来表现出抑郁的情绪,对生活持悲观的态度,而且情绪容易受到刺激。综合看来,可诊断为抑郁型人格障碍。

(2)情绪高涨型人格障碍的诊断要点

①患者是否存在情绪的过分兴奋现象;②患者的许多思想是否存在草率现象;③患者是否存在激惹性增加现象。见下面的案例:

某女,16岁,高二学生。在没有特殊事件发生的情形下,经常处于兴奋的状态,精力特别旺盛,好像从来都没有过累的感觉。晚上看书、写作业可以忙到12点。但是总是这里翻翻,那里看看,难以保持注意力。第二天天刚亮就起床,开始读书,读了几分钟英语,又换成读语文。做事总是毛毛躁躁,有头无尾。喜欢计划,但是一会儿又忘了。特别喜欢与同学聊天,当面聊不够就打电话,发短信。但聊天时并不关注对方的感受,只是一味地说自己的事。有些事翻来覆去地说,有些事没说完又跑到另外一个话题去了。话语缺乏,但大多是以自我为中心的话题。家人和同学经常被弄得不耐烦，她却暴跳如雷地说他们不懂礼貌，不尊重人。

该案例中患者表现出情绪的过分兴奋，行为有始无终，易激惹。故诊断为情绪高涨性人格障碍。

(3)循环型人格障碍的诊断要点

①患者是否存在情感环型波动现象；②患者是否存在情感的波动是非外部引起的现象；③患者是否存在心境高涨或低落的程度、持续时间及其周期频度是不一样的，但随年龄增长而加重的现象。见下面的案例：

某女，大学四年级学生。自诉有神经症，深受其苦。她形容说：我就像著名的海德博士一样，过着双重的生活。有时候，我精神很振奋，和人说话嘻嘻哈哈，大喊大叫。爱开玩笑，也爱活动，如收拾床铺、打扫寝室、打球锻炼，生活很有节奏，活力充沛。可是，经过这一兴奋期以后，随之而来的必定是一个令人痛苦的低潮期。这时候，我又懒又馋，只是一味地往嘴里填东西，而且越是味重的越好。有时，肚子已撑得不行，舌头也麻木，但仍在往嘴里填。此外还特别不爱动、不洗碗、不叠被、不起床，生活乱成一锅粥。这时候，我最不愿意、也最怕见人。常常是拉上床帘，谁也不理。自我感觉相当差，觉得自己是一个又丑、又胖、又愚蠢的三十岁中年妇女。可是很奇怪，只有在这低潮期，我才认真地思考问题，当然，结论是相当悲观的。不过，也不用十分担心，经过这样一段非人的生活之后，我会很平静地醒来收拾残局，让自己重见天日，准备进入生命的高峰期。然而，我心里的那股无可奈何、孤独无助的凄凉感觉，是令人十分难以忍受的。我希望这只是一般的身体失调，就像我原来患过失眠症一样，能凭借旺盛的生命力去克服它。可是，我现在却觉得没有希望了，因为我一次又一次地挣扎，只是在原地循环。目前，我甚至有这样的感觉：我的身体不属于我的灵魂，我的身体中充满了一种脏的、可又不能控制的东西。我害怕我会毁在它的手里。

该案例中患者在兴奋期并没有躁狂病人所具有易激惹、自我夸大、思维奔逸等特征，她只是感到振奋，爱说爱动，生活很有节奏，充满生命活力，这些恰恰是循环型人格障碍在兴奋时常见的表现；在低落期中，某些症状与抑郁症相似，如悲观、自卑、退缩等，但就是在此时，仍不具备抑郁症患者那种思维迟钝、自责绝望等特征，因此这属于循环型人格障碍。(引自：http://www.fengxing31.cn/article/anlifenxi/info—2732.html)

第二节 精神病的诊断

精神病(psychosis)指大脑机能活动发生紊乱,导致认知、情感、行为和意志等精神活动不同程度障碍的总称。精神病患者的认识、情感、意志、动作行为等心理活动均可出现持久的明显的异常;不能正常地学习、工作、生活;动作行为难以被一般人理解,显得古怪、与众不同;在病态心理的支配下,有自杀或攻击、伤害他人的动作行为;有程度不等的自知力缺陷,患者往往对自己的精神症状丧失判断力,认为自己的心理与行为是正常的,拒绝治疗。精神病致病因素有多方面,包括先天遗传、个性特征、体质因素、器质因素、社会性环境因素等。许多精神障碍患者有妄想、幻觉、错觉、情感障碍、哭笑无常、自言自语、行为怪异、意志减退等特征,绝大多数病人缺乏自知力。精神病的分类很复杂,本节重点介绍精神分裂症、偏执性精神病、急性短暂性精神病、心境障碍(情感性精神障碍、躁狂症、双相障碍、抑郁发作、持续性心境障碍)和应激相关障碍(急性应激障碍、急性应激性精神病、创伤后应激障碍、适应障碍)。

一、精神分裂症

(一)偏执型精神分裂症

偏执型精神分裂症是精神分裂症中最多见的一型。一般起病较缓慢,起病年龄也较其他各型晚。临床表现主要是妄想和幻觉,但以妄想为主,这些症状也是精神病性症状的主要方面。妄想为原发性妄想,主要有关系妄想、被害妄想、疑病妄想、嫉妒妄想和影响妄想等。这些妄想通常结构松散、内容荒谬。如出现关系妄想时,患者总觉得周围发生的一切现象都是针对自己的,都与自己相关,比如别人的议论是对他的不信任的评价,别人润嗓子发出的声音是在传递不利于自己的信息,别人瞥一眼是在鄙视自己等。

幻觉在妄想形成前后或同时均可出现,以内容对其不利的言语性幻听最为多见。也可出现幻视、幻触、幻嗅等。除妄想和幻觉外,虽然也可有情感不稳定、行为异常等表现,但一般对情感意志和思维的影响较少,行为也不很奇特。偏执型精神分裂症的病人智能完好,日常生活也能自理,虽然自发缓解较少,但经过治疗通常能取得较好的效果。请看下面的案例:

某女,28岁,高中语文教师,一年前因夫妻感情不和离婚。该女长相较好,小巧玲珑。夫妻俩是同一所高中的老师,她看不惯丈夫经常喝醉酒以及其大男子主义等行为,丈夫也不能忍受她的脾气,最终离婚。之后逐渐出现一些精神病性症状。称走在校园里时，那些男生都在偷偷地看她，而那些女生有的用很嫉妒的眼光看她。还称听到学生评价她的容貌是“倾国倾城”。她提得最多的是学校的教务主任，说他早已看上自己，认为当初被聘到该学校很大的因素是他暗中相助的。声称教务主任不喜欢他的妻子，愿意为了和自己在一起而离婚。说他经常写情书给自己，但是被某些吃醋的女老师“截住了”。还说不管别人怎么阻挠，他都会坚定地追求她。又说曾半夜听到有人敲她的门，并透过窗子向她表白。

该案例中患者主要表现为以钟情妄想和幻听为主，可以诊断为偏执型精神分裂症。

（二）青春型（瓦解型）精神分裂症

青春型精神分裂症在精神分裂症中也较为多见。起病多在18～25岁的青春期。起病缓急，常与始发年龄相关，始发年龄越早，起病就越缓慢，病情发展呈阵发性加剧；始发年龄越晚，起病就越急骤，病程在短期内就能达到高潮。其临床表现主要是思维、情感和行为障碍。思维障碍表现为言语杂乱、内容离奇，难以为人理解；情感障碍表现为情绪波动大、喜乐无常，时而大哭，时而大笑，转瞬又变得大怒，令人难以捉摸；行为障碍表现为动作幼稚、愚蠢，做鬼脸、玩弄粪便、吞食苍蝇、傻笑，使人无法接受。此外，也可能有妄想和幻觉，但较片面简单。青春型精神分裂症病人生活难以自理，预后较差。请看下面的例子：

某男，28岁，父母是当地农民，家庭贫困。他有一个妹妹，小他4岁。从小学到初中，该病人成绩都很好，但中考、高考却相继失利。而妹妹的学习成绩却遥遥领先，父母将宠爱全部转移到女儿身上，并常数落儿子。在长期的抑郁环境里，该病人的性格发生了变化：内向、孤僻、自闭，常把自己反锁在屋子里，将偷来的妹妹的内衣穿在自己身上。同时，他一见妹妹就恨得咬牙切齿，找各种借口对妹妹大打出手。后来，发展到偷偷尾随单身女学生回家，再趁夜色潜入女学生家偷女式内衣。家人发现其行为怪异，商量好带他去看病，得知家人要把自己送到医院治病时，他一下子犯病了：对父母和妹妹大打出手，并举起一把菜刀要杀人，后被警察制止。（引自：广州日报，2009年11月19日）

该案例中患者行为怪异、紊乱，存在情感障碍，可以诊断为青春型精神分裂症。

（三）紧张型精神分裂症

紧张型精神分裂症较为少见。起病较急，多在青壮年期发病。其临床表现主要是紧张性木僵。病人不吃、不动也不说话，如泥塑木雕，或如蜡像一般，可任意摆动其肢体而不作反抗，但意识仍然清醒。有时会从木僵状态突然转变为难以遏制的兴奋躁动状态,这时行为暴烈,常有毁物伤人行为,严重时可昼夜不停。但一般数小时后可缓解,或复又进入木僵状态。紧张型精神分裂症可自行缓解,治疗效果也较理想。请看下面的案例:

某男,23岁,大四学生。大学毕业在即,同学们都在忙着找工作,他却变得越来越孤僻。经常待在宿舍里,摆出一些奇怪的姿势,坐在椅子上睁着眼睛,一动不动。同学觉得很奇怪,拍拍他,他晃了两晃,仍然不动,以为他在开玩笑。但是更多的令人匪夷所思的现象出现了。早上他身体平躺在床上,头悬空十厘米左右,底下并没有枕头,却像有什么东西支撑着一样。有一次去食堂吃饭,排队的时候突然不动了,后面的人催他也不理,然而就在人们诧异的时候,他突然把餐具朝地上砸去,推开周围的人,跑了出去。

该案例中患者出现了紧张性木僵和突然的紧张性兴奋现象,可以诊断为紧张型精神分裂症。

(四)单纯型精神分裂症

单纯型精神分裂症较为少见。起病隐袭,发展缓慢,多在青少年期发病。其临床表现为以思维贫乏、情感淡漠,或意志减退等阴性症状为主。早期可表现为类似神经衰弱症状,如精神萎靡、注意力涣散、头昏、失眠等,然后逐渐出现孤僻、懒散、兴致缺失、情感淡漠和行为古怪,以至无法适应社会需要。但没有妄想、幻觉等明显的阳性症状。病情严重时精神衰弱日益明显。病程至少2年。单纯型精神分裂症预后较差。 请看下面的例子:

某女,16岁,高一学生。最近几个月来突然变得很古怪,常常一个人在房间里呆坐,不言不语,平时爱看的电视节目也不看了,个人卫生也不注意,头发散乱。上学经常需要母亲提醒,有时出门了并不去学校,而是呆坐在公园里或躺在草坪上,弄脏了衣服也不管。近来还经常把家里的东西翻得乱糟糟的,把衣服剪破。有时见到楼下的孩子在玩耍,她就把他们赶走。邻居的孩子都很怕她。家长来投诉后,父母教训她,却毫无改变。

该案例患者表现出了意志减退和古怪的行为,可以诊断为单纯型精神分裂症。

(五)其他型精神分裂症

精神分裂症除以上几种精神病性症状较为明显的类型外,尚有未分型、残留型和抑郁型等几种类型。未分型精神分裂症是指多种症状交叉混合,很难归入上述任何一型的精神分裂症,也可成为混合型。残留型精神分裂症是指在以阳性症状为主的活动期后迅速转入以阴性症状为主的非特征性表现的人格缺陷阶段的精神分裂症。

残留型精神分裂症在精神分裂症中也较为多见。抑郁型精神分裂症是指精神分裂症急性期除阳性症状外,同时伴有抑郁症状的精神分裂症,如精神分裂症的其他各种症状减轻后才逐渐出现抑郁症状,则称为分裂症后遗抑郁状态。

二、偏执性精神病

偏执性精神病是一组以系统妄想为主要症状而病因未明的精神病,若有幻觉则历时短暂且不突出。在不涉及妄想的情况下,表现不出明显的精神异常,一般不会出现人格衰退和智能缺损,并有一定的工作能力和社会适应能力。多发于女性,多于30～40岁缓慢起病。病前性格多有主观、固执、好强等特征,1/3的人起病前有心理因素。

偏执性精神病的临床表现主要是病初与现实接触能力保持良好,往往不易被人发现,多误为性格固执。病情明显时常有相应情绪与行为表现。主要表现为固定、持续、较系统的妄想,常见妄想为被害、嫉妒、钟情、夸大、疑病等形式。妄想多接近现实、坚信不疑、不能被说服,一般不泛化。常伴有反复控告、跟踪、伤人、逃走、自伤或自杀等行为。

本病原因不明。起病年龄一般在30岁以后,女性偏多,未婚者多见。病前性格多具固执、主观、敏感、猜疑、好强等特征。一般认为本病是在个性缺陷基础上遭受刺激而诱发,由于自负和敏感,对所遭遇的挫折作歪曲的理解而逐步形成妄想;而在妄想的影响下则容易和环境发生冲突,反过来又强化其妄想。生活环境的改变如移民、服役、被监禁及社会隔绝状态,可能会诱发妄想性障碍。老年人中出现的感官功能缺陷如失聪、失明,也易伴发妄想症状。请看下面的案例:

王某,男性,26岁,在外打工。半年前厂里新来了一位姑娘小红,小王对其一见钟情,而且认为小红也喜欢自己。为此他发动了猛烈的爱情进攻,请她看电影、逛街,但常常被拒绝。小红坦言说不喜欢小王的性格,但这丝毫没有让小王退缩,反而认为小红是在考验自己。他对小红穷追不舍,并在厂里宣扬他们已经确定关系了,并且说小红已经愿意托付终身了,不久将回老家办喜事。而且小王工作也更拼命了,说是为了攒钱结婚。这让小红很气愤,逼得没法只好换了一家厂子。但他依然认为小红是爱自己的,只是为了“距离产生美”而离开的。小王的老乡怀疑他是不是“吃错药了”,打电话跟小王的家人说,家人猜测小王是到了谈婚论嫁的年纪,于是给他张罗相亲的事。小王得知此事后很生气,说父母在破坏他的姻缘。

该案例患者出现了钟情妄想,但其他行为正常,症状出现超过3个月,可以诊断为偏执性精神病。

三、急性短暂性精神障碍

急性短暂性精神障碍主要表现为妄想性障碍,主要特点包括在两周内急性起病,以精神病性症状为主,起病前有相应的心因,在2～3个月内可痊愈。有的患者临床表现以精神分裂症性症状为主,如果病程不超过1个月,临床可诊断为分裂性精神障碍。请看下面的案例:

小赵,女性,18岁,大一新生。家住北方,刚考上了南方的一所大学。一周前新生开学,只身一人来校,在车站被骗去随身携带的一千多元钱,之后被迎接新生的同学接到学校。一到学校便出现了症状。主要症状为哭泣,感到到处都不安全,到处都有坏人要害自己。周围的陌生人都不能相信。有很多手续要办,但是不敢出寝室,见到路上的人觉得有些是歹徒,要抢她的钱,甚至要拐卖她,吓得哆哆嗦嗦。晚上感觉很恐惧,外面细微的脚步声都让她无法入睡,以为是小偷或劫匪。室友被她闹得一夜都没有睡好。

该案例中,患者主要表现为被害妄想和情绪障碍,起病前有重大事件发生,可诊断为急性短暂性精神障碍。

四、心境障碍

心境障碍是一种以心境紊乱作为原发性决定因素或者成为其核心表现的病理心理状态,原称情感性精神障碍,现称心境障碍。本病实际上是多源的,常见于精神科和内外科各科。心境障碍在悲伤或情绪高涨时显得十分强烈,并且持久,超过了对生活事件应激反应的程度。心境障碍有双相(有抑郁与躁狂期)及单相(只有抑郁)心境障碍。双相障碍的发病年龄较轻,周期较短,发作频率较高。双相心境障一般从抑郁开始,而在病程中至少有某一个时期显得情绪高涨。单相心境障碍(重症抑郁障碍)是复发性的抑郁发作,但有1/3的病例可能终生只发作一次。以抑郁作为首次发作的病例,约1/5最后证实是双相型。

(一)单相心境障碍

单相心境障碍可见抑郁、激惹或焦虑,或者是它们的混合表现。然而在隐匿型抑郁症中,却可以相反地在意识中体验不到抑郁心境。取代这种抑郁心境而出现的是躯体不适,甚至会用笑嘻嘻的面貌作为防御性面具(微笑型抑郁症)。有的可能会诉述各种各样的疼痛,害怕发生灾难,或害怕自己发疯。有些病例因为病态感情已经达到“欲哭无泪”的深度,如能重新恢复哭泣能力,表示病情有所好转。患有这种抑郁症的病人会诉说自己不能体验普通的情绪,包括悲哀、欢乐和愉快,并且感到世界已变得毫无光彩，死气沉沉。病态心境可伴有自咎自责，往自己脸上抹黑的想法。不能集中思想，犹豫不决，对日常活动兴趣减少，社交退缩、无助和失望，以及反复想到死亡和自杀等。在单相和双相型的抑郁期，都会出现明显的精神运动和自主神经症状。患者表现出精神运动性迟缓，或思维、语言及一般动作的缓慢，甚至会发展到抑郁性木僵的地步，此时所有自主动作完全消失。约有15%的抑郁症可有精神病性症状，最多见于忧郁症。

（二）双相情感障碍

双相情感障碍是以躁狂或忧郁的反复发作和交替发作为特征的精神病，主要特征为情感障碍，故又称情感性精神病。发作可呈双向性，亦可呈单向性。躁狂症的特征是兴奋的、激动的、乐观的、情感高涨的，抑郁型恰恰是另一极端，其特点是忧郁的、悲观的、沉静的、情感低落的。

因二者可交替发病，故该病又称循环性精神病。全程中，有的以躁狂型为主，有的以抑郁型为主。一个阶段化悲为喜，一个阶段又转喜为忧。双相情感障碍以情感低落、思维迟缓和运动抑制为三大特征，并呈躁狂、抑郁交替发病的状态。

很多双相情感障碍的患者，在很早的时候就会出现情绪忽高忽低的变化，但这种情绪的不太稳定并不太为人所注意，而这时实际上已经有抑郁发作了。一般抑郁症持续到30岁左右才会有一次躁狂发作，以后就是躁狂、抑郁、躁狂、抑郁的反复发作；有的人还会出现快速循环，一年之内出现多次反复发作，如同荡秋千一样。

躁狂症是双相情感障碍的一种表现。躁狂症主要表现为明显而持久地心境高涨、思维奔逸和精神运动性兴奋。在心境高涨时，病人常表现出兴高采烈、喜形于色的神态，好像人间从无烦恼事。病人常自称是乐天派。这时病人的情绪反应可能不稳定、易激惹。可因琐事或意见遭驳斥、要求未满足而暴跳如雷，可出现破坏或攻击行为。而思维奔逸则表现为联想过程明显加快，概念接踵而至，说话声大、量多、滔滔不绝。因注意力分散，话题常随境转移，可出现观念飘忽。病人常有脑子开了窍、舌头跟思想赛跑的体验。病人精力显得异常旺盛，睡眠需求减少。

轻到中度的躁狂称为轻躁狂。患者此时自我感觉良好，以至于可能认为自己的状态良好、效率提高。轻躁狂患者阳光的一面表现在：计划多、想法多、动力足、精力旺盛、过度乐观；但其黑暗的一面却是开车鲁莽、好冲动、不耐心、吸烟饮酒增多，在股市上盲目投资等。作为情感障碍，躁狂症有别于精神分裂症。精神分裂症患者虽有言语、动作增多，但对周围事情不关注，无情感高涨，往往情感、思维与动作不协调，意志与行为之间出现障碍，活动减少，缺乏主动性，孤僻，有退缩、冲动的行为。

在转为抑郁发作时，患者会表现出持续的悲伤、焦虑和空虚；兴趣或乐趣丧失，精力下降,感到疲劳,行为缓慢;注意力难以集中,记忆力下降;不安静、易激惹,睡眠过多或不能入睡等等。在双相情感障碍中,抑郁较多,躁狂较少,很多有双相情感障碍的人都否认自己有躁狂。请看下面的例子:

某女,33岁,家庭主妇。近一个月来,非常兴奋,感觉有用不完的精力。特别喜欢说话,和丈夫聊自己的想法,说:"我其实不是一般的人,而是老天派来救苦救难的……我要把儿子培养成国家总理,我就是总理母亲,母仪天下……"然而还没等丈夫插话,又开始说:"家里的煤气罐没气了,我也不会再生气了,而且要意气风发地过日子……"常抱怨语言跟不上思想。动作敏捷,在家里小跑着干家务,洗衣服洗到一半,就去切菜,刚拿起刀切了几下,又跑出去买零食。每次接上幼儿园的儿子回家,路上要买很多东西给儿子,如衣服鞋子等,以至于穿都穿不完。但是这只是她的一面,有时她会很沉静,甚至哭泣,把自己关在家里,对什么事都不关心,还常忘了接儿子。

本案例有语言增多、思维奔逸、精力充沛和鲁莽行为等症状,同时在一段时间内会出现明显的抑郁症状,故可诊断为双相情感性精神障碍。

五、应激相关障碍

应激相关障碍(stress related disorders),旧称反应性精神障碍或心因性精神障碍,指一组主要由心理、社会(环境)因素引起异常心理反应而导致的精神障碍。

(一)急性应激障碍(acute stress disorder)

急性应激障碍是在急剧严重的精神打击或刺激后数分钟或数小时内发病,主要表现为意识障碍,意识范围狭隘,定向障碍,言语缺乏条理,对周围事物感知迟钝,可出现人格解体。有强烈恐惧,精神运动性兴奋或精神运动性抑制。病程短暂,一般持续数小时至1周,通常在1月内缓解。请看下面的例子:

一男子驾驶的一辆夏利轿车撞上隔离护栏后起火。几个过路的司机急忙停下车帮忙灭火,并帮着打开车门把车内的司机拉出车外,有些司机还试图拉出困在副驾驶座位上的孩子,但没有成功。男子被拉出来后,身上到处都着了火,好心的司机还帮他把身上的火扑灭,但这名男子被拉出来后,竟跑向路边翻下公路,沿小沟向街道跑去,众人追也追不上。而车内3岁的儿子被火烧死。事后,该男子对交警说:"我真的是忘了,我是半小时以后才想起儿子还在车里的。我最近太累了,出事的时候很疲倦。"确认自己的孩子已经死去后,司机一脸悲伤,一直哭个不停。(引自:医院在线,http://www.holine.com/200604/06040701.htm)

该案例中的男子遭遇车祸的重大刺激,表现出了暂时性的意识模糊、定向障碍和精神运动性兴奋,症状维持时间较短。可诊断为急性应激障碍。

(二)创伤后应激障碍(post-traumatic stress disorder,PTSD)

创伤后应激障碍又称延迟性心理反应,指在遭受强烈的或灾难性的精神创伤事件后,数月至半年内出现的精神障碍。创伤后应激障碍的症状主要包括创伤性体验反复出现,接触与灾难有关的刺激时有激烈的生理唤醒,以及感到痛苦或对创伤性经历的选择性遗忘。请看下面的案例:

某男,35岁,汶川某初中班主任。亲身经历了汶川大地震。地震时,自己和学生们拼命跑出教室,随后目睹了教学楼的部分垮塌,以及部分师生被砸伤,还有的被掩埋。震后一两个月只是对轻微的震动敏感,还能积极参加一些救援活动,一切还比较正常。地震后半年,脑海却渐渐地出现挥之不去的地震场面和情景,例如坍塌的水泥块向底下的人群砸去的画面、嘈杂的声音,还有惊叫声……而且睡眠成问题,总感觉地板在颤动,以至于每晚都要惊慌跑出去好几次以躲避"余震"。偶尔睡着也会被惊醒,出冷汗。以前喜欢做的事,现在也不做了,整天躲在家里抽烟。当电视播放人们为灾区祈祷的画面时,他却和家人说电视里祈祷的人很可笑,不知道他们为什么祈祷,他好像若无其事的样子。

本案例中的男子表现出了创伤性体验重现、高警觉以及选择性遗忘等症状,在地震后半年出现,可诊断为创伤后应激障碍。

(三)适应性障碍(adjustment disorders)

适应性障碍指在易感个性的基础上,遇到了应激性生活事件,出现了反应性情绪障碍,适应不良性行为障碍和社会功能受损。通常在遭遇生活事件后1个月内起病,病程一般不超过6个月。请看下面的案例:

某女,16岁,高一新生。来访者来自农村,在家排行老小,没吃过多少苦。小学和初中在乡里读,今年考上了市里的重点高中的重点班。领到通知书后很高兴,但是开学后不久,发现大多数同学都是城里的,而且都说普通话,自己一直都说方言。觉得食堂的饭菜不合胃口,寝室的床铺也不舒服。开学没多久,她就出现失眠、消化不良、注意力难以集中等问题,上课觉得脑袋昏昏沉沉如做梦一般。跟同学交流不来,感觉自己很土,因此不与同学交往。常想家想到哭泣,有时给父母打电话,说不想继续读书了。班主任老师发现了这个情况,把她领到了校心理咨询室……

该案例中的学生表现出了明显的情绪问题、生理症状以及社会功能的损伤,而且与入学有关,可诊断为适应性障碍。

第十三章

中学生常见心理问题的诊断

中学阶段是人生的黄金时期。中学阶段一般从12岁持续到18岁。在中学阶段，生理发育和心理发展的矛盾性，使这个阶段充满了复杂性。这个阶段常被发展心理学家们称为困难期和危机期。

心理发展的矛盾性特点主要表现在心理上的成人感与半成熟现状之间的矛盾，心理断乳与精神依赖之间的矛盾，心理闭锁与开放性之间的矛盾，成人感与挫折感的交替。建立假设和检验假设的能力增强，思维形式和思维内容分离。在社会性发展方面，自我意识表现出强烈关注自己的外貌和体征，深切重视自己的学习能力和学业成绩，十分关心自己的人格特征和情绪特征。在情绪方面，有不能自我控制的情绪波动，出现青春期的躁动。出现第二反抗期，表现出硬抵抗、软抵抗和反抗的迁移等形式，出现心理断乳。在人际关系方面，中学阶段同伴关系出现先疏远后接近的行为模式，交友范围开始缩小，对父母的依赖减少，而反抗情绪增加。与老师关系方面表现出不再盲目接受任何一位老师，开始对老师评头论足的特点。在中学阶段后期，这些心理特点逐渐趋向平稳与成熟。

从艾里克森的发展阶段理论来看，这个阶段主要发展任务是形成角色同一性，防止出现角色混乱，发展出诚实品质。围绕主要发展任务，伴随中学生阶段心理发展的矛盾性、复杂性等特点，可见中学生更容易出现各种各样的心理问题，国内对中学生各种各样心理问题的抽样调查表明，中学生心理问题的比例低位在百分之十几的水平，高位超过了30%的水平。因此对中学生常见心理问题进行正确诊断就成了中学生心理健康教育工作的一个重要组成部分。

对中学生心理问题进行诊断，通常有三种取向。第一为严重程度取向。该取向主要是根据心理问题不同的严重程度，把心理问题分为一般心理问题、严重心理问题、可疑神经症、神经症和精神病等主要的五大类。第二为正常与异常取向。心理异常也称心理不正常，主要是指有典型精神障碍症状的心理活动。正常心理包括心理健康状态和心理健康状态欠佳，但没有精神障碍的心理。郭念峰(1995)等认为在非常规条件下，当心理活动变得相对失衡，而且对个体生存发展和稳定生活质量起着负面作用时，那么这种心理活动，便称为“不健康心理”状态。不健康心理活动是一种处于动态失衡的心理过程。在区别心理正常与心理异常时，常用主客观同一性原则、心理内在一致性原则和人格的相对稳定性原则，同时综合心理冲突的性质标准来区别。心理冲突有常形与变形之分。而常形与变形又根据心理冲突的道德性与现实性来区分。第三为具体领域问题取向。采用由表及里的逻辑分类方法，分为恋爱婚姻家庭、心理成长发育、情绪反应、社交适应人际关系、躯体疾病以及其他六类。傅安球(2004)认为主要有分神、注意转移困难、记忆减退、选择性思维迟滞、忧郁、期待性焦虑、冷漠、暴躁、急躁、自卑、多疑、空虚、无端烦恼、消沉、偏执、狭隘、孤僻、孤独、敌对、攻击性、冲动、狂热、狂妄、怯场、怯懦、压抑、心理疲劳等共计二十七种表现与类别。中学生心理问题表现有一定的复杂性，既有发展和性质明确的心理问题，也有处于心理问题边缘性特征的问题，既有某类心理问题的典型表现，也有不典型表现。基于此,我们对中学生心理问题诊断发展出一种新视角——症候群取向来进行诊断。塞里认为:每一种疾病或有害刺激都有相同的、特征性的和涉及全身的生理生化反应过程,称作症候群(Syndrome)。症候群也称综合征,最初来自医学术语,指在某些可能的疾病出现时,经常会同时出现的临床特征、症状、现象,医师可针对出现的其中一种表征,警觉可能一并出现的相关变化,但实际的病原、确定诊断的疾病名称或相关生理变化可能无法确知。从心理角度来看,心理症候群可以看成是指因某些有心理问题相互关联的变化而同时出现的一系列症状。从心理症候群取向来进行诊断已经有了一些代表性诊断类型,如斯德哥尔摩症候群、同一性危机症候群、艾斯伯格症候群、学者症候群、自杀前驱症候群、慢性疲劳综合症候群等等。从症候群取向对中学生心理问题进行诊断有一些价值:(1)这是中国特色的心理问题诊断视角;(2)这是从弥散性而不是从单一性进行的诊断,可以在心理问题的初期和早期介入干预,做到早预警、早预防和提早干预,从而提高心理健康维护质量和水平;(3)这极大拓展了对心理问题的干预视野,可以对心理问题症候群从周围边缘症状到核心症状进行干预,改变了仅聚焦于核心症状的干预传统。

第一节　学习类心理症候群

中学生的主导活动是学习,因而,学习成了中学生心理症候群的主要来源。学习方面的心理症候群主要有以下两类。

一、厌学症候群

(一)厌学症候群的界定

厌学指在学习中,学生面对长期的学习任务而产生的一种厌烦反应。许多研究表明,厌学是许多学生都存在的一种普遍现象,严重影响学生的学习主导任务和表现,并由此影响到学生的健康成长。厌学与许多心理反应有关,包括抑郁、易激怒、无助和焦虑、失眠、头痛、食欲不佳、胸痛和胃肠问题。厌学包括对学习满意度降低、学习效率下降、缺勤、与同学的冲突增加等。

厌学是当代中学生的一种"流行病"。厌学是一种心理主观感受,主要表现为学习疲劳和厌烦。学习疲劳通常分为三种情况:第一种是正常疲劳。例如强度大的活动之后,人们通常都会出现类似反应,这类疲劳容易消除。第二种为躯体疾病引起的疲劳。例如多种躯体疾病,包括急慢性传染病和各种消耗性疾病,都可伴有疲劳不适感,这种疲劳是躯体疾病的一种症状,休息不能消除,但随着疾病的好转,精神和体力也就恢复了原状。第三种是情绪性疲劳。这种疲劳跟各种不愉快的情绪和心情密切相关,休息和药物都不能消除疲劳感受,只有心情愉快了,疲劳才能减轻以至消失。厌学主要以情绪性的学习疲劳为主。将中学生在学习过程中对于厌学的种种身心行为反应症状称为厌学症候群。

厌学症候群主要指针对学习活动所产生的一系列生理、情绪和行为等方面的症状。主要表现为生理意义上对知识的厌食行为及懒惰;情绪上对学习生活不满而产生的不愉快、厌烦;行为上学习动力不足,学习兴趣减弱或消失,对学习活动或学校生活的回避、逃避甚至抗拒。具体表现为:学习无明确目的、学习中遇到困难时无动于衷或逃避、考试成绩差、考试不及格时感到无所谓、对目前所学课程有的不感兴趣、学校对自己无吸引力,严重者甚至出现对学校的回避。

(一)产生厌学症候群的原因

产生厌学症候群的原因有主客观两个方面。从客观上看,国内中学生学业负担过重,多年减负越减越加;学习内部竞争压力大;要求学生成为能唱、会写、能算、会画等的文武全才;社会各种诱惑使中学生容易迷失自己;社会上“读书无用论”使学生觉得读书无价值,产生厌学情绪;学校教育追求高分率、高考率、重点率等;一些教师教学模式单调,教学方法缺少吸引力;中学生教材内容客观上越来越难等多种客观因素的综合作用。从主观上看,中学生自我意识觉醒,面对社会的多种诱惑与读书十年寒窗苦的反差不能自制;在读书学习过程中,学习成绩平常而在教育过程中被忽视、被批评,缺少成功感,导致对学习过程产生负性情绪;个人缺少有效、高效的学习方法使学习过程枯燥无味;学习者缺少明确的学习目的;学习意志薄弱;在学校和同学的人际关系不好等多种主观原因都能导致学生出现消极负性情绪困扰而失眠、乏力、无心学习,产生厌学情绪。

(二)厌学症候群的主要症状

(1)厌学症候群的主要症状包括学习注意力涣散,不愿意从事长时间的学习活动。

上课时,不能专心听课,或胡思乱想,或东张西望,或心神不宁;自习时,心猿意马,或坐不住,或东翻翻西看看,不能专心读书做作业;容易被与学习无关的刺激吸引,而且长时间不能把注意力转移到学习上来。

(2)厌学症候群常表现出思维表面化、缺乏深度。学习者面临学习任务时无法深入,对学习内容的理解、观点的表达、问题的解决也深入不下去,肤浅而流于表面。

(3)厌学症候群表现出学习意志薄弱。学习意志力缺乏,在学习过程中稍微遇到一点儿困难就选择逃避。例如,学习作业量略大,题目稍难,需要动一点儿脑筋,学习者就选择放弃、逃避等。厌学症候群患者出现学习疲劳症状,一拿起书就想睡觉,一看到字就打瞌睡,连考试也紧张不起来。平时,也常常觉得无力、嗜睡、多梦,眼睛总像睁不开似的,哈欠也打个不停,早上起床就觉得很累。

(4)厌学症候群情绪出现蔓延特点。厌学症候群的厌烦情绪体验可以蔓延开来,从只是头晕到全身无力,从上课睡觉到迟到早退,甚至旷课,从只是对学习不感兴趣到对所有事情都失去兴趣。自己明明知道这样很浪费时光、影响健康,想把自己的情绪拉回正常,却做不到。有时,整个人都觉得烦闷、焦躁。

(5)厌学症候群表现出心理枯竭。心理枯竭是一种在学习和工作的重压之下身心俱疲、厌弃学习和工作的感受,是一种身心能量被耗尽的感觉。心理枯竭不单单只针对成人才会发生,在学习压力繁重的社会,学生也会逐渐产生厌学症候群。

(三)厌学症候群类型分析

从厌学的原因可以将厌学症候群分为七个类型:

(1)无目标型

这种类型的学生家庭生活优越,缺乏学习目标和动力,对学习的认识肤浅,认为学习只是为了以后能找个好工作,而自己家庭条件好,不需要学习以后也能有不错的生活。从而产生厌学症候群。

(2)学习痛苦型

这类学生通常基础差,加之缺乏耐心,缺乏辅导,让他们在学习过程中很困难且痛苦,从而对学习产生厌烦情绪。

(3)家庭影响型

受到家庭的影响,父母认为读书无用,不如早点去工作,并向孩子灌输读书无用论,使孩子也认为读书没有意义。

(4)习得性无助型

这类学生通常父母常年在外务工,缺乏父母的关心、支持以及帮助。在学习上遇到困难时,不能从父母等处获得有效的帮助,产生无助感,导致厌学。

(5)环境不适应型

由于更换学校,更多情形是更换老师,导致学生对新老师的教学方式、教学风格、管理方式等不适应和不习惯,从而导致与老师的对立、冲突,进而导致学生厌学。

(6)对老师的泛化型

有些学生曾和某一老师发生过冲突,并将这种印象泛化到所有老师,认为老师都是不好的,因此拒绝去学校,从而产生厌学症候群。

(7)真实有病型

有些学生确实存在一定的心理问题,比如抑郁等,让他们难以适应学校生活,从而表现厌学症候群。

(四)厌学症候群的诊断要点

(1)主要症状以学习的情绪性疲劳为主。

(2)学习的注意力涣散。

(3)学习的意志力下降。

(4)学习兴趣明显下降。

(5)学习情绪以学习厌倦为主。

(6)学习行为出现降低趋向的变化。

(7)对学习出现逃避、回避等行为反应。

(8)出现内隐或外显的逃学行为。

以上要点只要满足至少四点就可以诊断为厌学症候群。

(五)厌学症候群的辅导策略

(1)明确并清晰学习目标

通过咨询和治疗明确并清晰正确的学习目标。培养学习兴趣,增强学习的动力、学习的任务意识和责任意识。

(2)学会自我奖赏

通过咨询和治疗,增强学习的自我效能感,学会自我强化,体会到学习快乐。

(3)知识价值辅导

让学生认识学习价值、知识价值等,从而改善厌学症候群。

(4)个性化辅导

针对厌学的不同类型给予个性化的辅导。例如:对于适应能力差的学生要帮助他更好地适应学校环境与人际交往;对于基础差的学生要给予耐心的辅导提升学习能力;如果是家庭原因就要和监护人进行沟通。

(5)社会发展趋势辅导

让学习者理解社会发展趋势对知识、文化、技术和学习等的需求越来越高,这会激发学生的学习动力。

(6)采用现实问题解决技术

对由于学习基础差,学习跟不上,学习负担过重导致的厌学,应该采取减负、补差、增强练习和知识掌握程度等措施切实解决学习困难者的现实问题,使他们在学习过程中获得顺利、顺畅、胜任感,从而化解厌学症候群。

(7)学会对厌烦情绪进行自我疏导

学会采用各种情绪管理技术,例如利用蝴蝶拍、情绪图谱等对厌学症候群中的厌烦情绪进行自我疏导。

(六)案例分析

同学赵某,进入高三已经有两个月了。但是最近父母常在他耳边念叨,马上就要高考了。这两个月他感觉好像从天堂走进了地狱,每天就是不断地学习,再学习,连去上个厕所都会被认为是浪费时间。刚开始,为了自己能考上理想的大学,他总是会给自己加油。但是,最近一个月,他发现自己有点不愿意学习了,只想玩,甚至坐在教室里发呆他都愿意,只要别让他看书。可是,这样下去不是办法,他强迫自己看书。但是,越是强迫,却适得其反,更加没有学习的兴趣了。他渐渐地变得慵懒,有力使不上劲,只能让自己干着急,一提到学习就厌烦,只想玩玩手机,他真的很讨厌这样的自己,他不知道自己该怎么办。

从以上案例可以看到,学生赵某出现了"不愿意学习,只想玩,坐在教室里发呆都愿意,越强迫看书越看不进去,对学习更没有兴趣,变得慵懒"等症状,这可以诊断为厌学症候群。

在心理辅导上,可以主要对临近高考时的厌烦情绪进行情绪疏导,也可以采用多种方式根据学生的具体情况进行。

二、考试焦虑症候群

考试焦虑症候群指的是一种情绪反应。当学生意识到考试情境对自己具有某种潜在威胁时,就会产生这种紧张的内心体验。适度的考试焦虑可以激发学习的积极性、释放学习潜能、提高学习效率,促进临场考试的良好发挥。但过度的考试焦虑则会使人注意力涣散、记忆效果降低和思维的流畅性受阻,从而降低学习的效率,长时间的过度焦虑还会影响生理健康。作为心理问题的考试焦虑经常指考试过度焦虑的情形。

(一)考试焦虑症候群产生的原因

产生考试焦虑症候群的原因多种多样。常见的原因主要有:

(1)对考试的认知偏差。沙赫特的情绪认知理论认为,认知评价是决定情绪发生的关键因素。对考试性质的认识、对考试利害关系的预测、对自己应考能力的估计等会直接影响焦虑的产生及其水平。也就是说,面临考试情境,个体是否会产生考试焦虑,以及考试焦虑程度如何,不取决于考试情境,而取决于认知。当面临考试情境时,进行比较、评价并感到有一种无法适应的威胁时,才会激起担忧的反应倾向。倘若个体把考试与前途、命运相连,那么考试焦虑的程度必然就更高。

(2)知识准备不充分。一般认为,考试焦虑的人多是准备不充分。可能是基础知识不扎实、概念原理理解不清楚、知识和技能不能举一反三、复习不好;也可能是对考试技巧的准备不充分。训练有素的人,在考场上得心应手,而缺乏应试技巧的人,在考场上紧张不安,手足无措;还可能是对考试情境准备不充分。例如,前一天晚上休息不好、失眠等等。这些情况中的任何一种都有可能造成考试焦虑。

(3)以往考试的失败经历和体验。学生以往考试经历左右着对自己应考能力的评估。如果在过去的考试中,经历过多次的失败和对失败的恐惧,而对失败的原因又错误地归因于自己能力不足的结论,那么随后的考试中,学生出现情绪波动的可能性就大。学生觉得考试情境变得具有威胁性,失去信心,对考试顾虑重重,这就是经过考试获得失败感、无能感、自卑感、不愉快、焦虑、紧张等消极情绪体验。

(4)个性心理特征。容易产生考试焦虑的人,在个性心理特征上都有一定的共性。比如,性格内向、敏感多思、追求完美、自我抱负水平高、情绪不稳定等。研究发现,性格内向的人面对考试情境产生的反应慢而深刻,他们常把注意指向自身,关注自己在考试中做出的不适当的反应,考试容易引起情绪波动和负性情绪,使其原来准备就绪的应付手段显得没有效力,原来没有危险的考试也变得对自己有威胁了,从而惶恐不安,紧张焦虑。也有研究表明,能力不如他人或对自己的能力主观评价不及他人,以及怀有强烈愿望争取高分数的学生,更容易产生较高的考试焦虑,情绪不稳定的人面对考试情境产生的反应较情绪稳定的人快而强烈。

(5)学校、家长、社会、传统观念等的负面影响。学校不当的教育方式、过严的要求,扼杀了学生的学习积极性,让学生感受到失败,造成对考试的紧张和焦虑。社会“把考试分数作为评价成败的唯一标志”的价值取向,这给学生带来强大的冲击和深刻的影响。学生把考试视为头等大事,既关注考试,又畏惧考试,甚至由考试焦虑而发展为考试恐惧。传统观念“万般皆下品,唯有读书高”过度夸大了学习功效,加重了学生的心理负荷,造成了巨大的心理压力,使他们产生考试焦虑。从家长来看,家长望子成龙,要求孩子考重点中学、名牌大学。家长的严要求、高期望使学生的心理压力过重,怕考砸了难以交代,也可能导致考试焦虑的发生。

(二)考试焦虑症候群的主要症状及特点

考试焦虑症候群的主要症状是与考试刺激相应而出现的一系列生理和心理反应。例如一些来访者描述"考试的前一天晚上会失眠,考试的时候会头晕,手心出汗。每次考前都要吃止泻药,不然考试的时候就会上好几次厕所"。部分来访者可能在考试前出现一些奇特的反应或现象,例如一些来访者描述"只要临近考试,就会发烧,考试结束,发烧症状自然消退,也无须药物治疗"。还有的表现为在重大考试前很多天就出现精力不集中,心烦意乱,情绪波动较大,程度较为严重的还会出现头痛、腹泻、发烧等症状。中度的考试焦虑者,会在考试前的一段时间里,较多地想到考试情景。经常感到紧张不安,对众多的复习材料感到发愁和忧虑,缺乏自信心。老是感到把握不大,心里没底,有的会失眠做噩梦。重度的考试焦虑者,在考试前很长一段时间里就产生了对考试的恐惧感和焦虑情绪。对功课复习有严重的畏难情绪,自信心差,出现头痛、失眠、多梦易醒、食欲缺乏、心悸盗汗、脾气不好等症状。考试焦虑行为在考场上也会表现出来。例如:出现怯场行为,即考试时由于心理过度紧张,情绪不安,大脑处于兴奋状态,难以控制自己,无法集中注意力,严重时会出现头晕,活动失常,无法进行考试;或者对考试丧失信心,学生在考试过程中表现出情绪低落、心态消极、无法集中注意力、最终导致弃考;或者学生由于考试焦虑,在考场上随机的偶发事件都会导致其心烦意乱和恐慌,影响正常思维,造成考试成绩下降。综合考试焦虑的这些症状来看,考试焦虑主要表现出以下一些特点:

(1)担忧过度。在考试事件的刺激作用下,来访者出现担忧反应,但这些担忧过度了,不仅不能调动应考者的注意力、记忆、智力等多种心理资源,服务于考试。相反由于担忧过度使注意窄化、记忆力下降、智力水平操作发挥失常,会对考试产生负面影响。

(2)担忧的对象仅仅是考试,而没有泛化到其他方面。考试焦虑对象主要是考试情景、与考试有关的事件。与考试无关的情景或事件,例如与朋友吵架,受到老师批评等刺激不能导致来访者出现如此严重的反应。

(3)可能出现情绪反应及认知反应甚至行为反应。情绪反应主要以担忧、烦躁、慌张、情绪激动且不能自制为主。可能出现注意力不集中,在考试时常会把题目或要求看错,记忆力下降,考试时出现暂时性遗忘,头脑一片空白,思维迟钝、僵化、混乱,不能正常分析、归纳、判断、推理,本来会做的题目也不会做了。在行为上表现为多余动作增多,坐立不安,手足无措,或者对考试采取防御或逃避的方式(如考试时胡乱作答,早早地离开考场,或以各种借口逃避参加考试)。

(4)常见植物性神经功能紊乱的反应。主要表现为心率加快、肌肉紧张、手足发冷、头昏、呼吸急促、胃肠不适、多汗尿频、失眠、食欲缺乏等。

(5)排除焦虑性神经症。

(三)考试焦虑症候群的诊断要点

(1)主导症状为烦躁不安和担忧,且影响了社会功能

来访者的烦躁和担忧并不能提高学习效率或效果,相反阻碍了学习效率,影响了学习效果,实质上影响了社会功能。

(2)担忧的对象比较确定,并不发生漂浮现象

担忧对象就是考试情景及事件,除此以外并不会出现类似反应。具有特定的情景和事件,而不是没有对象,随境变化的漂浮。

(3)伴随植物性神经功能的反应

通常出现一些植物性神经功能的反应,以失眠、食欲下降、出汗等紧张症状的反应为主。

考试焦虑通常是一种一般或严重程度的心理问题。多数实际上没有达到神经症的程度。尽管在实践中多数老师喜欢把考试焦虑称为考试焦虑症,但是并不意味着这就是神经症。通常意义上讲,考试焦虑并不是变形心理冲突,也并不是缺乏现实意义的冲突。但有少部分会发展成为神经症,对此进行诊断时一定要注意把握。

(四)案例分析

王某出生在一个偏僻的农村,独生子,父母对他的期望很大,他平时自尊心极强,情绪易激动。初中阶段,学习成绩名列前茅,并担任班干部。考重点高中时,因分数不够而没有上成,后决定复习一年,立志一定要考上重点高中,因此思想压力比较大。第二次考重点高中时,顺利考上,王某希望能在高中阶段取得好成绩再现初中时的风采。第一次考试,成绩排在班级第十五名,这个名次王某很不满意,想着回家要怎么给父母交代,这也无形中加重了他的精神压力。于是,他课间很少活动,假日从来不休息,把精力都用在了学习上,双休日也不回家,即使平时也要学习到晚上11点半,每逢考试前都会学习到半夜2点。高一期间,在他的勤奋努力下,学习成绩一直保持中等偏上,进入高二,他依然这般刻苦学习,但学习成绩开始不见起色,总是在中游徘徊,这让他相当焦虑,身体逐渐变得消瘦。而且经常因为考试前发烧而请假在家中复习,尽管考试成绩一般,但是家长和他自己总觉得情有可原,而且都觉得如果没有因为发烧应该会考得更好。为此多次去医院做各方面的检查均未发现异常。随着时间的推移,他考试前发高烧的次数越来越多,直到最后,只要临近考试,就会发烧,考试

结束,发烧症状就自然消退,也无须药物治疗。升入高三,老师宣布准备在某日按高考要求进行模拟考试,并在全市内统一排名,王某第二天又开始发烧,几天后出现了严重的脱发现象,为此,他陷入极度的苦恼之中。

从上面案例可以看到,王某出现了担忧和烦躁为主的症状,这种担忧和烦躁只与考试情景有关,担忧和焦虑不是促进了王某的学习,相反阻碍了王某的学习。王某伴随有发烧症状,这表明植物性神经功能受到了影响。结合这些要点,可以诊断王某是考试焦虑。

第二节　行为类症候群

行为是中学生心理发展的一个重要的、直接的、外显的指标之一。因此行为发展上的问题也是家长、教师、社会等关注的焦点。中学生行为发展问题主要有以下四类。

一、行为问题症候群

(一)行为问题症候群内涵

1966年,Achenbach在心理学专著《一般与应用》中将不同的行为问题主要分类为内化行为问题(internalizing behavior disorder)和外化行为问题(externalizing behavior disorder)。内化行为问题指的是问题发生在"个体内部",被称为"过度控制的、过度抑制的或害羞、焦虑"问题,抑或是情绪问题。外化行为问题指的是外在的反社会性行为问题,大多指向他人,外化性问题还包含了与他人的冲突,表现出违抗、攻击性、违纪、脾气爆发和多动等社会不足的特点。林格伦(H.C.Lindgren)认为:问题行为是一个术语,它指任何一种引起麻烦的行为,如干扰学生或班级集体发挥有效的作用或者说这种行为所产生的麻烦使学生或集体丧失有效的作用。池丽萍等认为,行为问题是指与社会上公认的青少年行为规范、道德标准相违背的行为或是出现的不能适应社会的行为。张仲明认为青少年常见的问题行为包括抽烟、喝酒、翻院墙、上课睡觉、打架、耍流氓等,严重阻碍着青少年健康成长。

总的来看,行为问题症候群是指青少年表现出的一系列行为问题症状,这些行为问题症状与社会上公认的青少年行为规范、道德标准相违背,或是出现的不能适应社会的行为,这些行为引起麻烦,干扰或阻碍了青少年的成长和发展。

(二)行为问题症候群的主要表现

(1)打架。主要是青少年对冲突和矛盾总是选择以打架方式来解决。除了采用打架的方式,青少年好像没有其他的可选择的更合理的行为。打架主要包含破坏、暴力,乃至胁迫行为以及高频率出现此种行为的现象。每到遇事解决时,首选的方法就是暴力解决;容易因小事就出手打架伤人。受到大众传播媒体如报纸、电视等过分渲染各种暴力行为的影响,青少年常表现出攻击性行为,比如时常会欺凌弱小及女同学、打群架等,严重违反校规。而且也表现出破坏性行为,在教室的课桌椅上任意刻划,使桌椅面目全非,不堪使用。把打扫用具拿来当武器,任意挥舞,破坏无遗。表现出恶作剧行为,比如常用橡皮筋将纸团弹出,或丢掷纸团,打击其他同学,尤其喜欢在上课的时候恶作剧,破坏班上秩序,有时候则利用下课游戏时间,故意抬腿绊倒同学或踢中同学。不遵守学校及教室规矩:上课时常借机任意走动,在课堂中会把自己的一些小玩意携带进课堂,令全班同学都不能专心上课。家庭作业不能按时完成,甚至逃学到校外玩耍,开班会或者其他集会时,常在队伍中喧哗、说话、吃零食。自控能力、自我调节能力低下,容易感情冲动,一点儿小事就出手伤人。出现矛盾冲突时,打架是唯一和首要选择。打架次数频繁而且经常发生。一段时间不打架就会出现难受等心理反应。经常以打架为乐,以打架为荣。

(2)吸烟行为。抽烟行为问题表现出的主要特点是不到成年年龄就开始抽烟。在学习生活中,遇到各种压力经常以抽烟的方式排解。下课后经常躲在厕所抽烟,否则便会心慌坐不住。可能会对不会抽烟的同学表现出嘲笑、讽刺的言语或者动作。会向身旁的同学宣传并鼓动他们也去抽烟。有时会逃课去校外买烟,有时甚至会为了买烟,而出现偷窃或者抢劫的行为。研究表明,吸烟学生中60%有撒谎、偷窃、搜身、赌博等不良行为。

(3)校园欺凌行为。2017年联合国教科文组织发布了《校园暴力与欺凌:全球现状报告》。报告指出“各种类型的校园暴力与欺凌侵犯了所有学习者的基本受教育权,破坏了安全的学习环境,降低了教育质量”。多年来,我国教育部等部门连续发布了多项有关校园欺凌和暴力的通知、意见。2018年国务院印发《国务院教育督导委员会办公室关于开展中小学生欺凌防治落实年行动的通知》,要求全国范围内开展欺凌防治工作,以有效抑制校园欺凌的发生。对校园暴力的理解,Olweus认为校园欺凌(school bullying)是指一个学生长时间、重复地暴露在以一个或多个学生为主导的负面行为之中(Olweus,1993)。美国国家疾病控制与预防中心认为,校园暴力是指发生在校园或上下学途中与学校有关的青少年暴力。青少年是暴力的受害者、实施者或目击者。校园暴力包括导致心理伤害重于躯体伤害的欺负、拍、打等或引起严重躯体伤害与死亡的动武或帮派暴力(CDC,2013)。王会娜、张仲明(2015)认为校园暴力是指针对校园师生发生的或者校园师生之间发生的非平衡性伤害,这种伤害既包括身体伤害,也包括心理伤害,既包括外显的伤害,也包括内隐的伤害。其中力量的非平衡性是其显著特点。2017年11月22日,中国教育部等十一个部门印发《加强中小学生欺凌综合治理方案》系统界定了校园欺凌,认为中小学生欺凌是发生在校园(包括中小学校和中等职业学校)内外、学生之间,一方(个体或群体)单次或多次蓄意或恶意通过肢体、语言及网络等手段实施欺负、侮辱,造成另一方(个体或群体)身体伤害、财产损失或精神损害等的事件。校园欺凌类型具有多样性。一是角色类型的多样性,表现在部分中职生既是欺凌者又是被欺凌者;二是形式类型的多样性,表现在中职生欺凌包括欺凌和被欺凌,欺凌包括心理欺凌五种形式和肢体欺凌四种形式,被欺凌包括心理欺凌四种形式和肢体欺凌三种形式。

(4)攻击性行为。学生在没有明显的现实刺激下,出现欺凌弱小及女同学、打架等攻击性行为。

(5)破坏性行为。在教室的课桌椅上任意刻画,使桌椅面目全非,不堪使用。把打扫用具拿来当武器,任意挥舞,破坏无遗。

(6)恶作剧行为。比如常用橡皮筋将纸团弹出,或丢掷纸团,打击其他同学,尤其喜欢在上课的时候恶作剧,破坏班上秩序,有时候则利用下课游戏时间,故意抬腿绊倒同学或踢中同学。

(7)不遵守学校及教室规矩的行为。上课时常借机任意走动,在课堂中会把自己的一些小玩意携带进课堂,令全班同学都不能专心上课。家庭作业不能按时完成,甚至逃学到校外玩耍,开班会或者其他集会时,常在队伍中喧哗、说话、吃零食,对秩序影响非常大。

(三)行为问题症候群的产生原因

(1)个人因素:中学生由于存在矛盾性心理特点,存在心理上的成人感与半成熟现状之间的矛盾,心理断乳与精神依托之间的矛盾,心理闭锁性与开放性之间的矛盾,成就感与挫折感之间的交替。因此,中学生缺乏丰富的社会经验和成熟的问题解决技巧,导致在与他人发生不愉快时,造成行为问题症候群。中学生对事情的是非善恶判断力不足也是造成问题行为症候群的原因之一。

(2)家庭因素:父母管教态度不当,对待子女过分严厉或过分保护,以及不合理的期望,造成子女情绪的不稳定,进而产生行为问题症候群,以此发泄情绪;父母关系不和谐,时常吵架、打架,造成子女模仿这种粗暴行为,在这种家庭环境下,亲子间缺乏沟通,关系不和谐,促使子女产生反抗权威的心理,也容易导致问题行为症候群。

(3)学校因素:学校教育重视智育而忽视了德育的陶冶,学校忽视生活教育及德育的陶冶，教师对事件处理疏忽、不公平，甚至情绪化，也容易导致学生出现问题行为症候群。

(4)社会因素：大众传播媒体如报纸、电视等过分渲染各种暴力行为，还有不良图书、杂志的影响。有些中学生还会结交到社会上的不良朋友，经常沉迷于不当游乐场所，这些都容易导致问题症候群的发生。

(四)行为问题症候群的诊断要点

(1)经常表现出的行为，让其他人感受到不舒服，是一种引起麻烦的行为。

(2)这些行为与社会规范和道德相违背。

(3)这些行为具有功能失调性，但是行为者能获得某种异常的功能满足。

(4)这些行为具有长期性、反复性和稳定性。

(5)这些行为不被同伴、父母、老师等容许。

(6)父母或学校等可能就如何应对行为问题症候群寻求帮助。

(7)某种持续的具有异常攻击性或反抗性的行为模式，诸如打架、偷窃、残忍、故意破坏、撒谎、逃学、欺负别人等等。

(五)行为问题症候群的心理辅导建议

(1)进行行为塑造训练。采用行为治疗技术塑造出良好的行为方式。

(2)采用自我管理程序进行辅导治疗。经过咨询和治疗让青少年学会自我行为管理。

(3)采用行为协议法等进行咨询和治疗。运用契约的原理，采用行为协议法来纠正行为问题症候群。

(4)行为改变技术。对学生多鼓励赞美，少责骂与惩罚，并且利用学生所喜欢的活动、行为及物品等作为奖励。

(5)角色扮演法。通过角色扮演活动，让青少年体验到行为症候群带来的烦恼，让同学们进行讨论，谈感想，谈认识，老师进行必要的引导。在角色扮演的过程中获得体验感，从而增强行为改善的动机和行动。

(六)案例分析

田某是某高中高一的学生，刚刚从外校转校过来，前一个月田某的表现都是十分本分。但是不久同学们便发现，经常会有校外的小混混来找田某，而且都很怕田某，俨然田某是他们的老大。渐渐地，田某的本性在班级里表现了出来。上课不专心，时常逗同桌。有时常借故丢纸屑,在教室内走动。下课后,同学时常无故遭田某欺负、殴打及勒索等。班主任老师意识到了问题的严重性,对田某进行耐心劝导,但田某经常是左耳进右耳出,照样我行我素。

从上面案例可以看出,田某主要有"逗同桌,时常借故丢纸屑,在教室内走动。下课时,常无故欺负、殴打及勒索同学"等一系列症状。这说明其出现了行为问题症候群。建议可以用行为协议法、角色扮演法等进行心理辅导。

二、沉迷症候群

(一)沉迷症候群的内涵

网络成瘾障碍(internet addiction disorder,IAD)也称病理性网络使用(pathological internet use,PIU),于1994年由纽约的一位精神医生伊万·戈德堡提出。网络成瘾是指由于患者对互联网过度依赖而导致明显的心理异常症状,并因此导致明显的社会、心理功能损害的现象。网络成瘾行为已成为精神性成瘾行为中最普遍而突出的一类表现,有"网络海洛因""电子鸦片"之称。网络成瘾主要有网络游戏成瘾、网络交际成瘾、网络信息收集成瘾、网络色情成瘾和计算机成瘾五种类型。但是成瘾的诊断在标准上更高、更严格,真正达到成瘾标准时,对学生再进行干预已经略显太迟了。因此,从沉迷症候群来进行诊断,可以对学生进行更适当、更广泛的心理辅导。

沉迷症候群是指中学生过度使用某物的现象,表现出一种额外的超乎寻常的嗜好和习惯性,这种嗜好和习惯性是通过刺激中枢神经而造成兴奋或愉快感而形成的。青少年无法自控地花大量时间反复从事某种与正常生活和学习无关的事,表现出对此事的痴迷、着迷等,表现为过度使用某物后,如过度使用手机、网络、游戏和小说等导致学业、职业社会功能损伤等一系列症状,导致个人成长和学习主导任务等受到影响。沉迷上网会不同程度地损害青少年的身心健康,影响正常的学习和生活,导致学生学习兴趣减弱、成绩下降、情绪低落、思维迟缓,甚至于受暴力网络游戏或色情网站的侵蚀而走上犯罪道路,引发一系列的社会问题。沉迷症候群常见的有网络沉迷、手机沉迷和游戏沉迷等等。

(二)沉迷症候群产生的原因

沉迷症候群产生的原因很复杂,是学生网络环境和外部环境多方面相互作用的结果。沉迷症候群既取决于青少年自身沉迷的易感性特征,也取决于网络自身能够提供什么和受现实社会生活环境的影响。前者是沉迷的内部原因,后者是沉迷的外部原因。

(1)青少年自身的个性特征

青少年处于心理发育还不成熟、不稳定的阶段,很容易受外界环境的影响。如果他们在现实生活中与父母、朋友、同学的交流产生障碍,就很容易形成自我封闭的心理,转而在虚拟的网络上寻求安慰和理解,以满足自己的自尊和需要。有一些青少年追求玩乐,缺乏自我控制能力,学习上又难以取得较好的成绩,而在虚拟的网络世界中,一切的不如意都被掩盖了,尤其在那些可以“大展宏图”的网络游戏中,不仅可以通过升级获得成就感,也可以得到暂时的心理平衡。现有研究发现,人格特质因素是青少年网络沉迷问题的内在心理根源。那些敏感、忧郁、脆弱、多疑、焦虑、情绪不稳定、意志薄弱、自制力差、性格孤僻、认知能力差、缺乏自信、悲观、逃避现实、自卑、成就感低的青少年如果上网,就容易导致网络沉迷。

(2)家庭环境、学校教育环境

一些家长过于溺爱孩子,事事过问,让这些处于叛逆期的青少年没有一点儿自己的空间,刺激他们通过网络摆脱心理束缚;另外一些家长只顾自己的事业,很少和孩子沟通,如果孩子转向通过网络寻求安慰并沉迷其中,网友可能变得比现实生活中的亲人、朋友更重要;还有一些家庭关系不和睦的家庭,或者是单亲家庭,孩子可能会有一定的心理和性格缺陷,这些高焦虑、低自尊、忧郁、自我概念不明确的青少年也比较容易网络成瘾。从现代学校教育来说,繁重的学习压力、枯燥的学习生活让青少年承受着巨大的压力,他们通过上网可以释放内心的焦虑,缓解压力,逐渐造成了他们对网络的沉迷。

(3)网络沉迷的机制

针对网络的特点,Young认为网络的匿名性、便利性、逃避现实三大特点导致用户沉迷;总的来说,网络的高科技性、丰富性、开放性、广泛性、互动性、间接性、平等性等特点,给青少年学生日常的学习和生活带来很多便利,这是现实社会难以提供的,又是青少年所需要的。正是由于这些特点对青少年构成了难以抗拒的吸引力,使他们沉溺在这一虚拟现实难以自拔。

(4)逃避现实

青少年进入青春期之后,成人意识变强,认为什么事都可以自己处理,但现实生活中,他们经常遇到无法解决的困难,一点儿小小的挫折可能就会令他们情绪波动比较大。无法解决实际问题、受挫后情绪不稳定,使得这些孩子不自觉地去寻找某种事物逃避现实,情绪可以得到充分宣泄,从而导致沉迷。

(三)沉迷症候群的主要症状及特点

网络与游戏的沉迷是近年来随着电脑的普及,网络技术的高速发展而出现的一种行为沉迷现象,它是指在人机交互的过程中产生的对网络的特殊嗜好,具体表现为沉迷者毫无节制地整天沉溺于网上漫游冲浪、聊天或进行网上游戏,并由此而产生身心依赖现象。网络沉迷表现为对网络有心理依赖,长时间上网,从上网中获得愉快和满足,下网后感觉不快;在个人现实生活中,花很少的时间参与社会活动和与他人交往;以上网来逃避现实生活中的烦恼与情绪问题;倾向于否定过度上网给自己的学习、工作和生活造成的损害。判断学生是否网络沉迷,主要看其沉迷行为是否影响了个体正常的学习和生活,是否导致人际关系恶化,学习能力减弱,学习效率低下,生活质量下降。沉迷症候群的症状表现可以概括为:

(1)强烈的依恋。沉迷网络者的心理和行为被上网这一活动所支配,上网演变为其主要的心理需要,上网时间和精力所占比例逐渐加大,进而导致了个体生物钟的紊乱。存在无法上网或使用手机时,会表现出强烈的渴求,甚至产生烦躁和不安的情绪及相应的生理和行为反应,上网后情况好转的现象。

(2)情感淡漠。沉迷者对网友如胶似漆,相比之下对有血肉联系的亲人则显得冷漠。网上交友使人在网络虚拟空间中得到感情的支持和满足,甚至会获得某种成就感。网络沉迷者由于家人对其上网的限制而与家人时常发生冲突。

(3)人际交往范围变窄。网络沉迷者往往寻求较高的社会赞许性,但在现实生活中的交往却遇到了相对较多的困难,从而产生严重的社交焦虑。网上社交游刃有余与现实生活不断遭受挫折,两者的反差势必导致更多的重复上网行为。网络沉迷者将自己的人际交往转入虚拟的网络空间,现实的人际关系逐渐疏远或恶化,对周围的人和环境采取逃避或对抗的态度。在现实生活中表现出对自己家长、同事、同学越来越冷漠,接触次数减少,沟通交往圈子缩小;与周围人际关系紧张,情感疏离冷淡,性格孤僻失落;对各种活动漠不关心,自我封闭、独来独往,进取意识减弱;现实生活中的人际关系一团糟。

(4)意志力薄弱。网络沉迷者具有反复性。上网频率总是比事先计划的要高,上网时间也比计划的时间长。网络成瘾者虽然意识到过度上网所带来的危害,企图缩短上网时间,但总以失败告终。经过一段时间的强制戒除之后,患者就会变得焦躁不安,不可抑制地想上网,最后成瘾行为反复发作,并且表现出更为强烈的倾向。

(5)不由自主地强迫性地使用网络、手机或游戏。中学生持久地渴望玩手机,乃至上网、游戏几乎占据其所有时间和精力。表现为经常浏览色情网站、下载色情图片、在聊天室以幻想身份与别人聊天,发泄不良情绪。特别痴迷互动游戏、虚拟赌场等以“攻击、战斗、竞争”为主要成分的飙车、砍杀、爆破、枪战等网络游戏。

(6)社会的功能遭到一定程度的破坏。存在随着其上网时间不断延长,对学习逐渐产生厌烦感,发展到逃课上网,导致学业荒废的现象。出现将网络上的规则带到现实生活中,找不到现实生活中自己的位置和坐标,表现出感情上自我迷失、角色上自我混淆,或者其他的社会功能遭到破坏。

(7)在沉迷中获得强烈的满足感和成就感。

(8)形成沉迷的恶性循环。在沉迷中获得的感受反过来促进沉迷欲望,造成恶性循环不能自拔。

(四)沉迷症候群的诊断要点

(1)停止某种活动时,会出现难受、焦虑、易怒等症状。

(2)无法减少对某事物的从事时间,不能把活动时间恢复到正常水平。

(3)几乎把所有关注焦点都集中在某事物上,丧失了对其他事物的兴趣。

(4)即使了解过度从事某事物对自己会造成的负面影响,仍然专注。

(5)因为从事某事物而丧失或可能丧失工作和社交。

(6)是否存在从事某事物后,对学习逐渐产生厌烦感,对某事物依赖更加严重,甚至为了某事物而逃课,导致学业荒废的现象。

(7)是否存在无法从事某事物后,会出现强烈的渴求,甚至产生烦躁和不安的情绪及相应的生理和行为反应,继续从事后情况好转的现象。

(五)沉迷症候群的心理辅导建议

(1)进行认知干预,纠正认知偏差

要使青少年相信沉迷手机、网络和游戏的成功并非是人的真正成功。沉迷症候群带来的情感的宣泄与满足也并非能得到真正的永久快乐。夸大某事物的功能并认为某事物是解决一切问题的灵丹妙药,就是一种认知偏差。因此要进行认知干预,纠正认知偏差,减少沉迷瘾症候群。

(2)增加社会支持,矫正人格缺陷

人格改善及健全是改善沉迷症候群的重要因素,因此进行人格改善及矫正对沉迷症候群具有一定的辅助治疗疗效。

(3)现实生活指导

沉迷症候群的个体在现实生活中存在明显的不适应,采用现实生活指导技术,增强社会适应功能,对沉迷症候群有一定的辅助治疗疗效。

(4)其他活动替代

积极培养现实生活中的兴趣爱好,如篮球、书法、音乐等,转移对沉迷症候群的注意,有助于减缓沉迷症候群的发生。

(5)建立沉迷症候群的心理免疫系统

帮助学生了解沉迷症候群的机制,并通过预先警告、态度接种等方式提高青少年对沉迷症候群的心理免疫。

(6)警惕继发性获益

继发性获益是病人通过疾病获得益处,如得到外界的关注、承认、满足其自恋的心态或获得赔偿。病人在有病不愈时,会获得比无病或疾病痊愈时更多的利益。故其症状具有较多的暗示性与波动性特征,但病人又不是无病呻吟,也不是有意识的伪装,而是由于继发性获得的利益而使疾病行为得到强化,患者安心作为一个病人而不必争取早日恢复。因此,青少年在发生沉迷症候群前,因为对某事物的偶然的从事,获得了益处,这种继发性获益很容易导致沉迷症候群的发生。因此要警惕继发性获益。

(7)鼓励青少年培养健康兴趣

“脑袋是个怪,不装好就装坏。”可以通过培养青少年健康向上的兴趣,让青少年将精力用在健康兴趣上,从而减少沉迷症候群的发生。

(8)帮助青少年在现实生活中找到目标

发生沉迷症候群的青少年通常在现实生活中缺乏目标,或经常受挫,从而转向沉迷症候群来寻求安慰。因此可以通过帮助青少年找回现实生活中的目标,并给予其指导帮助,可以减少沉迷症候群的发生。

(六)案例分析

李某是一名初一的学生,父母经营一家规模很大的酒店,平时都比较忙。李某从小就懂事,知道父母很辛苦,所以一直都很自觉,学习成绩也不错。两个月前,李某暑假无聊,在邻居哥哥的带领下去网吧玩了几次游戏。后来发现网络游戏的诱惑越来越大,渐渐地自己常常去网吧玩游戏。临近开学的时候,父母竟然到处都找不到李某。后来在网吧找到了李某,此时的李某已经连续上网玩游戏五天了,精神萎靡,眼神散漫。父母劝其少玩游戏,他竟然与父母对吵,发脾气。一回到学校学习,就睡觉,感到烦躁和不安。

案例中的李某沉迷于网络游戏出现了一系列沉迷症状,可以初步诊断李某已经产生了沉迷症候群。对此,可以通过改变认知、现实生活指导、活动替代等多种方式综合进行辅导,也许有一定的改善和好转。

第三节　成长类症候群

成长是中学生的永恒主题,在生理发展和社会性发展以及心理发展的过程中,可能出现一些阻碍顺利成长的心理问题,这类属于成长症候群,主要包括四类。

一、同一性危机症候群

(一)同一性危机症候群的内涵

自我同一性(self-Identity)是由美国心理学家埃里克森(Erikson)提出的一个心理发展概念,指个体在过去、现在和未来这一时空中对自己内在的一致性和连续性的主观感觉和体验,以及他人所知觉到的个体的一致性和连续性,是个体在特定环境中的自我整合。埃里克森认为,建立自我同一性和防止同一性混乱是青少年期最为基本和重要的心理社会任务。

同一性危机症候群则指客体我和主体我之间的矛盾难以协调,青年难以确立自我形象,也无法形成自我概念,会表现出明显的由内心冲突引起的自我情感的激烈变化,引发现实的"我"与理想的"我"之间的矛盾冲突,从而导致自我同一性扩散或社会角色混乱,并造成自我同一感危机的一系列症状。

(二)同一性危机症候群的表现

同一性危机出现在个体心理社会性发展的第五阶段(12～18岁),同一性危机症候群的具体表现有:

(1)缺乏自我认知,没有形成统一的自我意识:他们不能进行恰如其分的自我评价;缺乏兴趣和热情,常处于冷漠状态;缺乏理想和目标,对未来的预期处于一种不抱期待的无力状态。

(2)缺乏处理各种矛盾和适应环境的能力:自主性低,易受到外界的影响。遇到挫折容易灰心丧气。

(3)缺乏对社会和环境的认知,价值判断混乱:不能从周围的环境中获取对自己有用的信息,也不愿去探索。人际关系混乱,价值判断混乱,缺乏是非善恶的主见。

(三)同一性危机症候群的特征

同一性危机症候群的特征,由日本著名精神分析学家小此木启吾(Okonogi Keigo)归纳出六个方面的特点:

(1)同一性意识过剩:时刻陷入偏执于思考"我是什么人""我该怎么做"中而不能自拔。

(2)选择的回避和麻痹状态:有自我全能感或幻想无限自我的症状,只能处于回避选择和决断的麻痹状态。

(3)与他人距离失调:建立不起合适的关系。

(4)时间前景的扩散:不相信机遇和未来,陷入一种无能为力的状态。

(5)勤奋感的扩散:勤奋感觉崩溃或上瘾。

(6)否定的同一性选择:参加非社会所承认的集团,接受被社会所否定、排斥的生活方式和价值观。

(四)四种同一性状态

美国心理学家马西亚(Marcia)根据探索和承诺的程度高低划分出四种同一性状态,即同一性形成的不同结果类型或个体解决同一性问题的方式。探索指同一性形成过程中个体对各种与己密切相关的问题,如职业、社会角色等产生了茫然和困惑,这时个体需要对多种有意义的选择做出抉择。承诺指个体为认识自己、实现自我并达到某一目标所使用和花费时间、精力的程度。具体如下:

(1)同一性完成型

具有高探索和高承诺,这类个体已经体验了探索,仔细考虑过各种选择,并对特定的目标、信仰和价值观做出了坚定、积极的自我承诺。同一性完成型的青少年表现出目标明确、乐观进取、主动亲和、果敢直率等人格特征。但是,由于其自主性强,不易顺从,在人际关系上会出现不和谐。如,我喜欢唱歌,我想要当歌唱家。

(2)同一性延缓型

具有高探索和低承诺,这类个体正处于探索过程中,收集信息、尝试各种活动,希望发现引导他们生活的目标和价值观,他们积极地探索各种选择,但还没有对特定的目标、价值观和意识形态等做出有意识的投入。可能表现出的人格特征有:较为敏感、悲观,情绪波动大,能积极探索,有追求,但容易不切实际、好高骛远,因而产生挫败感。如,我想成为教师、医生或律师,但是我还没想好选择哪个?

(3)同一性早闭型

具有低探索和高承诺,这类个体没有体验过明确的探索,但却做出了承诺,这种投入基于父母或权威人物等重要他人的期望或建议,他们接受了权威人物预先为他们准备好的同一性。可能表现出的人格特征有:自主性差,常使用防御性的自恋来维持自尊,对经验的开放性低,思维刻板,对权威领袖有较强的遵从倾向,表现出保守顺从,缺乏主见,较为严肃,认真沉稳等性格特征。如,我要当老师,因为我妈妈觉得我适合当老师。

(4)同一性弥散型

具有低探索和低承诺,这类个体没有仔细思考或探索过各种同一性问题,从来不去探索各种选择,也不去尝试做出努力,缺乏清晰的方向,没有确定自己的目标和价值观,也未对特定意识形态、价值观或社会角色做出清晰承诺。可能表现出的人格特征有:孤僻被动、消极悲观、情绪不稳定、不思进取、任性随意。该状态下的青少年容易受外界影响,被动接受和顺从社会压力。如,我不知道未来要做什么?除了同一性完成外,其余三种同一性状态都属于同一性危机。

(五)产生同一性危机症候群的原因

(1)特定生命时期生理和心理发展的不平衡:中学生追求的成人感与其心理上的不成熟形成矛盾,导致自我同一性混乱。

(2)自我意识中的矛盾冲突:自我意识中主观我和客观我的矛盾、理想“我”和现实“我”的矛盾使得一些中学生对于自己是什么样的人和想成为什么样的人缺乏明确的认知,进而暂时或长期地处于自我同一性混乱状态之中。

(3)个体自身不良的心理品质:郭金山、车文博的研究发现,同一性扩散与外向性、善良、智慧呈非常显著的负相关,与情绪性呈比较显著的正相关,与人际关系呈非常显著的负相关。这说明,不良的心理品质也是导致自我同一性混乱的重要原因。

(4)家庭因素:主要有父母教养方式不合理、亲子关系失调和父母期望不当等原因。父母作为儿童早期认同的对象,如果其价值观、人生观是错误或混乱的,势必会对孩子自我同一性的形成产生影响;父母对子女过分溺爱和过分严厉,都会造成亲子关系僵化和对孩子期望不当,进而阻碍其自我同一性的建立。

(5)学校教育因素:主要有教育理念不完善、教育方式刻板陈旧和学生无法在学校中找到归属感等原因。我国长期坚持以“应试”为中心的教育理念和教育方式,更关注培养学生的知识和技能素养,很少引导学生进行关于自我的思考和探索,这显然不利于自我同一性的形成。

(6)社会因素:当前,我国正处于经济社会的快速转型期,旧有的价值观念已经无法适应社会发展的需要,而新的价值观念还处在孕育发展阶段,新旧价值观念的激烈碰撞,导致中学生面临诸多矛盾和困惑;随着网络化的高速推进,网络在给中学生以全新感受的同时,也给他们带来了新问题。如很多中学生深陷在网络中不能自拔,造成网络下的客观我与网络上的主观我脱节,进而使其处于同一性混乱之中。

(六)同一性危机症候群的诊断

根据小此木启吾归纳的同一性意识的过剩、选择的回避和麻痹状态、与他人的距离失调、时间前景的扩散、勤奋感的扩散、否定的同一性的选择等特点,至少具有两个特点及以上可以初步诊断存在同一性危机症候群。

(七)同一性危机症候群的辅导策略

(1)体验发展危机,达到成熟的自我认同。开展相关心理课程和实践,帮助青少年体验发展危机,逐渐达到成熟的自我认同。

(2)正常化技术。在一段时期内,为寻找自我、发现自我而出现暂时的同一性扩散或角色混乱,多属正常现象。接纳同一性危机,并在同一性危机发生的过程中,不断积极地采取各种方式达到自我认同。

(3)角色体验技术。长期遭到同一性挫折,就会出现持久的、病态的同一性危机。他们无法知道自己究竟是什么样的人,想要成为什么样的人,不能形成清晰的自我同一感,致使自尊心受挫,道德标准受阻,长久地找不到发展方向,无法按照自己设计的方式正常生活,从而出现同一性危机症候群。通过角色试验、亲身体验的自我痛苦探求,可能实现新的、更富创造性的、积极的自我同一。

(4)延缓偿付期技术。青少年时期是青少年自我发现、自我意识形成和人格再构成的时期,是他们从不承担社会责任到以社会角色出现并承担社会责任的时期。在这个时期,他们要经历复杂而艰难的同一性确立和对社会生活的选择。这种确立和选择需要一个过程,因此他们有一种避免同一性过程提前完结的内在需要,而社会也给予青年暂缓履行成人的责任和义务的机会。这个时期可以称为青年对社会的"延缓偿付期"。这是一种社会的延缓,也是一种心理上的延缓,所以也称为"心理的延缓偿付期"。

有了这种社会和心理的延缓偿付期,青少年便可以利用这一机会通过实践、检验、树立、再检验的往复循环过程,决定自己的人生观、价值观及未来的职业,并最终确立自我同一性。

(5)成长共同体技术。与相同年龄的同学、同伴进行青少年问题的讨论、辩论、争论。在成长共同体中进行成长经验、成长智慧等的分享,进行成长中的情绪的支持和化解,通过成长共同体平台和方式,达到成熟的自我认同。

二、逆反症候群

（一）逆反症候群的内涵

逆反症候群指青少年表现出来的对指导者、教育者、长者等管理者和养育者，总是强烈抵触，总是持否定、反抗、对抗、对立、唱反调、“顶牛”、对着干、背离，甚至反其道而行之态度的一系列症状。十二、三岁到十七、八岁的青少年，由于生理成熟与心理成熟的不平衡性，受自我意识觉醒等因素的影响，他们的心理发展呈现出错综复杂、矛盾重重的局面，更容易出现逆反症候群的症状。逆反症候群是学生为了维护自尊，而对对方的要求采取相反的态度和言行的一种心理状态。在青少年中常表现为“不受教”“不听话”，常与老师家长“顶牛”“对着干”。青少年人生发展中几个突出的逆反时间，主要表现为三个时期：第一“反抗”期，2—4岁，“鸡蛋碰上石头”；第二“反抗”期，7—9岁，“矛遇上了盾”；第三“反抗”期，12—16岁，“火星撞地球”。

（二）逆反症候群的主要症状及类型

青少年逆反症候群主要表现为对正确的建议和观点持否定态度，特别是对家长、父母和老师的正确和善意的指导建议，总是持否定态度。在学校教育中，教师常常会遇到有些学生与之“顶牛”的问题。在家庭教育中，家长时常抱怨孩子上了中学就没有小学时候听话了，有时甚至蛮不讲理，有的对教师和家长的正面教育持“对着干”的态度，以“反其道而行之”为快，有的故意做出与自己主观意识相违背的行为。中学生在逆反时可能态度强硬、举止粗暴，这是以一种“风暴式”的逆反方式。这种逆反方式发生迅速，常使老师或家长措手不及。逆反过后，强烈的逆反情绪也较快消失。逆反也可能以柔和的方式表现出来。这种方式主要表现为漠不关心、冷淡相对、不直接顶撞、对对方的意见置若罔闻。这种逆反也具有固执性。逆反心理也可能表现为反抗的迁移性。

逆反症候群常见三种类型：超限逆反、自我价值保护逆反、禁果逆反。

（1）超限逆反。指的是个体过度接受某种刺激之后出现的逃避反应，它是个体的自然保护反应。心理学家的研究都表明：对于任何刺激，包括能够给个体带来巨大满足的刺激，个体的接受度都是有限的。当刺激量超过一个最适当的水平之后，刺激对于个体的意义就会由带来满足转向造成伤害，此时个体就必须逃避这种刺激。刺激过多、过强或作用时间过久，往往会引起别人厌倦、极不耐烦或逆反，这样会事与愿违。一部电影再好看，看多了也就没有感觉了，甚至会反感。这时，开始的享受就变成了干扰性刺激。当孩子做了错事后，面对母亲第一、二次的批评，孩子可能会感到很内疚，决定不再犯错了。而当母亲有事没事地就拿他的错误说教的时候，他的内疚就会变成不耐烦,产生一种反抗心理,从而改变开始改错的初衷,去故意犯错,“你不让我这样,我偏这样!”。这种效果其实就是我们常说的“物极必反,过犹不及”。

(2)自我价值保护逆反。自我价值和尊严对人的生活具有特别重要的意义。人的自我价值是一个热爱生活、追求生活意义的心理根基。任何人都不能接受自己无价值地生存在社会上。当一个人的自我价值受到影响和损害时,自然地会进行自我价值的保护。特别是外在的劝导或影响威胁到人们的自我价值的时候,人们就会有意无意地在态度或行为上抗拒外界的劝导和说教,对外在的影响起反向的反应,这种逆反心理称作“自我价值保护逆反”。很多父母在家庭教育中,最容易犯的毛病就是不顾及孩子的自尊心,站在权威的立场上批评或否定子女,不留面子,不管在什么场合,看到孩子的毛病,劈头盖脸就是一顿训斥。在这种情况下,即使他们的批评是正确的,也会使孩子感到丢“面子”,自我形象和自我价值受到贬低和损害,由于自我价值保护逆反,孩子就可能反其道而行之,故意和父母闹别扭,以显示自己的自尊和力量。久而久之,会使孩子形成对父母的逆反心理。为了彰显自己是有主见的,为了显示自己是独立的而不是人云亦云的,孩子会对父母的话形成抵触和对抗的心理。你让他做的他偏不爱做,即使你说的是对的。压迫越大,反抗越大。要有效地说服别人,就必须给别人留面子,以维护他们的尊严和价值。

(3)禁果逆反。指理由不充分的禁止反而会激发人们更强烈的探究欲望。禁果逆反心理在日常生活中也被人们所利用。土豆在法国的引种就是一个典型的事例。在当时的法国,土豆被称为“鬼苹果”,农民都不愿引种。著名法国农学家帕尔曼想出了一个绝妙的办法。他受到法国国王的特许,在一个贫瘠的土地上种土豆,并由着军礼服、全副武装的国王卫队看守。一到夜晚,卫队被故意撤走。结果,人们受到“禁果”的吸引,每到晚上就来挖土豆,引种到自己的田里,通过这种方法,土豆的种植在法国得到了迅速的推广。这就是禁果逆反现象。

(三)中学生产生逆反症候群的原因

(1)青少年在经过了一段时间的学习和受成人言行的耳濡目染之后,他们逐渐掌握了逆向思维,正是思维的发展和对逆向思维的形成的掌握,为逆反症候群的产生提供了心理基础和可能。

(2)青少年在青春期到来之际,出现心理上的“断乳”,进而形成强烈的个性意识、独立意识、成人意识。自我意识的觉醒,使他们认为自己已经长大成人,理应自己管理自己、决定自己。而成人的老师和家长在较多场合中忽视了青少年极为敏感的心理需要,苦口婆心的教育方法使青少年自尊心受到挫折,进而有意无意地回避、反感甚至背离他们从而产生了逆反症候群。

(3)青少年的生理和心理的发展尽管有了极大的飞跃,但又是不平衡的,甚至是矛盾的。由于阅历和经验不足,造成其认识的不坚定性和易动摇性;由于看问题偏差太大,从而出现认识上的片面、偏激、固执和极端化,往往把老师与家长的教育看成管、卡、压,是和自己过不去,是对自己自尊心的伤害,进而把自己放到对立面上,从而产生逆反症候群。

(4)家庭不良因素的影响。青少年逆反症候群的形成与父母的教养方式有密切的关系。专制型、放任型的父母以及残缺家庭,由于教育手段、方法及自身素质等方面存在的问题,往往导致青少年逆反症候群的形成。当父母的教育方式不当甚至给孩子造成心理的压力,并且他们找不到适当的排解方式时,便会在感情上产生抵触的心理,进而产生逆反症候群。在现代社会里,父母对孩子已不再是权威,“反向社会化”和“反哺”现象越来越普遍,使得代际出现价值观念的差异,因此他们之间就会发生冲突,青少年自我意识的增强使得青少年产生逆反症候群。

(5)学校教育的不良因素是促成青少年逆反症候群形成的主要原因之一。如教师的教育指导思想偏离,教学内容陈旧,教学方法满堂灌和填鸭式,使学生对教育产生反感,加之应试教育片面追求升学率,学生和老师的压力都很大,无形中产生了对立情绪;部分教师对学生的体罚和变相惩罚,使学生在情感上与教师对立、背离,甚至反其道而行。

(6)同辈群体不良因素的影响。同辈群体中不良的价值观和行为倾向对置身于其中的一些青少年心理产生不良影响,如青少年学生中存在的不良英雄观、出风头、唱反调等现象就会使一些本来正常的青少年从心理上被潜移默化,再加上青少年自身心理的不稳定和模仿性,容易促使其逆反症候群的形成。

(7)大众传播及社会文化的影响。大众传媒对青少年的健康影响很大。尤其是一些具有暴力倾向的影视作品和黄色东西,无形之中使青少年学习到一些肮脏的东西,这样容易导致他们对正面教育的东西产生逆反症候群。

(8)对正面宣传作反面思考。逆反症候群对学校、领导、教师的宣传,表现出一种不认同、不信任的反向思考。他们往往以社会上某些个别的不公正的事实来以偏概全地全盘否定正面宣传。

(9)对榜样及先进人物的无端否定。在教育过程中,许多教育者和家长都希望通过先进人物的感人事迹来教育感染青少年,唤起他们的热情,以期达到激励其后进的目的。有逆反症候群的人会否定他们的先进事迹,并给予排斥和嘲笑。

(10)对不良倾向产生情感认同。在一些青少年当中,打架斗殴被看作是有胆量;与老师、领导公开对抗被视为有本事;哥们义气等不良的行为倾向却赢得了很多人的认同。而乐于助人、爱护集体、爱护公物、遵守校规校纪的青少年则被肆意讽刺、挖苦,造成在集体氛围里好人好事无人夸,不良倾向有市场,正不压邪的局面。

(四)逆反症候群的诊断要点

(1)是否经常存在对老师或父母的反对。例如父母说是,则总是说否。父母说否,则总是说是。

(2)是否在行为上与老师、家长等对着干。

(3)是否意识到老师或者家长的说法是正确的,但是还是禁不住地逆反。

(4)是否与老师或家长逆反时会给本人带来正面情绪而不是负面情绪。

(5)是否自我意识更强烈。

(6)是否经常与家长"南辕北辙"。

(7)是否行为标新立异。

(8)是否请家长不要窥探我的隐私。

(9)是否存在"我在做我喜欢的事,别管我的想法"。

(10)是否坏习惯已经让某些行为产生了惯性。

(五)逆反症候群的心理辅导建议

对于青少年的逆反症候群,单一的严加管制的做法很可能效果不佳,可能更加激起他们的逆反心理,因此不宜采取硬性压制。要常常设身处地了解青少年的想法,及时与他们沟通,疏导他们的不良情绪。对青少年进行心理辅导,建议采用如下方法:

(1)采用共情技术

采用共情技术,多针对青少年的逆反症候群进行通情达理式理解,对他们的感受关注、联结。让他们感受被关心、被温暖、被关注、被重视等,从而化解逆反症候群。

(2)采用指导技术

所谓的指导是指对被辅导者提供一些建议、提供一些方法、提供一些路径,对其进行引导和教育。加强对逆反症候群的指导,让中学生在指导下减少或降低逆反症候群。

(3)建立咨询和治疗同盟关系

咨询和治疗同盟关系可能是消解青少年逆反症候群有效且重要的手段。因此在对逆反症候群患者进行心理辅导时,要特别注意建立同盟关系。

(4)破除好孩子和乖孩子的误区

乖孩子不一定是好孩子,一个好孩子要有主见,有独立分析、判断事物和做出决定的能力,而不是一味地听家长的话,因此家长不要固执地要求孩子一定要乖,而是要能看到孩子身上的特点,培养他们的个性。

(5)生命成熟周期理论——学会渐进放权

随着年龄的增长，孩子的自我意识会愈发强烈，他们需要更多的自主权，事实上他们也在渐渐变得有自主的能力，这时候家长要学会逐渐放手，给孩子足够的尊重，让孩子学会自己处理一些事情，必要时可以给一些指导，而不应该严格限制他们的自主需求，打击他们的积极性，成为孩子发展的枷锁。

(6)对逆反接纳与耐心

如果孩子出现了逆反心理，不要急着强制压下去，从而和孩子发生直接的冲突，这样并不能取得长期有效的结果。而是应该学着去了解孩子内心真正的想法，去接纳孩子逆反背后的需求，耐心、真诚地去帮助孩子度过逆反期。

(7)对逆反根据类型采取不同措施

逆反有超限逆反、自我价值保护逆反和禁果逆反三种，家长应该要学会识别孩子逆反的原因，从而采取针对性的措施。比如，如果是过度说教导致的孩子超限逆反，家长就要学会减少一味地说教，多听听孩子的意见，采用更为民主、尊重的管理方式。

(8)对逆反的陪伴

逆反的孩子其实更需要家长的陪伴、支持。这样孩子就能体会到尊重与自我价值，才会更加理性地与家长交流。

(9)民主的关系能有效预防孩子的逆反心理

很多时候孩子的逆反心理是由于孩子感到自己的自尊被一味地忽视而反抗的结果，而民主的关系能让孩子感到自己是重要的、有价值的，从而预防逆反心理的产生。

(10)对孩子的适度关爱可以减少逆反

对孩子的关爱可以让孩子感觉被理解、被支持，同时也提高了孩子的自我价值感，减少孩子的逆反心理。

(11)父母对孩子的教育一致，可以减少逆反

父母双方对孩子的教育不一致会让孩子觉得无所适从，同时也会让父母的权威性降低，从而滋生孩子的逆反心理。

(12)温馨、安全、温暖的家和班级可以减少逆反

处于温馨、安全、温暖的环境的个体会倾向于维护这种温馨安全的环境，从而减少逆反心理的产生。

(六)案例分析

李某是某中学初三的学生，个子不是很高，平时不怎么爱说话，和班级里的同学交流甚少，对小说相当的痴迷，有时连上课都在看。老师发现后，收缴了他的小说，但是他照看不误，一点儿也没有改正，后来，班主任决定把他的位置调到第一排，这样在

老师的眼皮底下,他总不敢再看了吧。可谁知,在老师的眼皮底下,他反而更加猖狂。班主任一气之下,当众批评了他,并把他叫到办公室里狠狠地训了一通。从这以后,李某上课时,特别是上班主任的课他就会注意力不集中,和周围的人说话,故意弄出很大的声音,后来甚至不交作业,还把他的小说在班级里传阅。这让班主任很头痛,成为班主任的一块心病,把他也算到了问题学生之列。为了不影响班级升学率,班主任开始给予他相对较多的关注,但在他看来班主任似乎是跟他过不去,不管怎样做他的思想工作,他看起来好像都毫不领情。坦白地说师生关系不够和谐,他对班主任的抵抗情绪比较严重,这样的状态一直持续着。

以上案例中,李某出现了对老师的抵触情绪以及觉得老师总是跟他过不去这些现象,因此可以初步诊断为出现了逆反症候群。建议心理辅导可以采用共情技术、指导技术、建立咨询和治疗同盟关系、对逆反接纳与耐心等方式进行综合干预。

三、青春萌动症候群

(一)青春萌动症候群的内涵

青春萌动症候群主要指青少年在青春初期,由于生理激素等水平的变化,出现了对异性的特别的好感、喜欢、爱慕、倾慕,对两性关系感到神秘、敏感、奇妙,注意异性,亲近异性,产生爱慕和追求的情感,与异性交往过密,两性之间出现了一种过度亲密的互相接近,有的人表现为独自的单相思,也有的人有互相倾吐爱恋之心,但是对这种爱意显示出朦胧、矛盾、不稳定等一系列症状。这与早恋或者“牛犊恋”也有区别。

青春萌动症候群一定程度上对青少年的学习主导活动、成长活动、发展可能产生阻碍,因此可能发展成为早恋问题,从而给中学生的成长与发展带来严重的负面影响。

(二)青春萌动症候群出现的原因

中学生出现青春萌动症候群,原因是多方面的,既有当代青少年的生理、心理发育提前的原因,也有社会环境的各种刺激。

(1)初中生身心发展方面的因素

从初中生身心发展方面的因素来看,初中生第二性征成熟,对青少年心理和行为产生了影响。从心理方面看,青少年进入青春期后,对两性关系感到神秘、敏感、奇妙。他们开始注意异性,亲近异性,容易产生爱慕和追求的情感。

(2)家庭方面的因素

从家庭因素方面来看，现在的青少年普遍早熟，而许多家长对自己的孩子进入青春期了解甚少，有的即使知道了也遮遮掩掩、神神秘秘，反倒激起青少年的好奇心。此外，缺少家庭温暖和爱护的学生更容易产生青春萌动症候群。

(3)社会方面的因素

从社会方面来看，黄色书刊的严重影响，电视、电影、网络等众多媒体渲染爱情或色情的内容，特别是许多不法分子为达到赢利的目的，制造并放映黄色录像、影碟等，以迎合青少年猎奇、求刺激的欲望。还有些学生根本就不懂什么是“爱情”，盲目崇拜那些偶像剧或电影中的男女，迷恋那些“浪漫”的情节，整天沉浸在自己的幻想中。这些都会诱使学生产生青春萌动症候群。

(4)学校教育方面的因素

从学校方面来看，学习成绩差的学生比成绩好的学生更容易产生青春萌动症候群。这些学生常不受老师欢迎，在学习上很少受到关心，不能从学习中获得乐趣，于是，他们便把无处打发的精力和时间转向爱情，转向社会，以弥补感情上的空虚。虽然很多学校的课程表上都会有青春期教育这类课程，但是在初中学校里很少有专业老师，且这样敏感的问题，老师有时会羞于启齿，导致青春期教育缺失。这也很容易出现青春萌动症候群。

(三)青春萌动症候群的主要症状及特点

青春萌动症候群是青春期性成熟过程中，两性之间出现的一种过度亲密的互相接近，表现为交往过密。产生互相爱慕的情感，可能表现为独自的单相思，也可能突破了羞涩的束缚，互相递纸条，互相倾吐爱慕之心，出现异性爱慕倾向，主动接近自己喜欢的异性，双方交往频繁，相互倾心。青春萌动症候群具有以下特点：

(1)朦胧性。青春萌动症候群的青少年对于青春萌动的发展结局并不明确。他们主要是渴望与异性单独接触。他们在像雾像雨又像风的朦胧生活状态中，对未来如何组建家庭，如何处理萌动关系和学业关系，如何区别友谊和爱情等问题都缺乏明确的认识，总体表现出朦胧性。

(2)矛盾性。有青春萌动症候群的青少年内心也充满了矛盾，既想接触又怕被人发现。青春萌动的经历使愉快与痛苦并存。

(3)变异性。青春萌动症候群是一种充满变化，不稳定的感情关系。青少年之间一对一的青春萌动关系缺乏持久性，一般不会持续很长时间，充满不确定性，充满了变异性。

(4)差异性。在行为方式上，有的青少年的青春萌动十分隐蔽。通过书信、电话等方式来传递青春萌动。也有青少年很公开，在许多场合表现出来。在关系程度上，大多数青少年的青春萌动的主要活动是在一起聊天,交流隐秘的感情。从人际关系来看,还没有超出正常的关系。这都体现出不同个体或方式等多方面的差异性。

(四)青春萌动症候群的诊断要点

(1)对某个异性钟情,但年龄过小。
(2)对某异性遮遮掩掩,神神秘秘,交往过密。
(3)对某异性好感,通过递纸条、约会,甚至表白等方式增加接触。
(4)非常关注某异性的言谈举止,并对之产生反向作用。
(5)非常渴望与某异性独处,并为之神魂颠倒。
(6)当家长和老师反对时,更渴望与该异性相处,亲近异性。
(7)在情绪上,一定时间不见该异性就会出现较强的负面情绪反应。

(五)青春萌动症候群的心理辅导建议

(1)知识辅导技术

开展青春期性心理发展、发育的科学知识的科普,让青少年学生了解和理解青少年青春期出现的青春萌动的症候和机理,从而让青少年学生在科学理解的基础上对青春萌动接纳、解惑,进一步学会增强自我解决的能力,化解青春萌动症候群的影响。

(2)青春萌动症候群要特别注意态度中性技术

在咨询时注意保持中性态度。对青春萌动症候群问题丧失中性态度,很容易导致中学生的反对。从而无法使咨询和治疗持续下去。所谓中性态度是指提问时咨询师只能持一种非评判性态度。中性态度对青春萌动症候群者具有积极功能。中性态度使来访者感到轻松;中性态度可以使来访者无所顾忌、敞开心扉,从而把内心的真实世界展现在咨询师面前;中性态度可以促进咨询气氛的和谐;中性态度可以使来访者得到知己,但并非是支持者或反对者。对青春萌动症候群者使用"理解"一词。中性态度表明一般情况下,咨询师不表态。但如果来访者迫使咨询师非表明态度不可,不表明态度会谈就无法进行时,咨询师表态的最好词语就是"理解"。理解是表达态度中性的最好用和最常用的技术。常可以使用"你当时的反应,从心理学角度完全可以理解"或"我理解你当时的选择和看法"等等。"理解"是态度最中性化的和非评判性的词语。从心理学角度理解,可以传达咨询师对来访者的行为、情绪发生的规律性、必然性的肯定,但对社会效应和后果持保留态度。

(3)采用价值分析技术

采用价值分析技术,让青少年理解长期处于或停留在青春萌动症候群的危害和好处,让青少年在直接可视的价值分析中学会理性处理青春萌动症候群问题。

(4)去负面标签和重新标签

在面对青春萌动症候群时,很容易用负性标签“早恋”来标记,可以去掉这个负性标签,重新标签这种现象,重新标签为“青春萌动症候群”。

(5)正常化技术与提前应对技术

向中学生说明,出现青春期症候群是在青少年发展中性激素分泌发展加速与失衡所出现的正常现象。面对这种正常现象,可以有些提前应对措施:例如,不做妖魔化解释,在接纳、平稳中度过,采用运动释放和化解带来的青春期躁动等等。

(6)升华技术

出现青春萌动症候群,可以采用升华技术。升华是一种很有建设性的心理作用,也是维护心理健康的必需品,是指将一些本能冲动或生活挫折中的不满怨愤转化为有益世人或自我成长的行动。在青春萌动症候群出现时,升华就是把青春萌动转化为学习动力,转化为社会公益活动等有益自我成长和发展的希望。

(六)案例分析

小王与小丽是同班,小丽在班级里学习成绩很好,而且性格文静。小王坐在小丽的后面,当小王有不明白的问题请教小丽时,她总是认真热情地帮他解答,并且脸上总是挂着美丽的笑容。她笑得很美。随着彼此交流得多了,小王逐渐对小丽产生了好感。于是,在高二时,小王主动地提出想与小丽交朋友。小丽本来想拒绝,但是自己对他也有好感,于是两人开始了“约会”。经常是小王等小丽一起回家,一起去上学。有时小王会帮小丽买早餐,双休日时两人会一起出去玩。这样的日子过了一段时间后,他们的交往被同学发现了,很快老师和家长也都知道了。两人很害怕,在别人眼里,这是坏孩子的行为,甚至是“下流”的人。其实,两位只是觉得在一起很开心,没有什么事情发生,更不像别人想象的那样。后来双方的父母和学校的老师轮流给他们做思想工作,说现在还小,什么都不懂,应该要以学业为重。最后他们终于分手,小丽被母亲送往外地的亲戚家读书,从此没有了音讯。

从上面小王和小丽的情况看,小王和王丽的钟情出现在高二年级,这还不是适合谈恋爱的年龄。小王钟情于异性女同学小丽,被小丽的笑容吸引。后来两人开始了“约会”。尽管由于学校和家里的压力加上社会舆论,小王和小丽终于“分手”了,但是可以看出小王内心出现痛苦反应,而两人在一起时觉得很开心。

从这些现象看,可以诊断小王和小丽两者出现了青春萌动症候群。可以采用知识辅导技术、态度中性技术、价值分析技术等方式综合进行,帮助小王和小丽处理青春萌动症候群。

四、任性症候群

(一)任性症候群的内涵

任性指听凭秉性行事,率真不做作或者恣意放纵,以求满足自己的欲望或达到自己某种目标或执拗使性,无所顾忌,必须按自己的愿望或想法行事。2015年12月,《咬文嚼字》杂志发布2015年度“十大流行语”,任性排第七。

任性症候群主要是做事不考虑后果与责任,不在意规章与制度,冲动、固执地按照自己的意愿行事、听凭秉性行事,恣意放纵,执拗使性,无所顾忌,必须按自己的愿望或想法行事的一系列症状。在青少年群体中,任性症候群时有发生,成为让老师和家长头疼的一种现象。比如一位学生提出可以学习,但不参加考试;读书可以,但不做作业的要求。这种完全不考虑后果和规则的做事和思考方式,让大家难以接受和理解。

(二)任性症候群产生的原因

(1)家庭教育问题

溺爱的成长环境容易造成孩子霸道的性格,自我中心,不能体验别人的感受,从而只顾自己,表现出任性。在被忽视的环境中长大的孩子会比较冷漠,容易冲动,这些不合理的教养方式都可能会导致孩子任性。

(2)自主意识萌芽

随着孩子自主意识的增强,他们自以为已经长大,想挣脱大人的管束,想展现自我。但是他们理解意识薄弱,根本不能分辨是对是错,对事物的认知和判断能力还很缺乏。因此常常显得很任性。

(3)社会的影响

社会风气崇尚个性化,很多青少年也跟随潮流,追求个性,与众不同,但是他们往往缺乏足够的素养和辨别好坏的能力,容易践踏制度和规则,从而导致任性症候群。

(4)缺乏责任感

在成长过程中,青少年由于缺乏责任感、缺乏责任意识,形成了我不负责,父母、老师、学校负责的认识,导致出现为所欲为、任意妄为等行为,最终导致任性症候群产生。

(5) 缺乏边界感

边界感就是指任何事情都是有边界的,通常不能跨过这个边界。任性症候群的人经常侵入他人的边界。经常的表现就是:你的就是我的,我的还是我的。边界感在亲子关系中很容易理解:太黏了,叫人窒息得想要逃开;太松了,又让人几乎忘了这关系的存在。对孩子的爱需要有适当的距离,但不要疏离;与孩子的关系需要界限,但不要局限。

(6)缺乏底线

任性产生的又一原因是缺乏底线。底线就像一道坎。守住底线,就是确保自己的言行在道德和法律的范围内进行。底线现在常常被理解为做人应遵循的基本原则,包括思想、道德、法律等方面。思想的底线,即健康、向上;道德的底线,即诚实、善良;法律的底线,即奉公、守法。底线是做人的基石,是最起码的处事准绳。守住底线,要从看起来不起眼的小事做起,防微杜渐;守住底线,要经常用社会的道德、国家的法律来约束自己的一言一行;守住底线,要有一个健康的心态。缺乏底线,任意违背道德、法律等就会出现我行我素的任性症候群。

(7)缺乏恐惧感

恐惧是一种情绪,情绪都有其价值。恐惧尽管给人们带来不舒适感,但是恐惧是人们对情境的一种适应性反应,给我们传递需要警惕、改变、应对的信号。任性的一个重要原因是一些人缺乏恐惧感,在社会化过程中,恐惧没有产生预期而来的惩罚,就会不断超越恐惧,最后发展到天不怕地不怕,任性症候群就容易产生了。

(三)青少年任性症候群的诊断要点

(1)做事不考虑他人感受,只管自己心情。

(2)对自己和他人所做的事情,缺乏稳定性,随自己的心情随时变化。

(3)做事无所顾忌,缺乏规则和责任。

(4)做事不考虑后果,只图自己畅快。

(5)必须按自己的愿望或想法行事。

(四)任性症候群的心理辅导策略

(1)把发展的责任交给孩子自己

很多孩子之所以会肆无忌惮地任性冲动,是因为他们背后有溺爱他们的家长,让他们觉得不管我怎么做总会有人给我兜底、保护我。因此家长要学会将发展的责任交还给孩子,让他们为自己的行为负责,不要过度保护他们,这样就能减少孩子任性症候群的发生。

(2)榜样示范

利用青少年模仿和崇拜的心理,用坚守规则意识和责任感的榜样去引导学生树立正确的规则意识、责任意识,从而改善青少年的任性症候群。

(3)阅读疗法

通过阅读有关责任感的书籍,阅读有关遵守规则的书籍,让青少年在阅读中提高他们的责任意识和规则意识。阅读方式自由灵活、个性化强,便于实施,因此可以通过阅读疗法来改善青少年的任性症候群,并且具有较好的效果。

(4)采用民主的管理方式

家长和教师通过民主的管理方式,使学生的自主意识得以发展。在民主方式下,青少年自己从内在建立起责任意识和规则意识。这样建立的规则意识和责任意识具有自主性,因而比较坚固和稳定,可以从自我内心减少任性症候群的发生。

(5)建立界限意识

要明确行为的界限,让孩子明确地认识到哪些事情是可以做的,哪些事情是不能做的,做了会有什么样的后果,建立这样的界限意识和感觉,就可以化解青少年的任性症候群。

(6) 确立底线

经常有意识地让学生确立底线、明确底线、坚守底线。有底线意识、底线习惯、底线概念,就会看似随性而不任性。

(7)恐惧唤醒技术

通过多种措施与手段,激活每个人心中的恐惧感,从而达到对任性行为的抑制。

(五)案例分析

一个高中宿舍共三层楼。三楼住女生,二楼住男生。本来宿舍都熄灯了。结果学生任性不遵从学校管理,聊微信。二楼的一个男生和女生聊到最后开玩笑说,这么晚了,敢不敢到二楼男生那里去耍会儿。女生缺乏边界感,禁不住那个玩笑,更缺乏恐惧感,就非要下去。但已经很晚了,二楼和三楼的门都关了。然而在女生们的起哄中,那个女生就把床单系在身上,从三楼窗口吊下去。结果,不幸坠亡。

从该案例看到,该学生缺乏界限感、恐惧感和责任感,不遵守学校管理,缺乏从三楼用床单吊到二楼的危险恐惧感,出现了任性症候群,结果发生了悲剧。对其余同学应该用建立责任感、边界感和恐惧感等多种方式来化解可能也存在的任性症候群。

第四节　其他症候群

一、独生子女症候群

(一)独生子女症候群的内涵

独生子女在国家计划生育政策之后逐渐成为一个庞大的群体。2010年第六次全国人口普查结果显示,中国独生子女的家庭达到了1.2亿户。如此庞大的独生子女群体在独门独户,独人独享,独人独我,独人独爱,独人独尊的环境中长大,成为中国独有的现象。一些独生子女在集万千宠爱于一身的同时,独门独户,不会合作;独人独享,不会分享;独人独我,自我中心;独人独爱,缺少感恩;独人独尊,缺少谦卑;容易形成独生子女症候群问题。

独生子女症候群主要是指从小在一个孩子的家庭环境中成长,逐渐出现了被父母和其他长辈独爱、缺乏竞争欲望,所有东西都属于我,缺乏兄弟姐妹而不会分享,因长辈围绕自己服务而形成自我中心,形成我就是焦点和中心的想法,缺少谦卑,不会合作等一系列症状。

(二)独生子女症候群的诊断要点

(1)在与人相处时以自我为中心,不懂合作。

(2)认为别人的是自己的,自己的还是自己的,很自私。

(3)在通常意义上不会把自己的东西分享给别人,不会分享。

(4)遇到困难容易情绪波动,缺乏毅力,不能坚持到底。

(5)喜欢独来独往,不合群、伙伴关系差、孤僻。

(6)喜欢支配、依赖别人,缺乏独自动手能力。

(7)不懂勤俭节约,不珍惜劳动成果,没有节约意识。

(8)缺乏学习动机及成就动机。

(9)害怕或回避竞争。

(三)独生子女症候群的形成原因

独自成长的环境和问题教养方式是独生子女症候群形成的主要原因。

(1)独生子女缺少兄弟姐妹相互影响的教育因素

独生子女在家里一家独大,缺乏与兄弟姐妹的交流互动,因此独生子女更难站在他人角度考虑问题。

(2)家长对孩子的过度保护

家长尽力帮独生子女处理各种困难和问题,对独生子过度保护,使孩子从小一直成长在温室中,较少遇到挫折和竞争。

(3)错误的家庭教养方式

对独生子,更容易出现错误的家庭教养方式,或者是暴力教养方式,或者溺爱教养方式等等。对独生子女的错误家庭教养方式,更容易增加孩子出现独生子女症候群的风险。

(四)独生子女症候群的心理辅导策略

(1)充分发挥家庭教育功能

营造积极向上、自主独立的家庭氛围,父母应为孩子树立良好的榜样,引导孩子学会独立完成自己的事情。

(2)学会接受丧失和被忽略

独生子女在家中常是众人围绕的中心,享受着十足的关心和呵护,但是到了学校就很难得到这样的宠爱,并容易导致心理失衡,产生丧失和被忽略感。因此要让独生子女认识到这种丧失和被忽略其实是正常的,自己和其他孩子是类似的。

(3)学会分享

独生子女从小都是独人独享,所以容易缺乏与他人分享的意识,教会他们分享,可以帮助他们更好地处理人际关系。

(4)学会发现独生子女的优点

独生子女也有他们的优点,比如创新能力强等。应肯定他们的优点,鼓励他们克服不良的习惯。

二、留守症候群

(一)留守症候群的内涵

留守儿童,是指父母双方或一方外出到外地打工,而自己留在农村生活的孩子们。他们一般与自己的父亲或母亲中的一人,或与隔辈亲人,甚至父母亲的其他亲戚、朋友一起生活。根据调查,中国农村“留守儿童”数量超过了5800万人。57.2%的留守儿童是父母一方外出,42.8%的留守儿童是父母同时外出。留守儿童中的79.7%由爷爷、奶奶或外公、外婆抚养,13%的孩子被托付给亲戚、朋友,7.3%为不确定或无人监护。父母的缺位使他们在独特的环境中成长,也导致了留守症候群的产生。留守症候群并不是留守儿童的“专利”,很多非留守学生,父母虽然看似每天和孩子生活在一起,但是其对孩子的教育却是缺位的。他们通常白天忙工作,晚上忙社交,好不容易有了空却又抱着手机看,对孩子的学习和生活很少过问。在这种环境下成长的孩子也相当于留守状态,也有可能患上留守症候群。

留守症候群是指由于父母在行为或心理上对孩子教育与陪伴的缺失,导致亲子关系的迷失,使留守孩子表现出孤僻、孤独、自卑、自控能力差、茫然、不如意感、退缩、情绪化、易激惹、两极化、封闭自己、感到被遗弃忽视、被忽视,缺乏存在感、缺少关注,缺少与亲人的联结、没有知心人、亲情饥渴、亲情淡漠、儿童心苦、儿童无助感等一系列症状。

(二)留守症候群的诊断要点

(1)因留守,感到自卑。

(2)因留守,行为失范。

(3)因留守,情感冷漠。

(4)各种行为习惯差,缺乏组织性、纪律性,经常违反校规、校纪,并把原因归结为留守原因。

(5)厌学或学习态度不端正,都归因为留守原因。

(6)孩子表现出孤僻、孤独、自控能力差,都归因为留守原因。

(7)孩子出现不如意感、退缩、情绪化、易激惹、两极化表现、封闭自己等,都归因为留守原因。

(8)孩子感到被遗弃忽视、缺乏存在感、缺少关注,归因为留守原因。

(9)孩子缺少与亲人的联结、没有知心人、亲情饥渴、亲情淡漠、心苦、无助感,都归因为留守原因。

(三)留守症候群产生的原因

(1)亲子分离或父母对孩子的关心缺位

留守学生长期与父母分离,使学生的情绪情感、人格发展受到了消极影响。一些父母虽然在孩子身边,却经常对孩子“视而不见”,孩子的诉求长期得不到父母的关注和反馈,父母对孩子的关心缺位,使孩子难以体会到与父母的亲密关系。

(2)留守导致监护人教育的缺失

留守学生的监护人一般是孩子的祖辈,隔代监护会有很多问题存在,如家庭教育内容的狭窄与沟通交流不足等问题。有些父母虽然是孩子的监护人,却很少承担监护人的教育职责,对孩子采取“放养”策略,忽视孩子心理发展过程中可能遇到的问题。

(3)缺乏社会支持

留守儿童的问题得到了广泛的关注,但是实际的支持还是很缺乏。留守学生本身支持系统比较匮乏,加上学校和社会等缺乏对他们的理解和关爱,使他们的心态很容易出现失衡,从而出现留守儿童症候群。

(四)留守儿童症候群的心理辅导建议

(1)亲情谈心

可以通过谈心方式对留守儿童进行关心、关爱,了解他们的生活情况、心理变化以及学习情况。亲情谈话主要是温暖、关心,不是批评、不是指责、不是窥探隐私,而是像亲人一样来理解留守儿童。

(2)陪伴清单技术

留守儿童的家长可以与孩子相约共同建立陪伴清单,规定时间完成,并由孩子监督和打分,督促留守儿童家长在一年中对孩子有足质、足量的陪伴。留守儿童家长可以克服一年在外打工的困难,抽出一定时间和次数来陪伴留守儿童,从而改善留守儿童症候群。

(3)利用互联网技术加强沟通,增加心理陪伴

现在的科技很发达,留守儿童的父母和孩子之间可以采用互联网技术,例如运用视频通话方式,经常与在外地工作的父母沟通交流,增加心理陪伴。

(4)帮助留守儿童建立内在、外在支持

内在支持通常指面对困难时的自信与坚持的力量,外在支持主要是外部力量的支持。可通过教育、阅读、倾听等方法建立孩子的内、外在支持。在自己强大的内外力量的支持下,留守儿童可以改善留守症候群。

(5) 生态家庭技术

所谓的生态家庭就是一种仿真家庭、模拟家庭,大家不是真的一个家的成员,但是大家相处像家人一样,相互支持、帮助、鼓励、关心和爱护。让学生在这种仿真家庭中获得一定的家的感觉的弥补。

(五)案例

新来的张老师发现何同学上课容易走神,不爱交流,学习劲头不足,对于大人的话,很多时候不予理睬,情绪波动也比较大,与同学之间也容易产生矛盾。他进一步了解发现何同学是一名留守儿童。何同学的母亲在其很小的时候离开她,父亲长期

在外务工,家里只有爷爷奶奶照顾她,平时与她的交流也不多。父亲之前回家陪过她一段时间,最近刚去远方工作。

从案例可以看到,何同学的情况就属于留守症候群,父母的缺位让何同学感觉孤独、自卑,与他人的交流减少。加上学习也没有人指导,她在学习上也显得动力不足。建议可以通过亲情谈心、利用互联网技术加强沟通、增加心理陪伴、帮助留守儿童建立内在、外在支持等方式综合进行,化解留守症候群。

三、人际关系困难症候群

据重庆书阳心理咨询中心的工作经验统计,在学生咨询的问题中,有50%以上涉及人际交往问题。而《中学生科学报》编辑称每天收到的学生来信中,反应最多的还是人际交往问题,有的时候一天15封学生来信中有13封是咨询这方面的难题和困惑的。而学生遇到的具体问题也是五花八门:“班里有一位女生对我表示好感,我也挺喜欢她的,我现在能跟她交往吗?”“我唯一的好朋友要过生日了,同学们都送她礼物。我不送她会不会就不理我了呢?”“我的好朋友这几天无缘无故地不理我了,而跟另外一个学习、体育等各方面都不如我的人打得一片火热。”“我有一个困惑,我学习好的时候,大家远离我,我成绩差的时候,大家瞧不起我,我该怎么办呢?”等等。这些学生提出的问题绝大多数并不属于心理障碍,而是随着身心发展渴望学习人际交往的一种需求。张仲明(2015)等认为,这个年龄段的学生都特别关注同龄人对自己的评价,家庭的溺爱使他们失去了在家学习人际关系技能的机会。

(一)人际关系困难症候群的内涵

人际关系困难症候群主要是指青少年不能与他人建立稳定的、健康的、正常的人际关系,经常与他人出现人际冲突、人际矛盾、人际关系冷淡等问题,也常常由于与他人交往表现出敌意,或过度的自我中心,或过于强势,或过于自我封闭、孤僻等从而使自己的人际关系混乱、困难等一系列症状。人际关系困难症候群的学生常感觉老师不喜欢我、同桌不喜欢我、室友不喜欢我、大家不喜欢我,常对大家怀有敌意、以自我为中心、任性或轻信等等。

人际关系的建立与维持对保持个体生存和健康心理发展至关重要。如果这种需求得不到满足,可能会导致严重的社会适应不良,出现人际关系困难症候群。

(二)青少年产生人际关系困难症候群的原因

(1)个人因素。个性古怪,如过分内向、依赖、骄傲、自卑、自私、冷漠、孤僻;缺乏人际交往技能,常无法与他人达成共识,久而久之逃离群体;常常自我中心,自私自利,不为他人着想。

(2)家庭因素。父母经济地位的不寻常也可能导致同伴对其疏离。父母管教态度不适当:要么是太过权威,造成畏缩不前的个性;要么太过放任溺爱,造成放肆无忌的态度;要么父母对子女期望过高,造成子女孤僻等等。这些都可能导致青少年出现人际关系困难症候群。

(3)学校因素。唯成绩论,只强调学习成绩,同学竞争过于强烈,缺乏和谐友爱、合作共赢的精神,容易导致出现人际关系困难症候群;教师处理问题不当,教师处理学生事情不公平,差异对待学生,造成学生间矛盾,从而导致出现人际关系困难症候群。

(三)人际关系困难症候群的诊断要点

(1)同学中缺乏朋友,与其他同学疏离。

(2)与任何或多数同学在处理人际关系中都发生过矛盾。

(3)与多数同学或任何同学人际关系都不好。

(4)没有明显的障碍因素,但人际交往的担心和害怕超越平常的反应。

(5)人际交往中,常伴随明显的自私、行为习惯不好等症状。

(6)人际交往中不自信、不主动与同学沟通。

(7)缺乏人际交往的常见技巧和基本技巧。

(四)人际交往困难症候群的心理辅导建议

(1) 角色扮演训练

可以根据青少年面临的人际交往困境进行特定的角色扮演,比如通过扮演人际冲突场景中的他人的角色就会有助于我们理解他人的处境和立场,有助于我们设身处地地替他人着想,体验他人所体验到的情绪。这样也就有助于理解他人,原谅他人,化解怨恨,融洽相处,从而有助于化解人际交往困难症候群。

(2)PCA 训练

可采用人际关系技巧的PCA 训练法。这个训练法认为,人与人交往时,有三种方式:父母、儿童与成人方式。这三个词的英文开头字母分别是P、C、A,所以称这一技巧为PCA 训练法。父母方式有点类似于常说的家长作风,主要是指在与人交往时，爱以权威的身份说话、训斥人、掌控人、命令人。对别人说话时常用的语气是“你应该……”，“你必须……”，“你不能……”这种交往方式主要是从自己的父母或其他权威人物那里学来的。儿童方式是一种幼稚的、不成熟的、任性的人际交往方式。主要表现为与人交往时言行就像小孩子一样，一会儿幼稚地逗人喜爱，一会儿任性冲动，缺乏自制，使人讨厌。常挂在嘴边的话是，“我不知道该……”“他说的……”“我猜想……”这种与人交往的方式是心理发展仍停留在儿童期的表现。成人方式是成熟的、理性的与人交往的方式，主要表现为客观、理智、民主和尊重，爱说“我个人的看法是……”“建议你应该……”等等。理想的人际关系应该是大家都以成人方式相互交往。PCA人际交往技巧训练的主要目的是训练人们在任何情况下都力争以成熟的成人方式与人交往，哪怕别人以父母或儿童方式对待你，你也要学会以成人的方式对待他，以德报怨，化干戈为玉帛。

(3)交往技巧训练

让青少年掌握交往技巧，提高自己协调人际关系的能力和心理成熟的程度。这些技巧主要包括举止文雅、坦诚待人、信任他人、宽容大度、乐于助人、温和中庸、忍让豁达、自信自强等。通过交往技巧训练让青少年在交往中做到举止有度，交往得体，从而减少出现人际关系困难症候群的可能性。

(4)加强社会化过程

社会化是掌握社会规则、社会技能，成为一个社会人的过程。一些学生生活在真空中，社会化停滞，因此在人际交往中缺乏基本的社会常识。加强社会化过程，有助于改善人际关系困难症候群。

(5)尝试长大和成熟处理人际关系

尝试长大和成熟处理人际关系意味着：多一些理解，多一些自觉性，多一些自律，多一些承担，多一些责任，远离任性，远离易激惹，远离以自我为中心，更重要的是远离懒惰。这样也会改善人际关系症候群。

(6)尝试用共情技术来理解他人

共情指的是一种能深入他人主观世界，了解其感受的能力。共情是建立良好人际关系的一个有效方法。在与他人交流时，能进入到对方的精神境界，感受到对方的内心世界，能将心比心地体验对方的感受，并对对方的感情做出恰当的反应，就很容易建立良好的人际关系。共情是在人与人交往中发生的一种积极的感觉能力，人际场合中产生的设身处地为他人着想的能力。共情就是关怀一个人，必须能够了解他及他的世界，就好像我就是他，我必须能够用他的眼看他的世界及他自己一样，而不能把他看成物品一样从外面去审核、观察，必须能进入他的世界，与他同在他的世界里，从内部去体会他的生活方式及他的目标与方向。学会共情、尝试用共情技术了解他人,就很容易改善人际关系,从而化解人际关系困难症候群。

(7)父母鼓励孩子与同学开展正常的人际交往并注重引导

父母一定要鼓励孩子发展自己的伙伴关系,鼓励孩子有意识地参与发展伙伴关系,选择适合自己或者与自己互补的朋友。人不可能生活在封闭的环境里,只有在比较复杂的人际关系环境中成长,孩子才会逐渐适应和获得人际交往的技巧。因为同龄伙伴的好坏很难界定,家长怕孩子会交上不良伙伴或者受到不良影响,所以家长要想放心大胆地让孩子参与伙伴生活中去,必要的时候就要做些引导。

(五)案例

初中三年级的小雨,平时就不喜欢与同龄的同学一起玩。她每天除了去学校上课外,大部分时间都独自在家里看书、看电视。从去年开始,小雨非常害怕与同学交流,因为不知道与同学说什么。每当在上下学的路上遇到同学,她就很尴尬。前两天上体育课时,一名同学和她赛跑,她先是呆立一旁,当同学上前询问时,她竟给了同学一个冷脸,惹得同学不愿再理睬她。她现在非常困惑,不知道与同学如何相处?

在本案例中,小雨与同学相处,缺乏知识、经验和常识,很难得到同学们的理解,自己对人际交往也很吃力,就是典型的人际关系困难症候群反应。建议对小雨进行交往技巧训练、加强社会化过程训练、尝试用共情技术来理解他人、父母鼓励孩子与同学开展正常的人际交往并注重引导等多种方式并举来化解人际关系困难症候群。

四、分离焦虑症候群

(一)分离焦虑症候群的内涵

分离焦虑症候群与分离焦虑密切相关。分离焦虑是指婴幼儿因与亲人分离而引起的焦虑、不安、或不愉快的情绪反应,又称离别焦虑。婴幼儿与某个人产生亲密的情感联结后,又要与之分离时,产生伤心、痛苦以表示拒绝分离,是婴幼儿焦虑症的一种类型,多发病于学龄前期。分离焦虑的出现,与孩子的不安全感有关。最初,这种焦虑的出现,是具有特殊的适应意义的。因为它促使孩子去寻找他所亲近的人,或者发出信号呼唤妈妈的出现。这是孩子寻求安全的一种有效的方法。

虽然分离焦虑起源于童年期,但是实际上我们这一生,都在与分离“斗争”。分离焦虑较多地体现在亲密关系中,如亲子关系、婚姻或情感关系等。“妈宝男”“妈宝女”就是典型的分离焦虑。

分离焦虑症候群主要指青少年在与重要他人,特别是与父母分离的过程中,由于这种分离而导致出现的焦虑、不安、情绪和行为上的不适应感，并影响青少年正常的发展和成长等一系列症状。

(二)青少年分离焦虑症候群产生的原因

(1)对父母过于依恋。如果父母从小特别溺爱孩子，凡事都亲力亲为帮孩子解决，这会影响孩子的自主能力，造成孩子对父母的过度依恋，以至于一旦分开，孩子会很不适应，从而导致分离焦虑症候群。

(2)环境的巨大改变。从家庭到学校，突然接触很多陌生的面孔和全新的环境，会使有些学生感到难以适应，缺乏安全感，以至于产生分离焦虑症候群。

(3)学生缺乏交往技巧与经验。过于内向，社交能力差，缺乏交往技巧和经验，不知道如何和新同学以及老师交往，害怕与不认识的人在一起的学生，也容易导致出现分离焦虑症候群。

(4)学业压力大。学生学业压力大，很可能把这种压力转移为分离焦虑症候群表现出来，不愿意脱离安逸舒服的家庭环境。

(5)负面情绪的相互感染。在学校集体中，一旦有孩子出现分离焦虑症状，很可能会感染到其他孩子，从而导致集体的分离焦虑症候群。

(三)青少年离焦虑症候群的诊断要点

(1)不愿意与父母分开，任何基本生活和事务都必须依赖父母。

(2)心理无法“断乳”，强行心理“断乳”时，会出现一些负性症状反应。

(3)没有父母等的帮助和支持或在身边就觉得缺乏安全感。

(4)对离去和失去，一直长期无法接受。

(5)对黑暗和死亡等字眼和信息特别害怕和焦虑。

(6)对心理上与父母的疏离，不可接受。

(四)分离焦虑症候群的心理辅导策略

(1)理解青少年在此年龄阶段的两难处境

11—14岁是最容易产生分离焦虑症候群的时候，因为此时的青少年在面临挑战时，既不能退缩回到八九岁的状态，可以通过撒娇和依恋来化解分离焦虑症候群，又不具备15或16岁的成熟处理挑战的能力。因此我们面对青少年分离焦虑症候群，要学会理解和支持。

(2)帮助学生建立新的人际关系

培养孩子的社交能力，鼓励其多与他人交流，建立新的人际关系，将孩子的注意力转移到新的人际关系上，从而减少分离焦虑症候群的影响。

(3)帮助学生建立心理安全区

心理安全区指在心理感受到熟悉、安全的心理区域。通过帮助青少年建立心理安全区，让他们感受到自己的力量和强大，从而可以勇敢地面对和处理分离焦虑症候群。

(4)帮助青少年学会适应形式上和心理上的分离

有分离焦虑症候群的青少年容易缺乏安全感，会认为形式上与父母的分离就相当于心理上父母的疏离。因此要让他们知道距离上的分开并不等于心理上的疏离，从而提高他们的心理安全感，化解分离焦虑症候群。

五、心身紊乱症候群

(一)心身紊乱症候群的内涵

心身紊乱症候群在实际咨询工作中时不时会遇到。心身紊乱症候群主要表现为生物性紊乱和心理紊乱的叠加。生理紊乱使少年对自己的生理状况不适应，甚至会对突然到来的急速发育产生陌生感与不平衡感，从而出现诸多心理生物性紊乱。生理系统的不平衡会导致各种疾病的出现，如肠道运动失调、神经性食欲不振、消化不良、食欲不振、胸闷、心慌、呼吸不畅以及全身酸痛等。心理紊乱会使青少年在心理上出现非遗传性和现实刺激性的精神不振、疑似症状、强迫性神经症，更多表现出情绪激动、失控、暴躁、易激惹、易怒、莫名其妙的情绪混乱，出现抑郁、闷闷不乐、不开心、情绪夸大反应、情绪紧张等等心理上的紊乱，难以忍受而影响学习和健康。两者叠加出现类似神经症的心理问题，这就是心身紊乱症候群。

(二)心身紊乱症候群出现的原因

(1)心身紊乱症候群多半都是功能性紊乱所致。由于青少年对生理变化的不适应，往往把生理发育上的不协调和功能性紊乱等感觉作为严重疾病加以反应，导致对症状的过分夸大，产生严重的生物性和心理性紊乱。

(2)少年期生理发展的加速和性成熟的加速导致。青春发育以少年期为主，这主要是在小学高段、初中阶段和高中阶段。少年期是个体生理迅速发育，直至达到成熟的一段时期。该阶段的学生生理、心理和社会性发展方面都出现显著的变化，身心发展迅速而又不平衡，是经历复杂发展又充满矛盾的时期，被标签为困难期或危机期。

(3)激素分泌量的快速增加导致的失衡容易产生心身紊乱。整个身体的加速成长和性成熟两者之间相互联系,并受激素分泌变化的调节。青春期是个体生长发育的鼎盛时期,身高、体重、肩宽、胸围都发生非常明显的变化。学生身体外形变化的最明显。青春期学生的生理机能也迅速增长,肌肉与脂肪的变化使男性肌肉强健,女性身体丰满,脑与神经系统逐步发育成熟。经历青春发育期的成长加速,少年的体型和面部特征都发生了明显的变化,开始接近成人。

(4)生殖系统的成熟。它的成熟标志着人体生理发育的完成。生殖器官在青春发育期之前,发育非常缓慢。一旦进入青春发育期,发育速度会迅速上升。第二性征开始出现,青春发育期的发展存在性别差异,女性比男性平均提早两年。

(5)人类在生物性成熟方面存在着全球性提前的倾向。这主要表现在青春发育期提前到来和青春发育期完成的缩短化两个方面,从而使每一代人提早达到成人的成熟标准。这种具有时代性的发展加速现象,受当代经济和科学技术高度发展的影响。青春发育期普遍提前趋势,给社会和教育带来很多的矛盾和问题,使学生的不平衡和种种危机与困难更加明显地表现出来,从而更容易导致心身紊乱症候群。

(6)青春期容易出现心理和行为偏差。青春发育期,被称为危机期或困难期,这意味着这个时期的学生会遇到许多的压力、矛盾和危机。青春发育期较易出现的心理疾病有神经症、病态人格、躁狂、焦虑和抑郁等等。

(7)青春期生理上的急剧变化冲击着心理的发展,使身心发展在这个阶段失衡而紊乱。这个时期,生理上的快速成熟,使少年儿童产生成人感,但心理发展的相对缓慢,使他们仍处于半成熟状态。成人感和半成熟状态是造成青春期心理活动产生种种矛盾与紊乱的根本原因。青少年期心理活动的矛盾现象,主要是心理上的成人感与半成熟现状之间的矛盾、心理断乳与精神依托之间的矛盾、心理闭锁性与开放性之间的矛盾、成就感与挫折感的交替。

(三)心身紊乱症候群的诊断要点

(1)出现的紊乱时间处于少年期到青春期,时间大约在10岁—18岁之间。

(2)出现没有明确现实刺激的焦虑或抑郁。

(3)焦虑或抑郁或者两者交替,也没有遗传的解释。

(4)出现的心理反应或焦虑与内分泌的失调有一定程度的重合。

(5)随着进入生理发展快速期和发展减速期,心理反应和症状逐渐好转。

(四)心身紊乱症候群的心理辅导策略

(1)先进行专业心理诊断

专业的人做专业的事。遇到这种怀疑,请鼓励、陪伴和带孩子到专业机构进行专业评估、诊断。请父母不要自己猜测、拖延,要采取早诊断、早采取有针对性的心理护理方法。

(2)陪伴、耐心、等待与接纳

首要的策略是对心身紊乱症候群的学生充满耐心,陪伴他们度过这个生理发展的快速时期。等待他们的生理发展平衡,接纳他们偶尔出现的情绪和心理反应波动。要学会理解、支持和接纳他们。

(3)适当进行内分泌的饮食调节

出现这种状态,可以进行适当的饮食调节。例如,少吃垃圾食品,少吃可能存在激素的食品,多清淡饮食有助于内分泌缩短达到平衡的时间,以及减少内分泌失调带来的其他负面影响。从而维护学生的心理健康和情绪稳定。

(4)可寻求专业的心理辅导

如果心身紊乱症候群比较严重,可以寻求专业的心理辅导,例如学校的咨询室等,可以帮助稳定在失衡下的心理反应和情绪。

(5)可以进行青春期的知识了解,化解心身紊乱症候群

一些情绪的产生是学生对这个阶段的现象的无知,因此,适当开展这方面的知识普及教育,有助于化解心身紊乱症候群。知而解惑,增加学生的理解和科学知识,学生就可能会平静地接纳这种状态,减轻了心身紊乱症候群。

(五)案例

初中二年级的小明,这一段时间来,莫名其妙地烦恼。有时,一口气好像换不过来。激动时,胸脯一起一伏,胸膛仿佛都要气炸了。脸上长满了青春痘。爸妈也没有和他发生冲突,父母家族中,没有焦虑和抑郁的遗传。小明在学校也没有发生什么激惹的事情。去医院检查,也没有什么明显的问题。但是他现在有时非常烦躁,最近有时心情有点儿小伤感。

在本案例中,小明同学的年龄在10—18岁之间,出现的焦虑和抑郁都不严重和典型,也没有现实的刺激导致。脸上长满了青春痘,表明内分泌有失调迹象。综合起来,可以初步诊断为心身紊乱症候群。建议可以对小明先进行专业心理诊断、家人陪伴、耐心、等待与接纳,适当进行内分泌的饮食调节,也可寻求专业的心理辅导和进行青春期的知识科普,综合进行,可以帮助小明化解心身紊乱症候群。

主要参考文献

[1] 李红,张仲明.(2009).现代心理学[M].成都:四川教育出版社.

[2] 李红,张仲明.(2012).公共心理学[M].重庆:西南师范大学出版社.

[3] 张仲明,胡朋利.(2012).让烦恼一边去——青少年常见心理困惑与自助手册[M].重庆:西南师范大学出版社.

[4] 张仲明,彭艳姣.(2012).青春期的烦恼(男生版)[M].重庆:西南师范大学出版社.

[5] 张仲明,杨圆圆.(2012).青春期的烦恼(女生版)[M].重庆:西南师范大学出版社.

[6] 黄焰,张仲明.(2012).成长的秘密[M].重庆:西南师范大学出版社.

[7] 张仲明.(2013).中小学教师教育学生的心理策略研究[M].重庆:西南师范大学出版社.

[8] 张仲明.(2013).成长不烦恼——小学生心理健康读本[M].重庆:西南师范大学出版社.

[9] 张仲明.(2013).留守儿童阳光情绪手册[M].重庆:西南师范大学出版社.

[10] Zhongming Zhang, Ya Jin, & Zhongliang Zhang. Clarifying the Role of Motivational Conflict in Compulsion:A Structural Equation Modeling Approach[R]. Beijing: Faculty of Psychology Southwest University, Mental health clinic Guixi People's Hospital, 2018-5-20.

[11] Zhongming Zhang, Mengyun Wang, Xiaowei Guo, Xiaocui Miao, Ting Zhang, Dong Gao, & Zhen Yuan.(2017).Attentional avoidance of threats in obsessive compulsive disorder: an event related potential study[J]. Behavior Research and Therapy,97:96-104.

[12] Zhongming Zhang, Mengyun Wang, Xiaocui Miao, Yijuan Li, Glenn Hitchman, & Zhen Yuan.(2017). Individuals with high obsessive-compulsive tendencies or undermined confidence rely more on external proxies to access their internal states[J]. Journal of Behavior Therapy and Experimental Psychiatry,54:263-269.

[13] 胡思思,汪孟允,熊玲,张仲明.(2016).焦虑认同法与正念策略管理强迫思维的随机对照研究[J].中国心理卫生杂志,30(4):273-280.

[14] 胡思思,汪孟允,张仲明.(2015).影响强迫症延迟治疗的因素分析[J].内江师范学院学报,10:44-51.

[15] 廖家喜,黄毅,李春山,曹克勇,江志毫,张仲明,杨朝晖.(2015).煤矿井下矿工酒精所致心理障碍的研究[J].中国健康心理学杂志,23(5):702-705.

[16] 汪孟允,苗小翠,李益娟,胡思思,张仲明.(2015).高强迫倾向个体注意脱困的电生理证据[J].心理科学,38(6):1282-1289.

[17] 熊玲,张仲明,李益娟,胡思思.(2015).强迫倾向、内心体验的信心水平与知道感缺乏的关系[J].心理科学,38(6):1466-1474.

[18] 汪孟允,苗小翠,李益娟,张仲明.(2014).强迫症患者注意偏向研究方法述评[J].内江师范学报,6:60-65.

[19] 蔡亮,张仲明,李红.(2013).不同心理一致感个体压力情境下的情绪特点研究[J].心理科学, 36(4):837-841.

[20] 肖钟萍,胡朋利,奚桃,雷园媛,张仲明.(2013).大学毕业生状态焦虑、心理一致感及其应对方式的关系[J].重庆第二师范学院学报,26(1):157-162.

[21] 雷园媛,奚桃,肖钟萍,张仲明.(2013).责任感在强迫症中的作用机制研究述评[J].心理学进展, 3(6):27-31.

[22] 廖家喜, 杨朝晖, 张仲明,胡朋利.(2012).煤矿伤工创伤后应激障碍的调查研究[J].中国健康心理学杂志, 20(12):1797-1799.

[23] 胡朋利,张仲明, 杨圆圆, 郭晓伟.(2012).大学生生活事件、心理一致感和抑郁的关系[J].中国健康心理学杂志, 20(11): 1722-1724.

[24] 杨圆圆, 胡朋利, 郭晓伟, 张仲明.(2012).留守儿童心理一致感、同伴依恋和心理健康的关系研究[J].中国特殊教育, 7:87-91+60.

[25] 杨圆圆, 张仲明, 郭晓伟, 胡朋利.(2012).留守儿童心理健康与父母同伴依恋的关系研究[J].中国健康心理学杂志, 20(9): 1371-1373.

[26] 蔡亮,张仲明.(2011).青少年心理创伤特点及干预研究述评[J].内江师范学院学报,26(8):83-88.

[27] 曾敏,胡朋利,张仲明.(2011).中小学心理教育同盟关系建立的策略及应用调查研究[J].内江师范学院学报, 26(12):54-61.

[28] 张婷,张仲明.(2011).心理咨询中心理阻抗的表现及测量[J].科教导刊(中旬刊), 1: 81-83.

[29] 廖家喜, 杨朝晖, 张仲明, 张众良.(2011).煤工尘肺患者心理障碍及社会支持研究[J].中国健康心理学杂志, 19(11):1339-1341.

[30] Zhang, Z. M., Zhang, Z. L., & Li, H. (2010). Double conflicts model and anxiety

ratification therapy hypotheses of obsessive - compulsive disorder[J]. Medical Hypotheses, 75(6): 586-589.

[31] 张众良,张仲明,李红.(2010).强迫症病理的认知行为研究述评[J].心理科学进展,18(2):306-313.

[32] 张仲明,李红.(2009).学习能力的成分研究[J].西南大学学报(社会科学版),35(05):147-153.

[33] 张仲明,李红.(2009).心理教育同盟关系:心理健康教育新概念[J].南京师范大学学报(社科版), 2:101-107.

[34] 徐晓,张仲明,周雨捷.(2008).民工子女和城市儿童心理状况比较研究[J].中小学心理健康教育,2008(5):11-13.

[35] 张仲明,李红.(2006).学习能力培养的发展模式研究[J].西华师范大学学报,1:92-95.

[36] 陈璟,李红,张仲明.(2004).关于儿童责任行为的研究进展[J].社会心理科学,4:12-17.

[37] 中国就业培训技术指导中心,中国卫生协会.(2015).心理咨询师(基础知识)[M].北京:民族出版社.

[38] [英]S. Cormier, B. Cormier著,张建新等译.(2000).心理咨询师的问诊策略(上)[M].北京:中国轻工业出版社.

[39] Torres, A.R., & Lima, M.C.P.(2005). Epidemiology of obsessive-compulsive disorder: a review[J]. Rev Bras Psiquiatr,27(3): 237-242.

[40] Ruscio, A.M., Stein, D.J., Chiu, W.T., & Kessler, R.C. (2010). The epidemiology of obsessive-compulsive disorder in the national comorbidity survey replication [J].? Molecular Psychiatry,15(1):53.

[41] Belloch, A., Valle, G., Morillo, C., Carrió, C., & Cabedo, E. (2009). To seek advice or not to seek advice about the problem: the help-seeking dilemma for obsessive-compulsive disorder[J]. Social Psychiatry and Psychiatric Epidemiology, 44(4): 257-264.

[42] Fineberg, N.A., Rehunandanan, S., Simpson, H.B., Phillips, K.A., Richter, M. A., Matthews, K., Stein, D.J., Soveen, J.,Brown, A., & Cabedo, E.(2015). Obsessive-compulsive disorder (OCD): Practical strategies for pharmacological and somatic treatment in adults[J]. Psychiatry Research, 227(1):114-125.

[43] Levy, H.C., Mcean, C.P., Yadin, E., & Foa, E.B.(2013). Characteristics of individuals seeking treatment for obsessive-compulsive disorder[J]. Behavior Therapy, 44(3):408-416.

[44] Zimmerman, M., & Mattia, J.I.(2000). Principal and additional DSM-IV disorders for which outpatients seek treatment[J]. Psychiatric Services,51(10):1299-304.

[45] [美]美国精神医学学会编著,张道龙等译.(2016).精神障碍诊断与统计手册(第五版)[M].北京:北京大学出版社.

[46] [美]巴洛(David H. Barlow)主编,刘兴华,黄峥,徐凯文,刘鑫,李波等译.(2004).心理障碍临床手册(第三版)[M].北京:中国轻工业出版社.

[47] 傅安球.(2005).实用心理异常诊断矫治手册[M].上海:上海教育出版社.

[48] [美]Gerald Corey著,石林等译.(2004).心理咨询与治疗经典案例(第六版)[M].北京:中国轻工业出版社.

[49] 郭念峰.(1995).临床心理学[M].北京:科学出版社.

[50] Lazarus, B.D.(1993).Self-management and achievement of students with behavior disorders[J]. Psychology in the Schools,30(1):67-74.

[51] 姚建龙.应对校园欺凌,不宜只靠刑罚[N].人民日报,2016-06-14(5).

[52] 中华人民共和国教育部等十一部门.(2017).关于印发《加强中小学生欺凌综合治理方案》的通知[EB/OL].http://www.moe.gov.cn/srcsite/A11/moe_1789/201712/t20171226_322701.html.

[53] Olweus, D.(1993).Bullying at school: What we know and what we can do?[M].Oxford: Wiley-Blackwell.

[54] Centers for Disease Control and Prevention. (2013). Understanding School Violence Fact Sheet[EB/OL]. http://www.cdc. gov/violenceprevention.

[55] 王会娜.(2017).OTTF方案对农村中学校园暴力的干预效应(D).重庆:西南大学.

[56] [美]林格伦,章志光等译.(1983).课堂教育心理学[M].昆明:云南人民出版社,24:152-153.

[57] Achenbach, T.M.(1966). The classification of children's psychiatric symptoms: a factor-analytic study[J].Psychological Monographs,80(7):1-37.